GRAMMAIRE FRANÇAISE

LIVRE DE L'ÉLÈVE

GRAMMAIRE FRANÇAISE

LIVRE DE L'ÉLÈVE

À L'USAGE DES COURS MOYEN ET SUPÉRIEUR DES ÉCOLES PRIMAIRES
ÉLÉMENTAIRES

PAR

A. VESSIOT

Inspecteur général honoraire de l'Enseignement primaire, lauréat de l'Institut

EN COLLABORATION POUR LA PARTIE PRATIQUE

AVEC

A. DANGUEUGER

Directeur d'école communale, à Paris

Cet ouvrage contient **600** Exercices pratiques et gradués,
des Questions de récapitulation, un Résumé,
et un Supplément littéraire avec notices et portraits.

PARIS

LECÈNE, OUDIN ET Cⁱᵉ, ÉDITEURS

17, RUE BONAPARTE, 17

1894

AVIS DES ÉDITEURS

Les devoirs d'application groupés sous 420 numéros, renferment en réalité plus de 600 exercices répartis en deux séries graduées ; la première série, dite de *première année*, correspond au *Cours Moyen*, et les exercices portent des numéros **impairs** ; la seconde série, dite de *deuxième année*, correspond au *Cours Supérieur* et les exercices portent des numéros **pairs**. Nous avons pensé que ces exercices peuvent suffire au travail d'un enfant pendant la période la plus importante des études primaires élémentaires.

Ils ont été placés après le texte de chaque chapitre, et non intercalés, afin d'empêcher tout travail machinal et d'obliger toujours l'élève à la réflexion ; ils sont assez étendus pour qu'une partie de chacun d'eux puisse être faite oralement en classe, à l'appui de la leçon : enfin ils ont été disposés dans un ordre symétrique, qui ajoute à la clarté du texte.

Trois caractères principaux distinguent la *partie pratique* de cet ouvrage de celle des grammaires en usage.

I. *Elle réalise un plan d'études grammaticales* ; les 420 devoirs se rattachent à trois groupes, dans des proportions qui permettent de faire étudier parallèlement, durant toute l'année scolaire :

1° Les parties du discours, moins le verbe (2 fois par semaine) ;

2° Le verbe (2 fois par semaine).

3° L'analyse et la lexicologie (1 fois par semaine) ;

Cette manière de procéder apporte une grande variété dans le travail, sans rien sacrifier à l'ordre qui reste déterminé ; on remarquera que cet avantage a été obtenu sans modifier la suite des matières telle que l'usage l'a consacrée : l'instituteur est donc libre de tirer parti du plan indiqué ou de n'en pas tenir compte, s'il préfère suivre une autre marche. (Voir le tableau, page XII.)

II. *Elle permet la correction mutuelle et collective par les élèves en classe*, conformément à l'arrêté ministériel du 18 janvier 1887, allégeant ainsi la tâche du maître tout en rendant les corrections de devoirs plus fructueuses pour l'élève.

III. *Elle associe, dans une mesure aussi large que possible, l'étude de la grammaire avec la lecture de morceaux empruntés à nos grands écrivains.*

Tous les morceaux choisis et la plupart des phrases citées, même de très simples, sont suivis du nom de leur auteur ; il y a là une occasion de faire remarquer à l'enfant le rapport qui existe entre la grammaire et la littérature et de le familiariser avec les noms de nos *grands écrivains*.

D'un autre côté, tout en appliquant les règles grammaticales, l'élève recevra, pensons-nous, une préparation indirecte mais certaine aux exercices de style. Il s'assimilera d'une manière constante une foule d'idées saines et exactes exprimées dans le meilleur langage, augmentera son vocabulaire, enrichira sa mémoire d'expressions et de tours de phrases qui lui serviront à l'occasion.

Nous ajoutons en terminant que les morceaux choisis dispersés dans l'ouvrage peuvent en outre servir à la lecture expliquée et à la récitation. (Voir le tableau, pag. 307.)

Nous avons consacré tous nos soins à la partie typographique de cet ouvrage. La différence des caractères adoptés selon qu'il s'agit d'*explications* et de *remarques* ou de *définitions* et de *règles*, l'emploi d'un cadre spécial entourant le texte qui s'adresse à la *deuxième* année, c'est-à-dire au *Cours Supérieur*, enfin la disposition symétrique et parallèle des exercices de *première année* (Cours Moyen) et de *deuxième année* (Cours Supérieur), sont autant d'améliorations qui, nous l'espérons, contribueront à rendre plus pratique et plus aisé l'usage de cette nouvelle grammaire.

PRÉFACE

De tous les livres scolaires le plus indispensable est la grammaire ; car, à tout instant et toute la vie, on a besoin de parler ou d'écrire ; et, sans le secours de la grammaire, on ne peut ni bien écrire ni bien parler.

D'un autre côté, l'étude d'une langue est chose laborieuse et longue ; on ne sait jamais une langue en entier ; toujours il en reste quelque chose à apprendre ou à rapprendre. Aussi la grammaire est-elle le premier livre de l'enfant ; tant qu'il reste à l'école, elle reste entre ses mains ; et, quand il en est sorti, souvent et à tout âge il a besoin d'y recourir.

La meilleure grammaire serait donc celle qui abrégerait l'étude de la langue, qui soulagerait et fortifierait la mémoire à l'aide du jugement et du raisonnement.

Pour apprendre, il faut surtout comprendre ; ce qu'on a bien compris s'oublie moins et s'applique mieux. Faire comprendre a donc été notre but principal, et c'est pour y atteindre qu'en tête de chaque chapitre, nous avons placé de courtes explications qu'on ne trouve pas dans les autres grammaires. C'est une première innovation ; en voici d'autres.

La grammaire se compose presque en entier de *définitions* et de *règles*. D'ordinaire, on se borne à les expliquer de vive voix, puis on les fait apprendre par cœur. Il nous a paru que le plus souvent on pouvait les faire faire par l'élève lui-même. Une règle, une définition qu'on a faites soi-même se comprennent et par suite se retiennent beaucoup mieux, et si on les oublie, les ayant faites, on peut les refaire.

Mais, nous dira-t-on, une chose si difficile est au-dessus des forces d'un enfant. — Nous ne le pensons pas, et nous parlons par expérience. La **définition** d'un terme se tire de l'usage qu'on en fait, de la fonction qu'il remplit ; quand donc l'écolier a bien vu et compris à quoi sert un mot, il est en état de le définir. Sa *définition* peut pécher par la forme, mais c'est affaire au maître de la mettre au point. Ainsi, quand on a montré à l'élève que si l'on supprime le mot *que* placé entre deux *propositions : je crois, il vient*, ces deux *propositions* se trouvent par là même désunies, *disjointes*, il ne lui est pas difficile d'en conclure que ce mot servait à les *joindre* (conjoindre) et de définir la *conjonction*. Le rôle et l'art du maître consistent à bien mettre en lumière la fonction des mots.

Les **règles**, pour la plupart, ne sont pas plus difficiles à trouver. D'ordinaire, on commence par les formuler, puis on cite à l'appui quelques exemples ; c'est l'ordre inverse qu'il faut suivre, ce sont les exemples qu'il faut d'abord mettre sous les yeux de l'élève, en appelant son attention sur les mots d'où la règle doit sortir. Si l'on écrit au tableau quelques phrases comme celles-ci :

Le chat miaule, les chats miaulent;
Le chien aboie, les chiens aboient,

et qu'on invite l'élève à comparer entre elles les terminaisons des mêmes verbes : *miaule, miaulent, aboie, aboient,* puis les terminaisons des mêmes sujets : *chat, chats, chien, chiens,* on l'amènera sans peine à reconnaître que lorsque le sujet est au singulier, le verbe est au singulier, et que s'il est au pluriel, le verbe aussi prend le pluriel. Il n'aura donc plus qu'à généraliser, et la règle sera faite; car faire une règle c'est énoncer sous forme générale un fait d'expérience plusieurs fois constaté. Le grammairien n'invente pas les règles, pas plus que le naturaliste n'invente les lois; l'un et l'autre observent, comparent et généralisent; l'un et l'autre appliquent la **méthode inductive**. Une langue a ses lois qu'elle porte en elle-même; on ne les crée pas, on les formule.

L'enfant a une tendance naturelle à la généralisation; pourquoi ne pas utiliser cette tendance en la dirigeant? Si on l'amène à trouver lui-même une règle et à la formuler, on lui procure une satisfaction d'amour-propre, et on l'intéresse à une étude qui passe à bon droit pour ingrate; si au contraire on commence par la lui donner toute faite, et, pour ainsi dire, par la lui imposer, non seulement il la comprend moins aisément, mais il a moins de goût à l'appliquer.

Qu'on ne se hâte donc pas de faire apprendre les règles par cœur; mieux vaut les faire faire et même refaire à plusieurs reprises; la répétition de l'expérience les gravera plus profondément dans l'esprit que des efforts prématurés de mémoire; et l'application des règles ne sera qu'un jeu pour celui qui s'en sera rendu maître en les élaborant.

Ces considérations expliquent pourquoi, dans notre grammaire, les exemples précèdent les règles au lieu de les suivre; c'est par l'étude des exemples que la leçon doit commencer, et le maître fera bien d'en ajouter aux nôtres. Qu'il ne croie pas perdre du temps en variant, en multipliant les exercices qui acheminent aux règles; c'est autant de gagné pour l'application. Dans notre *méthode inductive d'enseignement grammatical,* nous montrons comment, par une série de questions méthodiquement posées, il peut amener l'enfant aussi près que possible des énoncés. Ces *dialogues préparatoires* se trouvent résumés dans le livre de l'élève sous forme d'**explications**, et les règles n'arrivent qu'à la fin en manière de conclusion.

Nous pensons que l'emploi suivi de cette méthode est propre non seulement à améliorer l'étude de la grammaire, mais à former et à fortifier les esprits, en leur faisant de bonne heure contracter l'habitude de l'observation, de la comparaison et de l'induction.

En l'appliquant nous-mêmes, nous avons été conduits :

1º A modifier un certain nombre de définitions, notamment celles des **pronoms**;

2º A simplifier certaines règles soit par des rapprochements, comme celles des **adjectifs**, soit par des retranchements, comme celles du **participe passé**;

3º A disposer dans un ordre plus rationnel les notions relatives au **verbe**, aux **mots invariables**, aux **préfixes** et **suffixes**.

Aux maîtres à juger si ces innovations longtemps mûries sont aussi des améliorations.   A. VESSIOT.

NOTIONS PRÉLIMINAIRES

I

LA PAROLE — LES MOTS — LA LANGUE PARLÉE.

Explication. — L'homme a le don de la *parole*, c'est-à-dire la faculté d'émettre des sons, de les articuler et de les combiner entre eux. En attachant à chaque son ou assemblage de sons, un sens précis, une *idée*, il a formé les *mots* et le *langage*.

Définitions. — Un **mot** parlé est un son ou un assemblage de sons qui servent à exprimer une même idée.

Une **langue** (parlée) est l'ensemble des mots par lesquels les habitants d'un même pays se comprennent entre eux.

II

LES LETTRES — L'ÉCRITURE — LA LANGUE ÉCRITE.

Explication. — Pendant longtemps les hommes ne purent se comprendre que par la parole, c'est-à-dire à l'aide de la *voix* et de *l'oreille*.

Enfin ils imaginèrent d'attacher à chacun des sons et des articulations que la bouche peut former un signe *visible*, *écrit*, une *lettre*. Ils arrivèrent ainsi à représenter toutes les combinaisons de sons par des combinaisons correspondantes de lettres, et la langue parlée se doubla d'une *langue écrite*.

On put dès lors se comprendre non plus seulement à l'aide de la bouche et de l'oreille, mais à l'aide de la main et des yeux, c'est-à-dire par l'*écriture* et la *lecture*.

Définitions. — Une **lettre** est le signe écrit qui désigne un son ou une articulation. La série des lettres se nomme **alphabet**.

L'**écriture** est la représentation des sons par des lettres, et des mots parlés par des mots écrits ; l'écriture parle aux yeux.

LE VOCABULAIRE. — LA GRAMMAIRE. — L'ORTHOGRAPHE.

Explication. — Toute langue se compose d'un **vocabulaire** (ou *lexique* ou *dictionnaire*), et d'une **grammaire**.

Pour bien parler et bien écrire, il faut : 1° connaître la signification des mots ; 2° savoir appliquer les règles.

Parmi les mots, les uns sont *invariables*, c'est-à-dire qu'ils s'écrivent toujours de la même manière ; les autres *varient* suivant les rapports qui les lient aux autres mots de la proposition ; ces variations sont fixées par des règles.

Définitions. — Le **vocabulaire** est le recueil des mots ; la **grammaire** est l'ensemble des règles.

Savoir l'**orthographe**, c'est savoir écrire les mots invariables conformément à l'usage, et les mots variables conformément aux règles.

LA PHRASE. — LE DISCOURS. — LE STYLE.

Explication. — Il ne faut pas confondre l'*orthographe* et le *style* ; l'une est la manière d'écrire correctement les mots, l'autre est la manière de bien exprimer ses pensées.

On peut avoir une bonne orthographe et un mauvais style, c'est-à-dire qu'on peut écrire les mots suivant l'usage et les règles, sans avoir ni goût, ni esprit, ni imagination, ni aucune des qualités qui font le mérite du style.

Définition. — Les **lettres** forment les mots ; les **mots** forment les propositions ; les **propositions** forment les phrases ; les **phrases** forment le discours. Le **discours** est donc une suite de phrases qui s'enchaînent les unes aux autres.

III

VOYELLES ET CONSONNES.

Explication. — L'air, chassé des poumons, forme en passant par le larynx et la bouche un certain nombre de sons différents, que le palais, la langue, les dents et les lèvres concourent à diversifier.

Parmi ces sons, les uns résonnent pleinement par eux seuls et forment comme autant de *voix* distinctes ; aussi les appelle-t-on des **voyelles** ; on les a représentés par les lettres : **a, e, i, o, u, y**. — Les autres ne résonnent qu'avec le secours des voyelles ; aussi les appelle-t-on **consonnes** (qui *sonne avec*). On les représente par les lettres : **b, c, d, f, g, h, j, k, l, m, n, p, q, r, s, t, v, w, x, z**. —

Ainsi, par lui-même, le son *b* est faible et presque muet ; c'est moins un son qu'une articulation, c'est-à-dire un mouvement des organes du palais ; mais joint aux voyelles *b|a, b|e, b|i, b|o, b|u*, il prend plus de force et de netteté. D'autre part, comme les consonnes sont nombreuses, en se joignant aux voyelles, soit avant, soit après, elles en modifient les sons à l'infini.

Définition — Les **voyelles** sont les **voix** ou sons élémentaires. Les **consonnes** sont les **articulations** qui modifient le son des voyelles.

IV

DIPHTONGUES.

pioche, lieu, bien

Explication. — Nous pouvons faire entendre en une seule émission de voix, c'est-à-dire simultanément, deux voyelles simples, comme *io* (pioche), *ui* (fuyons), *ieu* (lieu), *ien* (bien, rien).

Ce *son composé* s'appelle une **diphtongue**, mot grec qui *signifie double* (di) *son* (phtong).

Définition. — Une **diphtongue** est un son double formé de deux voyelles qu'on prononce ensemble.

V

LA LETTRE H.

le hameau, la hardiesse, le homard.
l'homme, l'heure, l'honneur.

Définition. — L'*h* est le signe de l'aspiration : *le hameau, la hardiesse, le homard.* Mais dans beaucoup de mots d'où l'aspiration a disparu, l'*h* est restée ; on l'appelle alors *h muette* : *l'homme, l'heure, l'honneur.*

VI

LES SYLLABES.

a, ia, roi, lui.

Définitions. — On nomme **syllabe** tout son simple ou composé qui se prononce en une seule émission de voix.

La syllabe peut donc être ou une **voyelle** simple : *a, e*, etc... ou une **diphtongue** : *ia, io*, etc... ou un assemblage de voyelles et de consonnes : *roi, lui, prends, romps*, etc.

Un monosyllabe est un mot composé d'une seule syllabe ; un **dis**syllabe en a deux ; un **poly**syllabe, plusieurs.

VII

L'ACCENT TONIQUE.

bonté, débiteur, vivement.
marche, courage, étincelle.
bergère, relève, aimè-je.

Définition. — L'accent tonique est l'élévation de la voix sur une des syllabes d'un mot.

Règle. — En français, l'accent tonique est sur la dernière syllabe des mots, quand cette syllabe n'est pas muette : *bonté, débiteur, vivement* ; il est sur l'avant-dernière quand la dernière est muette ; **marche, courage, étincelle.**

Aucun mot ne peut se terminer par deux syllabes muettes ; on dira donc : *bergère* et non *bergere*, *relève* et non *releve*, *aimé-je* et non *aime-je*.

Remarque. — L'accent *tonique* n'est représenté par aucun signe orthographique.

VIII

LES ACCENTS.

bonté, père, marâtre.

Explication. — Il ne faut pas confondre l'accent *tonique* dont nous venons de parler avec les accents *prosodiques*. Ceux-ci sont des signes orthographiques qui servent à indiquer la *quantité* (durée) et la *qualité* (nature) des sons.

Définition. — Il y a trois accents :

L'accent aigu indique les sons fermés : *bonté, masqué, brisé.*

L'accent grave indique les sons ouverts : *père, boulangère, altère.*

L'accent **circonflexe** indique les sons longs et sourds : *marâtre, dépêche, apôtre.*

IX

AUTRES SIGNES ORTHOGRAPHIQUES.

Noël, ïambe, ciguë.

Le **tréma** (¨) est un double point qui se place sur les voyelles *e, i, u,* pour indiquer que ces voyelles doivent être prononcées séparément, et non avec celles qui les précèdent ou les suivent *Noël: ïambe, ciguë.*

*

façade, garçon, reçu.

La **cédille** (ç) se met sous la lettre **c** devant *a, o, u,* pour indiquer qu'elle doit se prononcer comme l'*s* dure : *façade, garçon, reçu.*

*

l'âme, l'enfant, l'homme, l'heure.

L'**apostrophe** (') indique la suppression d'une voyelle finale devant une voyelle initiale ou devant l'*h* muette : *l'âme, l'enfant, l'homme, l'heure.*

*

reine-marguerite, c'est-à-dire, puis-je, aime-le, arrive-t-il.

Le **trait-d'union** (-) sert à unir les parties d'un mot composé : *reine-marguerite* ; ou d'une locution : *c'est-à-dire* ; les pronoms sujets au verbe qui les précède : *puis-je, peux-tu, peut-il,* etc...; les pronoms régimes au verbe qui les précède : *aime-le, aimons-nous* ; le *t* euphonique aux mots qui le précèdent et le suivent : *arrive-t-il ?*

X

LETTRES EUPHONIQUES

Va-y ; vas-y — si on veut ; si l'on veut — ira-elle ; ira-t-elle.

Remarque. — Dans certains cas, pour éviter l'*hiatus*, c'est-à-dire la rencontre cacophonique de deux voyelles, l'une finale, l'autre initiale, on insère entre elles ou une *s* : *vas-y* ; ou une *l* : *si l'on veut* ; ou un *t* entre deux traits-d'union : *ira-t-elle ?* ; *a-i, i-on, a-e* seraient désagréables à l'oreille.

RÉPARTITION
DES MATIÈRES EN TROIS GROUPES

A ÉTUDIER PARALLÈLEMENT DURANT L'ANNÉE SCOLAIRE

(42 semaines)

1er GROUPE *(2 jours par semaine)* 84 exercices par cours.	Le nom.	Texte, page 1.	Exercices n° 1 à 54.
	L'article.	Texte, page 32.	Exercices n° 55 à 64.
	L'adjectif qualificatif.	Texte, page 37.	Exercices n° 65 à 106.
	Les adjectifs détermina-tifs.	Texte, page 62.	Exercices n° 107 à 132
	Le pronom.	Texte, page 81.	Exercices n° 133 à 152.
	Les mots invariables.	Texte, page 224.	Exercices n° 321 à 336.
2e GROUPE *(2 jours par semaine)* 84 exercices par cours.	Le verbe en général.	Texte, page 97.	Exercices n° 153 à 176.
	Conjugaison *(temps simples)*.	Texte, page 116.	Exercices n° 177 à 236
	Conjugaison *(auxiliaires et temps composés)*.	Texte, page 158.	Exercices n° 237 à 260
	Conjugaisons diverses.	Texte, page 174.	Exercices n° 261 à 272.
	Emploi des temps et des modes.	Texte, page 188.	Exercices n° 273 à 284
	Accord du verbe et de l'attribut avec le sujet.	Texte, page 202.	Exercices n° 285 à 296
	Le participe.	Texte, page 212.	Exercices n° 297 à 320.
3e GROUPE *(1 jour par semaine)* 42 exercices par cours.	La proposition. — Analyse logique.	Texte, page 242.	Exercices n° 337 à 352
	La formation des mots.	Texte, page 256.	Exercices n° 353 à 372
	La signification des mots.	Texte, page 271.	Exercices n° 373 à 414.
	La ponctuation.	Texte, page 286.	Exercices n° 415 à 420.

GRAMMAIRE FRANÇAISE

PAR L'ÉLÈVE

Cours Moyen et Supérieur

DES ÉCOLES PRIMAIRES ÉLÉMENTAIRES

CHAPITRE PREMIER.

LE NOM.

LE NOM EN GÉNÉRAL.

(*Exercices 1 et 2.*)

Explication. — Mes amis, quand on vous parle de quelqu'un ou de quelque chose que vous ne connaissez pas, voici la première question qui vous vient aux lèvres : *Comment se nomme-t-il ? Comment se nomme-t-elle ?* Ou : *Comment l'appelle-t-on ? Quel est son nom ?* **Le nom**, voilà ce que vous voulez savoir tout de suite ; et vous tâchez de retenir ce *nom*, afin de pouvoir vous en servir à votre tour. C'est qu'en effet il est bien difficile de se faire comprendre quand on ne peut pas citer le *nom* des personnes ou des choses dont on parle. Aussi a-t-on donné des noms à tous les êtres ; regardez autour de vous ; tout ce qui vous entoure a son nom : banc, table, cahiers, plumes, livres, tableaux, murs, fenêtres, portes, maison, etc. ; vous-mêmes vous avez chacun votre nom ; moi aussi, j'ai le mien, et vous le connaissez bien ; vos parents ont le leur ; et aussi ce chien qui aboie là-bas, ce chat qui miaule, cet oiseau qui chante ; tout enfin, tout et tous.

Résumé :

Comment *nomme-t-on* l'homme qui fait des souliers ?

Comment *nommez-vous* l'animal qui bêle ?

Comment *nommez-vous* la chose qui est dans votre encrier ?

Les mots *cordonnier, mouton, encre* sont donc des **noms**.

1. — Définition. — Le **nom** est une espèce de mot qui sert à nommer, c'est-à-dire à désigner les hommes, les animaux et les choses.

LE NOM COMMUN ET LE NOM PROPRE.

(Exercices 3 à 10.)

Explication. — Tous les êtres qui se ressemblent forment une espèce : *enfants, vieillards, pauvres, riches, laboureurs, commerçants*, etc., sont des *espèces* d'hommes ; les *chiens*, les *chats*, les *singes*, les *perroquets*, etc., sont des *espèces* d'animaux ; les *pierres*, les *métaux*, les *fleuves*, les *outils*, les *meubles*, etc., sont des *espèces* de choses.

Chacun de ces *noms* convient à tous les individus de la même espèce : le nom *enfant* à tous les enfants, le nom *chien* à tous les chiens, le nom *fleuve* à tous les fleuves ; ce sont des noms **communs**.

Mais, pour désigner clairement un individu, ce n'est pas assez du nom *commun*, précisément parce que ce nom est *commun* à tous les individus de la même espèce. Si, par exemple, je dis simplement *un enfant, un chien, un fleuve*, on ne saura de quel enfant, de quel chien, de quel fleuve je veux parler.

Pour distinguer cet enfant des autres enfants, ce chien des autres chiens, ce fleuve des autres fleuves, il faudra leur donner un nom particulier, un nom qui leur soit **propre** et ne convienne qu'à eux seuls. Voilà pourquoi tout homme a un nom propre et pourquoi l'on en donne aussi aux animaux et aux choses.

2. — Définitions. — Le nom **commun** est celui qui convient à tous les individus de la même espèce : *enfant, chien, fleuve.*

Le nom **propre** est celui qui ne convient qu'à un seul : *Pierre Durand, Médor, le Rhône.* Tous les noms propres commencent par une lettre majuscule.

3. — Remarque. — Le nom propre de personne se compose du nom de famille (*Durand*) et du prénom (*Pierre*).

LE GENRE.

(Exercices 11 à 14.)

Explication. — En grammaire, le mot **genre** désigne le *sexe.* — Il y a deux espèces de sexes : le *sexe masculin* et le *sexe féminin* ; il y a par conséquent deux espèces de *personnes* : celles du sexe masculin, les hommes, et celles du sexe féminin, les femmes. De même il y a deux espèces de *noms de personnes* : les noms du *genre masculin* qui ne conviennent qu'aux hommes, comme *père, fils, oncle, neveu, cousin*, etc., et ceux du *genre féminin* qui ne conviennent qu'aux femmes, comme *mère, fille, tante, nièce, cousine*, etc.

Il y a aussi deux espèces d'*animaux* : ceux qui sont du sexe masculin, les *mâles*, et ceux qui sont du sexe féminin, les *femelles*. Il y a donc aussi deux espèces de *noms d'animaux* : ceux du *genre masculin* qui ne conviennent qu'aux animaux mâles, comme *chien, chat, âne*, etc., et ceux du *genre féminin* qui ne conviennent qu'aux animaux femelles, comme *chienne, chatte, ânesse*.

Les *choses* n'ont pas de sexe; une pierre, un outil, un meuble ne sont ni mâles ni femelles; les *noms* de *choses* ne devraient donc être ni du *genre masculin* ni du *genre féminin*; il devrait y avoir pour ces noms un genre *neutre*, mot qui en grammaire veut dire *ni l'un ni l'autre*, ni masculin, ni féminin.

Mais il n'en est pas ainsi, et les *noms de choses* sont les uns du masculin, les autres du féminin; c'est par l'usage seulement qu'on apprend le genre de ces noms.

4. — Règles. — Les **noms d'hommes** sont du genre masculin; les **noms de femmes** sont du genre féminin.

5. — Les **noms d'animaux mâles** sont du genre masculin; les **noms d'animaux femelles** sont du genre féminin.

6. — Les **noms de choses** sont les uns du masculin, les autres du féminin, selon l'usage.

7. — Procédé pour reconnaître le genre des noms.

On reconnaît qu'un nom est du masculin quand l'usage permet de le faire précéder des mots **le, un** :

le *soleil*, **un** *arbre*.

On reconnaît qu'un nom est du féminin quand l'usage permet de le faire précéder des mots **la, une** :

la *lune*, **une** *fleur*.

FORMATION DU FÉMININ.

(Exercices 15 à 22.)

I. — Des noms qui ont le même radical aux deux genres.

le marchand	*la marchande*
le berger	*la bergère*
le poulet	*la poulette*
un âne	*une ânesse*
le danseur	*la danseuse*
un acteur	*une actrice*

Au féminin, tous ces noms se terminent par un e muet.

Mais, pour former le féminin, il ne suffit pas toujours d'ajouter un e muet au masculin, comme dans *le marchand, la marchande*; il faut quelquefois mettre un accent grave sur l'e du masculin : *le berger, la bergère*; ou redoubler la consonne finale : *le poulet, la poulette*; ou changer l'**r** en **s** : *le danseur, la danseuse*; ou changer **eur** en **rice** : *un acteur, une actrice.*

8. — L'e muet final est la marque ordinaire du féminin.

La formation du féminin dépend de la **terminaison** du masculin.

II. — Des noms dont le féminin diffère du masculin.

MASCULIN.	FÉMININ.
homme	*femme*
coq	*poule*

9. — Dans quelques noms, peu nombreux, le féminin diffère entièrement du masculin.

III. — Règles de la formation du féminin.

NOMS TERMINÉS EN **er**.

le berger	*la bergère*

10. — Au féminin des noms terminés en **er**, l'e qui précède l'**r** prend l'accent grave.

NOMS TERMINÉS PAR **d, i, in, ain, s, l**.

le marchand	*la marchande*
un ami	*une amie*
le voisin	*la voisine*
un Lorrain	*une Lorraine*
un Français	*une Française*
le filleul	*la filleule*

11. — Les noms terminés par **d, i, in, ain, s,** et beaucoup de noms en **l** forment le féminin par la simple addition d'un **e** muet au masculin.

❈

NOMS EN **en, on, t**.

le chien	*la chienne*
le lion	*la lionne*
le chat	*la chatte*

12. — Au féminin, ces noms redoublent presque tous la consonne finale du masculin.

❈

DE CERTAINS NOMS EN **e**.

le prince	*la princesse*

13. — Certains noms dont le masculin se termine en **e** font le féminin en **esse**.

❈

DES NOMS EN **eur**.

le voleur	*la voleuse*
le vengeur	*la vengeresse*
le pécheur	*la pécheresse*

14. — Beaucoup de noms en **eur** font le féminin en **euse**, quelques-uns le font en **eresse**.

❈

DES NOMS EN **teur**.

un inspecteur	*une inspectrice*
un chanteur	*une chanteuse*

15. — Beaucoup de noms en **teur** font le féminin en **trice**; quelques-uns le font en **teuse**.

IV. — Remarques sur le genre de certains noms.

(Exercices 20, 22.)

le serpent,   *le serpent* **mâle,**   *le serpent* **femelle**
la perdrix,   *la perdrix* **mâle,**   *la perdrix* **femelle**

16. — Remarque I. — Certains noms d'animaux n'ont que le masculin, d'autres n'ont que le féminin. En ces cas, pour désigner le sexe, on ajoute au nom l'adjectif *mâle* pour le masculin et l'adjectif *femelle* pour le féminin.

❋

SINGULIER.	PLURIEL.
un **grand** *amour.*	*les* **premières** *amours.*
un **vrai** *délice.*	*mes plus* **chères** *délices.*
un **bel** *orgue.*	*de* **belles** *orgues.*

17. — Remarque II. — Les noms **amour, délice** et **orgue** sont masculins au singulier et féminins au pluriel.

❋

La *gent trotte-menu.*
Les **bonnes** *gens.*
Les gens mal **intentionnés.**

18. — Remarque III. — Le mot *gent* signifie *peuple, nation*; il est féminin au singulier; au pluriel il signifie *hommes* et reste féminin quand il est précédé d'un adjectif; il devient masculin si l'adjectif le suit.

❋

FÉMININ.		MASCULIN.	
une aigle	un drapeau	**un aigle**	oiseau de proie.
une couple	se dit des choses : *une couple d'œufs.*	**un couple**	se dit des personnes : *un couple d'amis.*
une enfant	une petite fille.	**un enfant**	un petit garçon.
une enseigne	tableau annonçant un commerce.	**un enseigne**	un porte-drapeau.
une hymne	chant d'église.	**un hymne**	chant de guerre.
la foudre	feu du ciel.	**un foudre**	un héros.; un grand tonneau.

18 bis. — Remarque IV. — Certains noms changent de *genre* en changeant de signification.

LE NOMBRE.

(Exercices 23 à 33, 35, 37, 39, 41, 43, 45, 47.)

Le singulier et le pluriel. — Formation du pluriel.

Explication. — En *arithmétique*, il y a une infinité de nombres ; en *grammaire*, on ne considère que deux nombres : l'*unité* et la *pluralité*, qui s'opposent l'une à l'autre et qui reviennent sans cesse dans le discours. Quand nous parlons des personnes ou des choses, nous indiquons toujours s'il s'agit d'*une* ou de *plusieurs*. Mais, tandis qu'en arithmétique chaque nombre est exprimé par un ou plusieurs mots : *un, deux, dix, dix-huit, vingt, vingt et un*, etc., en grammaire c'est la terminaison des *noms* qui indique l'*unité*, c'est-à-dire le **singulier**, et la *pluralité*, c'est-à-dire le **pluriel**.

Comparez entre eux les mots *homme* et *hommes*, *chat* et *chats*, *table* et *tables*, et dites quelle différence il y a entre les premiers et les seconds.

19. — Définitions. — **Le nombre** est la propriété qu'ont certains mots d'indiquer par leur terminaison l'*unité* ou la *pluralité*.

20. — Il y a deux nombres : le **singulier** et le **pluriel**. Un nom est au singulier quand il désigne *un seul être*, il est au pluriel quand il en désigne *plusieurs*.

21. — Règle générale. — On forme le pluriel d'un nom en ajoutant une **s** au singulier de ce nom.

EXCEPTIONS A LA RÈGLE GÉNÉRALE.

Explication. — Il n'y a guère de règle sans exceptions. Ainsi, pour former le féminin d'un nom, on ajoute ordinairement un **e** muet au masculin ; cependant, si le masculin finit déjà par un **e** muet, nous avons vu qu'il est inutile d'en ajouter un autre. Pareillement, pour former le pluriel d'un nom on ajoute une **s** au singulier ; mais, si le singulier finit déjà par une **s**, comme *la brebis*, on n'en ajoute pas une seconde au pluriel ; on n'écrit pas *des brebiss*.

Quant aux noms qui finissent par **x** ou par **z**, comme *noix*, *nez*, ils finissent en réalité par une **s**, parce que l'**x** est une lettre double qui équivaut à **gs** (exemple) ou à **cs** (Alexandre), et que le **z** équivaut à une **s** adoucie, car *horizon* se prononce comme *maison*.

Comparez le singulier et le pluriel des noms suivants :

(SING.) *brebis*   (PLURIEL) *brebis*
— *noix*   — *noix*
— *nez*   — *nez*

et dites en quoi ils diffèrent.

22. — Règle. — Dans les noms terminés par **s, x, z,** le pluriel est semblable au singulier.

*

Pluriel des noms en eau, au, eu.

(SING.) *morceau*   (PLURIEL) *morceaux*
— *essieu*   — *essieux*

23. — Règle. — Les noms en **eau, au, eu** forment le pluriel en **x**, sauf *landau* et *bleu* qui suivent la règle générale.

24. — Remarque. — *Sept* noms en **ou** prennent aussi un **x** au pluriel : *bijou, caillou, chou, genou, hibou, joujou, pou.*

*

Pluriel des noms en al.

un cheval   *des chevaux*

25. — Règle. — La plupart des noms en **al** prennent un **x** au pluriel ; devant l'**x**, l'**l** se change en **u**.

26. — Remarque. — Quelques noms en **al** suivent la règle générale; les plus usités sont : *carnaval, bal, festival, régal, chacal.*

*

Pluriel des noms en ail.

27. — Remarque. — Plusieurs noms en **ail** font aussi le pluriel en **aux** ; ce sont : *bail, corail, émail, soupirail, travail, vantail, vitrail; bétail* fait *bestiaux; ail* fait *aulx.*

I. — Du pluriel des noms composés.

(Exercices 34 et 36.)

une reine-marguerite	*des reines-marguerites*
un arc-en-ciel	*des arcs-en-ciel*
un rouge-gorge	*des rouges-gorges*
un porte-montre	*des porte-montre*
une arrière-boutique	*des arrière-boutiques*

Explication (1). — Au lieu de dire : *un officier qui porte le drapeau du régiment*, on dit : un *porte-drapeau;* on dit : des *oiseaux-mouches*, pour désigner des *oiseaux qui sont petits comme des mouches;* on dit : un *essuie-mains*, pour désigner le *linge qui sert à essuyer les mains*.

Les mots *porte-drapeau, oiseau-mouche, essuie-mains*, sont des noms, puisqu'ils désignent des personnes, des animaux ou des choses. Mais, au lieu d'être des noms *simples*, ce sont des **noms composés**, c'est-à-dire formés de plusieurs mots.

Les noms composés sont formés ou de deux noms, *reine-marguerite;* ou de deux noms unis par une préposition, un *arc-en-ciel;* ou d'un adjectif et d'un nom, *rouge-gorge;* ou d'un verbe et d'un nom, *porte-montre;* ou d'un adverbe et d'un nom, *arrière-boutique*.

28. — Remarque I. — Comme les noms simples, les noms composés ont les deux nombres.

29. — Remarque II. — Dans les noms composés, *restent invariables* l'adverbe et la préposition.

Deviennent invariables :

1° Le verbe dans tous les cas : des *porte-montre;*

2° Le nom, quand il sert de complément à un autre nom et qu'il est précédé d'une préposition : des *arcs-en-ciel*, des chefs-d'œuvre.

Restent variables :

1° Le nom dans les autres cas : des *reines-marguerites*.

2° Tous les adjectifs : des *rouges-gorges*.

30. — Remarque III. — L'emploi du nombre est affaire de bon sens; ainsi l'on écrira des porte-*montre*, parce que le porte-montre n'en porte qu'une, et des porte-*allumettes*, parce que le porte-allumettes en porte plusieurs.

-----

(1) Le texte entouré d'un filet est spécial à la **deuxième année**, qui correspond au **Cours supérieur.**

1*

II. — Pluriel des noms propres.

(*Exercices 38 et 40.*)

Il n'y a plus de **Racines,** *c'est-à-dire plus de poètes comme Racine.*

Le musée du Louvre possède beaucoup de **Raphaëls,** *c'est-à-dire de tableaux de Raphaël.*

Les **Bourbons,** *les* **Allemands.**

Explication. — Puisque le nom propre est celui qui ne convient qu'à un individu, il ne peut avoir de pluriel. Cependant quelquefois le nom propre est employé pour désigner non un individu, mais tous ceux qui lui ressemblent, ou même pour désigner ses ouvrages ; ainsi l'on dit *les Corneilles sont rares,* c'est-à-dire *les poètes semblables à Corneille ;* ou encore *des Poussins, des Meissoniers* se vendent au poids de l'or, c'est-à-dire *les tableaux de Poussin et de Meissonier.* Alors le nom propre est employé comme *nom commun,* puisqu'il convient à *toute une espèce* d'hommes ou de choses, et par conséquent il peut être mis au pluriel.

Toutes les familles forment une *espèce,* puisqu'elles se ressemblent entre elles ; chaque famille prise à part est un *individu* de cette espèce ; chaque famille a donc un nom *propre* qui la distingue des autres.

Mais une famille se compose de plusieurs membres ; c'est un *groupe ;* de sorte qu'un nom de famille est à la fois *propre* à cette famille et *commun* à tous ses membres ; ce sont des noms d'une nature particulière. Ainsi le nom de *Bourbon* est à la fois celui de la famille et de tous les membres de la famille.

Il en est de même des noms de peuples ; car chaque peuple pris à part est une *unité ;* mais cette unité est *composée* d'un grand nombre d'autres ; c'est ainsi qu'en arithmétique *un million* se compose d'une multitude d'unités. Le nom d'*Allemand* servira donc à désigner *le peuple allemand* et tous les *Allemands.*

31. — Remarque I. — Quand le nom propre est employé comme nom commun, il peut être mis au pluriel.

32. — Remarque II. — Les noms de familles sont à la fois *propres* à une famille et *communs* à tous ses membres ; il en est de même des noms de peuples ; ces noms peuvent donc prendre la marque du pluriel.

III. — Pluriel des noms tirés des langues étrangères.

(Exercices 42 et 44.)

33. — Remarque. — Parmi les noms tirés des langues étrangères, les *uns sont francisés et prennent la marque du pluriel;* voici les principaux :

LATINS. — *Accessit, agenda, album, alibi, alinéa, déficit, duplicata, fac-similé, factotum, maximum, minimum, mémento, muséum, quiproquo, quolibet, récépissé, spécimen, vivat.*

ITALIENS. — *Alto, andante, bravo, duo, macaroni, numéro, opéra, solo, ténor, trio.*

ANGLAIS. — *Bifteck, budget, tilbury, tramway.*

Les autres, *n'étant pas francisés, restent invariables,* comme :

LATINS. — *Ave, pater, errata, veto, in-folio, in-quarto, in-octavo, ex-voto, post-scriptum, te Deum, vade-mecum.*

Ou prennent le pluriel de leur langue, comme :

ITALIENS. — Un carbonaro, des carbonari; un dilettante, des dilettanti; un lazarone, des lazaroni ; un soprano, des soprani.

IV. — Noms qui ont deux formes au pluriel.

(Exercices 46 et 48.)

34. — Remarque I. — Certains noms ont deux *sens* et par suite deux *formes* au pluriel ; tels : *aïeul, ciel, travail.*

— *Qui sert bien son pays n'a pas besoin* d'**aïeux** (c'est-à-dire d'*ancêtres*).

— *Il a perdu ses deux* **aïeuls** (c'est-à-dire son grand-père paternel et son grand-père maternel).

— *Quoi de plus beau que la voûte des* **cieux** (sens propre) ?

— *Ce peintre ne sait pas faire les* **ciels** (sens figuré).

— *Ces lits n'ont pas de* **ciels** (sens figuré).

— *Qui ne connaît les* **travaux** *d'Hercule* (c'est-à-dire les exploits d'Hercule) ?

— *Ce maréchal-ferrant n'a pas de* **travails** (c'est-à-dire de machines pour contenir les chevaux vicieux que l'on ferre).

35. — Remarque II. — On dit les *yeux* de la soupe, du pain, du fromage, et des *œils-de-bœuf* (lucarne), des *œils-de-perdrix* (cors au pied), des *œils-de-chèvre* (espèce de fleur).

LE NOM COLLECTIF.

(Exercices 49 et 50.)

La foule *des blessés* **a été recueillie** *dans la ville.*
Une foule *de blessés* **ont été recueillis** *dans la ville.*

Explication. — Il y a des noms qui, tout en étant du singulier, expriment cependant une idée de pluriel ; de ce nombre sont les noms *foule, multitude, troupe, bande,* etc. Ces mots désignent non une personne ou une chose, mais des *collections* de personnes ou de choses. Ce sont des **noms collectifs.**

36. — Définitions. — On appelle **noms collectifs** les noms qui, tout en étant au singulier, expriment cependant une idée de pluriel.

37. — On nomme **collectif général** celui qui désigne une collection entière ou une partie déterminée de la collection : *La foule des blessés,* c'est-à-dire *tous* les blessés, *la moitié des blessés,* c'est-à-dire *la moitié tout entière.* Le collectif général est ordinairement précédé de *le, la, les.*

On nomme **collectif partitif** celui qui ne désigne qu'*une partie* indéterminée de la collection : *une foule de blessés,* c'est-à-dire *une partie* nombreuse des blessés. Le collectif partitif est ordinairement précédé de *un, une.*

COMPLÉMENT DU NOM.

(Exercice 51.)

I. — *J'ai vu un tas* **d'oranges.**
 Tu connais mon amour **pour toi.**
 Il a la manie **de contredire.**

II. — *Il y a une quantité de pierres* **de taille.**

38. — Remarque I. — Le nom a souvent besoin d'un complément ; ce complément peut être ou un autre nom : *un tas d'oranges,* ou un pronom : *mon amour pour toi,* ou un verbe à l'infinitif : *la manie de contredire,* précédés d'une préposition.

Remarque II. — Le complément d'un nom peut lui-même exiger un autre complément.

Ainsi, dans l'exemple cité, *de pierres* est le complément de *quantité,* et *de taille* est le complément de *pierres.*

NOMBRE DU COMPLÉMENT.

(Exercice 52.)

> *Un sac* **de toile** (fait avec de la *toile*).
> *Un magasin* **de toiles** (où l'on trouve *des toiles* de toute sorte).
> *Des fruits* **à noyau** (qui ont *un noyau*).
> *Des fruits* **à pépins** (qui ont *plusieurs pépins*).
> *Une botte* **de foin** (faite avec *du foin*).
> *Une botte* **d'asperges** (faite avec *des asperges*).
> *Un tas* **de blé, de sable** (fait avec *du blé, du sable*).
> *Un tas* **de gerbes, de fagots** (fait avec *des gerbes, des fagots*).
> *Un livre* **d'histoire** (l'histoire *d'un peuple*).
> *Un livre* **d'histoires** (qui contient *plusieurs* récits amusants).
>
> **39.** — **Remarque I.** — Quand le complément du nom est formé d'une préposition suivie d'un nom, celui-ci se met au pluriel s'il désigne *plusieurs objets* qui se comptent.
> Ce n'est là qu'une application de la règle générale.
>
> ✻
>
> *De l'huile* **d'olive ou d'olives.**
> *De la gelée* **de pomme ou de pommes.**
> *Des habits* **d'homme ou d'hommes.**
>
> **40.** — **Remarque II.** — Si le singulier et le pluriel donnent le même sens, on emploie indifféremment l'un ou l'autre. Un livre *d'histoire* n'est pas la même chose qu'un livre *d'histoires*, mais il n'y a pas de différence entre l'huile *d'olive* et l'huile *d'olives*.

ANALYSE DU NOM.

(Exercices 61, 62 et 63, page 36.)

Duguesclin *fut* un héros.

Duguesclin, n. pr. masc. sing.
Héros, n. c. masc. sing.

41. — **Méthode.** — Pour analyser le nom, il faut en indiquer : 1° l'*espèce*, 2° le *genre*, 3° le *nombre*.

1. — Répondre aux questions en choisissant le nom convenable.

Ex. : *Quel est le nom de l'homme qui fait le pain ? — L'homme qui fait le pain se nomme...*

Cheval, médecin, boucher, maçon, chien, loup, marchand, vache, berger, boulanger, mouton, chat, cordonnier, renard, coq, cocher.

I. — Quel est le nom de l'homme qui fait le pain ? — De celui qui bâtit les maisons ? — De celui qui fait paître les troupeaux ? — De celui qui soigne les malades ? — De celui qui vend les marchandises ? — De celui qui tue les bœufs et les moutons ? — De celui qui conduit une voiture ? — De celui qui fait nos souliers ?

II. — Comment s'appelle l'animal qui croque les souris ? — Celui qui chante avant le lever du soleil ? — Celui qui va avec l'homme à la chasse ? — Celui qui mange les poules ? — Celui qui dévore les moutons ? — Celui qui traîne nos voitures ? — Celui qui nous donne le lait ? — Celui qui nous donne la laine ?

3. — Même exercice.

Orateur, sculpteur, navigateur, jardinier, roi, peintre, inventeur, écrivain, général, amiral, architecte, savant, juge, maire, fabuliste, marin.

I. — Quel est le nom commun à tous ceux qui commandent une armée ? — A tous ceux qui naviguent ? — A tous ceux qui écrivent des ouvrages ? — A tous ceux qui font des inventions ? — A tous ceux qui font des tableaux ? — A tous ceux qui font des statues ? — A tous ceux qui cultivent les jardins ? — A tous ceux qui font le plan d'une maison ?

II. — A tous ceux qui commandent une flotte ? — A tous ceux qui prononcent des discours ? — A tous ceux qui gouvernent un royaume ? — A tous ceux qui condamnent les coupables ? — A tous ceux qui administrent une commune ? — A tous ceux qui composent des fables ? — A tous ceux qui sont très instruits ?

5. — Répondre aux questions en consultant la liste suivante.

Canal, ville, cuillère, montagne, fleuve, rivière, port, locomotive, source, lac, île, fraisier, phare, golfe, vigne.

I. — Comment nommez-vous : Les cours d'eau qui vont se jeter dans la mer ? — Les espaces de terre entourés d'eau de tous côtés ? — Les plantes qui donnent des fraises ? — Les ustensiles qui servent à manger la soupe ? — Les étendues d'eau entourées de terre de tous côtés ? — Une masse de terre plus élevée que le terrain environnant ? — La plante qui donne le raisin ?

II. — L'endroit où les vaisseaux viennent s'abriter ? — La réunion d'un grand nombre de maisons ? — Les petits cours d'eau ? — Une rivière creusée par les hommes ? — Les tours, surmontées d'une lanterne puissante, qui guident les vaisseaux la nuit ? — Une partie de la mer qui s'avance dans les terres ? — Les machines qui servent à traîner les vagons ? — L'endroit où commence une rivière ?

2. — Répondre aux questions en choisissant le nom convenable.

Marteau, raisin, boussole, girouette, pomme, hache, charrue, monnaie, navire, feu, vêtement, horloge, houille, échalas, gaule, acier, lait, thermomètre.

Comment s'appelle ce qui sert à nous habiller ? — Ce qui sert à cuire les aliments ? — Ce qui sert à enfoncer les clous ? — Ce qui sert à fendre le bois ? — Ce qui sert à acheter les marchandises ? — Ce qui sert à mesurer le temps ? — Ce qui sert à faire du vin ? — Ce qui sert à faire du cidre ? — Ce qui sert à labourer la terre ? — Ce qui sert à faire du fromage ? — Ce qui sert à fabriquer les aiguilles ? — Ce qui sert à mesurer la température ? — Ce qui sert à indiquer la direction des vents ? — Ce qui sert à fabriquer le gaz d'éclairage ? — Ce qui sert à traverser les mers ? — Ce qui sert à abattre les noix ? — Ce qui sert à soutenir la vigne ? — L'instrument qui indique le nord ?

4. — Choisir dans la liste le nom propre convenable.

Colbert. — Corneille. — Christophe Colomb. — Gutenberg. — Jenner. — Marceau. — Lavoisier. — Bara. — Jeanne d'Arc. — Raphaël. — La Fontaine. — Fénelon. — Henri IV. — Charlemagne. — Blanche de Castille. — Mirabeau. — Courbet. — Béranger. — Henri Martin. — Cuvier.

Donnez le nom propre d'un général ; — d'un fabuliste ; — d'une héroïne ; — d'un ministre ; — d'un chimiste ; — d'un archevêque ; — d'un poète ; — d'un enfant célèbre ; — d'un roi ; — d'un navigateur ; — d'un inventeur ; — d'un empereur ; — d'un peintre ; — d'un chansonnier populaire ; — d'un orateur ; — d'un naturaliste ; — d'un amiral ; — d'un historien ; — d'une régente ; — d'un médecin.

6. — Faire suivre les noms communs d'un nom propre convenable.

Marseille. — Le Vengeur. — La Bible. — Le Val-de-Grâce. — Vendôme. — Le Louvre. — Vaucluse. — L'Opéra. — Atlantique. — Les Gobelins. — Saint-Denis. — L'Élysée. — Notre-Dame. — Le Régent. — Méditerranée. — Jeu-de-Paume. — La Bastille. — Brest. — Corse. — La Concorde. — La Marseillaise. — Pont-Neuf. — Porte Saint-Martin.

Donnez le nom propre d'une ancienne prison ; — d'un port de commerce ; — d'un port de guerre ; — d'une église ; — d'un vaisseau ; — d'un musée ; — d'une fontaine ; — d'une porte monumentale ; — d'un serment célèbre ; — d'un palais ; — d'un livre religieux ; — d'un théâtre ; — d'un diamant ; — d'un hôpital militaire ; — d'une île ; — d'un océan ; — d'une mer ; — d'une place publique ; — d'une manufacture ; — d'un chant patriotique ; — d'une colonne ; — d'un pont ; — d'une abbaye célèbre.

Ire ANNÉE 7. — Faire une liste des noms communs, et une liste des noms propres, en mettant une majuscule à ces derniers.

I. — La source du rhône est située en suisse. La terre absorbe la chaleur plus vite que la mer. Le thé est la feuille desséchée d'un arbrisseau que l'on cultive dans l'asie orientale. Les pyrénées françaises s'étendent du golfe de gascogne à la mer méditerranée ; elles ont une longueur de cent dix lieues environ. Bernard palissy a consacré sa vie et sa fortune à découvrir le secret de l'émail de la faïence.

II. — De toutes les contrées de l'europe, c'est la russie qui donne les plus fortes récoltes de céréales. La france est mon pays ; elle a de beaux fleuves, comme la seine, la loire ; de belles villes, comme paris, lyon, marseille. Elle a eu de grands rois, comme louis IX, henri IV ; de grands ministres, comme sully, colbert ; de grands poètes, comme la fontaine, corneille, victor hugo ; des héros, comme duguesclin ; des héroïnes, comme jeanne d'arc. J'aime bien mon pays.

9. — Disposer les noms en trois colonnes ; dans la 1re écrire les noms de personnes, dans la 2e les noms d'animaux, dans la 3e les noms de choses.

I. — La carpe est un poisson d'eau douce. Le hanneton pond ses œufs dans la terre. Les druides étaient les prêtres des Gaulois. Le chien aide le berger à garder les moutons. Le chameau d'Asie a deux bosses, le dromadaire d'Afrique n'en porte qu'une. Ce cultivateur a une ferme magnifique. On a retiré une grande quantité de miel de ces ruches. Vercingétorix se rendit à César, devant Alésia.

II. — Jeanne d'Arc fut prise à Compiègne ; elle fut brûlée par les Anglais sur la place du Marché à Rouen. Le cheval et le bœuf sont les animaux les plus utiles à l'homme. Quelques oiseaux se nourrissent d'insectes. L'écolier doit écouter toutes les observations de son maître. Les alouettes font leurs nids dans les blés. Le capitaine est le premier officier d'une compagnie, le lieutenant en est le second.

11. — Faire deux listes des noms masculins et des noms féminins.

I. —			
frère	ouvrière	oncle	menuisier
sœur	ouvrier	cousine	couturière
marraine	fermier	tante	épicier
parrain	marchand	neveu	boulanger
voisin	marchande	nièce	soldat
voisine	maîtresse	cousin	servante
fermière	maître	blanchisseuse	médecin

II. —			
chien	canard	tigre	brebis
chienne	cane	loup	poule
chat	dinde	levrette	pigeon
chatte	lion	lévrier	ânesse
jument	lionne	mouton	singe
cheval	tigresse	bœuf	coq
âne	louve	vache	chèvre

8. — Choisir **six** noms communs : de personnes, — d'animaux, — **IIe ANNÉE**
de choses ; — **six noms propres :** de personnes, — d'animaux, —
de choses.

I. — médecin   villageoise   hareng
montagne   assiette   rabot
voiture   paysan   abeille
lion   député   fourneau
cygne   bureau   âne
menuisier   soldat   bœuf

II. — Rouen   Bucéphale   la Marne
Mistigris   Vercingétorix   Corneille
Richelieu   Raminagrobis   les Tuileries
la Corse   Lorient   les Vosges
Azor   Médor   Mirabeau
Turenne   Pataud   Gutenberg

10. — **Relever les noms d'êtres animés, puis ceux d'êtres inanimés.**

Les Gaulois n'avaient que des armes grossières, des flèches, des
haches souvent en pierre et des épées, qui ne tardaient pas à s'émous-
ser. Le lait de chamelle est fort estimé par les Arabes. Les canes
sauvages pondent dans les joncs des étangs, loin des habitations.
L'hippopotame, le rhinocéros, la girafe, l'éléphant, le gorille, le
perroquet sont les principaux animaux de l'Afrique équatoriale. L'or,
l'argent, le cuivre sont très abondants en Sibérie, en Chine et au
Japon. Le Jura est recouvert de riches forêts et semé de villages indus-
triels. Les harengs, la sardine, le maquereau, le saumon s'approchent
des côtes pour y déposer leurs œufs. Charlemagne fut un grand guerrier : il triompha des Lombards en Italie, des Arabes en Espagne, et
des Saxons en Allemagne.

12. — **Faire trois listes des noms de personnes, des noms d'animaux,
des noms de choses ; souligner les noms féminins.**

I. — Le pain, la soupe, le laboureur, un âne, la boulangère, le dessert, une ânesse, la chèvre, une marchande, le fromage, la poire, le
bouc, un lièvre, un lapin, la prune, un tailleur, le médecin, une noix,
une pomme, le mouton, un prêtre, la brebis, une sœur, une cerise, une
pie, un moineau, une ouvrière, le raisin, le pinson, le charpentier, la
ménagère.

II. — Une table, le livre, la chaise, le hibou, le boucher, la blanchis-
seuse, le bureau, la plume, la souris, le rat, le serrurier, la girafe, la
servante, le domestique, une armoire, le papier, le député, le maire,
la cigale, la fourmi, un oreiller, une serviette, le roi, la comtesse, une
carte, un poulet, le savon, un paon, la chemise, un ébéniste, la grenouille, une cardeuse, une musicienne, le bouton, la cravate, un pantalon, un maréchal, un grattoir, un hippopotame, un tabouret.

Iʳᵉ ANNÉE 13. — Ranger en deux listes les noms qui peuvent être précédés soit de *le* ou *un*, soit de *la* ou *une*.

I. — chatte / bouteille / souris / forêt
poulet / lion / plante / dindon
blé / crayon / fleur / dinde
farine / plume / peuplier / jument
moulin / cahier / chêne / cheval
table / rat / gland / foin

II. — miel / grenouille / cordon / cigale
bougie / mèche / ficelle / fourmi
lampe / orage / famille / rivière
cire / singe / règle / fleuve
moucheron / terre / banc / golfe
sac / mouchoir / papier / lac
muraille / casquette / bijoutier / cadre

15. — Former le féminin des noms suivants :

I. — le cousin / le villageois / un Anglais / le fruitier
le voisin / le bourgeois / un aïeul / le portier
le jardinier / un mercier / le filleul / le lapin
un ami / le Français / un Lorrain / le cuisinier
le tapissier / un épicier / le charcutier / le rentier
un ouvrier / le boucher / un Picard / le caissier
un ennemi / le pâtissier / le marchand / un apprenti

II. — un infirmier / un Flamand / l'hôtelier / le confident
le parent / un Espagnol / le berger / un Lyonnais
un écolier / un Normand / le teinturier / le boulanger
un meunier / un étranger / un Américain / un ours
le marquis / un héritier / le mendiant / le bavard
le serin / le marié / le chiffonnier / le prisonnier
Louis / le coquin / le fermier / le rival

17. — Même exercice.

I. — le lion / le musicien / le berger / un Breton
le chat / le lapin / un païen / un convalescent
le poulet / le comte / un chrétien / le baron
le chien / le maître / un hôte / un nègre
un écuyer / le Parisien / le traître / un âne
le prince / un Allemand / le citoyen / le tigre
le linot / un Alsacien / le martyr / le laitier

II. — un paysan / le gardien / un diable / un Champenois
le patron / le comédien / un Portugais / un Brésilien
le vicomte / le druide / un Prussien / un méchant
un ivrogne / un Européen / le souverain / le président
Jean / un Autrichien / le conquérant / l'adjoint
un Italien / un Algérien / un Hollandais / le concierge
un ogre / un Suisse / un Bourguignon / le client

14. — Ranger en deux listes les noms masculins et les noms féminins.   IIe ANNÉE

Dernièrement, je me promenais dans un admirable vallon : c'était au printemps ; tout était en fleurs. Un cytise attire mes regards. Vous connaissez ce ravissant arbuste aux grappes d'or qui pendent légères et gracieuses à ses sveltes rameaux. Arrivé au pied, je vois l'arbre mutilé ; une branche gisait à terre avec un reste de fleurs fanées ou foulées ; une bande d'enfants s'éloignait en chantant, des fleurs aux mains et sur la tête.....

..... En voyant cette branche étendue et souillée, je songeais au mot de Montesquieu ; parlant du despotisme, il dit : « Les despotes sont comme les sauvages de l'Amérique qui coupent l'arbre pour avoir les fruits. » Nos petits sauvages d'Europe, déjà frottés de civilisation, s'étaient contentés de casser la branche pour avoir les fleurs.

(A. V.)

16. — Mettre au féminin les noms en italiques, et compléter la phrase.

Bienfaiteur, spectateur, inspecteur, tuteur, caissier, druide, lecteur, infirmier, mendiant, protecteur, débiteur, orphelin.

Cette dame a été la seule ..... de cet accident. Une mère est la ..... de ses enfants. Cette ..... soulage beaucoup de malheureux. Cette ..... est élevée par son oncle. L' ..... a été satisfaite de sa visite dans cette école. Donnez un morceau de pain à cette pauvre ..... . Cette jeune fille, depuis la mort de sa mère, est devenue la ..... de ses petits frères. Cette ..... a fait une erreur dans ses comptes. Ce malade doit sa prompte guérison aux bons soins de cette ..... . Cette dame n'a pu me payer ce qu'elle me devait : elle est toujours ma ..... . Ma mère est une ..... assidue de ce journal. Les ..... plongeaient le couteau dans le cœur des prisonniers, et jugeaient de l'avenir à la manière dont le sang coulait. (VOLTAIRE.)

18. — Même exercice.

Cousin, héros, musicien, âne, neveu, bouc, veau, linot, loup, père, cheval, coq, oncle, roi.

Le lait d' ..... est excellent pour les personnes délicates. La ..... couve ses œufs pendant vingt jours environ. La ..... s'apprivoise facilement : son chant est agréable. Jeanne Hachette a défendu Beauvais contre Charles le Téméraire : c'est une ..... . La sœur de mon père est ma ..... . Cette ..... a une très jolie voix. La fille de mon frère est ma ..... . La fille de mon oncle est ma ..... germaine. Une belle ..... est attelée à cette voiture. On amènera une ..... pour vacciner les enfants de cette école. La ..... défend ses louveteaux avec fureur. La ..... aime à gravir jusqu'au sommet des coteaux. La justice est la ..... des vertus morales. (BOSSUET.) Que ne peut point un fils sur le cœur d'une ..... ! (CORNEILLE.)

Iʳᵉ ANNÉE   **19. — Mettre au féminin les noms en italiques, et compléter les phrases.**

Baigneur, nègre, moniteur, teinturier, glaneur, aïeul, Européen, paysan, recéleur, maître, parfumeur, lion, plaideur, quêteur.

I. — Une ..... garde ou cache des objets volés. Ma robe a besoin d'être nettoyée ; je vais la porter chez la .... La ..... ramasse dans les champs les épis échappés aux moissonneurs. La mère de mon père est mon ..... . Une ..... est généralement plus robuste qu'une femme de la ville. Je viens d'acheter du savon et un flacon d'odeur chez la .... Cette ..... a recueilli de nombreuses aumônes.

II. — Une ..... appartient à la race blanche et une ..... à la race noire. Une ..... doit donner l'exemple de la bonne tenue. La ..... ayant été plus sévère, les élèves furent plus silencieuses. Ce matin, la mer était très agitée, une ..... a été noyée. La ....., lorsqu'on lui a ravi ses petits, suit la piste du chasseur à de grandes distances. Cette ..... a perdu son procès.

21. — Former le féminin des noms suivants :

I. —

le danseur	un devancier	un cardeur
le voyageur	un buveur	un Egyptien
le voleur	le plaideur?	un nageur
le chanteur	un baigneur	un plongeur
un fileur	un vendangeur	le parfumeur
le pécheur	le faucheur	un enchanteur

II. —

le joueur	un glaneur	un habilleur
le quêteur	le recéleur	un mangeur
le vengeur	le repasseur	le géant
un moissonneur	le gardeur	le dormeur
un vendeur	le griffonneur	un nain
le blanchisseur	le hâbleur	le flatteur
un plumassier	le nègre	un guerrier

23. — Indiquer : 1° les noms au singulier ; 2° ceux au pluriel.

I. —

père	cousins	boulanger	élèves
mères	berger	paysans	maitre
frère	laboureurs	soldats	maçons
sœurs	forgeron	marchand	vignerons
tante	fermières	hommes	couturière
oncles	servante	femme	villageoise

II. —

lions	poisson	arbres	crayon
renard	abeilles	rivières	feuilles
serpents	serins	maison	branche
tortues	chat	fruits	forêt
hirondelle	chiens	tables	champs
baleine	moutons	banc	blé
goujons	dindon	plumes	charrue

20. — **Choisir parmi les mots en italiques ceux que réclame le sens.**   IIe ANNÉE

Il faut vingt livres de blé pour nourrir *un, une* couple de moineaux. (BUFFON.) L'aigle est *furieux, furieuse* quand on lui enlève ses aiglons. La salle des fêtes du Trocadéro, à Paris, possède *un bel, une belle* orgue. La Marseillaise est l'hymne *national, nationale* des Français. Le bon élève fait ses plus *chers, chères* délices de l'étude. *Le, la* foudre *étincelant, étincelante* éclate dans les nues. (VOLTAIRE.) *Un, une* foudre de guerre est parfois un fléau pour l'humanité. La fille de Madame de Sévigné était *un, une* enfant remarquable. Napoléon Ier a conduit les aigles *français, françaises* sur de nombreux champs de bataille. *Un, une* couple de pigeons suffit pour peupler une volière. Fuyons les gens *querelleurs, querelleuses*. On rencontre de *bons, bonnes* gens dans tous les pays. L'amour *filial, filiale* est le premier devoir d'un enfant.

22. — Même exercice.

L'espèce de l'aigle *commun, commune* est moins pure et la race en paraît moins noble que celle du *grand, grande* aigle. (BUFFON.) — Ce couple *heureux, heureuse* d'oiseaux qui a prodigué les soins les plus tendres à sa famille naissante, craint à chaque instant qu'on ne la lui ravisse. (BUFFON.) — Le paratonnerre, inventé par Franklin, préserve les édifices des ravages *du, de la* foudre. — Les *premiers, premières* hymnes de l'Eglise ont le mérite de la simplicité. (MARMONTEL.) — Souvent *le trop grand, la trop grande* amour que l'on a pour soi attire le mépris d'autrui. (LA ROCHEFOUCAULD.) — Adieu, *cher, chère* aigle, que le dernier baiser que je te donne passe dans le cœur de ma vieille garde. (NAPOLÉON Ier.) — Molière a mis de *vilains, vilaines* gens dans son théâtre. (NISARD.) — *Le, la* gent trotte-menu s'en vient chercher sa perte. (LA FONTAINE.)

24. — Indiquer entre parenthèses le genre et le nombre des noms.

*Ex. Le général (**m. s.**) commande les soldats (**m. p.**).*

La grêle détruit les récoltes. Le fumier fertilise la terre. Les chenilles dévorent les feuilles des arbres. Sur le sommet des hautes montagnes la neige ne fond jamais. Le castor construit son habitation au bord des fleuves. Quand les hirondelles rasent le sol, la pluie est proche. Le lait tombe : adieu veau, vache, cochon, couvée ! Les abeilles déposent le miel dans la ruche. Le chien du berger garde le troupeau. La caravane traverse le désert. Avec l'amande de l'arachide on fabrique une huile recherchée par le commerce. Les premiers hommes habitaient les cavernes ; ils portaient pour vêtements la peau des animaux sauvages qu'ils tuaient et dont ils mangeaient la chair crue.

Iʳᵉ ANNÉE   **25. — Mettre au pluriel les noms suivants :**

I. —
enfant	musicien	charpentier	pauvre
garçon	poète	journaliste	peuple
fille	écrivain	marin	nègre
vieillard	ébéniste	homme	chef
personne	commerçant	roi	canard
ouvrier	magistrat	baron	cygne
collégien	ministre	citoyen	pinson

II. —
cigale	perroquet	herse	herbe
fourmi	crocodile	pré	route
rat	poisson	champ	pierre
araignée	éléphant	chemin	jardin
mouche	anguille	sillon	arbre
merle	écrevisse	fossé	plante
cerf	carpe	rivière	salade

27. — Mettre au singulier les noms suivants :

I. —
boulangers	jardiniers	esclaves	bergers
libraires	gendarmes	brigands	bûcherons
merciers	peintres	parents	sabotiers
négociants	sculpteurs	orphelins	princes
maîtres	facteurs	rentiers	ânes
domestiques	pirates	filleuls	mulets
tailleurs	traîtres	chasseurs	singes

II. —
renards	bergeronnettes	harengs	granges
lapins	roitelets	limandes	murs
fouines	taupes	villes	toits
chevreuils	musaraignes	villages	buissons
sangliers	turbots	bourgs	fleurs
cailles	langoustes	maisons	fruits
alouettes	saumons	écuries	graines

29. — Mettre au pluriel les noms suivants :

I. —
le chien	le banc	le canevas	la bataille
la voiture	le gaz	la muraille	le poids
la croix	le fleuve	la table	la faux
le nez	le tapis	le poisson	la cigale
le lion	la noix	le fils	la ceinture
la souris	le cadre	le marquis	la perdrix
la bille	le mouchoir	le pied	la lampe

II. —
la griffe	le pavé	la pierre	le légume
la voix	le villageois	le cordon	le chiffre
le limaçon	la poix	le salsifis	le matelas
le cadenas	le castor	le désert	le prix
le papillon	le pilotis	la plaine	le sapin
la rue	la vallée	la brebis	la cerise
la bordure	le choix	la bergerie	le harnais

26. — Relever : 1° les noms au singulier ; 2° les noms au pluriel. IIᵉ **ANNÉE**

La vraie charité.

Il ne s'agit point d'épuiser sa bourse et de verser l'argent à pleines mains ; je n'ai jamais vu que l'argent fît aimer personne. Il ne faut point être avare et dur, ni plaindre la misère qu'on peut soulager ; mais vous aurez beau ouvrir vos coffres, si vous n'ouvrez aussi votre cœur, celui des autres vous restera toujours fermé. Il y a des témoignages d'intérêt et de bienveillance qui font plus d'effet et sont réellement plus utiles que tous les dons ; combien de malheureux, de malades, ont plus besoin de consolations que d'aumônes ! Combien d'opprimés à qui la protection sert plus que l'argent ! Raccommodez les gens qui se brouillent, prévenez les procès ; portez les enfants au devoir, les pères à l'indulgence ; empêchez les vexations ; employez, prodiguez votre crédit en faveur du faible à qui on refuse justice et que le puissant accable. Déclarez-vous hautement le protecteur des malheureux. Soyez juste, humain, bienfaisant. Ne faites pas seulement l'aumône ; faites la charité.

(J.-J. Rousseau.)

28. — Mettre au singulier les noms suivants :

Les armes des soldats. Les cloches des églises. Les herbes des champs. Les conseils des maîtres. Les pavés des rues. Les feuilles des arbres. Les roues des voitures. Les cris des enfants. Les fatigues des ouvriers. Les glaces des salons. Les bouchons des bouteilles. Les portes des armoires. Les bords des rivières. Les fours des boulangers. Les boutiques des marchands. Les rampes des escaliers. Les murs des jardins. Les outils des menuisiers. Les livres des écoliers. Les fleurs des parterres. Les lampes des mineurs. Les cahiers des élèves. Les avenues des villes. Les rails des tramways. Les baquets des blanchisseuses. Les cordons des souliers. Les boutons des habits. Les grappes des treilles. Les poissons des rivières. Les vitres des fenêtres. Les fouets des cochers. Les meules des moulins. Les tabliers des cuisinières. Les plumes des autruches.

30. — Même exercice.

Les perdrix des plaines. Les os des poulets. Les logis des paysans. Les palais des rois. Les bois des cerfs. Les discours des orateurs. Les rubis des colliers. Les clefs des cadenas. Les dégâts des souris. Les manches des coutelas. Les tapis des chambres. Les dangers des puits. Les douleurs des abcès. Les murs des enclos. Les pas des géants. Les branches des compas. Les succès des chanteurs. Les devoirs des fils. Les matelas des lits. Les vis des charnières. Les coquilles des noix. Les radis des potagers. Les mets des desserts. Les rabais des marchands. Les repas des pauvres. Les choix des acheteurs. Les gaz des ballons. Les lilas des bosquets. Les commis des entrepreneurs. Les vitres des châssis. Les remords des coupables. Les muscles des bras. Les cartes des atlas. Les engrais des prairies. Les avis des parents.

 31. — Mettre au pluriel les noms au singulier, et réciproquement.

I. —
le noyau	des barreaux	des poteaux	des couteaux
le tuyau	un veau	le moineau	les tableaux
les flambeaux	le chameau	le roseau	le rideau
le landau	le troupeau	un anneau	un fourneau
un chevreau	des joyaux	des châteaux	des poireaux
des bourreaux	les chapeaux	le corbeau	le cadeau
un préau	un morceau	un caveau	un vœu

II. —
les cheveux	des essieux	un ormeau	le berceau
le pieu	le feu	des boyaux	les rameaux
un aveu	des épieux	le lionceau	un fléau
des adieux	un neveu	le pinceau	les cerceaux
les bleus	un enjeu	des ruisseaux	un tombereau
le jeu	les milieux	les bureaux	les sarraux
un moyeu	un dieu	les manteaux	les râteaux

33. — Compléter les phrases en choisissant le nom convenable.

Coucou, bijou, filou, pou, sou, chou, trou, clou, genou, fou, caillou, bambou, joujou, verrou.

I. — Les bagues, les bracelets sont des .... Les ..... déposent leurs œufs dans le nid des autres oiseaux. On empierre les routes avec des .... Il vaut mieux porter un vieux vêtement rapiécé qu'un habit neuf avec des ..... . La soupe aux ..... se fait dans la marmite. Les ..... sont employés par les Chinois pour la construction de leurs maisons.

II. — Il est tombé sur ses .... On soigne les ..... dans des maisons de santé. On fixe les planches avec des .... Les petits enfants aiment les .... La pièce de deux ..... vaut dix centimes et pèse dix grammes. Les enfants malpropres ont des ..... dans les cheveux. Les gens naïfs sont souvent dupes d'adroits .... On dit que l'or ouvre tous les ......

35. — Mettre au pluriel les noms en italiques.

I. — Les *pyramide* d'Egypte servaient de *tombeau*. Dans la Forêt-Noire, on fabrique beaucoup d'horloges en bois appelées *coucou*. Les *lama* sont les *chameau* de l'Amérique. Les *roseau* croissent surtout dans les terrains humides et marécageux. Des *genouillère* en fer protégeaient les *genou* des anciens *chevalier*. La mort aux rats, les *souricière* n'étaient que *jeu* au prix de lui. (LA FONTAINE).

II. — Les *semis* en ligne facilitent les *binage* et les *sarclage*. Les *tourteau* sont les *résidu* des *graine* oléagineuses dont on a extrait l'huile ; ils sont employés dans l'alimentation des bestiaux. Les manufactures de *tapis* de Beauvais et d'Aubusson sont remarquables. Certains *phare* ont des *feu* fixes ou des *feu* tournants qui éclairent l'horizon toutes les dix, vingt, trente ou soixante *seconde*. Les *varech* et les *algue* sont des végétaux.

32. — Compléter les phrases en choisissant le nom convenable.   **IIᵉ ANNÉE**

Feu, bateau, régiment, oiseau, licou, adieu, gaz, noix, avis, genou, joujou, joyau, enfant.

C'est à Fontainebleau que Napoléon fit ses ….. à sa vieille garde. L'éruption des volcans est due à l'existence de ….. souterrains. L'hydrogène peut être considéré comme un des ….. les plus légers. L'armée traversa le fleuve sur un pont de ….. Ecoutez de préférence les ….. de ceux qui sont plus âgés que vous. Les ….. fournissent une huile comestible. Deux ….. réunis forment une brigade. Le cheval qui tombe et s'écorche les ….. perd de sa valeur. Les chevaux sont attachés au râtelier par des ….. Les enfants préfèrent les ….. aux plus beaux ….. du monde. Comme les ….. font un nid avec tout, les ….. font une poupée avec n'importe quoi. (VICTOR HUGO.)

34. — Faire varier, s'il y a lieu, les noms composés en italiques.

Les *chat-huant*, les *laurier-rose*, les *chauve-souris*, les *aide de camp*, les *belle-de-nuit*, les *avant-poste*, les *chef-lieu*, les *passe-debout*, les *chou-fleur*, les *chou-rave*. Les *oiseau-mouche* sont les bijoux de la nature. Les *chat-tigre* font surtout la chasse aux singes. Les phoques ou *veau-marin* sont des mammifères. L'histoire touchante de Paul et Virginie est un des *chef-d'œuvre* de Bernardin de Saint-Pierre. Le passage des rayons solaires au travers des gouttes de pluie produit les *arc-en-ciel*. L'argent est le meilleur des *passe-partout*; il ouvre toutes les portes. (VOLTAIRE.) Les *loup-cervier* du Canada sont plus blancs que ceux d'Europe. (BUFFON.) Mes *arrière-neveu* me devront cet ombrage. (LA FONTAINE.) Dans les *avant-cour* de l'Hôtel des Invalides, tout retrace l'idée des combats. (CHATEAUBRIAND.) Les *pic-grièche* sont des oiseaux qui appartiennent à l'ordre des passereaux. A l'occasion de la fête nationale, on a fait une distribution de *pot-au-feu* aux pauvres de la commune.

36. — Compléter les phrases en choisissant le nom convenable.

Haut-fourneau, chou-fleur, reine-marguerite, hôtel-Dieu, rouge-gorge, franc-archer, avant-coureur, martin-pêcheur, orang-outang, chat-huant.

Les ….. sont de petits oiseaux qui ont la gorge et la poitrine rouges. Le premier corps de fantassins que nous ayons possédé, fut celui des ….., créé en 1448. On extrait le fer du minerai en faisant fondre ce dernier dans des ….. Les éclaireurs sont les ….. de l'armée. La culture des ….. demande de fréquents arrosages. Pendant les fortes épidémies, les ….. sont encombrés de malades et de mourants. Les ….. sont les reines du parterre. Les ….. sont de grands singes qui vivent dans quelques îles de l'Océanie. Les ….. font la chasse aux petits poissons et aux insectes aquatiques. Les ….. se tiennent dans le creux des arbres. (BUFFON.)

37. — Mettre au pluriel les noms suivants :

I. — un cheval, des ... un maréchal, des ... un local, des ...
un hôpital, des ... le capital, les ... un fanal, des ...
un journal, des ... le végétal, les ... un animal, des ...
le signal, les ... un canal, des ... le caporal, les ...
le cristal, les ... un rival, des ... le total, les ...
le bocal, les ... le vassal, les ... un arsenal, des ...

II. — le tribunal, les ... un principal, des ... un métal, des ..
le minéral, les ... un égal, des ... le madrigal, les ...
un amiral, des ... un mal, des ... un original, des ...
un cordial, des ... un étal, des ... le piédestal, les ...
le quintal, les ... un chenal, des ... un provincial, des ...
un général, des ... le commensal, les ... un radical, des ...
un cardinal, des ... le confessionnal, les ... le rural, les ...

39. — Compléter les phrases en choisissant le nom convenable.

Général, fanal, tribunal, festival, arsenal, narval, métal, carnaval, régal, nopal, bal, chacal, amiral.

I. — C'est pendant les c..... qu'on donne le plus de b..... . Turenne et Condé furent de brillants ..... du règne de Louis XIV. Le fer est le plus employé de tous les ...... Les ..... sont des animaux féroces qui vivent en Afrique. Pour éclairer les navires pendant la nuit, on allume des ..... au sommet de hautes tours appelées phares.

II. — Tous les repas sont des ..... quand on a bon appétit. Les Mexicains cultivent les ..... pour nourrir les cochenilles. Tout homme qui n'obéit pas à la loi est jugé par les ...... Les ..... habitent les mers de l'Islande et du Groënland. On fabrique les armes de guerre dans les ..... Les ..... sont de grandes fêtes musicales. Les ..... commandent les armées de mer.

41. — Même exercice.

Corail, vantail, épouvantail, camail, bail, portail, travail, soupirail, bétail.

I. — Les ..... sont des contrats par lesquels on loue des maisons pour un prix déterminé. Les apiculteurs mettent des ..... pour s'approcher des ruches et éviter la piqûre des abeilles. Les ..... sont formés dans la mer par de petits animaux de couleur rouge. Les ogres et Croquemitaine sont des ..... pour les petits enfants.

II. — Les ..... sont des ouvertures faites pour donner de l'air et du jour dans les caves. Les battants des portes et des fenêtres s'appellent des ..... . On suspend les ..... de maçonnerie durant la gelée. On pénètre dans les églises par des entrées larges et élevées que l'on nomme des ..... . Les betteraves, le foin et la paille sont la nourriture des ..... en hiver.

38. — Faire varier les noms propres, s'il y a lieu.

IIᵉ ANNÉE

Les trois *Napoléon* sont morts sur la terre étrangère. Henri IV est le premier roi de la famille des *Bourbon*. Le premier chemin de fer de Marseille a été construit sous la direction des deux *Stephenson*. Les *Normand* fondèrent le royaume des *Deux-Sicile*. Les *Robespierre* étaient de père en fils notaires à Carvin, près de Lille. (MICHELET.) — La dynastie des *Stuart* régna sur l'Angleterre. L'empire romain fut pendant quelque temps gouverné par des *César* gaulois. Il ne faut pas désespérer d'un peuple qui a produit des *Corneille* et qui n'a jamais cessé de les admirer. Voyez d'un côté les *Coligny*, les *Turenne*, les *Bossuet*, les *Richelieu*, les *Fénelon*; de l'autre, les gens à la mode, ceux qui passent toute leur vie dans les plaisirs; comparez ces deux genres d'hommes et dites auquel des deux vous voudriez ressembler. (VAUVENARGUES.) — Les *Locke*, les *Montesquieu*, les *J.-J. Rousseau*, en se levant en Europe, appelèrent les peuples modernes à la liberté. (CHATEAUBRIAND.)

40. — Compléter les phrases en consultant la liste.

Corneille, Faidherbe, Français, Kléber, Espagnol, Molière, Papin, Hoche, Guise, Italien, César, Chanzy, Victor Hugo, Parmentier, Robinson, Palissy.

Si la première République a eu ses ..... et ses ....., la troisième peut être fière de ses ..... et de ses ..... : — Rouen a vu naître les deux ..... . — Charles VIII entra triomphalement dans Naples, avec la majesté et le faste des ..... . — Les ..... étaient les chefs du parti catholique, au temps des guerres de religion. — Les ....., les ....., les ..... appartiennent à la race latine. — C'est aux ....., aux ..... et aux ..... que la France doit ses plus belles œuvres littéraires. — Les ..... de la bibliothèque sont toujours recherchés des élèves. — Les héros du travail font le bonheur de l'humanité; il faut souhaiter à notre pays de produire encore des ....., des ..... et des ..... .

42. — Faire varier, s'il y a lieu, les noms en italiques.

Les *alto* sont des violons d'un son plus grave que les autres. On range souvent dans des *album* les photographies de ses parents et de ses amis. Les *muséum* renferment de nombreuses collections d'histoire naturelle. On a interrompu l'orateur par des *quolibet*, c'est-à-dire par de mauvaises plaisanteries. La religieuse récita plusieurs *Pater* et plusieurs *Ave*. Les *macaroni* sont fabriqués avec la farine de riz ou avec celle du froment pur. Portez mes paquets à la gare; vous me remettrez les *récépissé*. Les *bifteck* sont souvent recommandés aux convalescents. Les *tilbury* sont des cabriolets découverts et légers. On donne les *accessit* aux bons élèves qui n'ont pu obtenir les prix. Les *tramway* sont traînés par des chevaux ou par une petite locomotive. Les *post-scriptum* s'ajoutent à la fin des lettres, après la signature; il est convenable de les éviter.

        43. — Mettre au pluriel les noms en italiques.

I. — Les *Hébreu* prisonniers furent employés aux plus durs *travail*. On cultive les *pois* pour la nourriture de l'homme et pour celle des *animal*. Les *cathédrale* de Reims et de Chartres ont des *portail* remarquables. On pêche les *corail* sur les *côte* de la Méditerranée. Les grands *chameau* peuvent porter deux cents *kilogramme*. Les *corbeau* sont des *oiseau* carnassiers qui appartiennent à l'ordre des *passereau*.

II. — Le plus intéressant de tous les vieux *émail* appartient à l'autel de Saint-Marc, de Venise. Des *ciou* exposés à l'humidité se couvrent de rouille. Le fumier est le plus commun des *engrais*. Les *rail* sont des bandes de fer sur lesquelles roulent les *wagon*. On obtient le phosphore en calcinant les *os* en vase clos. Les *bijou* ornés de diamant coûtent fort cher. Les *glouglou* des *dindon* sont desagréables à entendre. Ceux qui trompent au jeu sont des *filou*.

45. — Même exercice.

I. — Les *profondeur* des *mer* sont peuplées d'une infinité d'*animal* et de *végétal*. Les *sapajou* sont faciles à élever et à instruire. L'air est un mélange d'oxygène et d'azote, et non une combinaison de ces deux *gaz*. Les Gaulois aimaient les *bijou ;* on a retrouvé dans leurs *tombeau* des *anneau* d'or et d'argent. Sans leurs *gouvernail*, les *navire* vogueraient à l'aventure sur les *mer*.

II. — Les *hibou* font leurs *nid* dans les *trou* des *muraille*. Tous les *métal* sont solides, à l'exception du mercure. Evitez de prendre des *bain* immédiatement après vos *repas*. Les *eau* de la Seine s'élevèrent jusqu'aux *quai* et entrèrent par les *soupirail* des *cave*. Les *canal* font communiquer les fleuves entre eux ; ils abrègent les *distance* et diminuent les *prix* de transport. Le cresson montre, pendant tout l'été, ses jolies *fleur* au bord des *fontaine* et des *ruisseau*.

47. — Compléter les phrases en choisissant le mot convenable.

Chameau, chacal, cheval, bœuf, croix, travail, vache, bambou, éponge, cheveu, général, gaz, corps, acajou, hibou.

I. — Les ..... des champs sont favorables à la santé. Le Président de la République distribue des ..... de la Légion d'honneur à l'occasion de la Fête nationale. Les ..... sont les vaisseaux du désert. En Afrique, les cris des ..... troublent le repos de la nuit. On fait des cannes avec les ...... Les ..... font une chasse acharnée aux souris.

II. — Les ..... croissent dans l'Amérique méridionale. Les ..... grossières vivent dans les mers très chaudes. Le sang traverse des milliers de conduits fins comme des ...... Les ..... en chef commandent les ..... d'armée. Certains ..... inflammables s'échappent des eaux des marais. On fait les semelles de souliers avec la peau des ....., des ..... et des ......

44. — **Faire varier, s'il y a lieu, les noms en italiques.**   IIe ANNÉE

En France, ceux qui demandent l'aumône sont des mendiants ; à Naples, on les appelle des *lazarone*. On nomme *duo* les morceaux de musique à deux voix, *solo* ceux à une voix, et *trio* ceux à trois voix. Les airs joués lentement sont des *andante*. On note les choses que l'on doit faire sur des *agenda*. Ces *opera* font la joie des amateurs de musique, des *dilettante*. On constate des *déficit* lorsque les dépenses excèdent les recettes. Ceux qui prennent une personne ou une chose pour une autre font des *quiproquo*. Les élèves étudient les résumés de leurs leçons dans des *mémento*. La première page de ce journal renferme autant d'*alinéa* que de phrases. Malgré les *veto* de Louis XVI, les lois votées par l'Assemblée nationale furent mises en vigueur. Dans les *opéra*, toutes les paroles sont chantées. Les fautes d'impression contenues dans un volume sont mentionnées dans des listes qu'on appelle des *errata*.

46. — Même exercice.

Celui qui ferme les *œil* sur les défauts de ses enfants est un mauvais père. Le courageux sauveteur s'est modestement dérobé aux *bravo* de la foule. Lorsque le bouillon a beaucoup d'*œil*, on dit qu'il est très gras. La patrie, c'est la terre où dorment les *aïeul*. J'ai perdu mes quittances, je vous prie de m'en délivrer des *duplicata*. Les *ciel* nous étonnent par leur immensité. Les *chacal* sont des *animal* carnassiers qui vivent en troupe. L'escalier de notre maison est éclairé par de petites fenêtres ovales qu'on appelle des *œil-de-bœuf*. Le musée de l'école renferme de beaux *spécimen* de marbres. Les dépenses occasionnées par les *travail* publics incombent à l'État. Les *arc-en-ciel* ne sont possibles que lorsque le soleil est peu élevé sur l'horizon. Le père de notre père et le père de notre mère sont nos *aïeul*.

Ces murs mêmes, Seigneur, peuvent avoir des *œil*. (RACINE.)

48. — Même exercice.

L'exilé tourne souvent les *œil* vers sa patrie. Les trois *Guyane* ont un climat humide et malsain. Qui sert bien son pays n'a pas besoin d'*aïeul*. (VOLTAIRE.) — Quand un accusé peut établir des *alibi*, il est assuré de son acquittement. Les *œil-de-serpent* et les *œil-de-chat* sont de petites pierres fines qui servent à orner des bagues. Les imitations exactes, soit imprimées, soit gravées, d'une écriture ou d'un dessin sont appelées des *fac-simile*. Il y a du plaisir à rencontrer les *œil* de celui à qui l'on vient de donner. (LA BRUYÈRE.) — Les plus beaux *ciel* du monde ne valent pas celui de la patrie. Les *vade-mecum* renferment des connaissances usuelles et indispensables ; on les porte généralement sur soi. Pour ferrer ou panser les *cheval* méchants ou peureux, on les attache dans des *travail*, sortes de grandes cages en charpente. Que la terre est petite à qui la voit des *ciel* ! (DELILLE.) — Nous voyons avec des *œil* d'envie l'élévation des autres. (MASSILLON.)

1***

49. — Souligner les noms collectifs.

I. — Une multitude de fleuves secondaires et de rivières navigables complètent l'arrosement du sol. Nous passions à travers cette multitude innombrable de bâtiments, les uns à l'ancre, les autres à la voile. (LAMARTINE.) La plupart des insectes ont leurs pieds armés de griffes. (BUFFON.) Le rat de ville reçut un jour le rat des champs dans son propre trou ; c'était une paire d'amis.

II. — Une foule d'animaux microscopiques vivent dans une goutte d'eau. L'immense chaîne des Alpes couronnait le paysage. (J.-J. ROUSSEAU.) Tous les jeudis, un grand nombre d'enfants prennent leurs ébats sur la place publique. Une nuée d'albatros pareils à de beaux pigeons blancs s'envolaient pour aller se poser plus loin et se faire bercer par la vague. (LAMARTINE.) Jamais on ne vit se pencher sur le rempart des villes un tel peuple de mères désolées. (A. DE MUSSET.) Le plus grand nombre des insulaires fut égorgé. (MARMONTEL.)

51. — Souligner le complément du nom ; mettre une croix sous le nom complété.

I. — Marseille est le plus important de nos ports de commerce. Vous trouverez sur le bureau du papier à lettres, des plumes à écrire et un bâton de cire à cacheter. Nous cheminions à l'ombre des grands arbres de la forêt. Les amis de Mirabeau mourant réchauffaient ses mains dans les leurs. (LAMARTINE.) Les forêts consolident le sol des montagnes. Un chariot chargé de fer verse plus difficilement qu'une voiture de foin.

II. — Les torrents des montagnes arrachent des fragments de roches. Il fit un geste qui indiquait la volonté d'écrire. (LAMARTINE.) Le serpent à sonnettes distille un venin redoutable. Ceux qui fabriquent de faux billets de banque sont punis des travaux forcés à perpétuité. On le satisfit par une potion calmante sans péril pour lui. (LAMARTINE.) Les déserteurs sont jugés par les conseils de guerre.

53. — Compléter l'exercice.

(Révision.)

I. —

un paysan, une ...	un linot, une ...	le vendangeur, la ...
le parfumeur, la ...	un voyageur, une ...	le païen, la ...
le caissier, la ...	un Égyptien, une ...	un Marseillais, une ...
un tigre, une ...	le prince, la ...	un Gascon, une ...
un lecteur, une ...	le spectateur, la ...	le maraîcher, la ...
un Français, une ...	le tisseur, la ...	un lion, une ...
un Breton, une ...	un comte, une ...	un nain, une ...

II. —

l'hôpital, les ...	un épouvantail, des ...	un vantail, des ...
le bijou, les ...	un milieu, des ...	un bambou, des ...
les bois, le ...	un radis, des ...	le caporal, les ...
un carnaval, des ...	un gaz, des ...	un bal, des ...
un cheval, des ...	la peau, les ...	les legs, le ...
un vitrail, des ...	les puits, le ...	un chou, des ...
un détail, des ...	un verrou, des ...	un filou, des ...

50. — Distinguer le collectif partitif du collectif général.   **IIe ANNÉE**

Une multitude de passions divisent les hommes oisifs dans les villes. (B. DE SAINT-PIERRE.) Une maisonnette tout entourée de verdure et de fleurs, visitée par une multitude d'oiseaux qu'il s'amusait à apprivoiser, était la retraite de Jean-Jacques Rousseau. La plupart des îles de l'Océanie doivent leur origine au travail des polypes. La fée ouvre une petite boîte et en tire une foule d'officiers et de courtisans qui croissent à mesure qu'ils en sortent. (FÉNELON.) Le peuple doit être le favori d'un roi ; et les princes n'ont droit au superflu que lorsque les peuples ont le nécessaire. (DUCLOS.) La plupart des villes naissent, vivent et meurent avec les peuples qui les ont fondées. (SAINT-MARC GIRARDIN.) Une longue procession de gais convives porteraient en chantant les apprêts du festin. (J.-J. ROUSSEAU.) Une vingtaine de derviches tourneurs étaient accroupis en cercle dans une enceinte entourée d'une petite balustrade..... peu à peu le nombre des tourneurs diminuait...... (LAMARTINE.)

52. — Faire varier le complément du nom, s'il y a lieu.

Une voiture de *foin*, une voiture de *brique* ; un sac de *blé*, un sac de *dragée* ; un tas de *caillou*, un tas de *sable* ; une poignée de *sel*, une poignée de *haricot* ; une corbeille de *jonc*, une corbeille de *fleur* ; un panier de *terre*, un panier de *fruit*.
Les trois registres obligatoires pour tout commerçant sont : 1° le livre-journal, 2° le copie de *lettre*, 3° le livre d'*inventaire*. La galère à *rame* était un vaisseau de *guerre*. La harpe est un instrument à *corde*. La trompette, le cor sont des instruments à *vent*. Au-devant de la maison était un jardin en *terrasse* ; vis-à-vis, un petit bois de *châtaignier* ; une fontaine à *portée* ; plus haut, dans la montagne, des prés pour l'entretien du bétail. (J.-J. ROUSSEAU.) Un homme de *bon sens* se connaît et se défie des faiseurs de *compliment*. Une troupe d'*oie* d'Ecosse, au cou noir, sortaient de l'eau. Le sirop de *violette* rougit au contact d'un acide.

54. — Faire varier, s'il y a lieu, les mots en italiques.

(Révision.)

Les Islandais fabriquent, avec les *défense* des *narval*, des *flèche* pour leurs *chasse* et des *pieu* pour la construction de leurs *cabane*. Les *chauve-souris* sont répandues sur toute la surface du globe. Les radis de printemps figurent parmi les *hors-d'œuvre*. Dans les *in-folio*, la feuille est pliée en deux ; elle est pliée en quatre dans les *in-quarto* et en huit dans les *in-octavo*. Les *Jenner* et les *Gutenberg* ont été plus utiles à la société que les plus grands *conquérant*. L'Angleterre est située sous un des *ciel* les plus tristes de l'Europe. Il faut avoir la plus grande prévenance pour ses *aïeul*. Les *porte-drapeau* sont choisis parmi les meilleurs *officier*. Nous ne trouvons guère de gens de bon sens que *ceux* qui sont de notre avis. (LA ROCHEFOUCAULD.) Auras-tu donc toujours des *œil* pour ne pas voir, peuple ingrat ? (RACINE.) On appelait *carbonaro* ou charbonniers les *membre* d'une société secrète d'Italie.

CHAPITRE II.

L'ARTICLE.

(*Exercices 55 et 56.*)

Le	singulier masculin :		Le	*feu est allumé.*
La	singulier féminin :		La	*table est mise.*
Les	pluriel des deux genres :		Les	*chevaux sont attelés.*
			Les	*fleurs sont belles.*

Explication. — Les noms communs s'emploient rarement seuls ; ainsi on ne dit pas : *feu est allumé, table est mise, chevaux sont attelés,* parce qu'on ne saurait pas de quel feu, de quelle table, de quels chevaux il s'agit. On fait donc précéder le nom d'un mot qui en précise la signification, qui le *détermine.* Le plus usité de ces mots *déterminatifs* c'est **le, la, les** ; on l'appelle **article.**

42. — **Définition.** — L'article est un mot qui se place devant le nom pour le *déterminer* ; il en indique aussi le genre et le nombre.

L'ÉLISION.

(*Exercices 57 et 58.*)

l'*agneau,* l'*étoile,* l'*habit,* l'*herbe.*

Explication. — Les mots commencent tous par une voyelle ou une consonne ; quand ils commencent par une voyelle, comme *agneau, étoile,* regardez comment s'écrivent les articles *le* et *la,* et par quoi l'on remplace l'**e** et l'**a** de ces articles. Ils s'écriront de même devant les mots commençant par une **h** *muette,* comme *habit, herbe,* parce que l'**h** *muette* ne se prononce pas et que ces mots sont considérés comme commençant par une voyelle.

43. — **Règle.** — Devant les mots qui commencent par une voyelle ou une **h** muette, l'**e** et l'**a** des articles **le, la,** se retranchent et sont remplacés par une apostrophe.

Ce retranchement s'appelle **élision** ; l'article s'appelle alors **article élidé.**

LA CONTRACTION

(Exercices 59 et 60.)

Au pour **à le, du** pour **de le.**
Aux pour **à les, des** pour **de les.**

✻

Je vais **au** *village,* **au** *hameau.*
Je viens **du** *village,* **du** *hameau.*

44. — **Règle.** — Devant les noms au singulier qui commencent par une consonne ou une **h** aspirée, **à le** se
change en **au, de le** se change en **du**.
Ce changement s'appelle **contraction**. La contraction
est le resserrement de deux mots en un seul.

✻

Donnez **aux** *malheureux,* **aux** *malheureuses.*
Venez en aide **aux** *orphelins,* **aux** *orphelines.*
Rendez hommage **aux** *hommes de cœur,* **aux** *héros,* **aux** *héroïnes.*
Ayez l'amour **des** *malheureux,* **des** *malheureuses,* **des** *orphelins,*
des orphelines.
Ayez le respect **des** *hommes de cœur,* **des** *héros,* **des** *héroïnes.*

45. — **Règle.** — Devant tous les noms au pluriel, **à les**
se contracte en **aux, de les** se contracte en **des** ; **au, aux,
du, des** s'appellent **articles contractés** ; **le, la, les**
s'appellent **articles simples.**

ANALYSE DE L'ARTICLE

(Exercices 61 à 64.)

La *modestie sied* **au** *mérite.*
   la, article simple, fém. sing., détermine *modestie.*
   au, pour **à le,** article contracté, masc. sing., détermine
    mérite.
L'espoir *du succès donne* **des** *forces* **aux** *plus faibles.*
   le, article élidé, masc. sing., détermine *espoir.*
   des, art. contracté, fém. plur., détermine *forces.*
   aux, art. contracté, masc. plur., détermine *faibles.*

46. — **Méthode.** — Pour analyser l'article, il faut : 1° en
indiquer *la forme*, c'est-à-dire indiquer s'il est *simple*, ou
contracté, ou *élidé* ; 2° en faire connaître le *genre* et le
nombre ; 3° dire quel nom il *détermine*.

55. — Souligner les articles.

I. — La servante allume le feu. La toile fine appelée batiste est fabriquée avec le lin. Les Gaulois avaient les yeux bleus. Toute faute engendre en même temps la honte et la crainte. On trouve dans la terre de grandes masses de sel. Le bœuf traîne la charrue. Les ministres sont responsables devant les Chambres. Le père était à son troupeau dans les champs ; la mère était absente.

II. — La pièce principale de la balance porte le nom de fléau. Les poêles utilisent la chaleur beaucoup mieux que les cheminées, mais sont moins sains. La glace se conserve longtemps dans la laine. Le poussin brise la coquille avec son bec. On fait les arrosages le soir pendant l'été, et le matin en toute autre saison. Le seigle est cultivé de préférence dans les terres légères. Quand la récolte est en danger, il faut que tout le monde de la ferme soit debout.

57. — Souligner les articles élidés.

I. — L'âne, l'oiseau, l'habit, l'orgueil, l'instituteur, l'os, le bœuf, l'image, l'eau, le fer, le laboureur, l'étain, l'or, l'hirondelle, l'écurie, la carpe, l'écrin, l'oreille, l'abeille, la hache, le héron, l'habitation, l'aiguille, l'huile, l'abricotier. L'Aube, la Marne et l'Oise sont des affluents de la Seine. La fourmi fait pendant l'été ses provisions pour l'hiver. Sur les montagnes, l'air est plus pur que dans les vallées. L'eau des puits artésiens est parfois très chaude.

II. — Les percepteurs sont chargés de recevoir l'impôt. Le bureau est placé sur l'estrade. L'écureuil se nourrit surtout de noisettes. L'âne et le mulet sont plus rustiques que le cheval. L'orvet est un petit serpent non venimeux. Le vol de l'hirondelle est rapide. L'aire est l'habitation de l'aigle. Tu feras reluire l'argent, quand même il serait noirci par des œufs, avec de l'oseille et avec de l'eau de savon. L'ordre dans le travail c'est le succès. L'ingratitude la plus odieuse est celle des enfants envers leurs parents. A l'œuvre on connaît l'artisan.

59. — Souligner les articles contractés.

I. — La gelée nuit aux arbres. Le cheval rend de nombreux services aux hommes. La terre tourne autour du soleil. Les hirondelles nous arrivent au printemps. Le duvet des nids des oiseaux conserve la chaleur. Pendant l'hiver, la neige protège les plantes contre la rigueur du froid. En Europe, la chasse du cerf, du sanglier, du renard est assez active dans quelques régions forestières.

II. — L'Espagne est située au sud de la France. L'air des campagnes est plus pur que celui des villes. Les feuilles des arbres tombent en automne. On trouve du plomb et de l'étain en Angleterre, du cuivre en Russie, du zinc en Prusse et en Belgique, du mercure en Espagne. Charles le Simple céda toute une province aux Normands. L'ouvrier des champs grandit où il est né ; sa vie est humaine en comparaison de celle de l'ouvrier des villes. (LAMARTINE.) Tu ne permettras pas à l'araignée de filer sa toile aux angles des poutres et des murs. (P. JOIGNEAUX.)

56. — Mettre l'article convenable devant les noms.

..... houblon entre dans ..... fabrication de ..... bière ..... Jura est situé entre ..... France et ..... Suisse ..... travail rend ..... vie agréable. ..... laboureur retourne ..... terre avec ..... charrue. Vercingétorix défendit ..... Gaule contre ..... Romains ..... Président de ..... République est élu pour sept ans. En tout temps ..... prévoyance est bonne. ..... nuages sont poussés par ..... vent. Avec ..... lait on fait ..... beurre et ..... fromage. ..... courants d'air peuvent attirer ..... foudre. ..... Seine, ... Loire, ... Garonne, ... Rhône sont ..... principaux fleuves de ..... France. Dans ..... pays où ..... rigueur de ..... température ne permet pas ..... culture de ..... vigne, ... bière, ... cidre et ..... poiré remplacent ..... vin. ..... ville est une sorte de serre où ..... air chaud remplace ..... soleil, où ..... existence est trop rapide pour être bonne, où ..... parfums s'affaiblissent, et où ..... meilleurs fruits perdent leur saveur. (P. Joigneaux.)

58. — Mettre l'article convenable.

On fait de beaux meubles avec ..... acajou. Cet ouvrier s'est blessé à ..... aisselle droite. ..... air en mouvement constitue ..... vent. ..... quatre saisons sont ..... printemps, ... été, ... automne, et ..... hiver. ..... oiseau-mouche est un bijou de ..... nature, il a ..... éclat de ..... émeraude et du rubis. ..... vents, ... sécheresse ou ..... humidité de ..... atmosphère et du sol constituent ..... climat d'un pays. ..... Alpes séparent ..... France de ..... Italie. ..... électeur a déposé son bulletin dans ..... urne. ..... oranger, ... olivier, ... figuier, ... jujubier sont répandus sur ..... littoral méditerranéen. ..... hémione, qui tient du cheval et de ..... âne, est utilisé dans ..... Hindoustan. ..... jolis tableaux raccourcissent ..... longues distances. ..... intérieurs gracieux retiennent ..... gens au logis. (P. Joigneaux.) ..... grand'maman est assise près ..... feu pendant ..... hiver, près de ..... fenêtre en été. (A. Mézières.)

60. — Mettre les articles contractés devant les noms.

Nous devons tous obéir ..... lois de notre pays. La vertu est préférable ..... richesses. L'herbe ..... prairies sert à la nourriture ..... bétail. La culture ..... betteraves se fait surtout dans les départements ..... Nord. Un hôpital est plus spécialement destiné ..... malades ; un hospice, ... vieillards et ..... infirmes. Le coq est l'horloge ..... paysan, il l'appelle ..... travaux ..... champs. Les hiboux font la chasse ..... mulots et ..... taupes. Les petits enfants sont la joie et le lien ..... familles. La ville de Lyon est bâtie ..... confluent ..... Rhône et de la Saône. Les Gaulois commençaient l'année ..... mois de mars ; ils faisaient le premier jour de mars la récolte ..... gui sacré. La soie est fournie par la chenille d'un papillon qui se nourrit ..... feuilles ..... mûrier. On pêche le hareng et la sardine ..... filet. Fille ..... village, ne rêve point la vie ..... villes, ne te laisse pas tromper par les apparences. (P. Joigneaux.) La santé, la paix ..... cœur sont les fruits constants ..... travail. (Vauvenargues.)

61. — Faire l'analyse des noms, puis celle des articles.

Pour délivrer la France envahie par les Anglais, Jeanne d'Arc quitta son pays et sa famille et vint offrir ses services au roi de France, Charles VII. Paris renferme des musées remplis d'œuvres admirables dues aux artistes célèbres de tous les temps et de tous les pays. L'obélisque de la place de la Concorde fut rapporté d'Égypte, en 1836. Le maire, durant les cérémonies, porte l'écharpe tricolore. La République est le gouvernement légal de notre pays. Sully proclama la liberté du commerce des grains, encouragea le dessèchement des marais et l'exploitation des mines.

63. — Même exercice.

Il fait si bon au village que souvent le citadin, fatigué, dégoûté des villes, vient à la campagne chercher le repos et la paix. Les plus beaux édifices du monde, les plus belles places, les plus belles rues ne sont rien, comparés aux plaines verdoyantes, aux bois, aux vergers, aux prairies et surtout à la voûte du ciel que rien ne cache aux yeux. Mieux vaut respirer l'air pur et vivifiant des campagnes que l'air vicié des villes ; mieux vaut entendre le chant des oiseaux et le bêlement des troupeaux que le bruit assourdissant des rues et les cris discordants de la foule.   (A. V.)

62. — Même exercice.

Un renard des montagnes d'Aragon, ayant vieilli dans la finesse, voulut donner ses derniers jours à la curiosité. Il prit le dessein d'aller voir en Castille le fameux Escurial, qui est le palais des rois d'Espagne, bâti par Philippe II. Jusqu'alors il n'avait vu que son terrier et le poulailler d'un fermier voisin. Il voit là des colonnes de marbre, là des portes d'or, des bas-reliefs de diamants. Il entra dans plusieurs chambres, dont les tapisseries étaient admirables : on y voyait des chasses, des combats, des fables, enfin l'histoire de Don Quichotte, où Sancho, monté sur son grison, allait gouverner l'île que le duc lui avait confiée. Pendant que le renard regardait ces merveilles, deux chiens du palais l'étranglèrent. Il se trouva mal de sa curiosité.

(FÉNELON.)

64. — Souligner *le, la, les,* employés comme *articles ;* mettre une croix sous les mêmes mots non employés comme articles.

La sagesse n'a rien d'affecté : c'est elle qui donne les vrais plaisirs ; elle seule les sait assaisonner pour les rendre purs et durables ; elle sait mêler les jeux et les ris avec les occupations graves et sérieuses ; elle prépare le plaisir par le travail, et elle délasse par le plaisir. La sagesse n'a point de honte de paraître enjouée, quand il le faut. (FÉNELON.) Être maître de soi, maître de ses mauvais instincts pour les étouffer, maître de ses bons sentiments pour les soutenir ; savoir dire *je veux* à soi-même : voilà le but qu'on doit poursuivre dès l'enfance pour avoir la fermeté d'éviter les fautes, ou le courage de les réparer. (ÉMILE FAGUET.) Un dragon gardait un trésor dans une profonde caverne ; il veillait jour et nuit pour le conserver. (FÉNELON.)

CHAPITRE III.

L'ADJECTIF

ADJECTIF QUALIFICATIF

(*Exercices 65 à 68.*)

Un homme **prudent.** *Un enfant* **menteur.** *Une pierre* **pesante.**

Explication. — Les *noms* servent à désigner les êtres, mais ils ne nous apprennent pas ce que ces êtres sont ; quand on connaît le nom d'un être, on peut le distinguer des autres, mais on ne sait rien de sa nature. Pour faire connaître une personne ou une chose, il ne suffit donc pas de la *nommer*, il faut dire ce qu'elle est, il faut dire quelles sont ses *qualités*. Est-elle bonne ou mauvaise, utile ou nuisible, grande ou petite, etc. ? c'est ce que son nom tout seul ne nous apprend pas. Aussi y a-t-il une espèce de mot qui sert à cet usage ; cette espèce de mot s'appelle **adjectif qualificatif** : *adjectif* parce qu'il *s'ajoute* au nom, *qualificatif* parce qu'il en exprime les *qualités*.

47. — Définition. — **L'adjectif qualificatif** est une espèce de mot qui s'ajoute au nom pour en exprimer les qualités.

48. — Remarques. — I. — Parmi les qualités, les unes sont bonnes, comme *la prudence ;* les autres sont mauvaises, comme *le mensonge ;* d'autres sont indifférentes, comme *la pesanteur*.

49. — II. — Les qualités sont encore ou *physiques,* comme *la pesanteur,* ou *morales,* comme *la prudence* et *le mensonge ;* les premières se rapportent au corps ou à la matière, les secondes à l'âme ou à l'esprit.

50. — III. — *Un homme* **brave.** *Un* **brave** *homme. Cet homme est* **brave.**

L'adjectif peut se placer soit avant le nom, soit après ; il peut aussi en être séparé par le verbe.

Dans les deux premiers cas, il est **épithète** ; dans l'autre, il est **attribut.**

RÈGLE D'ACCORD.

Ces enfants sont sages. Cette eau est chaude.

Explication. — De même que le *nom* et l'*article*, l'*adjectif qualificatif* est une espèce de *mot variable*. Il s'accorde en genre et en nombre avec le nom, c'est-à-dire qu'il prend le genre et le nombre du nom auquel il se rapporte.

Quand deux mots s'accordent ensemble, c'est qu'il y a entre eux un *rapport* étroit. Entre le nom et l'adjectif ce rapport est sensible, puisque le nom désigne les êtres et que l'adjectif *qualificatif* en exprime les *qualités*.

Les qualités d'une personne ou d'une chose ne font qu'*un* avec cette personne ou cette chose.

51. — **Règle.** — **L'adjectif qualificatif** s'accorde en genre et en nombre avec le nom qu'il **qualifie**, c'est-à-dire avec le nom dont il exprime la **qualité**.

FÉMININ DES ADJECTIFS QUALIFICATIFS.

(Exercices 69 à 82.)

Le petit garçon. La petite fille.

Rappelez comment se forme le féminin des noms.

52. — **Règle générale.** — On forme le féminin des adjectifs qualificatifs comme celui des noms, en ajoutant un **e** *muet* au masculin : *petit, petite*.

✳

Adjectifs dont le masculin se termine en e.

Un honnête garçon. Une honnête fille.

Comparez le masculin et le féminin de l'adjectif *honnête*.

53. — **Remarque.** — Quand un adjectif se termine au masculin par un **e** muet, le féminin est semblable au masculin.

RÈGLES PARTICULIÈRES.

Explication. — Tous les adjectifs ont l'e muet final au féminin; mais, avant de prendre cet **e**, un très grand nombre modifient plus ou moins leur dernière syllabe : les adjectifs en **er** prennent l'accent grave sur l'**e**; ceux en **eur** changent l'**r** en **s**; ceux en **teur** changent **teur** en **trice**; beaucoup redoublent la dernière consonne; d'autres l'adoucissent. Voici l'exposé méthodique de ces changements :

I. Adjectifs terminés en er.

Léger, légère.

Le meunier, la meunière.
Un poids léger, une faute légère.

Comparez le féminin de l'adjectif avec le féminin du nom.

54. — Au féminin, les adjectifs en **er** prennent, comme les noms en **er**, l'accent grave sur l'**e** qui précède l'**r**.

II. Adjectifs en eur.

Boudeur, boudeuse.

Le voleur, la voleuse.
Un enfant boudeur, une fille boudeuse.

Comparez le féminin de l'adjectif avec celui du nom.

55. — Comme les noms en **eur**, les adjectifs en **eur** font presque tous le féminin en **euse**.

> **56.** — **Exceptions.** — *Majeur, mineur, meilleur* font le féminin en **eure**; *pécheur* et *vengeur* le font en **esse**, pécheresse, vengeresse.
>
> **57.** — Certains noms en **eur** employés adjectivement ne varient pas au féminin : une femme *auteur, docteur, professeur, sculpteur,* etc.

III. Adjectifs en ieur.

Supérieur, supérieure.

Un homme supérieur. Une femme supérieure.

Comparez le féminin au masculin.

58. — Dans les adjectifs en **ieur**, le féminin ne diffère du masculin que par l'**e** muet final.

IV. — Adjectifs en teur.

Corrupteur, corruptrice.

L'instituteur, l'institutrice.
Un livre corrupteur, une lecture corruptrice.

Comparez le féminin de l'adjectif avec le féminin du nom.

59. — Comme les noms en **teur**, les adjectifs en **teur** font pour la plupart le féminin en **trice.**

> **60. — Exceptions :** *flatteur, flatteuse, enchanteur, enchanteresse.*
> *Une distinction flatteuse, une voix enchanteresse.*

V. — Adjectifs qui redoublent au féminin la consonne finale du masculin.

Adjectifs terminés par **n.**

Bon, bonne ; ancien, ancienne.

Le lion, la lionne, le chien, la chienne.
Une bonne action, une ancienne famille.

Comparez le féminin des adjectifs avec le féminin des noms.

61. — Les adjectifs en **on** et en **en** redoublent l'**n** finale. Les adjectifs en **an, in,** ne la redoublent pas.

> Il faut excepter *paysan,* qui fait *paysanne, bénin et malin,* qui font *bénigne et maligne.*

Adjectifs terminés par **l.**

Cruel, cruelle ; vermeil, vermeille ; fol, folle ; nul, nulle.
Une bête cruelle, la couleur vermeille.
Une folle aventure, une partie nulle.

62. — Les adjectifs en **el, eil, ol, ul** redoublent la consonne finale. — Les adjectifs en **al, il,** ne la redoublent pas, sauf *gentil.* EXEMPLE : *Une gentille personne.*

Adjectifs terminés par **t.**

fluet, fluette ; sot, sotte.

Une taille fluette, une sotte personne.

63. — La plupart des adjectifs en **et, ot** redoublent la consonne finale.

64. — Les huit adjectifs suivants : *complet, incomplet, concret, discret, indiscret, inquiet, replet, secret,* qui prennent au féminin l'accent grave sur l'**e** qui précède le **t** final, ne redoublent pas la consonne finale.

65. — **Remarque.** — Les adjectifs suivants en **ot** : *bigot, cagot, dévot, idiot, manchot, nabot*; tous les adjectifs en **at** et **it** : *ingrat, une personne ingrate*; *subit, une mort subite,* ne redoublent pas la consonne finale.

Adjectifs terminés par **s.**

gras, grasse ; exprès, expresse ; gros, grosse.

Une volaille grasse, une volonté expresse, une grosse pomme.

66. — Les adjectifs en **as, ès, os** redoublent l's finale.

Il faut excepter **ras** qui fait **rase,** *la* **rase** *campagne,* et **dispos** qui n'a pas de féminin.

❋

La nation française, la nature diverse.
La pêche exquise, la voix confuse.

67. — Les adjectifs en **ais, ers, is, us** : français, française ; divers, diverse ; exquis, exquise ; confus, confuse, ne redoublent pas l's finale.

Il n'y a que **trois exceptions :**
épais une couverture épaisse ; frais, une toilette fraîche ; tiers, une tierce personne.

VI. — Adjectifs terminés en f et en g.

sauf, la vie sauve ; veuf, une femme veuve
bref, une syllabe brève ; neuf, une robe neuve
vif, une plaie vive
plaintif, une voix plaintive.

68. — Les adjectifs terminés en **f** changent au féminin l'**f** en **v**.

69. — **Remarque.** — Il n'y a qu'un adjectif en **auf** et un en **ef** ; mais les adjectifs en **if** sont très nombreux.

70. — Le seul adjectif terminé en **g** fait le féminin en **gue** : long, une longue route.

VII. — Adjectifs terminés par x.

pieux, pieuse ; heureux, heureuse.

71. — Les adjectifs en **eux** font le féminin en **euse.**

72. — Des trois adjectifs en **oux**, **jaloux** fait **jalouse**, *une femme jalouse* ; **doux** fait **douce**, *une amande douce* ; **roux** fait **rousse**, *la couleur rousse.*
Faux fait **fausse**, *une perle fausse* ; c'est le seul adjectif en **aux.**

VIII. — Des adjectifs qui adoucissent la consonne finale.
Adjectifs terminés en **c.**

73. — Des sept adjectifs terminés en **c**, trois changent le **c** en **ch** au féminin :

sec, une voix sèche
blanc, une robe blanche
franc, une nature franche.

Quatre changent le **c** en **que** :

public, la voie publique
caduc, une personne caduque
turc, une maison turque
franc, la race franque.

Un, l'adjectif grec, ajoute **que** au masculin : *une femme* **grecque.**

PARTICULARITÉS SUR LES ADJECTIFS QUALIFICATIFS.

Adjectifs qui ont deux formes pour le masculin.

74. — *Cinq* adjectifs ont deux formes au masculin : on dit **bel** ou **beau**, **nouvel** ou **nouveau**, **fol** ou **fou**, **mol** ou **mou**, **vieil** ou **vieux**.

———

Adjectifs en gu.

75. — Les quatre adjectifs en **gu** font le féminin en **guë**, avec un tréma sur l'e : *aigu, aiguë* ; *ambigu, ambiguë* ; *contigu, contiguë* ; *exigu, exiguë*.

—

Adjectifs qui ne s'emploient pas au féminin.

76. — Les adjectifs **châtain, dispos, fat** n'ont pas de féminin.

Féminin des adjectifs favori, jumeau et coi.

77. — L'adjectif *favori* fait *favorite*
jumeau fait *jumelle*
coi fait *coite*.

PLURIEL DES ADJECTIFS QUALIFICATIF

(Exercices 83 à 89.)

Un habit noir, des habits noirs.
La cravate blanche, les cravates blanches.

Rappelez la règle de la formation du pluriel des *noms*.
Comparez le pluriel des *adjectifs* avec celui des *noms*.

78. — **Règle.** — On forme le pluriel des **adjectifs** comme celui des **noms**, en ajoutant une **s** finale au singulier.

———

Adjectifs terminés par s ou x.

Un bois épais, des bois épais
Un crucifix précieux, des crucifix précieux.

Comparez le pluriel des adjectifs avec celui des noms.

79. — Comme les noms terminés par **s** ou **x**, les adjectifs terminés par **s** ou **x** ne changent pas au masculin pluriel.

Adjectifs en eau.

Un beau chapeau, de beaux chapeaux.

Comparez le pluriel des adjectifs avec celui des noms

80. — Comme les noms en **eau**, les adjectifs en **eau** prennent un **x** au pluriel.

Adjectifs en al.

Un mal égal, des maux égaux.

Comparez le pluriel de l'adjectif avec celui du nom.

81. — Comme les noms en **al**, les adjectifs en **al** font le pluriel en **aux**.

---

82. — **Remarques.** — I. — Les adjectifs : *naval, frugal, final, fatal* suivent la règle générale. On dit : *des combats navals, des instants fatals, les mots finals, des mets frugals.*

83. — II. — Les adjectifs : *boréal, glacial, jovial, mental,* n'ont pas de masculin pluriel.

84. — III. — Il n'y a que deux adjectifs en *eu* : *hébreu* qui fait *hébreux*, et *bleu* qui suit la règle générale.

ACCORD DE L'ADJECTIF AVEC PLUSIEURS NOMS

(Exercices 90 à 95.)

J'ai acheté un habit et un pantalon **noirs.**
Louise et Victorine sont **complaisantes.**
Louise et Louis sont **obéissants.**

85. — **Règles.** — Quand un adjectif qualifie deux ou plusieurs noms masculins, il se met au **masculin pluriel.**

Quand il qualifie deux ou plusieurs noms féminins, il se met au **féminin pluriel.**

Quand il qualifie deux ou plusieurs noms de genres différents, il se met au **masculin pluriel.**

Particularités sur l'accord de certains adjectifs.

(Exercice 96.)

nu, demi.

Cette paysanne va tête **nue** *et* **nu***-pieds.*
Vous avez travaillé une **demi** *journée et votre frère une journée et* **demie** *(sous-entendu journée).*
Mi*-côte,* **mi***-carême,* **mi***-jambes.*

86. — Les adjectifs **nu** et **demi** sont invariables avant le nom, et variables après. *Nu* est toujours lié par un trait d'union au nom qui le suit.
Mi pour demi est toujours invariable.

*

Cet artiste aime à peindre **le nu, les nus.**
Deux **demis** *font une unité*
Cette horloge sonne les **demies.**

87. — **Nu, demi, demie** peuvent s'employer substantivement ; ils suivent alors la règle des substantifs.

———

Feu.

Votre **feue** *(défunte) mère ;* **feu** *votre mère.*

88. — L'adjectif **feu** est invariable quand il précède un autre mot que le nom.

———

2*

DEGRÉS DE SIGNIFICATION DES ADJECTIFS.

(*Exercices 98, 100, 102, 104.*)

Explication. — Par lui-même, l'adjectif qualificatif exprime une qualité purement et simplement ; si l'on veut indiquer que cette qualité est portée à tel ou tel degré, on fait précéder l'adjectif de l'un des adverbes *très, fort, plus, moins,* etc., qui expriment la quantité ou le *degré.*

I. — Degrés sans comparaison.

89. — Quand l'adjectif exprime la qualité au degré ordinaire, il est au **degré positif,** ou simplement au **positif.** EXEMPLE : *Ernest est* **économe.**

90. — Quand l'adjectif exprime la qualité *au plus haut degré,* il est dit au **superlatif absolu,** c'est-à-dire sans comparaison. EXEMPLE : *Ernest est* **très, fort, extrêmement** *économe.*

91. — Le **superlatif absolu** est marqué par les adverbes suivants : *très, fort, extrêmement, infiniment.*

Dans quelques **superlatifs absolus,** l'adverbe est remplacé par la terminaison issime. qui est celle du superlatif latin. EXEMPLE : *Votre illustrissime ami.*

II. — Degrés par comparaison.

Marthe est **aussi** *complaisante que sa sœur.*
Marthe est **plus** *complaisante que ses frères.*
Marthe est **moins** *complaisante que ses compagnes.*

92. — Toute comparaison peut donner lieu à trois jugements par lesquels on affirme l'égalité, la supériorité ou l'infériorité.

93. — Il y a trois sortes de comparatifs : 1° d'égalité : **aussi** *complaisante ;* 2° de supériorité : **plus** *complaisante ;* 3° d'infériorité : **moins** *complaisante.*

94. — L'adverbe **aussi** marque l'égalité ; **plus** indique la supériorité ; **moins,** l'infériorité.

❋

La plus belle *des roses ;* **la moins belle** *des roses.*
Voici ma plus belle *fleur ;* voilà sa **moins belle page.**

95. — Un adjectif est au **superlatif relatif** quand il indique que la qualité d'une personne ou d'une chose est portée *au plus haut* ou *au plus bas* degré relativement à d'autres personnes ou à d'autres choses.

96. — Le **superlatif relatif** suppose une comparaison.

97. — Il se forme en plaçant l'article. *le, la, les* ou l'*adjectif possessif* devant les comparatifs de supériorité ou d'infériorité.

COMPLÉMENT DE L'ADJECTIF QUALIFICATIF.

(Exercices 97 et 101.)

Cet homme est **avide de richesses.**
Soyez **bon pour tous.**
Je suis **prêt à partir.**

98. — L'adjectif qualificatif a souvent besoin d'un complément; ce complément peut être ou **un nom**, ou **un pronom**, ou **un verbe à l'infinitif** précédés d'une préposition.

ADJECTIF PRIS SUBSTANTIVEMENT.

(Exercices 99 et 103.)

On n'aime pas les enfants **paresseux.**
On n'aime pas les **paresseux.**

Explication. — Pensez-vous que le mot *paresseux* est de la même espèce dans ces deux exemples ?

Quand on dit : *les méchants, les braves, les malheureux,* c'est comme si l'on disait : *les hommes méchants, les hommes braves, les hommes malheureux.*

Quand on dit : *le vrai, le beau, l'utile,* c'est comme si l'on disait : *les choses vraies, les choses belles, les choses utiles.*

99. — **Règle.** — L'adjectif peut être employé **substantivement**; dans ce cas, il désigne à la fois : 1° une espèce de personnes ou de choses ; 2° une qualité de ces personnes ou de ces choses.

ANALYSE DE L'ADJECTIF QUALIFICATIF

(Exercices 105 et 106.)

Un visage **ovale.**

ovale, adj. qualif. masc. sing. qualifie *visage.*

100. — **Méthode.** — Pour analyser l'adjectif qualificatif, il faut en faire connaître : 1° l'espèce, 2° le genre et le nombre, 3° indiquer le nom qu'il qualifie.

Ire ANNÉE

65. — Souligner les adjectifs qualificatifs.

I. — On estime toujours l'homme bon, franc et loyal Les dindons sauvages recherchent les pays boisés et évitent les contrées découvertes La carpe est un poisson fort connu, originaire des contrées chaudes de l'Asie. La descente était douce et d'une rapidité égale. Les petits ruisseaux font les grandes rivières. La souris porte une jolie robe grise. Le Français est naturellement bon, ouvert, hospitalier, bienfaisant. (J.-J. ROUSSEAU)

II. — L'écureuil est propre, leste, vif, très alerte, très éveillé, très industrieux ; il a les yeux pleins de feu, la physionomie fine, le corps nerveux, les membres très dispos ; sa jolie figure est encore rehaussée par une belle queue en forme de panache qu'il relève jusqu'au-dessus de sa tête. (BUFFON.) Bonaparte était un petit homme maigre et nerveux, au large front, au visage pâle, à la physionomie pensive et sombre, avec de grands traits à la romaine et un regard d'aigle. (HENRI MARTIN.)

67. — Souligner chaque adjectif ; indiquer s'il exprime une qualité bonne (*b*), mauvaise (*m*) ou indifférente (*i*).

I. — Un enfant respectueux. Un habile médecin. Une fille boudeuse. Un fer chaud. Un garçon turbulent. Un fils ingrat. Un large ruisseau. Un frère complaisant. Un habit noir. Un écolier désobéissant. Une personne charitable. Une petite maison. Un crayon rouge. Un marchand honnête. De l encre violette. Une mauvaise écriture. Un carton mince. Un travail soigné. La toile bleue. Une table ronde.

II. — Le bois vert casse plus difficilement que le bois sec. La glace est à l'état solide, l eau à l'état liquide, sa vapeur à l'état gazeux. Le Mont-Blanc est la plus haute montagne de l'Europe. L'abeille est une ouvrière laborieuse. Une servante brutale est une calamité dans une ferme. La chèvre est indocile, vagabonde et capricieuse. Les chevreuils sont timides, intelligents et doux. J'étais attiré par ses manières affables, par son angélique douceur.

69. — Souligner les adjectifs féminins.

I. — Une histoire vraie. Une grande ville. Un enfant triste. Un crayon bleu. Une femme pauvre. Une robe noire. L'ouvrier habile. La blouse propre. Une terre stérile. Un champ fertile. Une personne charitable. Une jolie fleur. La feuille verte. Le fils ingrat Une écolière polie. Un brave soldat Un cahier sale. Un enfant sincère. Une fille obéissante. La rue étroite Un animal domestique. Le loup est naturellement grossier et poltron.

II. — La ligne droite est le plus court chemin d'un point à un autre. Le chameau est le plus sobre de tous les animaux ; il peut passer plusieurs jours sans boire. (BUFFON.) Le sucre indigène est extrait des racines de betteraves ; le sucre exotique l'est de la canne à sucre. Une langueur triste, méditative était l'expression dominante de la physionomie de Jacquard. (LAMARTINE.) Le pain est la substance qui joue le rôle le plus important dans l'alimentation de l'homme.

63. — Souligner chaque adjectif qualificatif ; indiquer s'il exprime une qualité physique (*p*) ou morale (*m*). II° ANNÉE

Un homme sage est au-dessus de toutes les injures qu'on peut lui dire. (Molière.) Le berger soigneux et attentif est debout auprès de ses brebis. (La Bruyère.) Le rugissement du lion, fort, sec, âpre, est en harmonie avec les sables embrasés où il se fait entendre. (Chateaubriand.) Charles XII était simple, vigilant, laborieux. (Voltaire.) Celui qui ne se possède point dans le danger est plutôt fougueux que brave. (Fénelon.) Les grands fleuves ont ordinairement un lit profond et des bords escarpés qui leur donnent un aspect sauvage. (J. de Maistre.) Les jeunes gens sont fougueux et insatiables dans leurs plaisirs ; les vieillards sont incorrigibles dans leur avarice. (Fénelon.) Le midi de la France produit des vins secs ou sucrés, mais surtout spiritueux. Un orateur est un honnête homme qui sait parler. (Caton.)

Toujours la barbe grise aime la tête blonde. (V. Hugo.)

68. — Placer convenablement les adjectifs.

(*honteuse*) L'envie est une *passion*, on n'ose l'avouer. (*végétales, animales*) On appelle flore d'un pays l'ensemble des *espèces* qui y sont répandues ; on donne le nom de faune à l'ensemble des *espèces* qui y vivent librement. (*brave*) Le capitaine s'est conduit dans la bataille en *homme*. (*bonne*) Une *santé* vaut mieux que la richesse. (*égaux*) Tous les *Français* sont devant la loi. (*meilleurs*) Les *jeux* sont ceux qui exercent le corps et l'esprit. (*frugales*) Les *habitudes* prolongent la vie. (*septentrionales, lumineux, boréales*) C'est dans les *contrées* que les *phénomènes* appelés *aurores* sont le plus fréquents. (*volcaniques*) Les *éruptions* sont ordinairement précédées d'un tremblement de terre. (*brave*) C'est un *homme* qui ne voit malice à rien. (*vieux*) Mon ambition n'a jamais été à plus d'un morceau de pain pour mes *jours*. (Béranger.) (*grand*) Napoléon fut un *général*. (*caverneux, vieux*) Les chouettes se cachent dans les *troncs* des *arbres*.

70. — Mettre au masculin les adjectifs en italiques.

Le soufre est un corps *solide*, très *cassante*, *dénuée* de toute saveur, de toute odeur et *insoluble* dans l'eau. Un homme *facile* est, en général, celui qui se rend aisément à la raison. (Voltaire.) La Fontaine est toujours *originale*, soit qu'il invente, soit qu'il traduise. (La Bruyère.) L'art *musicale* embrasse quatre choses : le rythme, la mesure, le mouvement, l'expression. (Lamennais.) Mahomet vécut *obscure* jusqu'à l'âge de quarante ans. (Voltaire.) La sarcelle de la Chine a sur la tête un *magnifique* panache *verte* et *pourpre*. (Buffon.) Il est pénétré pour vous de l'attachement le plus *tendre*. (Voltaire.) Le lapin a pris en Sibérie du poil *touffue* et *pelotonnée* comme le feutre. (Buffon.) Un *excellente* historien est peut-être encore plus *rare* qu'un *grande* poète. (Lamartine.) Il ne faut pas condamner notre prochain sans s'assurer qu'il est *coupable*. (Pascal.) L'enfant n'est *méchante* que parce qu'il est *faible*; rendez-le *forte* et *robuste*, il sera bon. (J.-J. Rousseau.)

71. — Remplacer le tiret par l'adjectif féminin.

I. — Un puits profond, une mare —   Un ruban vert, une feuille —
Un chemin étroit, une rue —   Un ton moqueur, une figure —
Un jeu bruyant, une fête —   Un seau plein, une salle —
Un nombre entier, une page —   Le coq noir, la poule —
Le duvet léger, la plume —   Un tablier sale, une blouse —
Le drap bleu, la toile —   Un mets grossier, une parole —
Un travail facile, une leçon —   Le champ fertile, la terre —

II. — Le garçon coupable, la fille —   Un son argentin, une sonnette —
Un soleil printanier, une fleur —   Un ruban gris, une robe —
Le cheveu blond, la chevelure —   Un air rêveur, une mine —
Un fruit entier, une poire —   Un travail utile, une remarque —
Un tiroir fermé, une armoire —   Un ton familier, une parole —
Un air dur, une parole —   Un lourd chariot, une — voiture
Le dernier moment, la — heure   Un chapeau rond, une lucarne —

73. — Même exercice.

I. — Le bâton pointu, la canne —   Le devoir mauvais, la copie —
Un corps sain, une lecture —   Un homme fort, une voix —
Un livre moral, une histoire —   Un soleil ardent, une soif —
Le bois voisin, la forêt —   Un calcul oral, une leçon —
Le coq matinal, la poule —   Un pays désert, une maison —
Le procès antérieur, la faute —   Un résultat fatal, une heure —
Un ton paternel, une parole —   Le peuple persan, la nation —

II. — Un conte ancien, une fable —   Un enfant câlin, une fille —
Le signe accusateur, la voix —   Un pays industriel, une ville —
Le beurre fort, la colle —   Le froid continuel, la pluie —
Un espace infini, une durée —   Un travail nul, une besogne —
Un rang inférieur, une place —   Le commerce intérieur, la mer —
Le fil conducteur, la main —   Un chapeau pareil, une veste —
Un visage mignon, une figure —   Un coup mortel, une piqûre —

75. — Même exercice.

I. — Un fils chéri, une fille —   Un cas singulier, une affaire —
Un pays plat, une assiette —   Le bal annuel, la fête —
Le monde réel, la vie —   Un tapis rouge, une fleur —
Le cerf léger, la biche —   Un goût particulier, une table —
Un fils ingrat, une fille —   Un chemin droit, une tige —
L'abricot mûr, la pêche —   Un vilain enfant, une — femme

II. — Un courant rapide, une pente —   Un air national, une fête —
Un homme muet, une carte —   Un ami discret, une parole —
Un sot discours, une — idée   Le père inquiet, la mère —
Un passage secret, une entrée —   Un livre incomplet, une page —
Un livre complet, une page —   Le corps fluet, la taille —
Un vase petit, une fleur —   Le bras nu, la tête —
Un air poltron, une bête —   Un teint net, une glace —

72. — Mettre au féminin les adjectifs en italiques.

La couleur *vert* est celle qui fatigue le moins la vue. L'intervalle du do naturel au mi naturel est une tierce *majeur*. L'espérance est *meilleur* que le souvenir. (BALZAC.) La lâcheté est une *méchant* excuse d'une *mauvais* action. (CHATEAUBRIAND.) Pendant le dernier siège, les Parisiens mangèrent la farine la plus *grossier*. Fais luire entre nous ta foudre *vengeur*. (C. DELAVIGNE.) Une *prompt* obéissance est l'un des premiers devoirs d'un enfant. Une personne *moqueur* est rarement aimée. La taupe est éminemment *carnassier*. Lavoisier créa la chimie, la plus *hardi* et la plus *profond* des sciences naturelles. (HENRI MARTIN.) La loi *civil* déclare la femme *mineur* pour toujours. (MICHELET.) L'obliquité de l'œil est un des caractères de la race *jaune*. (QUATREFAGES.) La *grand* fête *printanier* de la nature va commencer aux champs. (G. SAND.) Les religions refusent les délices du paradis à l'âme *pécheur*. L'avarice est la *dernier* et la plus *absolu* de nos passions. (VAUVENARGUES.)

74. — Même exercice.

Prenons pour modèle la fourmi, *bon* ménagère, et n'imitons pas la cigale, artiste *imprévoyant*, chanteuse *étourdi*, qui se trouve *dépourvu* quand vient l'hiver. L'acier a une élasticité *supérieur* à celle des autres métaux. Le juge de paix remplit une mission *conciliateur*. Le mouton ne se trouve *nul* part à l'état sauvage. La jeunesse est *enclin* aux nouveautés. (VOLTAIRE.) Les rois préfèrent la vanité *flatteur* au dévouement sévère. (CHATEAUBRIAND.) Une mère trouve toujours sa fille plus *gentil* que celle des autres. Il n'y a point de satisfaction *pareil* à celle de rendre son semblable heureux. La société est aussi *ancien* que l'homme. (J. DE MAISTRE.) On trouve une *malin* joie à mortifier une personne *vain*. La nuque est la partie *postérieur* du cou.

Je suis de vos discours l'influence (*bénin*).
Je bâille ! . . . . (VOLTAIRE)

76. — Même exercice. —

Une personne *discret* ne répète pas une chose *secret*. L'orge est, comme le froment, *sujet* au charbon et à la rouille. Le criminel cherche en vain à se soustraire à la voix *accusateur* de sa conscience. La croissance du chien est *complet* à l'âge de deux ans. La différence est totale entre une armée fanatique et une armée *bigot*. (MONTESQUIEU.) La blessée sera désormais *manchot* : elle vient de subir l'amputation du bras droit. On dit qu'une femme est *cagot* quand elle se montre *dévot* avec hypocrisie. N'ayez *nul* pensée *secret* pour vos parents. L'insolation peut déterminer des accidents graves et même une mort *subit*. Quel chagrin pour moi de ne vous être *bon* à rien ! (Mᵐᵉ DE SÉVIGNÉ.) C'est souvent par vanité que nous nous jetons dans une *sot* aventure. L'ouvrier prévoyant fait partie d'une Société d'assurance *mutuel*. La satisfaction de soi-même apporte une récompense *immédiat*.

D'une *subit* horreur, leurs cheveux se hérissent. (BOILEAU.)

I⁰ ANNÉE　　　**77. — Remplacer le tiret par l'adjectif féminin.**

I. — Le mauvais temps, la — saison. Un cadre doré, une broche —
Le sol étranger, la terre — Un jeu amusant, une fable —
Le moment précis, l'heure — Un écolier pervers, une action —
Un fruit exquis, une poire — Un ouvrier perclus, une femme —
Le peuple français, la race — Le château féodal, la vie —
Un temps gris, une plume — Le jardin clos, la cour —
Un loup enragé, une louve — Un visage altier, une parole —

II. — Un soldat las, une armée — Un élève boudeur, une élève —
Un bois épais, une forêt — Le bon vin, la — bière.
Un fait quotidien, une feuille — Un mot fier, une attitude —
Un siège bas, une chaise — Un avis corrupteur, une lecture —
Un porc gras, une volaille — Un angle obtus, une tête —
Un orateur confus, une mine — Le poids net, la pesée —
Un gros potiron, une — pomme. Un plat argenté, une cuiller —

79. — Même exercice.

I. — Le verre plein, la bouteille — Un mal contagieux, une maladie —
Le haut clocher, la — tour. Un garçon peureux, une fille —
Un mot fier, une parole — Un chant gai, une chanson —
Un soldat courageux, une âme — Un fruit aigre, une parole —
Un vêtement neuf, une robe — Le cri plaintif, la voix —
Le vallon silencieux, la vallée — Le voisin curieux, la voisine —
Un conte récréatif, une lecture — Un fruit hâtif, une variété —

II. — Un bonheur fugitif, une joie — Un album oblong, une table —
Le cheval ombrageux, la mule — Un oiseau captif, une force —
Le sol productif, la terre — Un bœuf vigoureux, une jument —
Un air dédaigneux, une parole — Un cheval rétif, une ânesse —
L'écolier laborieux, l'abeille — Le chien querelleur, l'humeur —
Le ton expressif, la voix — L'endroit marécageux, la vallée —
Un long détour, une route — Un bois giboyeux, une forêt —

81. — Même exercice.

I. — Un cri plaintif, une voix — Un lieu malsain, une contrée —
Un air gracieux, une figure — Un tableau verni, une toile —
Un air badin, une chanson — Un pupitre ouvert, une porte —
Un froid glacial, une mer — Un corps mou, une pâte —
Le nom commun, la façon — Le beau fruit, la — orange.
Un propos puéril, une action — Le bel habit, la — veste.
Un coup heureux, une famille — Le vieux refrain, la — chanson.

II. — Un fait nouveau, une saison — Un fromage mou, une poire —
Un local exigu, une chambre — Un rang moyen, une note —
Un couteau aigu, une épée — Un rire fou, une idée —
Un vieux donjon, une — cité. Un fol espoir, une — gaieté.
Un récit bref, une réponse — Un jardin contigu, une maison —
Le nouveau musée, la — rue. Un aliment sain, une eau —
Un nouvel hôtel, une — lettre. Le pauvre honteux, l'action —

78. — Mettre au féminin les adjectifs en italiques. IIe ANNÉE

Les fleurs de l'oranger ont une odeur *exquis*. Molière naquit, en 1622, d'une *bon* et *ancien* famille *bourgeois*. La tête du lion est ombragée d'une *épais* crinière. Une voix *secret* nous avertit et nous blâme quand nous faisons le mal. La mouche à viande est *gros* et *noirâtre*. La bataille fut livrée en *ras* campagne. Il est dangereux de boire de l'eau *frais* quand on a chaud. Je me lasse de parler en *tiers* personne (J.-J. Rousseau.) Caton, blâmant un jour un homme d'une corpulence *gros* et *replet*. dit : « En quoi peut être utile à la chose *public* un corps qui depuis le menton jusqu'à l'âme n'est que ventre ? » (Plutarque.) On a bientôt perdu tout crédit quand on est de *mauvais* foi. (Mme E. de Girardin.) Une personne *ignorant* ne jouit jamais d'une *grand* considération. L'eau de source est la *meilleur* boisson. Il n'y a de *bon* et *vrai* liberté que celle qui est accordée à tous.

Hélas ! aux gens heureux la plainte est *importun*. (A. Chénier.)

80. — Même exercice.

Le travail est la plus *sûr* et la plus *précieux* des ressources humaines. Les sangsues vivent dans l'eau *doux*. La *vrai* amitié est toujours *franc*. La France est *actif, laborieux, industrieux* et *hospitalier* ; la langue *français* est *harmonieux, clair, net* et *précis*. (Ch. Bigot.) La vieillesse de Victor Hugo ne fut ni *languissant*, ni *caduc*. Marseille est une ville d'origine *grec*. Il faut à l'armée une discipline *rigoureux* et *impartial*. En toutes choses, l'ignorance même, est préférable à la *faux* science. (J. Simon.) La lune d'avril est appelée lune *roux*. Souvent, dans une phrase *turc*, sur dix mots il n'y en a pas un seul de turc. (Renan.) On appelle chaux *vif* celle qui n'a point été imprégnée d'eau. La réputation est souvent une erreur *public*. (Massillon.) C'était l'instant du crépuscule : le ciel était blanc, l'eau de la rivière était *blanc*. (V. Hugo.) Une conduite *poli* mais *sec* empêchera les familiarités. (Saint-Simon.)

82. — Même exercice

Le pastel est une plante dont les feuilles donnent une *beau* couleur *bleu*. Les feuilles de sapin sont terminées par une pointe *aigu*. Évitons la *fou* ambition. Quelle *beau* et *simple* histoire, *ingénieux* et *spirituel* que celle du laboureur et de ses enfants ! Ta patrie est une patrie *ancien* ; quand elle ne daterait que d'un demi-siècle, tu devrais l'aimer encore ; mais combien le dois-tu plus quand elle est si *vieux !* (Ch. Bigot.) La faïence *fin* est faite avec une argile de *beau* qualité, *blanc* et presque *pur*. On la prendrait, parbleu, pour votre sœur *jumeau*. (Regnard.) Le ridicule est l'arme *favori* des Français. (Raynal.) Une personne est *franc* quand elle parle sans détour. Le silence est en toutes occasions le plus *beau* ornement d'un jeune homme. (Plutarque.) Chaque siècle apporte à l'art une *nouveau* forme, à la science une *nouveau* idée. (J. Simon.)

La fleur des champs brille à ta boutonnière ;
Mon *vieux* habit, ne nous séparons pas. (Béranger.)

83. — Mettre au pluriel les noms et les adjectifs.

I. — Un chapeau rond, des —
Un soulier propre, des —
Un livre instructif, des —
Un teint clair, des —
Un pantalon rouge, des —
Un habit sale, des —
Un méchant voisin, des —

Un lion cruel, des —
Un tonneau vide, des —
Un vaisseau grec, des —
Un étang profond, des —
Un incendie terrible, des —
Un compas neuf, des —
Un verrou rouillé, des —

II. — Un puits mitoyen, des —
Un cheveu blanc, des —
Un chapeau noir, des —
Un travail facile, des —
Un hôpital militaire, des —
Un petit caillou, des —
Le grand trou, les —

Un large portail, des —
Un bal public, des —
Un gâteau sucré, des —
L'ouvrier maladroit, les —
Un conseil prudent, des —
Un trottoir étroit, des —
Un chagrin violent, des —

85. — Même exercice.

I. — Un rapport faux, des —
Une eau claire, des —
Un cheval fougueux, des —
Un concurrent jaloux, des —
Une mer glaciale, des —
Un métal précieux, des —
Un gros chou, des —

Un marché avantageux, des —
Un pays marécageux, des —
Un malfaiteur dangereux, des —
Une voix criarde, des —
Un cri joyeux, des —
Un champ inculte, des —
Un pantalon gris, des —

II. — Un instinct pervers, des —
Un journal quotidien, des —
Un reptile venimeux, des —
Un carton épais, des —
Un vitrail ancien, des —
Du pain frais, des —
Un détail intéressant, des —

Le général audacieux, les —
Une voiture brisée, des —
Une voisine méchante, des —
Une guerre sanglante, des —
La jolie robe, les —
Un fossé bourbeux, des —
Un marchand honnête, des —

87. — Même exercice.

I. — Le beau joujou, les —
Un fruit nouveau, des —
Un récit moral, des —
Un garde municipal, des —
Un homme loyal, des —
Un point cardinal, des —
Un chemin vicinal, des —

Un concours régional, des —
Un château féodal, des —
Le papillon léger, les —
Un corridor sombre, des —
Une lame pointue, des —
Un bois touffu, des —
Un cheval docile, des —

II. — Un végétal oléagineux, des —
Un pays septentrional, des —
Un discours original, des —
Un caractère égal, des —
Un élève attentif, des —
Un gaz malsain, des —
Une noix verte, des —

Le joli bijou, les —
Un filou adroit, des —
Un taureau furieux, des —
Un gouvernail brisé, des —
L'œil noir, les —
Le palais royal, les —
Le chant national, les —

84. — Mettre au pluriel les adjectifs en italiques.   II° ANNÉE

La plupart des *jeune* gens croient être *naturel* lorsqu'ils ne sont que mal *poli* et *grossier*. (LA ROCHEFOUCAULD.) Les chevreuils sont *délicat* sur le choix de la nourriture. (BUFFON.) Romulus n'eut pour sujets qu'un assemblage de gens *hardi, déterminé, féroce*. (ROLLIN.) Les remèdes sont plus *lent* que les maux. (TACITE.) La destruction des Templiers est un des événements les plus *incompréhensible*. (VOLTAIRE.) Les *belle* choses ont besoin d'être bien *écrite*. (VAUVENARGUES.) La plupart des hommes sont plus *capable* de *grande* actions que de *bonne*. (MONTESQUIEU.) Les gens *boudeur* se corrigent d'eux-mêmes quand on ne les regarde pas. (DIDEROT.) Une profusion de liserons *éclatant* grimpait le long des haies et formait souvent au-dessus du sentier des berceaux plus *riche* et plus *élégant* que si la main de l'homme s'en fût mêlée. (G. SAND.) Accoutumez-vous à être *bon* envers les animaux, et vous serez bientôt *bon* envers tout le monde. (H. GRÉVILLE.)

86. — Même exercice.

De *nombreux* voyageurs ont péri dans les *dangereux* passages des Alpes. Les *gros* et *vigoureux* chiens mordent moins que les *petit*. (A. KARR.) Les gens *occupé* et *ambitieux* n'ont pas le temps d'être gai. (SAINTE-BEUVE.) Il faut préférer les livres *instructif* aux livres *amusant*. Les ours *blanc* ont le museau allongé. (BUFFON.) Si les vices sont *contagieux*, les vertus le sont aussi. Les gens *faux* sont quelquefois plus *dangereux* amis qu'ennemis. (J.-J. ROUSSEAU.) Nul gouvernement n'a le droit d'intervenir dans les affaires *intérieure* d'un autre gouvernement. (CHATEAUBRIAND.) Les hommes si *ombrageux* et si *prompt* à provoquer les autres sont pour la plupart des *malhonnête* gens. (FÉNELON.) Les *jeune* gens sont *fougueux* et *insatiable* dans leurs plaisirs; les vieux sont *incorrigible* dans leur avarice. (FÉNELON.) Les animaux *domestique* sont des serviteurs, souvent des amis, et les moins *intéressant* d'entre eux nous sont *utile* en nous servant d'aliments.

88. — Même exercice.

L'ingratitude attire les reproches comme la reconnaissance attire de *nouveau* bienfaits. (Mᵐᵉ DE SÉVIGNÉ.) La France a été souvent en paix et en rapports *amical* avec l'Angleterre. (GUIZOT.) Je n'ai voyagé à pied que dans mes *beau* jours. (J.-J. ROUSSEAU.) Les morceaux *final* des concerts sont ordinairement les plus applaudis. (ACAD.) Il y a chez les nations des besoins *moral* plus *impérieux* que les besoins *physique*. (CHATEAUBRIAND.) Les habitants de la campagne sont ordinairement plus *frugal* que ceux des villes. Des amis *ardent* et *passionné* sont rarement des juges *impartial*. (BEAUMARCHAIS.) Le bailli de Suffren livra plusieurs combats *naval* aux Anglais. Les sols *léger, sablonneux* ou *graveleux* sont, en général, plus *propre* au seigle qu'au froment. Les quatre faces de la grande pyramide d'Egypte regardent exactement les quatre points *cardinal*. Les hommes ont devant eux des terres *immense* qui sont *vide* et *inculte*, ils renversent le genre humain pour un coin de ces terres si *négligée*. (FÉNELON.)

Iʳᵉ ANNÉE — **89. — Mettre au pluriel les noms et les adjectifs.**

I. —
Une lance aiguë, des —   Une personne aimable, des —
Le légume frais les —   Un tableau admirable, des —
Le vieux château, les —   Du vin nouveau des —
Le beau mulet, les —   La forêt touffue, les —
Un travail considérable, des —   Une poire molle, des —
Un mal contagieux, des —   Un fruit amer, des —
Un oiseau nocturne, des —   Un enfant soigneux, des —

II. —
La chèvre capricieuse, les —   Un temps orageux, des —
Un colis postal, des —   Le cuir épais, les —
Le nouvel habit, les —   Le fermier actif, les —
Un jugement impartial, des —   L'écolier docile, les —
Un droit seigneurial, des —   Un étang poissonneux, des —
Un porc gras, des —   Le long voyage, les —
Un produit colonial, des —   Le grand fauteuil, les —

91. — Faire accorder les adjectifs en italiques.

I. — Le lièvre et le lapin sont *craintif*. Le chêne et l'acajou sont *dur*. Le bœuf et le cheval sont *utile* à l'homme. Le verre et le cristal sont *fragile*. L'éléphant et le chien sont très *intelligent*. Ce champ et ce jardin sont *fertile*. Le cerf et le chevreuil sont *léger*. Le chat est *sournois*, *méfiant*, il semble *perfide*. Les exercices du corps sont tout aussi *utile* que ceux de l'esprit. (J. SIMON.)

II. — L'homme, *blanc* en Europe, *noir* en Afrique, *jaune* en Asie et *rouge* en Amérique, n'est que le même homme *teint* de la couleur des climats. (BUFFON.) Les *petit* cerfs *trapu* n'habitent guère que les futaies. (BUFFON.) Beaucoup de gens *né* dans un pays *triste* et *laid* voudraient bien nous prendre le nôtre. Les animaux les plus *faible* sont aussi les plus *timide*. Les Français sont naturellement *bon*, *ouvert*, *hospitalier*, *bienfaisant*. (J.-J. ROUSSEAU.) L'homme n'est pas un animal *sauvage*, mais un être *sociable* et *aimant*. (ARISTOTE.)

93. — Même exercice.

I. — La pomme et la poire *mûr*. La grange et la cave *plein*. La fenêtre et la porte *étroit*. La rose et la violette sont *odoriférant*. L'abeille et la fourmi sont *laborieux*. La mère et la fille étaient *présent*. La grêle et la foudre *dévastateur*. La cravate et la chemise *blanc*. La caille et la perdrix rouge sont des gibiers très *estimé*. La surface d'un fanon est *uni*, *poli* et *semblable* à celle de la corne. (LACÉPÈDE.)

II. — On reconnaît qu'un cheval se porte bien à son poil *lisse* et *brillant*, à sa peau *souple*, à ses reins *flexible*. Les hirondelles se construisent des nids *solide* contre les maisons avec de *petit* brins de paille et de la terre *humide*. Le courage *patient* est quelquefois aussi *nécessaire* que l'ardeur *impétueuse*. (VOLTAIRE.) Les Pyrénées sont de *haut* montagnes; elles sont *recouvert* de neiges *éternel*; elles contiennent de *vaste* cirques, d'*étroit* vallées; des sources *chaud* d'eaux *minéral* y sont *abondant*.

90. — Faire accorder les adjectifs avec les noms qu'ils qualifient. IIᵉ ANNÉE

Autant les poules sont *familier, doux, timide, aimant* et *docile*, autant les coqs sont *belliqueux, hardi, vaillant, autoritaire.* Les *jeune* chats sont *vif, gai, joli.* (BUFFON.) Nous sommes tous *égal* sous le joug glorieux du devoir. (J. SIMON.) Nous avons eu de *cruel* temps et de *cruel* froids, et je n'en ai seulement pas été enrhumée. (Mᵐᵉ DE SÉVIGNÉ.) La vitesse est tellement l'attribut des oiseaux que les plus *pesant* sont encore plus *léger* à la course que les plus *léger* d'entre les animaux *terrestre.* (BUFFON.) Les sols *marécageux*, lorsqu'ils sont défrichés, donnent de très *riche* produits. La gloire, après tout, est l'unique récompense des *beau* actes. Les chèvres des Pyrénées ont de *long* poils *pendant* qui leur font une fourrure. (TAINE.)

De quel éclat brillaient dans la bataille
Ces habits *bleu*, par la victoire *usé !* (BÉRANGER.)

92. — Même exercice.

Le sarrasin et le maïs sont très *nutritif*, mais *lourd* et quelquefois *indigeste.* A l'équateur, les jours et les nuits sont *égal* toute l'année. Les historiens sont tenus d'être *fidèle* et *exact.* (CERVANTÈS.) Les engrais *vert* sont plus *favorable* aux terres *sec* qu'aux terres *humide.* Les noix *mûr* et *frais* sont *excellent* et figurent au dessert sur les *meilleur* tables. J'étais assis à l'ombre d'un *beau* arbre ; des fruits d'une couleur *vermeil* descendaient en forme de grappe à la portée de ma main. (BUFFON.) Les *bon* écrivains sont *attentif* à combattre les expressions *vicieux* que l'ignorance du peuple met en vogue. (VOLTAIRE.) On parle dans le monde *entier* des grâces et de l'esprit *français.* La gloire d'Athènes est *impérissable* et *universel.* Le *meilleur* cidre se fait avec un mélange de pommes *doux, acide* et *amer* de la même saison. De tous les oiseaux *voyageur*, c'est la grue qui entreprend les courses les plus *lointain.* (BUFFON.) Les ruisseaux ne sont *clair* que parce qu'ils ne sont pas *profond.* (VOLTAIRE.)

94. — Même exercice.

Egal en férocité, le léopard et la panthère ne le sont pas en force. (BUFFON.) Les arrivées et les départs *principal* n'ont lieu que pendant la nuit. (CHATEAUBRIAND.) A Sparte, les vieillards, les enfants et les femmes étaient toujours *disposé* aux plus *grand* sacrifices pour le service de la patrie. Les étoffes *noir* absorbent bien plus vite la chaleur que les étoffes *blanc.* La valeur et la discipline *militaire* rendirent les Romains maîtres de l'univers. Les soldats sont *plié* à la discipline et *rompu* à la fatigue par des marches *forcé.* La laitière de la fable n'est pas seulement *étourdi ;* elle est *ambitieux* et se perd en *beau* projets ; elle nous montre que rien ne s'accorde mieux que les *vaste* desseins et la *parfait* sottise, relativement à nos intérêts *présent*, et que trop rêver d'un *lointain* avenir est tout le contraire de la *vrai* prévoyance. Pendant qu'avec un air *assuré*, Condé s'avance pour recevoir la parole de ces *brave* gens, ceux-ci, toujours en garde, craignent la surprise de quelque *nouveau* attaque. (BOSSUET.)

95. — Faire accorder les adjectifs en italiques.

I. — La biche et le cerf *peureux*. La laiterie et le cellier *spacieux*. L'allée et le chemin *sablé*. La tarte et la brioche *délicieux*. Les rivières et les lacs *poissonneux*. La vipère et le scorpion *venimeux*. Le père, la mère et la fille sont *blond*. La pie et le moineau sont *gourmand*. La sœur et le frère sont *plein* d'attentions pour leurs parents. Les carnassiers ont les pattes *fort* et *garni* d'ongles *aigu* et *tranchant*.

II. — Saint-Étienne est une cité *industriel*. César montrait au milieu des plus *grand* dangers une prudence et un courage *étonnant*. Les perdrix, plus *petit* que les poules, ont la queue et le bec *court*. Les vents sont *froid* ou *chaud*, *humide* ou *sec*, selon qu'ils ont passé sur des montagnes *refroidi*, sur des mers, sur des contrées *mouillé* ou sur des contrées *sec* et *brûlant*. Les fruits du framboisier ont une saveur *doux*, *sucré*, *parfumé* ; on les mange *seul* ou *mélangé* avec les fraises.

97. — Souligner les compléments de l'adjectif, mettre une croix sous les adjectifs complétés.

I. — Soyez doux envers les animaux. L'homme laborieux est avare de son temps. Le mensonge est un récit contraire à la vérité. Les élèves doivent être respectueux envers leur maître. Un exercice modéré est nécessaire à la santé. La vertu est préférable aux richesses. Il est plus facile d'obéir que de commander. Le renard est fameux par ses ruses. Tout homme est responsable de ses actions. Le savant est utile à son pays.

II. — Il y a dans le ciel environ cinq mille étoiles visibles à l'œil nu. Louis XI, confiant en sa propre habileté, alla trouver Charles le Téméraire à Péronne. L'air est un gaz indispensable à la vie des animaux et des plantes. Nous devons être plus sévères pour nous-mêmes que pour les autres. Jules César était adroit à toutes sortes d'exercices, plein de valeur, bon pour ses soldats. Une vie exempte de reproches prépare une mort paisible.

99. — Souligner les adjectifs employés comme noms.

I. — Les couleurs sombres, telles que le noir, le brun et le bleu, plaisent plus aux abeilles que les couleurs pâles. Le long d'un clair ruisseau buvait une colombe. (LA FONTAINE.) Celui qui achète le superflu sera bientôt obligé de vendre le nécessaire. (FRANKLIN.) Nous faisons cas du beau, nous méprisons l'utile. (LA FONTAINE.) Rien n'est beau que le vrai, le vrai seul est aimable. (BOILEAU.) On ne trouve pas deux feuilles qui soient d'un même vert. (DIDEROT.) On reconnaît aisément le sage à sa modestie et le sot à son orgueil. (BRUEYS.)

II. — Il tient le milieu en se promenant avec ses égaux. (LA BRUYÈRE.) Le gracieux se compose de l'élégant, du riant, du noble. (VOLTAIRE.) La faiblesse de la raison humaine empêche souvent de discerner le vrai d'avec le faux, le bon d'avec le mauvais. Heureux qui sait mêler l'agréable à l'utile. (VOLTAIRE.) Il y a dans le monde beaucoup de malheureux qui ne sont pas malheureux par leur faute. (BASTIAT.)

96. — Écrire convenablement les adjectifs en italiques.　　**IIᵉ ANNÉE**

Le maître et les garçons de l'auberge me reçurent tête *nu* et bras *pendant*. (CHATEAUBRIAND). J'ai ouï dire à *feu* ma sœur que sa fille et moi naquîmes le même jour. (MONTESQUIEU.) La ville de Lisbonne s'élève à *mi*-côte et présente un aspect *enchanteur*. Les horloges des monuments *public* sonnent les heures et les *demi*. Hier, à dix heures et *demi*, le roi déclara qu'il épousait la princesse de Pologne. (VOLTAIRE.) La mémoire de *feu* Marie-Thérèse était en *grand* vénération dans l'empire d'Autriche. Une *grand* fille *roux*, *nu*-pieds, tête *nu*, vient m'ouvrir la barrière. (CHATEAUBRIAND.) Je n'aime ni les *demi*-vengeances, ni les *demi*-fripons. (VOLTAIRE). Chez les populations qui vont complètement *nu*, la peau acquiert une épaisseur qui la rend moins *sensible* aux influences *extérieur*. L'alouette chante une heure d'affilée sans s'interrompre d'une *demi*-seconde. (MICHELET.)

98. — Indiquer les positifs (*pos.*) et les superlatifs (*sup.*).

I. — L'eau de la source est très fraîche. Nos soldats paraissaient extrêmement fatigués. Le baobab est le plus grand arbre du monde. La santé du corps fait trouver bons les aliments les plus simples. (J.-J. ROUSSEAU.) On ne fait pas attention que l'âne serait pour nous le mieux fait, le plus distingué des animaux, si dans le monde il n'y avait pas le cheval. (L. FIGUIER.) Les plus grands prodiges de vertu ont été produits par l'amour de la patrie. (J.-J. ROUSSEAU.)

II. — Le mage proposa d'abord cette question : quelle est de toutes les choses du monde la plus longue et la plus courte, la plus prompte et la plus lente, la plus divisible et la plus étendue, la plus négligée et la plus regrettée, sans qui rien ne se peut faire, qui dévore tout ce qui est petit, et qui vivifie tout ce qui est grand ? (VOLTAIRE.)

> Selon que vous serez puissant ou misérable,
> Les jugements de cour vous rendront blanc ou noir.
>
> > (LA FONTAINE.)

100. — Indiquer par des abréviations : positif (*pos.*), comparatif (*comp.*), superlatif (*sup.*).

I. — Le lait est un peu plus lourd que l'eau. L'hydrogène est le corps le plus léger que l'on connaisse. Pourquoi mépriser l'âne, cet animal si bon, si patient, si sobre, si utile ? Il n'y a pas d'ami plus complaisant, plus fidèle, et plus utile qu'un bon livre. Le chevreuil est plus leste, plus gai, plus éveillé que le cerf. Il faut être plus avare de son temps que de son argent.

II. — Le parti le plus honnête est toujours le plus sage. (J.-J. ROUSSEAU.) Le mercure est le plus lourd de tous les liquides. La voix des fauvettes s'exprime par une suite de modulations peu étendues, mais agréables, flexibles et variées. L'âne est de son naturel aussi humble, aussi patient, aussi tranquille que le cheval est fier, ardent, impétueux. (BUFFON.) Les premiers sentiments sont toujours les plus naturels. L'amour de la patrie est commun à tous les hommes. (MONTESQUIEU.)

Ire ANNÉE

101. — Remplacer les tirets par un complément convenable.

Patrie, bonheur, serments, défauts, cœur, infortunés, situation, homme, fautes.

Un père est toujours heureux du — de ses enfants. L'histoire garde le nom des hommes qui ont été utiles à leur — . Un menteur est toujours prodigue de — . (CORNEILLE.) La voix d'un ami est douce au — de celui qui souffre. L'homme est aveugle sur ses — et clairvoyant sur ceux des autres. (LA ROCHEFOUCAULD.) Nous sommes responsables de nos — ; nous avons le mérite de nos succès. (J. SIMON.) Un excellent moyen d'être content de sa — c'est de la comparer avec une plus mauvaise. (FRANKLIN.) Le repos, qui sert de délassement aux travaux passés, n'est pas moins nécessaire à l' — que le travail même. Employez vos richesses à rendre la vie plus supportable à des — que l'excès de misère a peut-être réduits mille fois à désirer la mort. (MASSILLON.)

103. — Remplacer les noms accompagnés d'adjectifs par ces adjectifs pris substantivement.

L'homme fort ne se venge pas de l'homme faible, s'il a quelque générosité. La peinture divise en masses ses tons clairs et ses tons obscurs. En abandonnant les gens méchants, tu t'éviteras la honte de leur ressembler. (SOPHOCLE.) Il a, avec de l'esprit, l'air d'un individu stupide. (LA BRUYÈRE.) Quand la charge éclate au fort de la mêlée, cet air enivre les plus vaillants soldats et entraîne les plus timides conscrits. (ARS. HOUSSAYE.) Je bénissais mon abandon et me trouvais heureux de pouvoir rester dans le jardin à regarder la couleur bleue du firmament. (BALZAC.) Les animaux carnassiers sont plus industrieux que les animaux frugivores. (DIDEROT.)

105. — Analyser les adjectifs qualificatifs.

Le pinceau du Titien (1).

Mon père travaillait à un grand tableau, et il était au haut de l'échelle qui lui servait à peindre. Un page entra et cria à haute voix : « César ! » Quelques minutes après, l'empereur parut, raide dans son pourpoint, et souriant dans sa barbe rousse.

Mon père, surpris et charmé de cette visite inattendue, descendait aussi vite qu'il pouvait de son échelle : il était vieux ; en s'appuyant à la rampe, il laissa tomber son pinceau.

Tout le monde restait immobile ; car la présence de l'empereur nous avait changés en statues. Mon père était confus de sa maladresse et de sa lenteur ; mais il craignait, en se hâtant, de se blesser. Charles-Quint fit quelques pas en avant, se courba lentement et ramassa le pinceau : « Le Titien, dit-il d'une voix claire et impérieuse, le Titien mérite bien d'être servi par César. » Et, avec une majesté vraiment sans égale, il rendit le pinceau à mon père qui mit un genou en terre pour le recevoir.   (ALFRED DE MUSSET.)

(1) Le Titien est le chef de l'école vénitienne (1477-1576).

102. — **Indiquer par des abréviations les comparatifs d'égalité**   II° ANNÉE
(c. é); d'infériorité (c. i); de supériorité (c. s.).

Le renard est aussi vorace que carnassier. (BUFFON.) L'école est une petite patrie dans la grande : une patrie moins large assurément, mais plus intime. (ED. ABOUT.) Le tigre est aussi grand et plus terrible que le lion. Les jeunes cerfs ont le bois plus blanchâtre et moins teint que les vieux. (BUFFON.) L'homme est obligé de se procurer des aliments en les disputant à des animaux plus rapides ou plus forts que lui. (THIERS.) Le gaz hydrogène est de beaucoup moins lourd que l'air. La menace du plus fort me fait toujours passer du côté du plus faible. (CHATEAU-BRIAND.) Voyagez beaucoup, et vous ne trouverez pas de peuple aussi affable, aussi doux, aussi franc, aussi poli, aussi spirituel, aussi galant que le Français. (RAYNAL.) Le lynx est moins gros que le loup et plus bas sur ses jambes. (BUFFON.)

104. — **Indiquer par des abréviations (s. a.) le superlatif absolu et (s. r.) le superlatif relatif.**

L'olivier sert à préparer la meilleure de nos huiles comestibles. Le courage de braver les balles et les boulets est la moindre des vertus imposées à la noble profession du soldat. (THIERS.) Le pigeon est fort timide et difficile à apprivoiser. (J.-J. ROUSSEAU.) Les mots les plus courts ne sont pas les moins utiles. Une mère, c'est ce qu'il y a de plus auguste, de plus vénérable, de plus sacré sur la terre. (DUPAN-LOUP.) Ne donnez pas en apanage à des princes richissimes les forêts de l'État qui sont le patrimoine des pauvres. (CORMENIN.) La plus haute source et le gazon qui l'entoure, c'est là, sur les montagnes, le lieu le plus délicieux. (E. RECLUS.) Le talent de la lecture peut se lier pour les femmes à leurs plus douces occupations d'intérieur, à leurs plus chers devoirs de famille. (LEGOUVÉ.)

106. — Analyser les adjectifs qualificatifs.

Souvenir.

Les voilà, ces sapins à la sombre verdure,
Cette gorge profonde aux nonchalants détours,
Ces sauvages amis, dont l'antique murmure
    A bercé mes beaux jours.

Je ne viens point jeter un regret inutile
Dans l'écho de ces bois témoins de mon bonheur.
Fière est cette forêt dans sa beauté tranquille,
    Et fier aussi mon cœur.

Que sont-ils devenus, les chagrins de ma vie ?
Tout ce qui m'a fait vieux est bien loin maintenant ;
Et rien qu'en regardant cette vallée amie,
    Je redeviens enfant.
(ALFRED DE MUSSET.)

CHAPITRE IV.

L'ADJECTIF

(Suite.)

ADJECTIFS DÉTERMINATIFS.

Nous sommes **trente** *enfants dans notre classe.*
Donnez-moi **ce** *bâton.*
Rendez-moi **mon** *argent.*
J'ai acheté **quelques** *fleurs.*

Explication. — Quand on nous parle des personnes ou des choses, il y a certaines questions que nous ne manquons jamais de faire : *Où sont-elles ? A qui sont-elles ? Combien sont-elles ?* Nous-mêmes, quand nous parlons des personnes ou des choses, nous ne manquons pas d'indiquer le *lieu* où elles se trouvent, et de dire en quel *nombre* elles sont, et à qui elles *appartiennent.*

S'agit-il, par exemple, de livres, nous disons ou bien *mes* livres, c'est-à-dire *qui sont à moi,* ou *ces* livres; et nous les *montrons du doigt,* ou : j'ai *vingt* livres, et nous en indiquons le *nombre,* ou : j'ai *quelques* livres, sans dire au juste combien nous en avons. Ces mots *mes, ces, vingt, quelques* sont des adjectifs, puisqu'ils s'ajoutent au nom, et ces adjectifs sont *déterminatifs,* parce qu'ils en précisent la signification.

Dites quelle idée exprime chacun de ces mots *trente, ce, mon, quelques!*

101. — Définition. — On appelle adjectifs **déterminatifs** ceux qui ajoutent au nom une idée qui le **détermine,** c'est-à-dire qui en précise la signification.

102. — Il y a plusieurs espèces d'adjectifs déterminatifs ; ce sont : l'adjectif **démonstratif,** le **possessif,** le **numéral,** l'**indéfini,** le **conjonctif** et l'**interrogatif.**

103. — Chacun d'eux tire son nom de l'idée qu'il exprime.

104. — Règle d'accord. — De même que les adjectifs **qualificatifs,** les adjectifs **déterminatifs** s'accordent en genre et en nombre avec le nom auquel ils se rapportent.

ADJECTIFS DÉMONSTRATIFS.

(Exercices 107 et 108)

TABLEAU DES ADJECTIFS DÉMONSTRATIFS

SINGULIER		PLURIEL
MASCULIN.	FÉMININ.	POUR LES DEUX GENRES.
ce cet	cette	ces

Ce *crayon est à moi.*
Cet *arbre est très élevé.*
Cet *homme est grand.*
Cette *porte n'est pas fermée.*
Ces *soldats sont vigoureux.*
Ces *plumes sont fines.*

Explication. — Quelquefois un geste tout seul suffit à faire comprendre notre pensée ; ainsi le doigt mis sur la bouche veut dire : *Silence !* le bras étendu vers la porte veut dire : *Sortez !* Mais ordinairement les gestes accompagnent nos paroles et s'accordent avec elles.

Ainsi, quand nous parlons d'une personne ou d'une chose présente, nous la *montrons* de la main, du doigt. Ce mouvement accompagne un mot qui lui aussi sert à montrer : c'est l'*adjectif démonstratif* **ce, cet, cette, ces.**

105. — Définition. — L'adjectif **démonstratif** est celui qui sert à **montrer** les personnes et les choses.

106. — Remarque. — *Ce* s'emploie devant tous les noms masculins singuliers qui commencent par une consonne ou une *h* aspirée : *ce* chêne, *ce* hérisson.

Cet s'emploie devant tous les noms masculins singuliers qui commencent par une voyelle ou une *h* muette : *cet* arbre, *cet* homme.

Cette s'emploie devant tous les noms féminins singuliers.

Ces s'emploie devant tous les noms pluriels.

ADJECTIFS POSSESSIFS

(Exercices 109 à 114.)

1er TABLEAU.

Adjectifs possessifs individuels.

SINGULIER		PLURIEL
MASCULIN.	FÉMININ.	DES DEUX GENRES.
1re personne　mon	ma	mes
2e　—　ton	ta	tes
3e　—　son	sa	ses

Mon *chapeau*, **ma** *veste*, **mes** *souliers*.
Ton *chapeau*, **ta** *veste*, **tes** *souliers*.
Son *chapeau*, **sa** *veste*, **ses** *souliers*.

Explication. — « Jean disait à Jacques : allons jouer avec Jules. »
Jean, Jacques et Jules, cela fait en tout trois enfants, trois personnes : celle qui parle, c'est la 1re ; celle à qui l'on parle, c'est la 2e ; celle dont on parle, c'est la 3e.

Il y a beaucoup de personnes dans le monde ; mais, en grammaire, dans le discours, il n'y en a que trois.

« J'ai *mon* cerceau, *ma* corde et *mes* billes, poursuivit Jean ; prends *ton* ballon, *ta* toupie et *tes* osselets ; Jules nous prêtera *son* cerf-volant, *sa* balle et *ses* échasses ; nous aurons de quoi nous amuser. »
Vous voyez que, suivant qu'il s'agit de la première, de la seconde ou de la troisième personne, on emploie des adjectifs différents pour exprimer la *possession*. S'agit-il des objets possédés par celui qui parle, on emploie *mon, ma, mes ;* s'agit-il des objets possédés par celui à qui l'on parle, on emploie *ton, ta, tes ;* et pour les objets possédés par celui dont on parle, on dit : *son, sa, ses.*

Il y a trois personnes dans le discours : *la première* est celle qui parle ; *la deuxième* est celle à qui l'on parle ; *la troisième* est celle dont on parle.

107. — Définition. — On appelle **adjectifs possessifs** ceux qui indiquent à laquelle des **trois personnes** appartiennent les objets désignés par le nom.

108. — Il y a trois sortes d'adjectifs possessifs : 1o *mon, ma, mes,* qui se rapportent à la *première* personne ; 2o *ton, ta, tes,* à la *deuxième ;* 3o *son, sa, ses,* à la *troisième.*

2ᵉ TABLEAU.

Adjectifs possessifs collectifs.

SINGULIER DES DEUX GENRES.	PLURIEL DES DEUX GENRES.
1ʳᵉ personne notre	nos
2ᵉ — votre	vos
3ᵉ — leur	leurs

Notre *encrier*, **notre** *table*, **nos** *livres*.
Votre *encrier*, **votre** *table*, **vos** *livres*.
Leur *encrier*, **leur** *table*, **leurs** *livres*.

Explication. — Une propriété peut appartenir ou à un seul, elle est alors *individuelle*, ou à plusieurs, et alors elle est *collective*. Pour indiquer cette différence, on se sert d'adjectifs différents. Si, par exemple, je parle d'un jardin qui n'appartient qu'à moi, je dirai *mon* jardin ; s'il appartient à moi et à d'autres, je dirai *notre* jardin.

109. — Définitions. — On nomme **individuels** les adjectifs possessifs qui indiquent la possession par un seul individu ; on nomme **collectifs** les adjectifs possessifs qui indiquent la possession par plusieurs.

Comme chacune des trois personnes du discours peut posséder **seule** ou **en commun**, à chaque personne correspondent deux séries d'adjectifs, ceux qui indiquent la posses-ion **individuelle** (mon, ton, son) et ceux qui indiquent la possession **collective** (notre, votre, leur).

110. — Remarque. — Lorsqu'un nom féminin commence par une voyelle ou une *h* muette, comme *aiguille*, *habitude*, on emploie le masculin *mon, ton, son*, au lieu de *ma, ta, sa*.

Exemple : **mon** *aiguille*, **mon** *habitude*, au lieu de **ma** *aiguille*, **ma** *habitude*, qui seraient durs à l'oreille.

ADJECTIFS NUMÉRAUX.

(*Exercices 115 à 118.*)

un,   deux,   trois,   quatre,   etc.
unième, deuxième, troisième, quatrième,   etc.

Nous sommes **trente** *élèves dans notre classe; mon frère est le* troisième, *je suis le* **dixième.**

Le mois de février a **vingt-huit** *jours, c'est aujourd'hui le* **quinzième** *jour.*

Explication. — *Numéro, numération, numéraire, numéral,* tous ces mots ont le même radical *num ;* c'est aussi celui des mots *nombre, nombrer, innombrable, dénombrement,* car *num* et *nom* c'est tout un. Les adjectifs *numéraux* sont donc tous ceux qui servent à *nombrer,* c'est-à-dire à compter.

Dans un nombre quelconque de personnes ou d'objets, il y a deux choses à considérer : la *quantité* et le rang ou *ordre.* Ainsi, dans une classe il y a une certaine *quantité* d'élèves, *dix, vingt, trente,* etc., et chaque élève a son rang : le *premier,* le *second,* le *troisième,* etc.

Dans un bataillon, il y a une certaine *quantité* de soldats, et ces soldats sont rangés dans un certain *ordre.* Il en est de même des livres dans une bibliothèque, des maisons dans une rue, des jours dans le mois, des mois dans l'année, etc. Aussi y a-t-il deux espèces d'adjectifs numéraux : ceux qui expriment la quantité et ceux qui expriment l'ordre.

111. — Définitions. — On appelle **numéraux** les adjectifs qui ajoutent au nom une idée de **nombre.**

Dans un nombre quelconque, on peut considérer la **quantité** ou l'**ordre.** On appelle **numéraux cardinaux** les adjectifs qui expriment la **quantité** des personnes ou des choses ; on appelle **numéraux ordinaux** les adjectifs qui en expriment l'**ordre** ou le rang.

ADJECTIFS NUMÉRAUX CARDINAUX.

Genre et nombre.

J'ai vu **deux** *lions et* **deux** *lionnes,* **trois** *loups et* **trois** *louves,* **un** *tigre et* **une** *tigresse.*

112. — Les adjectifs numéraux cardinaux sont des deux genres, sauf l'adjectif **un** qui fait **une** au féminin. Ils ne prenn et pas la marque du pluriel.

I. — Vingt et Cent.

Prêtez-moi **deux cents** *francs* (deux centaines de francs).
Ce vieillard a vécu **quatre-vingts** *ans*(quatre vingtaines d'années).

Au contraire, on écrira :
Je dois **vingt** *francs*, parce qu'on ne peut pas dire : Je dois *vingtaines* de francs.

On écrira : *Prêtez-moi* **deux cent dix** *francs*, parce qu'on ne peut pas dire *deux centaines de dix* francs.

On écrira : *Ce vieillard a vécu* **cent deux** *ans*, parce qu'on ne peut pas dire *centaines de deux* ans.

113. — Quand *vingt* et *cent* peuvent être remplacés par les noms *pluriels* : *vingtaines de*, *centaines de*, ils sont considérés comme des *noms* et prennent la marque du pluriel.

II. — Mille.

Cette maison a été vendue dix **mille** *francs*.
La république a été proclamée en **mil** *huit cent soixante-dix*.
Le vaisseau était à quelques **milles** *des écueils*.

114. — *Mille*, adjectif numéral cardinal, ne prend jamais la marque du pluriel.

115. — Lorsqu'on veut exprimer une date postérieure à l'ère chrétienne, on écrit *mil* au lieu de *mille*, à la condition que ce mot soit suivi d'un ou de plusieurs autres nombres.

116. — Il ne faut pas confondre *mille*, nom commun servant à désigner une mesure de longueur, avec *mille*, adjectif numéral : *mille*, nom commun, prend la marque du pluriel.

ADJECTIFS NUMÉRAUX ORDINAUX.

leur formation.

un,	un*ième*	dix,	dix*ième*
deux,	deux*ième*	vingt,	vingt*ième*

Comparez entre eux les adjectifs numéraux *cardinaux* et les adjectifs numéraux *ordinaux*, et dites en quoi ils diffèrent.

117. — **Règle.** — On forme les adjectifs numéraux **ordinaux** en ajoutant la terminaison **ième** aux adjectifs numéraux **cardinaux**.

118. — Remarques I. — Quand ceux-ci se terminent par un *e* muet, comme *quatre, mille*, on retranche cet *e* avant d'ajouter *ième*

118 bis. — II. — Les deux premiers adjectifs *numéraux ordinaux* ont deux formes : *unième* et *premier, deuxième* et *second Unième* ne s'emploie que dans les adjectifs composés. Ex. : *vingt et unième, cent unième.*

Genre et nombre.

Mars est le **troisième** *mois de l'année.*
Nous sommes dans la **troisième** *semaine de mars.*
Tous les **quinzièmes** *jours du mois, il fait un voyage.*

119. — Les adjectifs **numéraux** ordinaux sont des deux genres ; ils prennent la marque du pluriel.

ADJECTIFS INDÉFINIS.

(Exercices 119 et 121.)

—

MASCULIN	FÉMININ	MASCULIN ET FÉMININ
aucun	aucune	autre
certain	certaine	chaque
maint	mainte	même
nul	nulle	quelque
tel	telle	quelconque
tout	toute	plusieurs
un	une	

Chaque *homme a ses défauts.*
Le chêne **un** *jour dit au roseau.*

Explication. — Quand je dis : Regardez *cette* maison, je la montre du doigt ; — quand je dis : C'est *ma* maison, j'indique qu'elle est à moi ; quand je dis : Il y a *quinze* maisons dans cette rue, j'en fais connaître le nombre ; ces adjectifs *cette, ma, quinze* expriment donc des idées précises. Si au contraire je dis : Pierre habite *une* petite maison, on voit d'ici *plusieurs* maisons, *quelques* maisons sont couvertes en chaume, ces adjectifs *une, plusieurs, quelques* n'expriment que des idées vagues ; aussi les appelle-t-on adjectifs *indéfinis*.

120. — Définition. — On appelle adjectifs **indéfinis** ceux qui ne déterminent les noms que d'une manière vague, **indéfinie.**

Remarques.

(Exercices 120 et 122.)

I.
Tout.

Tous *les hommes sont mortels.*
Il a travaillé **toute** *la journée.*
Aujourd'hui, elle est **tout** *autre qu'hier.*
Elle est **toute** *malade,* **toute** *honteuse.*

121. — Lorsque **tout** se rapporte à un nom, il est adjectif indéfini et variable; quand **tout** a le sens de *tout à fait, entièrement*, il est pris adverbialement et reste invariable, à moins qu'il ne précède un adjectif féminin commençant par une consonne ou par une *h* aspirée.

II.
Même.

Vous faites toujours les **mêmes** *fautes* (des fautes semblables).

César ne vainquit les Gaulois que par les Gaulois **mêmes** (eux mêmes).

Tout lui réussit, **même** *ses imprudences* (aussi).

L'égoïste est indifférent aux malheurs de ses semblables, de ses proches, de ses enfants **même** (aussi).

Obéissez aux lois **même** *injustes* (quoique).

122. — Lorsque **même** a le sens de *semblable* ou qu'il peut se remplacer par *lui-même, eux-mêmes, elle-même, elles-mêmes*, il est adjectif et s'accorde avec le nom

Lorsque *même* signifie *aussi, quoique, quand même*, il est adverbe et par suite invariable.

III.
Quelque.

J'ai **quelques** (plusieurs) *beaux tableaux.*
Quelque (si) *savant qu'il soit, il ne sait pas se conduire.*

123. — Lorsque *quelque* exprime une idée de *nombre*, il est adjectif et s'accorde; quand il exprime une idée de *degré*, il est adverbe et reste invariable.

IV.
Quel que, quelle que.

Quels *qu'aient été ses torts, je lui pardonne* (si grands qu'aient été ses torts).

Quelle *qu'elle soit, je l'aime ainsi* (de quelque nature qu'elle soit).

124. — Il ne faut pas confondre l'adjectif *quelque*, qui exprime le nombre, avec *quel que, quelle que*, qui exprime la grandeur, la qualité. Dans cette locution, l'adjectif *quel* seul varie, *que* est invariable.

ADJECTIFS CONJONCTIFS.

(Exercices 123 et 124.)

SINGULIER		PLURIEL	
MASCULIN	FÉMININ	MASCULIN	FÉMININ
quel	quelle	quels	quelles
lequel	laquelle	lesquels	lesquelles
duquel	de laquelle	desquels	desquelles
auquel	à laquelle	auxquels	auxquelles

Dites-moi **quel** *âge vous avez ?*

Je laisse à mon neveu la somme de mille francs, **laquelle** *somme est déposée à la caisse d'épargne.*

Explication. — Du radical *join* ou *jonc* on a formé plusieurs mots, comme *joindre, jointure, jonction, conjonction, conjonctif.* Les *adjectifs conjonctifs* sont ceux qui servent à unir, à *joindre* entre elles deux propositions. Pour reconnaître si un adjectif est conjonctif, il suffit de le retrancher de la phrase. Ainsi dans cette phrase : *Savez-vous* **quelle** *heure il est,* si vous retranchez l'adjectif *quelle*, les deux propositions restent désunies, *disjointes : Savez-vous heure il est ?* C'est une preuve que l'adjectif *quelle* est *conjonctif.*

125. — Définition. — On appelle **adjectif conjonctif** celui qui sert à **joindre** entre elles deux propositions.

ADJECTIFS INTERROGATIF ET EXCLAMATIF.

(Exercices 123 et 124.)

Quel *est votre avis ?* **Quel** *malheur !*

Explication. — Cet adjectif *quel* rend bien des services. Nous venons de voir qu'il sert à joindre deux propositions ; il sert aussi pour l'interrogation et pour l'exclamation. Si vous avez des questions à faire, vous ne pouvez vous passer de lui : *Quel* est votre avis ? *Quelle* heure est-il ? *Quels* sont vos parents ? *Quelles* sont vos intentions ? Si vous poussez des exclamations, c'est encore l'adjectif *quel* qui vous vient en aide : *Quel* malheur ! *Quelle* surprise ! *Quels* dangers ! *Quelles* horreurs !

126. — Remarque. — L'adjectif *quel* n'est pas toujours *conjonctif ;* il sert aussi pour l'interrogation et l'exclamation : on l'appelle alors *interrogatif* ou *exclamatif.*

ANALYSE DES ADJECTIFS DÉTERMINATIFS.

(Exercices 125 et 126.)

Prenez **votre** *livre.*

votre, adj. possessif, masc., sing., détermine *livre.*

127. — Méthode. — Pour analyser un adjectif déterminatif, il faut indiquer : 1° l'espèce, 2° le genre, 3° le
nombre de cet adjectif, 4° le nom qu'il détermine.

TABLEAU RÉCAPITULATIF.

ESPÈCES.	DÉFINITIONS.	EXEMPLES.
DÉMONSTRATIFS.	Les *adjectifs démonstratifs* sont ceux qui servent à **montrer** les personnes et les choses.	*Ce* crayon est à moi.
POSSESSIFS.	Les *adjectifs possessifs* indiquent à laquelle des **trois personnes** appartiennent les objets désignés par le nom.	*Mon* chapeau. *Notre* encrier.
NUMÉRAUX.	On appelle *adjectifs numéraux* ceux qui ajoutent au nom une idée de **nombre.**	Le mois de fé- vrier a *vingt-huit* jours, c'est aujour- d'hui le *quinzième.*
INDÉFINIS.	On appelle *adjectifs indéfinis* ceux qui ne déterminent les noms que d'une manière **indéfinie, vague.**	*Chaque* homme a ses défauts.
CONJONCTIFS.	On appelle *adjectifs conjonctifs* ceux qui servent à **joindre** entre elles deux propositions.	Je laisse à mon neveu la somme de mille francs, *la- quelle* somme est déposée à la caisse d'épargne.
INTERROGATIF ou EXCLAMATIF.	On appelle *adjectif interrogatif* ou *exclamatif* l'adjectif *quel* servant pour l'interrogation ou l'ex- clamation.	*Quel* âge avez- vous ? *Quel* malheur !

Ire ANNÉE **107.** — Souligner l'adjectif démonstratif et mettre une croix sous le nom déterminé.

I. — Cette leçon vaut bien un fromage, sans doute. (LA FONTAINE.) Ce loup rencontre un dogue aussi puissant que beau. (LA FONTAINE.) A ces mots le corbeau ne se sent pas de joie. (LA FONTAINE.) On nomme lagunes, ces étangs fort peu profonds qui bordent le rivage de la mer. L'endroit où deux cours d'eau mêlent leurs eaux s'appelle le confluent de ces cours d'eau.

II. — Lyon est au confluent du Rhône et de la Saône ; dans cette ville, on fabrique de belles soieries. Au fond de ce ravin, un tas de cadavres gisaient dans des poses étranges et terribles. (J. CLARETIE.) Ce dessin m'a fourni une des scènes qui ont le plus réussi dans ma tragédie. (RACINE.) Une chose parmi tant de services rendus au pays rendait cet homme sacré. (MICHELET.) Dans ce pays heureux, la cupidité est étrangère. (MONTESQUIEU.)

109. — Employer l'adjectif possessif individuel convenable.

I. — J'écoute attentivement ..... instituteur. Tu apprendras ..... leçon. Paul range ..... cahier et ..,.. livres. La plus frappante image de la brutalité c'est le buffle, ... formes lourdes, ... long cou, ... tête écrasée, ... mufle large, ... cornes noueuses, ... mugissement farouche, tout nous dit que ce monstrueux habitant des marécages de l'Inde est un échappé du déluge. (ED. ABOUT.)

II. — L'homme qui trahit ..... idées, c'est-à-dire ..... devoirs envers lui-même, finira par trahir ..... devoirs envers ..... famille, ... concitoyens, ... patrie. La vieille Europe est toujours vivante, active, féconde ; tu y as ..... place et ..... grande place : ..... pays s'ouvre sur la Méditerranée de Port-Vendres à Menton. (CH. BIGOT.) La vie n'est rien par elle-même, ... prix dépend de ..... emploi. (J.-J. ROUSSEAU.)

> Un riche laboureur, sentant ..... mort prochaine,
> Fit venir ..... enfants, leur parla sans témoins. (LA FONTAINE.)

111. — Employer l'adjectif possessif collectif convenable.

I. — Prenez soin de ..... vêtements. Les écoliers mettent ..... livres dans une gibecière. Rangeons ..... cahiers dans le placard. La France est ..... patrie. Le maître vous donnera ce soir ..... récompense. Les frères et les sœurs chérissent également ..... mère. Vous devez prêter toute ..... attention aux conseils de ..... parents et de ..... maîtres. Ce sont les hommes qui font ..... propre malheur. (B. DE SAINT-PIERRE.) Les pays les plus renommés pour ..... laitage le sont aussi pour ..... propreté.

II. — Dans la vieillesse de ..... parents, souvenez-vous de ..... enfance. La plupart de ..... fautes et par conséquent de ..... malheurs, viennent de ce que nous apprenons trop tard à nous connaître nous-mêmes. Un fermier de ..... campagnes envoya deux de ..... domestiques emprunter une herse chez un de ..... voisins et leur donna l'ordre de l'apporter sur ..... épaules. (FRANKLIN.)

108. — **Employer l'adjectif démonstratif convenable.**   II· ANNÉE ·

Comment se fait-il que l'âne, ... animal si utile et si dévoué, ...
ami, ... serviteur du faible, ... cheval du pauvre, ait une réputation
proverbiale de sottise et d'entêtement ? (L. Figuier.) Connaissez-vous la
Touraine, ... belle contrée que l'on a surnommée le jardin de la
France, ... pays où l'on respire un air pur dans des plaines arrosées
par un grand fleuve ? (A. de Vigny.) Lorsqu'on représentait à Napoléon une chose comme impossible, il prétendait que ..... mot-là n'était
pas français. (J.-B. Say.) Les voyageurs parlent tous avec enthousiasme
des Pyramides d'Egypte, et ..... enthousiasme n'est pas exagéré.
(Volney.) L'attendrissement était universel à la vue de ..... lamentable
infortune, de ..... héroïque courage, de ..... admirable douceur.
(Mignet.) Je revois encore, et je n'oublierai jamais, un coin sanglant
de ..... champ de bataille. (J. Claretie.)

>   Pourquoi ..... éléphants, ... armes, ... bagage
>   Et ..... vaisseaux tout prêts à quitter le rivage ?   (Boileau.)

110. — **Mettre après chaque adjectif possessif un nom convenable.**

Devoir, racines, chair, vie, feuilles, poil, ancêtres, petits, fa-
mille, bénéfice, patrie, nid, ruses, chefs, réputation, pays.

I. — Le lapin nous donne sa ..... et son ..... La guenon est très
tendre pour ses .... ; elle les défend au péril de sa ..... On parlait des
Gaulois les ..... bien avant qu'on parlât des Germains. (Ch. Bigot.) Ce
n'est point par ses ..... seules que le végétal se nourrit ; il absorbe
l'air par ses...... On est toujours à plaindre quand on agit contre
son ...... (Fénelon.)

II. — Le bon soldat obéit à ses ...... Le renard est fameux par ses .....
et mérite en partie sa ...... (Buffon.) Tout bon citoyen doit obéir aux
lois de son ..... et savoir, au besoin, donner sa vie pour sa ..... . La
mésange suspend son ..... en forme de bourse par un côté, et se
confie au vent pour bercer sa ...... (Michelet.) Dépense un sou de
moins par jour que ton ..... net. (Franklin.)

112. — **Même exercice.**

Racines, pays, soins, branches, malheurs, succès, fardeaux,
nids, amis, actions, œufs.

I. — C'est lorsque nous sommes éloignés de notre ..... que nous sentons l'instinct qui nous y attache. (Chateaubriand.) Un véritable ami
est celui qui se réjouit de nos ..... et s'afflige de nos ...... Les arbres
s'enfoncent dans la terre par leurs ....., comme leurs ..... s'élèvent
dans le ciel. (Fénelon.) Non, mon cher Bayard, j'espère que nos .....
réussiront pour te guérir. (Fénelon.)

II. — Lorsque les oiseaux construisent leurs ....., ils semblent prévoir le nombre de leurs ...... Nous estimons ceux qui n'abandonnent
jamais leurs ..... . Le bœuf ne convient pas autant que le cheval ni
l'âne pour traîner nos .... Nos ..... bonnes ou mauvaises sont des
semences que nous récoltons tôt ou tard.

Ire ANNÉE   **113.** — Souligner les adjectifs possessifs et indiquer entre parenthèses s'ils sont individuels ou collectifs.

I. — Je portais ensuite ma montre à mon oreille, et je souriais comme un homme qui reçoit une confidence. Oui, notre pays est un plaisant pays. Ce n'est point de ma captivité ni de ma blessure que je suis en peine. (FÉNELON). Nos talents sont nos plus sûrs et nos meilleurs protecteurs. (VAUVENARGUES). Nul ne peut être heureux s'il ne jouit de sa propre estime. (J.-J. ROUSSEAU).

II. — Tout homme utile à ses semblables, à son pays, est un travailleur et a droit comme tel à notre respect. (L. CARRAU.) Le docteur sauta au bas de son palanquin, et prenant sous son bras son livre de questions avec son sac de nuit et à la main ses pistolets et sa pique, il s'en vint tout seul à la porte de la cabane. (BERN. DE SAINT-PIERRE.)

Rendez-moi, lui dit-il, mes chansons et mon somme,
Et reprenez vos cent écus.   (LA FONTAINE.)

115. — Ranger dans deux listes les adjectifs numéraux cardinaux et les adjectifs numéraux ordinaux.

I. — Le décimètre est la dixième partie du mètre. L'estomac d'un ruminant comprend quatre poches. Un chameau peut passer huit à dix jours sans boire. Lyon est la deuxième ville de France. Le quintal vaut cent kilogrammes; le tonneau métrique est le poids de mille kilogrammes. La première croisade eut lieu au onzième siècle. Octobre est le dixième mois de l'année.

II. — Le plus grand fleuve du monde est le Mississipi; il a sept mille deux cents kilomètres de longueur. Nos abeilles domestiques, ou mouches à miel, vivent en colonies composées chacune de dix à trente mille ouvrières, de douze cents à deux mille mâles et d'une seule femelle, qui a reçu le nom de reine. (MILNE EDWARDS.) Le décimètre carré est la centième partie du mètre carré. Le Mont-Blanc a quatre mille huit cent dix mètres d'élévation. Quatre ou cinq cents ruches sont établies auprès des petits ruisseaux qui arrosent ces vergers. (VOLTAIRE.)

117. — Écrire les nombres en lettres.

I. — Une année bissextile se compose de *366* jours. La vérité est notre *1er* devoir et notre *1er* besoin. Une vache peut manger *90* kilogrammes d'herbe par jour. On a trouvé dans un seul nid de taupes *402* tiges de blé tirées au dedans avec leurs feuilles.

II. — Dans l'état sauvage, l'éléphant des Indes atteint l'âge de *200* ans; mais il ne vit guère que *120* ans en captivité. La pomme de terre, originaire de l'Amérique, a été importée en Europe au *16e* siècle. On se fusillait à *80* mètres. On a calculé qu'une hirondelle détruit jusqu'à *900* insectes nuisibles par jour. Mme de Maintenon faisait instruire à Saint-Cyr *250* jeunes filles, toutes nées de gentilshommes pauvres.

114. — Employer selon le sens _ces_ ou _ses_.

En disant ..... paroles, son regard était farouche et ..... yeux étince-
lants. (FÉNELON.) La figure du chevreuil est plus agréable que celle du
cerf ; ..... yeux surtout sont plus beaux ; ..... membres plus souples ;
..... mouvements plus prestes. (BUFFON.) Voyez-vous ..... vastes forêts
qui paraissent aussi anciennes que le monde ? (FÉNELON.) La patrie vit
du concours et du travail de tous ..... enfants. ..... arbres sont beaux,
..... fleurs sont belles : mais ce ne sont pas les fleurs de mon pays.
(LAMENNAIS.) La Fontaine a sur ..... devanciers l'avantage d'avoir
donné à ..... tableaux des couleurs fidèles qui sentent, pour ainsi dire,
le pays et le terroir : ..... plaines immenses de blés où l'alouette
cache son nid ; ..... bruyères ou ..... buissons où fourmille tout un petit
monde, ... jolies garennes, c'est la Beauce, la Champagne et la Pi-
cardie. (SAINTE-BEUVE.) A cette table était assis un homme d'une
quarantaine d'années qui faisait sauter un petit enfant sur ..... genoux.

116. — Ecrire les nombres en toutes lettres.

La toison d'un mouton de la variété limousine pèse _650_ à _700_
grammes ; celle d'un mouton poitevin peut atteindre _2500_ grammes.
Gutenberg naquit à Mayence en _1409_. L'homme, s'il mène une vie
régulière, peut atteindre _80_ et _90_ ans. Un pigeon parcourt environ
_800_ mètres par minute. La banquise fut brisée en une minute sur
un espace de plusieurs _mille_. Charlemagne fut couronné empereur
en l'an _800_. Le sommet de la colline offrait un plateau environné
d'épaisses murailles ; j'en fis _2_ fois le tour et je comptai _1560_ et _1566_
pas communs, ou à peu près _780_ pas géométriques. (CHATEAUBRIAND).

Nous partîmes _500_ ; mais par un prompt renfort
Nous nous vîmes _3000_ en arrivant au port. (CORNEILLE.)

118. — Même exercice.

La manie des visites.

Un d'eux mourut l'autre jour de lassitude, et on mit cette épitaphe
sur son tombeau : « C'est ici que repose celui qui ne s'est jamais reposé.
Il s'est promené à _530_ enterrements. Il s'est réjoui de la naissance de
_2.680_ enfants. Les pensions dont il a félicité ses amis, toujours en des
termes différents, montent à _2.600.000_ livres ; le chemin qu'il a fait
sur le pavé, à _9.600_ stades (1) ; celui qu'il a fait dans la campagne, à
_36_. Sa conversation était amusante ; il avait un fonds tout fait de _365_
contes ; il possédait d'ailleurs, depuis son jeune âge, _118_ apophtheg-
mes (2) tirés des anciens, qu'il employait dans les occasions brillantes.
Il est mort enfin à la _60°_ année de son âge. Je me tais, voyageur ; car
comment pourrais-je achever de te dire ce qu'il a fait et ce qu'il a
vu ? » (MONTESQUIEU.)

____

(1) Ancienne mesure valant 185 mètres.
(2) Parole mémorable de quelque personnage illustre. — Depuis 1877, le _Dictionnaire de_
l'Académie écrit _apophtegmes_ sans _h_.

Ire ANNÉE

119. — **Faire accorder les adjectifs indéfinis avec les noms.**

I. — *Aucun* mer n'est aussi poissonneuse que le grand Océan équatorial. (MALTE-BRUN.) Le fer peut s'allier à *tout* les *autre* métaux. (BUFFON.) *Nul* contrée n'est aussi riche en houille que la Grande-Bretagne. *Certain* vignobles, très en renom au moyen âge, sont complètement oubliés aujourd'hui. *Aucun* gosier n'est capable de lutter avec celui de l'alouette. (MICHELET.)

II. — La France est la vraie patrie de la vigne ; *nul* contrée ne produit une plus grande variété de vins remarquables. Dans *maint* passages de ses nombreux ouvrages, Michelet s'est plu à parler de sa famille. Il y a dans *certain* hommes une *certain* médiocrité d'esprit qui contribue à les rendre sages. (LA BRUYÈRE.)

> Un chat, nommé Rodilardus,
> Faisait de rats *tel* déconfiture,
> Que l'on n'en voyait presque plus. (LA FONTAINE.)

121. — **Mettre devant les noms l'adjectif indéfini convenable.**

I. — .... volcan est..... canon d' ..... volume immense. (BUFFON.) Je n'ai jamais fait ..... mal. A ..... source la caravane s'arrête et boit. (RENAN.) ..... animal ne tue par plaisir ..... jour amène son pain. (LA FONTAINE.) ..... espèces d'oiseaux quittent nos climats à l'approche de l'hiver et reviennent au printemps. ..... âge a ses devoirs. L'enfant vit dans ..... nid ..... petits nouvellement éclos et sans ..... plumage encore.

II. — ..... chemin de fleurs ne conduit à la gloire. (LA FONTAINE.) Vous marchez d'un ..... pas qu'on a peine à vous suivre. (MOLIÈRE.) ..... cavaliers avaient mis pied à terre. ..... crocodile de petite taille entraîne facilement ..... homme à la nage. ..... nation a seule le droit de se donner des lois. (CONDORCET.) Vous me dites que votre amitié, ... qu'elle est, subsistera toujours pour moi ..... que je sois. (J.-J. ROUSSEAU.)

> ..... rat de campagne en son modeste gîte
> D' ..... rat de ville eut un jour la visite. (LA FONTAINE.)

123. — **Distinguer les adjectifs conjonctifs, interrogatifs et exclamatifs.**

I. — Quelle heure est-il ? Quel âge avez-vous ? Quel est votre nom ? Quel pays habitez-vous ? Quelle réponse t'a-t-on faite ? Quel heureux sort en ce lieu vous amène ? Notre instituteur a reçu des bons points, des gravures et des livres de prix, lesquelles récompenses seront distribuées aux meilleurs élèves. Quel bruit ! quelle poussière ! quel tintamarre !

II. — Quelles sont les diverses manières de voyager ? Le montant de mes acquisitions s'élève à trois cents francs, laquelle somme je paierai en plusieurs fois. Ah ! quelle horrible gloire que celle de détruire son propre pays ! (FÉNELON.) En quelle monnaie vous a-t-il payé ? Envoyez-moi une pièce de vin ordinaire, lequel envoi je vous solderai le mois prochain. Quelle attention, l'hiver, lorsqu'au coin du feu le chasseur disait ce qu'il avait vu autour des glaciers ! (MICHELET.) Quel est donc ce vieillard ?

120. — Faire varier, s'il y a lieu, les mots en italiques.   **IIᵉ ANNÉE**

Quelque corps, tels que le verre, ne se dilatent pas régulièrement. *Quelque* coquilles étaient là *tout* retirées en elles-*même* et souffrant de rester à sec. (MICHELET.) Les vigognes et les lamas ont les *même* mœurs et habitent les *même* climats. Les bons citoyens sacrifient leurs intérêts, *même* les plus chers, à la Patrie. Les lettres de Mᵐᵉ de Sévigné à sa fille sont supérieures à *tout* ses autres lettres, *quelque* séduisantes qu'elles soient. (GUIZOT.) Les abeilles, les castors, les fourmis *même* nous donnent l'exemple du travail et de l'activité. Cervantès, l'auteur de don Quichotte, s'est montré l'écrivain de *tout* les pays, de *tout* les temps, de *tout* les âges ; il est à la portée de *tout* les esprits. Il est avec notre Molière le seul auteur qui soit réellement populaire en *tout* pays, qui soit l'ami de *tout* personne sachant lire. Et pourtant il est foncièrement espagnol de cœur, d'esprit et de langage ; les traits *tout* particuliers du caractère de sa nation sont fortement accusés dans son œuvre.

122. — Même exercice.

Gardez-vous de reprocher aux autres les défauts dont vous êtes vous-*même* affligés. *Quelque* belles et glorieuses que fussent ces visions, la vie de Jeanne d'Arc dès lors avait changé. (MICHELET.) Les talents, les facultés, les vertus *même* se perdent faute d'exercice. *Tout* citoyen, *tout* magistrat, *quel que* soit son titre, ne doit demander justice qu'aux lois de son pays. (CONDORCET.) L'espérance, *tout* trompeuse qu'elle est, aide à supporter bien des maux. *Quel que* soit la vie que les circonstances fassent à tes pareils, tous sont respectables. Une foule *tout* émue, *tout* silencieuse, entourait le sauveur et le sauvé. En conquérant la Gaule, César l'a rendue *tout* entière et pour jamais romaine. (G. BOISSIER.) L'aigle a l'haleine *tout* aussi forte, le cri *tout* aussi effrayant que le lion ; nés *tout* deux pour le combat et la proie, ils sont également ennemis de *tout* société, on ne peut les apprivoiser qu'en les prenant *tout* petits. (BUFFON.) *Quelque* crimes toujours précèdent les grands crimes. (RACINE.)

124. — Distinguer les adjectifs conjonctifs, interrogatifs et exclamatifs.

Quel spectacle vous frappe le plus, celui des tourments ou du bonheur d'autrui ? (J.-J. ROUSSEAU.) Si on lui demande quelle heure il est, il tire une montre qui est un chef-d'œuvre. (LA BRUYÈRE.) Quelle vie précaire, aventurée, pour l'alouette qui couve ! (MICHELET.) En mourant, son oncle lui a laissé une maison, un jardin et plusieurs champs, lesquels biens sont situés en Beauce. Quel bras vous suspendit, innombrables étoiles ? (RACINE.) Quel plaisir ne doit-on pas sentir à soulager ceux qui souffrent ? (MASSILLON.) Avant de vous marier, il faut savoir quel homme vous voulez être, à quoi vous voulez passer votre vie, quelles mesures vous voulez prendre pour assurer du pain à vous et à votre famille. (J.-J. ROUSSEAU.)

Hélas ! quel miel jamais n'a laissé de dégoût ?
Quelle mer n'a point de tempête ?   (ANDRÉ CHÉNIER.)

Iʳᵉ ANNÉE.   **125. — Analyser les adjectifs déterminatifs.**

I. — Mes livres font ma joie et presque ma seule société. (P.-L. Courier.) Chaque pays, chaque degré de température a ses plantes particulières. (Buffon.) Nos dragons, nos hussards, qui ne se possédaient plus d'impatience, partirent courbés sur leurs selles comme un mur qui s'ébranle. (Erckmann-Chatrian.) Nous aidions notre mère dans ses visites quotidiennes.

II. — Pour moi, je ne puis jamais oublier que vous êtes ce grand connétable, ce prince du plus noble sang qu'il y ait dans le monde et qui travaille de ses propres mains à détruire sa patrie et le royaume de ses ancêtres. (Fénelon.) Le son parcourt trois cent quarante mètres par seconde. Dès le onzième siècle, on fit peser sur la culture de la vigne les impôts les plus onéreux. Quelle joie n'est rendue plus vive par sa joie? quel front ne se déride à son front? quelle colère résiste à ses larmes? (Bern. de Saint-Pierre.)

127. — Mettre au féminin les noms et les adjectifs en italiques.
(Révision.)

I. — Une *bon* action rend le cœur joyeux. L'*âne* est recherchée pour son lait très facile à digérer. Comme plante *médicinal* le cresson jouit d'une réputation *séculaire* et *populaire*. Le zèbre est d'une figure *agréable*, quoique *massif* et un peu *carré*. (Buffon.) Pendant quelques moments, l'*aïeul* contemple le cadavre de son *petit-fils*. L'imprimerie est une chose plus *divin* qu'*humain*.

II. — Notre *cher comte*, que vous aimez tant, s'en va dans huit jours. (Mᵐᵉ de Sévigné.) La verdure a pris durant la nuit une vigueur *nouveau*. (J.-J. Rousseau.) Tout mon cœur te bénit, bonté *consolateur*. (A. de Musset.) Les groupes s'en allaient en causant à voix *bas*. (Lamartine.) La patience est *amer*, mais son fruit est doux. (Fénelon.) *Haut* taille, tête *rond*, gros col, ventre un peu gros, *petit* voix : tel est le portrait de Charlemagne.

129. — Ecrire correctement les noms et les adjectifs en italiques.
(Révision.)

I. — La lionne allaite ses *lionceau* pendant six *mois*. Ma mère me faisait faire de *grand page* de *bâton* et de *jambage*. (G. Sand.) Les *gelée* sont la cause de *dégât* souvent *considérable* dans les *forêt*, les *jardin*, les *vigne*. Les *perroquet* ont des *plume magnifique* ; ils en ont de *rouge*, de *vert*, de *bleu*, de *blanc*. Les *paysan* qui élèvent des *bœuf* sont plus *lourd* et plus *lent* que ceux qui élèvent les *cheval*. (G. Sand.)

II. — Les *civette* cherchent, comme les *renard*, à entrer dans les *basse-cour* pour emporter les *volaille*. (Buffon.) Je me ferai de ses *os* un jeu de *domino*. (Balzac.) Les *Indien* allument leurs *feu* en frottant deux *morceau* de bois l'un contre l'autre. Un jeu continuel, des *bal éternel*, des *comédie* trois fois la semaine, voilà la cour. (Mᵐᵉ de Sévigné.)

Le gibier du lion, ce ne sont point *moineau*,
Mais *beau* et *bon sanglier, cerf* et *daim bon* et *beau*. (La Fontaine.)

126. — Ecrire les nombres en lettres; puis analyser les adjectifs déterminatifs.

La France en 1796.

En 10 mois, 3 armées formidables, 3 fois renforcées, avaient été détruites par une armée qui, forte de 30 et quelques 1.000 âmes à l'entrée de la campagne, n'en avait guère reçu que 20 pour réparer ses pertes. 50.000 Français avaient battu plus de 200.000 Autrichiens, en avaient pris plus de 80.000, tué ou blessé plus de 20.000; ils avaient livré 12 batailles rangées, plus de 60 combats, passé plusieurs fleuves en bravant les flots et les feux ennemis.

Le courrier qui portait ces nouvelles arriva le soir à Paris. On les publia au milieu des cris de joie de tous les Français attachés à leur pays. A quelle époque notre patrie fut-elle plus belle et plus grande? Il faut, a dit un ancien, que la patrie soit non seulement heureuse, mais suffisamment glorieuse. Ce vœu était accompli: Français qui avons vu depuis notre liberté étouffée, notre patrie envahie, nos héros fusillés ou infidèles à leur gloire, n'oublions jamais ces jours immortels de liberté, de grandeur et d'espérance.   (THIERS.)

128. — Mettre au féminin les noms et les adjectifs en italiques.

(*Révision.*)

La *tigre* peut avoir, comme la *lion*, cinq ou six petits. (BUFFON.) L'arme *favori* des Francs était une hache à un ou deux tranchants nommée francisque. Le café tient, pour ainsi dire, le milieu entre la nourriture *corporel* et la nourriture *spirituel*: il agit sur les sens et sur la pensée. (EM. SOUVESTRE.) Je ramassai le nœud de rubans pour le remettre à la *beau rieur*. (G. SAND.) Le suicide est une mort *furtif* et *honteux*, c'est un vol fait au genre humain. (J.-J. ROUSSEAU.) Telle est l'ambition dans la plupart des hommes : *inquiet, honteux, injuste*. (MASSILLON.) Les *hommes* tartares ne boivent que du lait de *cheval*. (BUFFON.) La philanthropie est une vertu *doux, patient* et *désintéressé*, qui supporte le mal sans l'approuver.

130. — Ecrire correctement les noms et les adjectifs en italiques.

(*Révision.*)

Tout les *régal* ne sont pas destinés à flatter le palais. (EM. SOUVESTRE.) Les *nuage pelotonné* de *vapeur* qui partent des *volcan* sont *sillonné d'éclair continu*. Un sapin solitaire retient la neige sur ses *rameau étalé, grand éventail horizontal, blanc* à la surface, *vert* en dessous. (E. RECLUS.) Le plus grand des *mal* est la *guerre civile* (PASCAL.) Michel-Ange, dans ses *peinture religieux*, donne à ses *prophète* une expression redoutable et puissante qui en fait des *Jupiter* plutôt que des *saint*. (Mme DE STAEL.) Ce n'était pourtant pas une chose si difficile que de compter avec des *fermier* et de renouveler des *bail*. (G. SAND.) Puissent les *doux bravo* caresser ton oreille! (C. DELAVIGNE.) Les *route* s'aplanissaient devant le roi, les *ville* ouvraient leurs *porte* et baissaient leurs *pont-levis*. (MICHELET.) *Chef-d'œuvre* de délicatesse et de grâce; les *fleur* sont les *bijou* de la nature.

Ire ANNÉE 131. — **Ecrire correctement les noms et les adjectifs en italiques**

(Révision.)

I. — La nourriture *habituel* des *pigeon* se compose de *vesce* et de *sarrasin*. Les *climat froid* ne sont pas *favorable* à la production *abondant* du lait. La taille des *animal* qui proviennent de *race chétif* s'accroît avec une *merveilleux* facilité par l'application d'une nourriture *abondant*. Le cidre et le poiré sont loin d'avoir les *merveilleux propriété* du *vin*. L'eau et l'air nous paraissent *bleu*.

II. — Sur vingt *homme* qui passent dans la rue, vous n'en verrez pas plus de deux qui marchent comme un homme doit marcher, la tête *haut* et d'un pas *ferme* et *sonore*. Les dix-huit autres sont *voûté, frileux, malingre, étiolé, pâle, gras, essoufflé, apoplectique, bilieux, mou, chancelant.* (A. DUMAS FILS.) Les *gros* huîtres des *mer* des Indes *occidental* fournissent les *perle fin* les plus *estimé*. Les *perle* sont généralement *incolore* ; mais on en connaît qui présentent *divers* teintes, qui sont *rose* ou *jaune, grise* ou *teinté* de bleu. Il en est même de complètement *noir*. (L. FIGUIER.)

IIe ANNÉE 132. — **Ecrire correctement les noms et les adjectifs en italiques.**

(Révision.)

Le chien est *bon*, il a *tout sorte* de *bon pensée* et de *bon sentiment* dans les *œil doux, joyeux* et *franc* avec lesquels il vous regarde. Vers la fin de l'hiver, de *petit fleur* percent la neige et se montrent à nous, comme la *doux* promesse d'un prochain renouveau. (E. RECLUS.) *Quelque vieux souche situé* près du bord portent toutes leur turban de neige. (E. RECLUS.) Je veux savoir si les *chose* sont *vrai* avant de les trouver *beau*. (FÉNELON.) La *gras* Flandre était la tentation *naturel* de ces *gouvernement vorace*. (MICHELET.) Retire-toi, perfide, et ne me viens pas amuser avec tes *traître parole*. (MOLIÈRE.) L'aigle *français* plane sur les bord de la Vistule. (NAPOLÉON Ier.) Henri IV fut élevé à la béarnaise, *nu-pied* et tête *nu*. L'embouchure du Mississipi a une *demi-lieue* de largeur. Une conquête *exécuté* par de *pareil* gens dut être *sanglant*. (AUG. THIERRY.) Il faut de plus *grand vertu* pour soutenir la *bon* fortune que la *mauvais*. (LA ROCHEFOUCAULD.)

CHAPITRE V

LE PRONOM

LE PRONOM EN GÉNÉRAL

Explication. — Quand on parle d'une personne ou d'une chose, il faut d'abord la faire connaître et pour cela la *nommer*. Mais lorsqu'on l'a une fois désignée par son *nom*, on peut éviter la répétition de ce nom en le remplaçant par un mot qui a le même sens et qu'on appelle **pronom.**

Ainsi La Fontaine, ayant nommé la cigale et la fourmi, ne répète pas leurs noms à chaque instant.

Il ne dit pas :

> *La cigale* alla crier famine
> Chez la fourmi sa voisine,
> Priant *la fourmi* de prêter à *la cigale*
> Quelque grain...
> *La cigale* paierai à *la fourmi*, dit *la cigale* à *la fourmi*, etc.

Mais il dit :

> *Elle* alla crier famine
> Chez la fourmi sa voisine,
> *La* priant de *lui* prêter
> Quelque grain...
> *Je vous* paierai, *lui* dit-*elle*.

Ces mots *elle, lui, je*, qui remplacent le mot *cigale*, et *la, vous, lui*, qui remplacent le mot *fourmi*, sont des **pronoms.**

128. — Définition. — Le **pronom** est une espèce de mot que l'on met à la place du nom pour en éviter la répétition.

129. — Règle d'accord. — Puisque le **pronom** remplace le **nom**, il s'accorde en genre et en nombre avec le nom dont il tient la place.

PRONOMS PERSONNELS

(Exercices 133 à 136.)

SINGULIER	1re personne		**Je, me, moi.**
	2e	—	**Tu, te, toi.**
	3e	—	**Il, elle, lui, le, la, se, soi, en, y.**
PLURIEL	1re personne		**Nous.**
	2e	—	**Vous.**
	3e	—	**Ils, elles, eux, les, leur, se, en, y.**

Explication. — Nous avons vu qu'il y a *trois personnes* dans le discours et que les *adjectifs possessifs* indiquent à laquelle de ces trois personnes appartient l'objet désigné par le nom.

Chacune de ces trois personnes peut être représentée par des *pronoms* qu'on appelle pour cette raison **pronoms personnels**. Sans le secours de ces personnes il serait difficile de se faire comprendre.

Ainsi comprendriez-vous cette phrase : *Pierre, Pierre, Pierre nomme Pierre ?* Non, assurément, c'est une véritable énigme. Mais si vous remplacez ce nom de Pierre par des pronoms *personnels*, la phrase deviendra claire. *Moi, je me nomme Pierre.* Qui est *moi ?* c'est *Pierre ;* et *je ?* c'est encore *Pierre ;* et *me ?* c'est toujours *Pierre.* Vous voyez combien sont utiles ces *pronoms personnels.*

Sing. — **Moi,** je me *nomme Jean.*	Pluriel. — **Nous,** *restons ici.*
Toi, tu te *nommes Jules.*	**Vous,** *placez-vous là.*
Lui, il se *nomme Jacques.*	**Eux,** ils *se mettront là-bas.*

130. — Définition. — On appelle pronoms personnels ceux qui représentent les **personnes du discours.**

Comme il y a *trois personnes* dans le discours : la 1re celle qui parle, la 2e celle à qui l'on parle, la 3e celle dont on parle, il y a pareillement *trois sortes de pronoms personnels* : ceux de la 1re personne : *Je, me, moi,* pour le singulier, *nous,* pour le pluriel ; ceux de la 2e : *Tu, te, toi,* pour le singulier, *vous,* pour le pluriel ; ceux de la 3e : *il, elle, lui, le, la, se, soi, en, y,* pour le singulier, *ils, elles, eux, les, leur, se, en, y,* pour le pluriel.

Du genre

Moi, *disait Henri*, **je me** *plais à la campagne.*
Moi, *dit Henriette*, **je me** *plais à la ville.*

131. — Règle. — Les pronoms personnels sont des deux genres, sauf *trois* qui sont toujours du masculin : il (pluriel : ils), le, eux, et *deux* qui sont toujours du féminin : elle (pluriel elles), la.

Du nombre.

Le voleur se cache.	*Pensez à vos parents : J'y pense.*
Les voleurs se cachent.	*Avez-vous du courage ? J'en ai.*
Pensez à votre patrie : J'y pense.	*Avez-vous des armes ? J'en ai.*

132. — Règle. — Les pronoms personnels se, y, en, sont des deux nombres ; les autres n'ont que le singulier ou le pluriel.

REMARQUES PARTICULIÈRES

SUR LA NATURE ET L'EMPLOI DES MOTS *le, la, les ; leur.*

Aimez-vous **les** *fleurs ? — Je* **les** *aime.*
Auguste et Léon sont contents ; je **leur** *ai rendu* **leur**
balle qu'ils avaient perdue.

133. — 1° Les mots *le, la, les* sont articles ou pronoms personnels ; ils sont *articles* quand ils précèdent le *nom ;* ils sont *pronoms* quand ils le remplacent.

2° De même *leur* est *adjectif possessif* quand il accompagne le *nom ;* il est *pronom personnel* quand il le remplace.

3° Les pronoms personnels de la 3e personne servent à remplacer non seulement *les personnes,* mais aussi *les choses dont on parle.*

PRONOMS DÉMONSTRATIFS.

(Exercices 137 et 138.)

MASCULIN		FÉMININ	
singulier	*pluriel*	*singulier*	*pluriel*
ce	celui	ceux	celle	celles
ceci	celui-ci	ceux-ci	celle-ci	celles-ci
cela	celui-là	ceux-là	celle-là	celles-là
(pas de pluriel)			

Explication. — L'adjectif et le pronom démonstratifs servent tous les deux à montrer les personnes et les choses ; en effet, si vous dites : Regardez *ces* maisons, vous les montrez ; et si vous ajoutez : *Celle-ci* est la nôtre, *celle-là* est à mon oncle, vous les montrez aussi.

La différence entre l'adjectif et le pronom démonstratifs, c'est que l'adjectif accompagne le nom de l'objet qu'on montre : *ces maisons* ; tandis que le pronom remplace le nom et l'adjectif : *celle-ci, celle-là,* pour *cette maison-ci, cette maison-là.*

Ces arbres sont en fleur. **Celui-ci** *est un cerisier.*

Comparez *celui-ci* à *ces :* quelle différence y a-t-il entre ces deux mots ?

134. — **Définition.** — Le pronom démonstratif est celui qui remplace à la fois un nom et un adjectif démonstratif.

celui pour **ce lui**
celle pour **ce elle**
ceux pour **ce eux**
ceci pour **ce ci**   (qui est ici).
cela pour **ce là**   (qui est là).

135. — **Remarques.** — I. — Il n'y a en réalité qu'un mot démonstratif : ce. Il sert à former les pronoms démonstratifs à l'aide des pronoms personnels *lui, eux, elle,* et des adverbes *ci* et *là.*

✻

Prenez **ce** *livre*
Faites **ce** *(cette chose) que votre père ordonne.*

136. — II. — Il ne faut pas confondre **ce** adjectif démonstratif qui accompagne le nom, avec **ce** pronom démonstratif qui le remplace.

PRONOMS POSSESSIFS.

(Exercices 139 à 142.)

	SINGULIER		PLURIEL	
	masculin	*féminin*	*masculin*	*féminin*
1re pers.	le mien	la mienne	les miens	les miennes
2e —	le tien	la tienne	les tiens	les tiennes
3e —	le sien	la sienne	les siens	les siennes
			DEUX GENRES	
1re pers.	le nôtre	la nôtre	les nôtres	
2e —	le vôtre	la vôtre	les vôtres	
3e —	le leur	la leur	les leurs	

Explication. — L'adjectif et le pronom possessifs indiquent tous les deux à laquelle des trois personnes appartient l'objet désigné par le nom ; en effet, si vous dites : Voici *mon* crayon, ou ce crayon est *le mien,* l'adjectif *mon* et le pronom *le mien* indiquent tous les deux que le crayon est à vous, c'est-à-dire à la personne qui parle.

> *Voilà* **ton** *crayon, voici* **le mien** *(mon crayon).*
> *Voici* **mon** *cahier, voilà* **le tien** *(ton cahier).*
> *Voici* **notre** *banc, voilà* **le sien** *(son banc).*

137. — Définition. — **Le pronom possessif** est celui qui remplace à la fois un nom et un adjectif possessif.

De même qu'il y a deux espèces d'adjectifs possessifs, les *individuels* et les *collectifs,* de même il y a deux espèces de pronoms possessifs ; les uns : *le mien, le tien, le sien,* indiquent que l'objet est possédé par un seul ; les autres : *le nôtre, le vôtre, le leur,* que l'objet appartient à plusieurs.

138. — Remarque. — Comme il y a *trois* personnes dans le discours, il y a *trois* sortes de pronoms personnels, *trois* sortes d'adjectifs possessifs et *trois* sortes de pronoms possessifs.

PERSONNES —	PRONOMS PERSONNELS. —	ADJECTIFS POSSESSIFS. —	PRONOMS POSSESSIFS. —
1re personne (celle qui parle)	*Je* ou *moi* / *Nous*	*mon* / *notre*	*le mien* / *le nôtre*
2e personne (celle à qui l'on parle)	*Tu* ou *toi* / *Vous*	*ton* / *votre*	*le tien* / *le vôtre*
3e personne (celle de qui l'on parle)	*Il* ou *elle* / *Ils* ou *elles*	*son* / *leur*	*le sien* / *les leurs*

PRONOMS INDÉFINIS

(Exercices 143 et 144, 149.)

Pronoms variables.

SINGULIER		PLURIEL	
MASCULIN	FÉMININ	MASCULIN	FÉMININ
aucun	aucune	aucuns	aucunes
chacun	chacune	—	—
l'un	l'une	les uns	les unes
l'autre	l'autre	les autres	les autres
nul	nulle	nuls	nulles
quelqu'un	quelqu'une	quelques-uns	quelques-unes
tel	telle	tels	telles
tout	toute	tous	toutes
un	une	—	

Pronoms invariables.

MASCULIN SINGULIER	: autrui, on, quiconque, personne, rien
PLURIEL DES DEUX GENRES	: plusieurs
MASCULIN PLURIEL	: certains

Explication. — Nous avons vu que le *pronom démonstratif* remplace à la fois un nom et l'adjectif démonstratif qui l'accompagne : Ces arbres sont en fleur ; *celui-ci* (cet arbre-ci) est un cerisier. — Nous avons vu que le *pronom possessif* remplace à la fois un nom et l'adjectif possessif qui l'accompagne : Ce crayon est *le mien* (mon crayon). De même le *pronom indéfini* remplace à la fois un nom exprimé ou sous-entendu et un adjectif indéfini.

> **Nul** (*nul homme*) *n'est content de son sort.*
> **Chacun** (*chaque homme*) *a ses défauts.*
> *Qui veut* **tout** (*toute chose*) *n'a* **rien** (*nulle chose*).

139. — Définition. — Le **pronom indéfini** est celui qui remplace à la fois un nom et un adjectif indéfini.

Observation. — Les noms remplacés par le pronom indéfini sont le plus souvent les noms sous-entendus *homme* et *chose*.

PRONOMS CONJONCTIFS.

(Exercices 145 et 146, 149.)

SINGULIER		PLURIEL		DEUX GENRES et DEUX NOMBRES
MASCULIN	FÉMININ	MASCULIN	FÉMININ	qui
lequel	laquelle	lesquels	lesquelles	que
duquel	de laquelle	desquels	desquelles	quoi
auquel	à laquelle	auxquels	auxquelles	dont

Explication. — Comme l'adjectif, le pronom peut être *conjonctif.* Ainsi dans cette phrase : J'aime l'enfant *qui* obéit à ses parents, si vous retranchez le pronom *qui*, il n'y a plus de lien entre le nom *enfant* et la proposition qui le suit : J'aime l'enfant ..... obéit à ses parents. Le pronom *qui* est donc *conjonctif.*

Voilà le but **auquel** *(auquel but) vous devez tendre.*
Connaissez-vous l'homme **qui** *(lequel homme) nous regarde ?*
Prenez le livre **que** *(lequel livre) je vous ai promis.*
Dites-moi à **quoi** *(quelle chose) vous pensez.*
La personne **dont** *(de laquelle personne) on parle est la troisième.*

140. — Définition. — Le **pronom conjonctif** est celui qui tient la place d'un nom et d'un adjectif conjonctif. Il sert à unir une proposition au nom qu'il remplace.

141. — Remarques. — I. — Comme le nom et le pronom conjonctif sont en relation étroite, on les appelle des *mots corrélatifs,* et le pronom conjonctif s'appelle aussi *pronom relatif.* De plus, comme d'ordinaire ils sont à la suite l'un de l'autre, le premier prend le nom d'*antécédent,* et le second de *conséquent.*

⁂

Celui **qui** *frappe par l'épée périra par l'épée.*
Vous **que** *j'implore, ne soyez pas impitoyable.*

II. — L'*antécédent* du pronom relatif peut être un autre pronom.

PRONOMS INTERROGATIFS.

(Exercices 147 et 148.)

qui, que, quoi, lequel.

Qui *(quelle personne) va là ?*
Que *(quelle chose) faites-vous ?*
A quoi *(quelle chose) pensez-vous ?*
De ces livres **lequel** *(quel livre) préférez-vous ?*

142. — Définition. — Le pronom interrogatif est celui qui remplace un nom et un adjectif interrogatif.

Tous les pronoms conjonctifs, sauf *dont*, peuvent devenir *interrogatifs*.

COMPLÉMENT DES PRONOMS.

(Exercice 150.)

Que ceux **des assistants** *qui m'approuvent lèvent la main.*
Qui **de vous** *veut me suivre ?*
Lequel **de ces livres** *voulez-vous ?*
Aucun **d'eux** *n'a menti.*

143. — Remarque. — Les pronoms personnels, relatifs et possessifs ne prennent pas de complément, parce qu'ils expriment des idées complètes. Au contraire, les pronoms *démonstratifs, interrogatifs* et *indéfinis* ont souvent besoin d'être complétés par des noms ou des pronoms.

ANALYSE DU PRONOM

(Exercices 151 et 152.)

Voici, mon ami, la lettre **que tu** *attendais.*

que, pron. relat., fémin. sing., mis pour *lettre*, complém. dir. de *attendais.*
tu, pron. pers., 2ᵉ pers. masc. sing., mis pour *ami*, suj. de *attendais.*

144. — Méthode. — Pour analyser le pronom, il faut en indiquer : 1° l'*espèce*; 2° le *genre* et le *nombre*, qui sont les mêmes que ceux du nom remplacé ; 3° la *personne*, s'il y a lieu ; 4° la *fonction*.

TABLEAU RÉCAPITULATIF DES PRONOMS.

ESPÈCES.	DÉFINITIONS.	EXEMPLES.
PERSONNELS.	On appelle *pronoms personnels* ceux qui représentent les **trois personnes du discours.**	*Moi, je me nomme* Pierre.
DÉMONSTRATIFS.	Le *pronom démonstratif* est celui qui remplace à la fois un **nom** et un **adjectif démonstratif.**	Ces arbres sont en fleur ; *celui-ci* (cet arbre) est un cerisier.
POSSESSIFS.	Le *pronom possessif* est celui qui remplace à la fois un **nom** et l'**adjectif possessif** qui l'accompagne.	Voilà ton crayon, voici *le mien* (mon crayon).
INDÉFINIS.	Le *pronom indéfini* est celui qui remplace à la fois un **nom** et un **adjectif indéfini.**	*Nul* (nul homme) n'est content de son sort.
CONJONCTIFS.	Le *pronom conjonctif* est celui qui tient la place d'un **nom** et d'un **adjectif conjonctif.**	Dites-moi *à quoi* (à quelle chose) vous pensez.
INTERROGATIFS.	Le *pronom interrogatif* est celui qui remplace un **nom** et un **adjectif interrogatif.**	*Qui* (quelle personne) va là ? *Que* (quelle chose) faites-vous ?

Ire ANNÉE 133. — Souligner les pronoms personnels ; indiquer la personne.

I. — Je me levai, me secouai ; la faim me prit ; je m'acheminai gaiement vers la ville. (J.-J. Rousseau.) Ce n'est pas assez de faire le bien, il faut le bien faire. (Berquin.) L'intempérance porte avec soi sa punition. (Berquin.) Vous connaissez les proverbes : qui se ressemble s'assemble ; dis-moi qui tu hantes, et je te dirai qui tu es. Méditez-les, car ils sont sages, et faites-en votre profit.

II. — L'hirondelle se lève sur ses ailes ; le petit regarde attentivement et se soulève aussi un peu ; puis vous le voyez voleter, il regarde, agite ses ailes : tout cela se fait dans le nid. La difficulté commence lorsqu'il s'agit d'en sortir. Elle l'appelle et lui montre quelques menus gibiers ; elle essaye de l'attirer par l'appât d'un moucheron. Le petit hésite encore. Mettez-vous à sa place ! Pour moi, je vous le déclare, le spectacle est grand, émouvant ! (Michelet.) L'aveu d'une faute en suppose le repentir, et semble en mériter le pardon. (Berquin.)

135. — Indiquer le genre et le nombre des pronoms personnels.

I. — Vois ce soleil, ami, comme il est beau ! il nous console et nous appelle à lui. (J.-J. Rousseau.) Les indiscrets se trahissent souvent d'eux-mêmes. (La Rochefoucauld.) Un jour, une abeille aperçoit une mouche auprès de sa ruche : « Que viens-tu faire ici ? lui dit-elle d'un ton furieux. Vraiment c'est bien à toi à te mêler avec les reines de l'air ! » (Fénelon.)

II. — « Quoi ! Bayard, je te loue et tu me condamnes ! je te plains et tu m'insultes ! » — « Si vous me plaignez, je vous plains aussi, Bourbon, et je vous trouve bien plus à plaindre que moi. Je sors de la vie sans tache, je meurs pour mon pays. ... » — « Et moi, je suis victorieux d'un ennemi qui m'a outragé ; je me venge de lui ; je le chasse du Milanais ; je fais sentir à toute la France combien elle est malheureuse de m'avoir perdu en me poussant à bout : appelles-tu cela être à plaindre ? » — « Oui, on est toujours à plaindre quand on agit contre son devoir. » (Fénelon.)

137. — Distinguer les pronoms démonstratifs ; en indiquer le genre et le nombre.

I. — En suivant ceux qui font le mal, on les enhardit à mal faire. Le plaisir le plus grand est de faire celui d'autrui. (La Bruyère.) La terre n'est jamais ingrate ; elle nourrit toujours de ses fruits ceux qui la cultivent soigneusement. (Fénelon.) Ceux-ci portent de longues pailles dans le trou d'un vieux mur ; ceux-là maçonnent des bâtiments aux fenêtres d'une église. (Chateaubriand.)

II. — Les plaies du corps ne sont rien en comparaison de celles de l'âme. La force fait détester ou admirer celui qui la possède, selon qu'il en abuse ou non. La terre et le bois sont les premières matières travaillées par l'homme, celles qui semblaient plus particulièrement à son usage. (E. Souvestre.) Quelle joie pour la jeune fille de pouvoir, à l'aide de quelques pages bien lues, calmer celui qui souffre, consoler celle qui pleure, distraire ceux qui crient ! (E. Legouvé.)

134. — Distinguer *le, la, les*, articles, de *le, la, les*, pronoms.   II' ANNÉE

En les voyant, je compris enfin le sens de ces terribles mots :
« Faut-il les tuer tous deux ? » (P.-L. COURIER.) Les Français ont toujours été braves et de bon cœur à leur devoir ; il est plus difficile de
les corrompre que de les mener au bien. (E. FAGUET.) Ne bornez pas
le sentiment de l'humanité aux hommes seulement ; étendez-le à tout
ce qui respire. (BERQUIN.) Un homme qui a une excellente idée,
mais qui l'abandonne à la première traverse, ne peut rien créer.
Faisons des ingrats, soit, mais ne le soyons pas. (BERQUIN.) Deux ressources contre le malheur : quand il est léger, on le diminue par l'indifférence ; lorsqu'il est grave, on le repousse par le courage. (BERQUIN.)
Etre bienfaisant, c'est seulement secourir ses semblables ; être charitable, c'est encore les secourir, sans doute, mais, surtout, c'est les
aimer : la bienfaisance est une vertu, la charité peut devenir une
sublime passion. (F. COPPÉE.) On cherche les rieurs, et moi je les évite.

**136. — Distinguer les mots *leur*, adjectif possessif,
de *leur*, pronom personnel.**

Le monde est plein de gens qui ont tant d'amour pour les bêtes qu'il
ne leur en reste plus pour les hommes. (E. LEGOUVÉ.) Les mauvais
sujets cherchent à entraîner les autres : résistez-leur ; s'ils raillent
vos scrupules, dédaignez leurs moqueries. Les palmiers se rapprochent
des fougères par leur port et leur structure. (MALTE-BRUN.) Les mères
s'attachent aux enfants par les soins qu'elles leur rendent. (J.-J. ROUS-
SEAU.) Dans ce temps, où l'on se plaint que l'argent est rare, ce sera
faire acte de bonté que d'indiquer aux personnes qui sont à court
d'argent le pouvoir de mieux garnir leurs poches ; je veux leur enseigner
le véritable secret de gagner de l'argent. (FRANKLIN.) Les petits même
des animaux n'écoutent-ils pas leur père et leur mère, et ne leur
obéissent-ils pas à l'instant lorsqu'ils les avertissent de ce qui leur
nuirait ? (LAMENNAIS.)

138. — Distinguer les pronoms des adjectifs démonstratifs.

Voyez ce pauvre homme qui a perdu ce qui le fait vivre. (LA FON-
TAINE.) Ce paysan, qui m'examinait, jugea de la vérité de mon histoire,
par celle de mon appétit. (J.-J. ROUSSEAU.) Celui qui passe sa jeunesse
dans l'indolence perd la plus agréable portion de sa vie. Mon fils, tu
n'as peut-être jamais pensé à ce qu'est la Patrie : c'est tout ce qui
t'entoure, tout ce qui t'a élevé et nourri, tout ce que tu as aimé !
Cette campagne que tu vois, ces maisons, ces arbres, ces jeunes filles
qui passent en riant, c'est la Patrie ! (SOUVESTRE.) Le succès n'est pas
ce qui importe ; ce qui importe, c'est l'effort ; c'est là ce qui dépend de
l'homme, ce qui l'élève, ce qui le rend content de lui-même. (JOUFFROY.)
Le travail, le prêt, tout ce qui tend à exciter la responsabilité personnelle doit être préféré, quand cela est possible, à l'aumône. (P. JANET.)
La senteur des tilleuls est moins pénétrante que celle des foins coupés,
mais plus embaumée. (A. THEURIET.)

Ire ANNÉE 139. — Souligner les pronoms possessifs ; en indiquer la personne.

I. — Toutes les étoiles sont des soleils comme le nôtre. (C. Flammarion.) Je sors de la vie sans tache ; j'ai sacrifié la mienne à mon devoir ; je meurs pour mon pays. (Fénelon.) Que le brave soit vainqueur ou vaincu, les siens l'estiment et ses ennemis le respectent. Parcours tout l'univers, tu ne trouveras pas aisément un pays qui compte d'aussi beaux états de service que le tien. (Ch. Bigot.)

II. — La bonté d'autrui me fait autant de plaisir que la mienne. (Joubert.) Les tiens, quand tu mourras, pleureront-ils leur frère ? (Victor Hugo.) Un souffle, venu du midi, a renouvelé la vie de l'arbre et la nôtre elle-même. (E. Reclus.) J'entendais autour de moi les assistants se dire à leur oreille, ou plutôt à la mienne, l'un : il n'y a rien de supportable ; un autre : quelle musique enragée ! (J.-J. Rousseau.)

141. — Souligner les pronoms possessifs ; indiquer ceux qui sont individuels et ceux qui sont collectifs.

I. — Un peintre réussit mieux à faire le portrait des autres que le sien. (P. Raynal.) On voit les maux d'autrui d'un autre œil que les siens. Les pauvres ont leur fardeau et les riches ont aussi le leur. (Bossuet.) Quand vous aurez entendu nos raisons, nous écouterons les vôtres. On a toujours tort de s'approcher d'une nation aussi fougueuse que la vôtre. (Fénelon.)

II. — L'armée ennemie s'avançait au petit pas, et la nôtre ne bougeait. L'expérience d'autrui et la mienne m'ont prouvé que les bonnes greffes et les bonnes semences ne coûtent pas sensiblement plus cher que les mauvaises. (About.) Demandez à un Anglais, à un Allemand, à un Russe, quels sont les meilleurs soldats du monde, chacun dira : les nôtres et ensuite les Français. (Général Foy.) En plaignant les autres, nous nous consolons nous-mêmes ; en partageant leurs malheurs, nous sentons moins les nôtres.

143. — Souligner les pronoms indéfinis ; en indiquer le genre et le nombre.

I. — De tous les oiseaux, les uns viennent habiter nos jardins, d'autres préfèrent les avenues et les bosquets, plusieurs s'enfoncent dans les grands bois et quelques-uns se cachent au milieu des roseaux. (Buffon.) L'amandier présente deux variétés : l'une a les graines douces, l'autre amères. Le sol c'est la Patrie ; améliorer l'un, c'est servir l'autre. (Bruno.)

II. — Rien n'est meilleur que le foyer domestique et le pays natal ; l'un et l'autre réveillent les plus doux souvenirs. Des soldats allemands et français semblaient s'embrasser dans le trépas, après s'être enferrés les uns les autres. (J. Claretie.) Nous traversâmes ainsi cette longue salle entre deux rangées de malades, les uns debout au pied de leur lit, les autres assis, les autres levés sur leur séant, tous se découvrant à notre passage. (E. Legouvé.)

140. — Distinguer les adjectifs des pronoms possessifs.   II° ANNÉE

Vous devez songer que vous-mêmes n'êtes point sans défaut et que si votre camarade vous déplait par les siens, vous lui déplaisez par les vôtres ; cette pensée vous rendra indulgents pour lui, et votre indulgence vous méritera la sienne dont vous avez besoin. Notre haine pour nos victimes n'est que le tourment de nos remords. (CHATEAU-BRIAND.) Les hirondelles suspendent leurs nids aux murs ; les pinsons construisent les leurs sur les branches des arbres. Ce n'est pas ta faute, c'est la sienne ; les armes sont journalières : ta gloire est assez bien établie par tant de belles actions. (FÉNELON.) Une multitude de soleils, entourés comme le nôtre d'une famille dont ils sont les foyers, planent dans tous les points de l'étendue. (C. FLAMMARION.) L'état de notre vaisseau concourait avec celui de la mer à rendre notre situation affreuse : notre grand mât était brisé. (B. DE SAINT-PIERRE.)

142. — Distinguer les pronoms personnels des adjectifs possessifs et des pronoms possessifs.

Les parents qui laissent contracter de mauvaises habitudes à leurs enfants leur font beaucoup de tort. Les égoïstes ne s'inquiètent jamais des affaires des autres ; ils font d'abord et toujours les leurs. Personne n'a su tourner les compliments comme La Fontaine, les siens sont faits de véritable affection, avec un grand air de malice. (E. FAGUET.) Ils ont eu l'audace de vouloir comparer leur profession à la mienne ! (MOLIÈRE.) La Fontaine s'est comparé aux abeilles volant à toutes fleurs l'une après l'autre et ne se posant sur aucune. Le plus grand effort de l'amitié n'est pas de montrer nos défauts à un ami, c'est de lui faire voir les siens. (LA ROCHEFOUCAULD.) Vous leur fîtes, seigneur, en les croquant beaucoup d'honneur. (LA FONTAINE.) Ce qui rend la vanité des autres insupportable, c'est qu'elle blesse la nôtre. (LA ROCHEFOUCAULD.)

144. — Remplacer les pronoms indéfinis par un adjectif indéfini et par un nom.

Peuple, hommes, guerriers, paysan, chose, personnes, écrivain, soldat, monde, citoyen, combattant, homme.

Chefs, soldats, *tous* mouraient. (V. HUGO.) *Rien* n'est plus rare que la véritable bonté. (LA ROCHEFOUCAULD.) *Aucun* n'avait d'enclos ni de champ séparé. (BOILEAU.) Les peuples marchaient, *chacun* en sa voie. (BOSSUET.) Je suis pour l'aisance et le travail de *tous* contre le luxe et l'oisiveté de *quelques-uns.* (E. DE GIRARDIN.) Femmes, moine, vieillards, *tout* était descendu. (LA FONTAINE.) *Tel* qui rit vendredi, dimanche pleurera. (RACINE.) *Chacun* a son style ; le mien, comme vous le voyez, n'est pas laconique. (Mme DE SÉVIGNÉ.) On s'était battu corps à corps et *nul* n'avait reculé : *tous* frappés par devant étaient tombés dans le ravin. (J. CLARETIE.) Est patriote *quiconque* honore son pays par son caractère, par son mérite, et, quand sonne l'heure du danger, par son courage.

145. — Distinguer chaque pronom relatif et son antécédent.

I. — Celui qui gouverne doit être le plus obéissant à la loi. Ici c'est un chien qui nous presse, là c'est un chien qui nous menace. Deux chemins se présentent entre lesquels je dois choisir. Les louanges que le cœur donne sont celles que la bonté s'attire. Ne nous moquons pas du vieillard qui travaille alors qu'il pourrait se reposer. Après tant de siècles pendant lesquels tout est sorti d'elle, la terre n'est point encore usée. (FÉNELON.)

II. — Les phares sont des tours construites à l'entrée des ports ou sur les côtes, et au haut desquelles on allume des feux la nuit et dans les temps brumeux. Tel est l'avilissement dans lequel tombe le menteur que la vérité même prend dans sa bouche le caractère de l'imposture. (BERQUIN.) Quand tu seras électeur, tu iras porter à la mairie, au jour désigné, un billet sur lequel sera inscrit le nom du député que tu auras choisi. (BRUNO.)

147. — Souligner les pronoms interrogatifs.

I. — Que vois-je ? Que dites-vous ? Que me faudra-t-il faire ? Voici deux chemins : lequel choisis-tu ? Que ferez-vous de moi ? Qui voudrait toujours vivre ? (J.-J. ROUSSEAU.) Pauvres créatures ! avec quoi donc nourriraient-elles leurs agneaux ? (ABOUT.) Et pour qui me prend-on ? (LA FONTAINE.) Qui de nous ne se sentit frappé ? (BOSSUET.) Qui de l'âne ou du maître est fait pour se lasser ? (LA FONTAINE.)

II. — Qui peut dire combien d'hommes et de vaisseaux sauvent les phares ? (MICHELET.) L'homme eut peur : mais comment esquiver ? et que faire ? (LA FONTAINE.) Qu'y a-t-il de plus faible que le passereau et de plus désarmé que l'hirondelle ? (LAMENNAIS.) Vouloir du bien à qui nous fait du mal, quoi de plus grand, de plus sublime ? (MARMONTEL.) Il est bon d'être charitable, mais envers qui ? (LA FONTAINE.) Cherchez les bois inconnus où brilla l'épée de Washington ; qu'y trouvez-vous ? des tombeaux ? non, un monde. (CHATEAUBRIAND.)

149. — Souligner les pronoms ; en indiquer l'espèce.

I. — Les injures sont les raisons de ceux qui ont tort. (J.-J. ROUSSEAU.) On le leur fit bien voir. L'avarice perd tout en voulant tout gagner. Celui que je paye est mon serviteur. Rien ne rend patient comme une espérance. (LAMARTINE.) Ne fais pas toi-même ce qui te déplaît dans les autres. Quiconque nous charge de ses affaires a droit de nous demander des comptes ; je viens vous rendre les miens. (E. CHATRIAN.)

II. — Il avait des centaines d'oiseaux de toutes les espèces ; ceux qui chantent et se nourrissent de vers et de mouches, comme les rossignols et les linots, il les relâchait avant l'hiver ; et les autres qui vivent de graines, il les gardait. (E. CHATRIAN.) Il y a partout de quoi rire et de quoi pleurer : le monde est ridicule et j'en ris ; il est déplorable et vous en pleurez. (FÉNELON.) Tout cela est vrai, mais vous n'aimez rien et le mal d'autrui vous réjouit. (FÉNELON.)

146. — Employer le pronom relatif convenable. II° ANNÉE

Les papillons sont, sans contredit, les plus beaux insectes, mais aussi ceux — la beauté est la plus délicate. La France produit le blé — nourrit les hommes, et le vin — réjouit et fortifie les cœurs. (Ch. Bigot.) Le fils méconnaît le portrait de sa mère, tant l'habit avec — elle est peinte lui paraît étranger. (Montesquieu.) Quelles sont les âmes pour — le spectacle des nuits étoilées n'est pas un éloquent discours ? (C. Flammarion.) J'ai toujours été frappé de la facilité avec — le pauvre oubliait sa misère. (E. Souvestre.) Il n'y a rien de si désobligeant que de voir une jolie chose — l'on a dite mourir dans l'oreille d'un sot — l'entend ! (Montesquieu.) Classer les objets au milieu — on doit vivre, c'est préparer les habitudes sans — l'homme tend à l'état sauvage. (E. Souvestre.) On reconnaît ordinairement un cimetière à la vue des cyprès ou des platanes — sont tour à tour un ornement et une image de deuil. (Michaud.)

148. — Distinguer les pron. relatifs et les pron. interrogatifs.

Ma destinée était un vaisseau dont je n'avais pas la direction et sur lequel je me laissais emporter comme un simple passager. (E. Souvestre.) Qui sont ceux-ci qui volent comme les nuées ? (Fénelon.) Il aut avoir la prudence du renard en présence d'un personnage nouveau, inconnu, dont on ne connaît ni la force, ni les armes, ni les dispositions amicales ou hostiles. Qui sait si nous vivrons demain ? L'indigence du peuple est un grand fleuve qui s'accroît chaque année, qui surmonte toutes les digues et qui finira par les renverser. (B. de Saint-Pierre.) Lequel est préférable à l'homme, ou de vivre jusqu'à l'extrême vieillesse, ou d'être promptement délivré des misères de cette vie ? (Bossuet.) Un grand seigneur est un homme qui voit le roi, qui parle aux ministres, qui a des ancêtres, des dettes et des pensions. (Montesquieu.) Il y a des vérités devant lesquelles la pensée humaine se sent humiliée et confondue. (Flammarion.)

150. — Distinguer les pronoms qui ont un complément de ceux qui n'en ont pas ; indiquer l'espèce du pronom.

Le calme de la première heure du jour me rappelle celui des premières années. (Souvestre.) Je ne connais d'avarice permise que celle du temps. Thèbes pouvait faire sortir dix mille hommes par chacune de ses portes. (Bossuet.) On ne fait son bonheur qu'en s'occupant de celui des autres. (B. de Saint-Pierre.) Les défauts d'Henri IV étaient ceux d'un homme aimable, et ses vertus celles d'un grand homme. (Voltaire.) Si les princes acquièrent quelques-uns de leurs sujets en les achetant, ils en perdent une infinité d'autres en les appauvrissant. (Montesquieu.) Toutes ces actions sont des opérations de l'intelligence auxquelles le corps ne participe en rien ; voyons donc lequel travaille le plus, de l'esprit du guerrier ou de celui du lettré. (Cervantès.) Washington, ce héros d'une nouvelle espèce, ne songe point à ses destinées, mais à celles de son pays. (Chateaubriand.)

I" ANNÉE   **151.** — Analyser : 1° les pronoms ; 2° les adjectifs déterminatifs.

Grandeur d'âme d'un nègre.

Le fait que je vais raconter, je le tiens d'un missionnaire de Cayenne, témoin oculaire. Plusieurs nègres marrons (1) avaient été pris, et il n'y avait point de bourreau pour les exécuter. On promit la vie à celui d'entre eux qui consentirait à supplicier ses camarades, c'est-à-dire au plus méchant. Aucun n'acceptant la proposition, un colon ordonne à un de ses nègres de les pendre, sous peine d'être pendu lui-même. Ce nègre demande à passer un moment dans sa cabane, comme pour se préparer à obéir à l'ordre qu'il a reçu ; là, il saisit une hache, s'abat le poignet, reparaît, et, présentant à son maître un bras mutilé dont le sang ruisselait : « A présent, lui dit-il, fais-moi pendre mes camarades. »

(DIDEROT.)

II" ANNÉE   **152.** — Analyser : 1° les pronoms ; 2° les adjectifs déterminatifs.

Les Plaideurs.

Ma foi, sur l'avenir bien fou qui se fiera !
Tel qui rit vendredi dimanche pleurera.
Un juge, l'an passé, me prit à son service ;
Il m'avait fait venir d'Amiens pour être suisse ;
Tous ces Normands voulaient se divertir de nous :
On apprend à hurler, dit l'autre, avec les loups.
Tout Picard que j'étais, j'étais un bon apôtre,
Et je faisais claquer mon fouet tout comme un autre.
Tous les plus gros Monsieurs me parlaient chapeau bas :
Monsieur de Petit-Jean, ah ! gros comme le bras !
Mais sans argent l'honneur n'est qu'une maladie.
Ma foi ! j'étais un franc portier de comédie ;
On avait beau heurter et m'ôter son chapeau,
On n'entrait pas chez nous sans graisser le marteau.

(RACINE.)

(1) On appelait *nègre marron* le nègre qui s'était enfui pour vivre en liberté.

CHAPITRE VI

LE VERBE EN GÉNÉRAL

LE VERBE ÊTRE ou VERBE SUBSTANTIF.

(Exercice 153).

Explication. — Parler, c'est affirmer ; quoi que nous disions, nous affirmons toujours quelque chose. Aussi faut-il un mot pour exprimer l'affirmation ; ce mot se retrouve dans toute phrase complète ; sans lui, la phrase n'aurait pas de sens. Que signifierait en effet : Je malade, tu triste, il gai, nous heureux, vous coupables, ils innocents ?

Dans toutes ces phrases, le mot *affirmatif* manque ; mettons-y ce mot et la phrase a du sens.

Je **suis** malade.	*Nous* **sommes** *heureux.*
Tu **es** triste.	*Vous* **êtes** *coupables.*
Il **est** gai.	*Ils* **sont** *innocents.*

Ces mots : **suis, es, est, sommes, êtes, sont,** sont des formes du verbe *être.*

145. — Définition. — Le verbe est le mot qui sert à *affirmer.*

LE JUGEMENT.

(Exercice 154.)

Explication. — Quand nous affirmons une chose, c'est que nous la *jugeons* vraie ; quand nous disons : Paul est *adroit,* c'est que nous *jugeons* que l'adresse est une qualité de Paul ; affirmer qu'une personne ou une chose a telle ou telle qualité, qu'elle est dans tel ou tel état, qu'elle fait telle ou telle action, c'est porter *un jugement.*

Paul est **adroit** (qualité).	*Cette eau est* **claire** (qualité).
Paul est **malade** (état).	*Cette eau est* **dormante** (état).
Paul est **en marche** (action).	*Cette eau est* **en évaporation** (action).

146. — Définition. — Le jugement est un acte de l'esprit par lequel nous affirmons les *qualités, états* ou *actions* des personnes ou des choses.

LA PROPOSITION

Explication. — Penser ou juger, c'est la même chose ; nos pensées sont des jugements. On peut juger sans parler ; mais, quand le jugement passe dans la parole, il prend le nom de **proposition**. Une *proposition* n'est donc pas autre chose qu'un jugement parlé ou exprimé. Aussi retrouve-t-on dans la proposition les trois idées qui composent le jugement, à savoir : l'idée d'une personne ou d'une chose, l'idée d'une qualité et l'idée de l'affirmation. Les mots qui expriment ces trois idées s'appellent les *termes de la proposition.*

Paul (sujet) **est** (verbe) **adroit** (attribut).
L'eau (sujet) **est** (verbe) **claire** (attribut).

147. — Définition. — La proposition est l'expression ou énoncé du *jugement.* Toute proposition comprend trois termes : le *sujet,* l'*attribut,* le *verbe.*

1° Le *sujet* désigne la personne ou la chose dont l'attribut exprime la qualité, l'état ou l'action.

2° L'*attribut* exprime la qualité, l'état ou l'action du sujet.

3° Le *verbe* affirme le rapport de l'attribut avec le sujet.

VERBES ATTRIBUTIFS.

(Exercices 155 et 156.)

Explication. — *L'eau* **est bouillante.** — *L'eau* **bout.**
Voilà deux propositions qui ont le même sens, mais dont la forme est différente ; dans la première, chacun des termes est exprimé par un mot à part ; dans la seconde, deux termes, l'*attribut* et le *verbe*, sont exprimés par un seul mot, *bout.* Le verbe *bouillir* renferme donc l'*attribut* et le *verbe être :* aussi l'appelle-t-on un verbe *attributif.*

148. — Définition. — Un verbe attributif est un verbe composé du verbe *être* et d'un *attribut.* Tous les verbes sont attributifs, sauf le verbe *être*, qu'on appelle verbe *substantif*, parce qu'il *subsiste* par lui-même.

Observation. — Quand on analyse une proposition et que cette proposition contient un verbe *attributif*, pour dégager l'attribut, il faut décomposer le verbe de la manière suivante :
Le chat **dort** (est dormant). *Le chat* **croque** (est croquant) *la souris. Le chat* **se lèche** (est léchant soi).

TERMINAISON DU VERBE.

(Exercices 157 à 162.)

Explication. — De tous les mots *variables*, le plus variable, c'est le *verbe;* il n'en est pas qui ait un plus grand nombre de terminaisons différentes. Ex. : *Je travaille, tu travailles, nous travaillons, vous travaillez, ils travaillent.* — *Je travaillais, je travaillai, je travaillerai, je travaillerais, j'ai travaillé, que je travaillasse, travaillant,* etc. — **e, es, ons, ez, ent, ais, ai, erai, erais, é, asse, ant,** etc., voilà bien des formes, et il y en a encore beaucoup d'autres.

Pourquoi tant de terminaisons diverses ?

— C'est qu'à elle seule, la terminaison du verbe sert à exprimer jusqu'à *quatre idées distinctes :* 1° *la personne* du sujet ; 2° *le nombre* du sujet ; 3° *le temps* de l'action ou état exprimé par le verbe ; 4° *le mode*, c'est-à-dire la manière dont cette action est présentée.

I. — La personne.

je travaillerai
tu travailleras
il travaillera

Quand *la personne du sujet* change, la *terminaison du verbe* change aussi ; le verbe a donc trois *personnes*.

II. — Le nombre.

nous travaillerons
vous travaillerez
ils travailleront

Quand le *nombre du sujet* change, la *terminaison du verbe* change aussi ; le verbe a donc les deux *nombres* ; il *varie* avec le *nombre* et la *personne* du sujet.

149. — Règle d'accord. — Le verbe s'accorde en nombre et en **personne** avec son sujet.

RECHERCHE DU SUJET.

Le **menuisier** *rabote la planche.*
Qui rabote la planche ? c'est *le menuisier.*
Menuisier est le *sujet de rabote.*

150. — Procédé. — On trouve le sujet en plaçant avant le verbe le pronom interrogatif *qui* ou en faisant la question *qui est-ce qui* pour les personnes, et *qu'est-ce qui* pour les choses.

III. — Le temps.

Je travaille aujourd'hui.
Je travaillais hier.
Je travaillerai demain.

Explication. — Le temps est une suite de moments. Il n'y a que trois grandes divisions du temps : le *présent*, le *passé* et le *futur*. Tous les moments se placent nécessairement dans l'une de ces trois divisions.

Si l'action est *présente*, on dit : *je travaille aujourd'hui ;* si elle est passée, on peut dire : *je travaillais hier ;* si elle est *future*, on dira : *je travaillerai demain.*

Quand le moment de l'action exprimée par le verbe change, la terminaison du verbe change aussi. Le verbe a donc des *temps.*

151. — Définition. — On appelle **temps du verbe** les formes que prend le verbe pour indiquer le *moment* de l'action.

152. — Remarque. — Le verbe varie, non seulement avec le nombre et la personne du sujet, mais avec le *temps de l'action.*

IV. — Le mode.

Je travaille, vous le voyez bien.
Je travaillerais, si j'étais bien portant.
Travaillez, je vous l'ordonne.

Explication. — Il y a plusieurs manières de présenter l'action ; on peut indiquer qu'on la fait : *je travaille ;* on peut indiquer qu'on la ferait dans certain cas ou à une certaine condition : *je travaillerais si… ;* on peut ordonner de la faire : *travaillez.* La terminaison change suivant la manière ou le mode dont on présente l'action ; le verbe a donc des *modes.*

153. — Définition. — On appelle **mode** la *manière* dont l'action exprimée par le verbe est présentée.

154. — Règle. — Le verbe varie non seulement avec le nombre et la personne du sujet, mais avec le **temps** et le **mode** de l'action.

LE RADICAL.

L'arbre **fleur**it, **fleur**issait, **fleur**ira, **fleur**irait.
porte, **port**ait, **port**era, **port**erait *des fruits.*

155. — Règle. — Dans la plupart des verbes, le radical ne change pas.

Recevoir, *je* **recev**ais, *je* **reçois**, *je* **reçus**.

156 — Remarques. — I. — Le radical de certains verbes se raccourcit ou s'allonge.

❊

Tenir, *je* **tiens**, *je* **tins**. — **Pouv**oir, *je* **peux**, *je* **puis**, *je* **pus**.

157. — II. — Dans d'autres, la voyelle ou la diphtongue du radical se change en une autre voyelle ou une autre diphtongue.

❊

Aller, *je* **vais**, *j'*irai, etc. — **Être**, *je* **suis**, *je* **fus**, *je* **serai**.

158. — III. — Dans quelques-uns, c'est le radical lui-même qui change.

LA CONJUGAISON.

Explication. — Pour désigner un verbe, on emploie le présent de l'infinitif de ce verbe. On dit : le verbe *aimer*, le verbe *avoir*, etc. Examinez le tableau du verbe *aimer* (page 116) Comptez les modes du verbe ; nommez ceux qui ont des personnes ; nommez ceux qui n'en ont pas. Comptez les *temps* de chaque mode ; indiquez ceux qui sont formés du seul verbe *aimer*, et ceux qui sont formés du verbe *aimer* et du verbe *avoir*. Comptez combien les temps de l'impératif ont de *personnes*.

159. — Remarque. — Un verbe se compose de *modes*, quatre sont des *modes personnels :* l'indicatif, le conditionnel, l'impératif et le subjonctif ; deux sont *impersonnels :* l'infinitif et le participe.

Chaque mode comprend des *temps simples* et des *temps composés*.

Chaque temps des modes personnels comprend les *trois personnes* des *deux nombres*, à l'exception des temps de l'impératif qui n'ont que la 2e personne du singulier et la 1re et la 2e du pluriel.

160. — Définition. — **Conjuguer** un verbe, c'est faire passer ce verbe par tous *ses modes*, par tous les *temps* de chaque *mode*, par les *personnes* et les *nombres* de chaque temps, en donnant au radical les terminaisons convenables.

3***

LES COMPLÉMENTS.

(Exercices 163 à 166.)

Explication. — Il y a des actions qui ne supposent qu'un individu : celui qui fait l'action ; ainsi pour *dormir* on n'a besoin de personne ; mais il y a d'autres actions et beaucoup qui supposent au moins deux individus : celui qui fait l'action et celui qui la reçoit, ou qui la souffre. Ainsi, pour *battre* il faut quelqu'un qui donne les coups et quelqu'un ou quelque chose qui les reçoive.

Aussi, quand on emploie un verbe de ce genre, il ne suffit pas de lui donner un *sujet*, c'est-à-dire de désigner celui qui fait l'action ; si l'on se borne à dire : Pierre *a battu*, on nous demandera : qui a-t-il battu ? Il faut donc compléter le verbe en lui donnant un *complément*, c'est-à-dire qu'il faut désigner la personne ou la chose qui reçoit l'action.

EXEMPLE : *Pierre* **a battu** *son camarade.*

Souvent aussi on complète le verbe d'une autre manière, en indiquant le lieu, le moment ou quelque autre *circonstance* de l'action. EXEMPLE : *Pierre a battu son camarade* **dans la rue, à la sortie de l'école.**

Le complément direct.

Louis embrasse **son frère.**
L'action (l'embrassement) va *directement* de *Louis* à *son frère.*

161. — Définition. — On nomme **complément direct** la personne ou la chose qui reçoit l'action du sujet **directement**, c'est-à-dire sans le secours d'une préposition.

Le complément indirect.

Louis donna sa bourse à **son frère.**
L'action (donner sa bourse) va *indirectement*, c'est-à-dire par l'intermédiaire de la préposition **à**, du sujet *Louis* à *son frère.*

162. — Définition. — On nomme **complément indirect** la personne ou la chose qui reçoit ou envoie l'action **indirectement**, c'est-à-dire par l'intermédiaire des prépositions *à, de, par.*

Le complément circonstanciel.

Ce malheureux est mort **de faim** (cause) **dans la rue** (lieu) **sans secours** (manière) **pendant la nuit** (temps).

Ces compléments indiquent la *cause*, le *lieu*, la *manière*, le *temps*, c'est-à-dire les **circonstances** de l'action (mourir).

163. — Définition. — Le complément circonstanciel indique les circonstances de l'action ; il est ordinairement précédé d'une préposition. Les principales circonstances d'une action sont *la cause, le lieu, la manière, le temps.*

RECHERCHE DES COMPLÉMENTS.

Louis embrassa **son frère** ; *il serra* **sa main.**
Louis embrassa *qui ? — son frère.* Il serra *quoi ? — sa main.*

164. — Procédé. — Pour trouver les compléments directs, on place après le verbe les pronoms interrogatifs *qui* ou *quoi.*

*

Louis a donné une bague **à son frère.**
Cette bague lui vient **de sa mère.**
Cet élève a été complimenté **par son maître.**

Louis a donné une bague *à qui ? — à son frère.* Cette bague lui vient *de qui ? — de sa mère.* Cet élève a été complimenté *par qui ? — par son maître.*

165. — Procédé. — Pour trouver les compléments indirects, on place après le verbe les mêmes pronoms interrogatifs précédés des prépositions *à, par, de.*

*

Cet homme est mort **dans la rue, pendant la nuit.** Cet homme est mort *où ? — dans la rue.* Cet homme est mort *quand ? — pendant la nuit.*

166. — Procédé. — Pour trouver les compléments circonstanciels, on place avant le verbe les adverbes interrogatifs suivants : *pourquoi, où, comment, quand,* ou des locutions interrogatives telles que les suivantes : *dans quel but ? avec quoi ? depuis quand ? pendant combien de temps ?* etc.

PARTICULARITÉS.

Jean lui a donné **de l'argent** (une certaine somme d'argent).
J'ai mangé **de la perdrix** (une certaine portion de perdrix).

167. — Lorsque le mot *de* signifie une certaine quantité, une portion, une partie, c'est-à-dire quand il est *partitif*, il n'annonce pas un complément indirect.

De l'argent, de la perdrix, sont des compléments directs.

*

Je te donnerai une montre (*te* pour *à toi*).

168. — Les pronoms personnels *me, moi, te, toi, lui, leur, nous, vous,* sont compléments indirects quand ils sont mis pour *à moi, à toi, à lui,* etc.

*

J'aime **à voir** *ces beaux arbres.*
Je crains **de déplaire** *à mes parents.*

169. — Lorsque l'infinitif est complément direct, il est parfois précédé des prépositions *à* et *de*.

J'aime *quoi ? à voir*, etc.
Je crains *quoi ? de déplaire*, etc.

*

Mon oncle voyage **pour se distraire.** — *Jean s'est blessé* **avec un couteau.** — *Ces oranges viennent* **d'Espagne.**

170. — Le *but* (pour se distraire), *l'instrument* (avec un couteau), la *provenance* (d'Espagne), sont aussi des *circonstances* souvent exprimées.

*

La cigale ayant chanté **tout l'été** (sous-entendu *pendant*). —
J'ai acheté ce drap **dix francs** (sous-entendu *pour*) le mètre.

171. — Devant les compléments circonstanciels de temps, de prix, de mesure, la préposition peut être sous-entendue.

L'EMPLOI DES COMPLÉMENTS.

(*Exercices 164 et 166.*)

On ne doit pas dire :

Je les ai vus entrer et sortir **de la chambre**, parce que le verbe *entrer* ne peut être suivi de la préposition *de*.

On dira donc :

Je les ai vus entrer **dans la chambre** *et en sortir.*

172. — Lorsqu'on donne à deux ou plusieurs verbes un même complément, il faut que ce complément convienne à chacun d'eux séparément.

❈

On ne doit pas dire :

Il aime **la musique** *et* **à dessiner**, mais **la musique** *et* **le dessin**.

173. — Lorsqu'on donne à un même verbe deux ou plusieurs compléments de la même nature, il faut que ces compléments soient des mots de la même espèce, c'est-à-dire : *deux noms ou deux infinitifs, ou deux adverbes,* etc.

❈

On ne doit pas dire :

C'est **à son père à qui** *il parle*, mais c'est **son père** *à qui il parle*, ou c'est **à son père** *qu'il parle.*

174. — Le même complément ne peut être répété sous deux formes.

OBSERVATION IMPORTANTE.

Explication. — Dans les verbes attributifs, ce n'est pas le verbe *être*, mais bien *l'attribut* joint au verbe qui prend des compléments. Ainsi, dans cette phrase : *Louis embrassa* (fut embrassant) *son frère*, ce n'est pas au mot *fut* que se rattache le complément *son frère*; *fut son frère* n'a pas de sens; c'est à l'attribut *embrassant*.

De même pour les compléments indirects. Quand on dit : *cet élève a été félicité par ses maîtres*, c'est l'attribut *félicité* qui est complété. *Cet élève a été par ses maîtres* ne signifie rien.

175. — **Remarque.** — Quand on dit: *le complément du verbe*, c'est une abréviation pour : *le complément de l'attribut joint au verbe être.*

LES DEUX ESPÈCES DE VERBES.

(*Exercices 167 à 170.*)

Explication. — Le mot *transit* ou *transition* veut dire *passage*. Ainsi le *transit* des marchandises à travers un pays, c'est le passage de ces marchandises ; la *transition* du chaud au froid, c'est le passage de l'un à l'autre. Un verbe **transitif** est un verbe qui à lui seul fait passer l'action du sujet au complément ; un verbe **intransitif** est celui qui ne peut la faire passer qu'au moyen d'une préposition ou qui ne peut pas la faire passer du tout.

Verbes transitifs : (Battre.) *Jean* **bat** *son frère.* — (Mordre.) *Le chien* **a mordu** *le chat.* — (Griffer.) *Le chat* **a griffé** *le chien.*

Verbes intransitifs : (Parler.) *Le maître* **parle** *à ses élèves.* — (Miauler.) *Le chat* **miaule.** — (Dormir.) *Le chien* **dort.**

176. — Définition. — Le verbe **transitif** est celui qui a ou peut avoir un complément *direct ;* le verbe **intransitif** est celui qui n'en a pas ou ne peut en avoir.

> *Fermez* **la porte.** — *Cette porte* **ferme** *mal.*
> *Vous* **parlez** *trop.* — *Le voyageur* **parle** *plusieurs langues.*
>
> **176 bis. — Remarque.** — Certains verbes transitifs peuvent être employés *intransitivement*, et certains verbes intransitifs peuvent être employés *transitivement*. (Voir *exercice* 318, p. 223.)

LES TROIS VOIX.

(*Exercices 171 et 172.*)

Explication. — Quand *Pierre* frappe son camarade, c'est lui qui fait l'action, qui est **actif** ; quand *Pierre* est frappé par son camarade, c'est lui qui supporte l'action, qui pâtit : il est **passif.** Quand *Pierre* se frappe lui-même, il fait et supporte l'action, il est à la fois *actif* et *passif.*

La manière de conjuguer un verbe change selon que le sujet fait l'action, ou qu'il la supporte, ou qu'il la fait et la supporte à la fois.

Pierre **frappe** *son camarade.*
Pierre **est frappé** *par son camarade.*
Pierre **se frappe.**

177. — Définitions. — On appelle **voix** les différentes formes que prend le verbe, suivant le rôle du sujet.

178. — Il y a trois voix.

— La **voix active** est celle où le sujet est *actif,* c'est-à-dire où il fait l'action exprimée par le verbe.

— La **voix passive** est celle où le sujet est *passif*, c'est-à-dire où il supporte l'action.

— La **voix pronominale** ou **réfléchie** est celle où le verbe est à la fois *actif* et *passif*, c'est-à-dire où il fait et supporte l'action.

179. — **Remarque.** — La voix *pronominale* est ainsi nommée, parce que le verbe s'y conjugue avec deux pronoms de la même personne. On l'appelle aussi *réfléchie* parce que l'action venue du sujet *se réfléchit* sur lui, c'est-à-dire revient sur lui ; les coups donnés par *Pierre* retombent sur lui.

LES QUATRE CONJUGAISONS.

(*Exercices 173 et 174.*)

Explication. — Dans toutes les langues, il y a un grand nombre de verbes ; en français, l'on en compte plus de *quatre mille ;* mais au présent de l'infinitif tous ces verbes n'ont qu'un très petit nombre de *terminaisons* : **quatre,** pas davantage.

Ils se terminent tous en **er,** ou en **ir,** ou en **oir,** ou en **re.** La terminaison de l'infinitif a une grande importance, parce que toutes les autres terminaisons du verbe en dépendent. Aussi a-t-on classé tous les verbes en *quatre groupes* ou *conjugaisons,* d'après la terminaison du présent de l'infinitif.

180. — **Définition.** — On nomme **conjugaisons** les différentes manières de conjuguer un verbe suivant la terminaison de l'infinitif.

181. — **Règle.** — Il y a **quatre** conjugaisons :

La *première* est celle des verbes en **er,** comme aimer ;
La *deuxième* est celle des verbes en **ir,** comme finir ;
La *troisième* est celle des verbes en **oir,** comme recevoir ;
La *quatrième* est celle des verbes en **re,** comme rendre.

182. — **Règle.** — Pour reconnaître à quelle conjugaison appartient un verbe, il suffit donc de voir comment se termine ce verbe au présent de l'infinitif.

183. — **Remarque.** — Les quatre conjugaisons ne comptent pas toutes le même nombre de verbes ; la 1ʳᵉ en compte à elle seule 3,600 ; la 2ᵉ en a 350 ; la 3ᵉ n'en comprend que 13, et la 4ᵉ en renferme 50.

Iʳᵉ ANNÉE   **153.** — Souligner les verbes ; mettre une croix sous les sujets

I. — Je suis attentif. Les mouvements de la tortue sont très lents. Nous sommes tous mortels. Tu es l'espoir de ta famille. Le hérisson est l'ennemi acharné des vipères. La taupe est exclusivement carnivore. Je suis un bon citoyen. A l'heure du crépuscule, le ciel est pur, la mer est calme. Vous êtes à vos parents un grand sujet de soucis. Les pièces de comédie sont des pièces de théâtre pour faire rire.

II. — Les actions de Washington sont simples et modestes. (Chateaubriand.) Nous sommes les petits-enfants de la vieille mère patrie. (Laprade.) Je suis maître de moi comme de l'univers. (Corneille.) Qu'un ami véritable est une douce chose. (La Fontaine.) L'abandon dans la vieillesse est le sort de l'égoïste. (Bossuet.) Général, vous êtes grand comme le monde. (Kléber.) Tu es à la merci de tes maîtres. Le Français est plus homme qu'un autre, c'est l'homme par excellence. (Montesquieu.)

155. — Distinguer les verbes attributifs.

I. — Le chasseur poursuit le gibier. La malpropreté engendre la maladie. Les inondations détruisent les récoltes et emportent les villages. L'hirondelle nous quitte aux approches de l'hiver. La vapeur abrège les distances. On fabrique le suif avec la graisse de mouton. L'eau qui tombe goutte à goutte creuse la pierre la plus dure. La paresse conduit bien vite à la misère. Le lézard est un animal inoffensif ; il mange beaucoup d'insectes et de limaces, mais jamais de végétaux.

II. — Les volcans vomissent des torrents de fumée et de flammes. Les chats tuent la musaraigne ; mais ils ne la mangent pas. Les chauves-souris détruisent beaucoup de papillons nocturnes. La générosité commande de respecter les vaincus. (E. de Girardin.) Les coqs saluent de leur voix la plus fraîche l'aube du jour nouveau. Les autres nous semblent toujours plus heureux que nous. (Chateaubriand.)

157. — Souligner les verbes ; mettre une croix sous les sujets et indiquer la personne par l'un des chiffres 1, 2, 3.

I. — La fauvette à tête noire bâtit volontiers son nid dans les vergers voisins des habitations. Quand tu auras vingt ans, tu seras soldat. On devient mauvais dans la société des méchants. Si tu causes quelque peine à tes parents, console-les par un repentir sincère. Un pêcheur habile peut prendre à la ligne jusqu'à quatre cents morues par jour. Je suis venu, j'ai vu, j'ai vaincu. (César.)

II. — Colbert réorganisa les finances. Je vous paierai, lui dit-elle, avant l'août, foi d'animal ! (La Fontaine.) Tu es électeur, tu as donc voix dans les affaires publiques. Il ouvre un large bec et laisse tomber sa proie. Je me disais qu'un bon estomac accompagne rarement une mauvaise conscience. (About.) Je vois de tous côtés des gens qui parlent d'eux-mêmes. (Montesquieu.) J'aime le passé, mais je porte envie à l'avenir. (Renan.)

154. — Souligner les verbes et indiquer si l'affirmation porte sur IIe ANNÉE un rapport de qualité, d'état ou d'action.

I. — Le chat est sournois. Le Français est brave, généreux, affable avec les étrangers. Nous sommes à la recherche de deux enfants perdus dans la forêt. Les hautes montagnes sont généralement couvertes de neige. Nous sommes en marche pour la frontière. Tous les Français sont égaux devant la loi. Le diamant est la pierre la plus dure. Les eaux de la mer sont toujours en mouvement. Le requin est le fléau des mers ; ses yeux sont petits et presque ronds ; son odorat est très subtil, ses nageoires sont fermes et raides. Si tu es en marche par un temps d'orage, les arbres te sont un abri dangereux. Rien n'est plus rare, mais rien n'est plus enchanteur qu'une nuit d'été à Saint-Pétersbourg. (J. DE MAISTRE.) L'exilé partout est seul. (LAMENNAIS.)

156. — Distinguer les verbes attributifs et leurs sujets.

Une cuisine d'auberge.

L'âtre flamboyant envoie des rayons dans tous les coins, découpe de grandes ombres sur le plafond et fait resplendir l'édifice fantastique des casseroles comme une muraille de braise. Parmi les choses innombrables qui pendent au plafond, j'en admire une surtout. C'est une petite cage où dort un petit oiseau. Cet oiseau me paraît être le plus admirable emblème de la confiance. On a beau faire rage autour de lui ; les hommes jurent, les femmes querellent, les enfants crient, les chiens aboient, les chats miaulent, l'horloge sonne, le couperet cogne, la lèche-frite piaille, le tournebroche grince, la fontaine pleure, les bouteilles sanglotent, les vitres frissonnent, les diligences passent sous la voûte comme le tonnerre : la petite boule de plume ne bouge pas.

(D'APRÈS VICTOR HUGO.)

158. — Souligner les verbes ; en indiquer la personne.

Les parents de Diderot.

Un provincial m'arrête par le bras, et me dit : « Monsieur Diderot, vous êtes bon ; mais, si vous croyez que vous vaudrez jamais votre père, vous vous trompez. » Je crois, et je croirai tant que je vivrai, que ce provincial m'a dit vrai. Mes parents ont laissé après eux un fils aîné qu'on appelle Diderot le philosophe, c'est moi ; une fille qui a gardé le célibat, et un dernier enfant qui s'est fait ecclésiastique. C'est une bonne race.

L'ecclésiastique est un homme singulier, mais ses défauts légers sont infiniment compensés par une charité illimitée qui l'appauvrit au milieu de l'aisance. J'aime ma sœur à la folie, moins parce qu'elle est ma sœur que par mon goût pour les choses excellentes... Je ne sais ce que j'ai, je ne sais ce que j'éprouve. Je voudrais pleurer. O mes parents ! O ma mère, toi qui réchauffais mes pieds froids dans tes mains !.....

(DIDEROT.)

Ire ANNÉE   **159. — Souligner les verbes ; en indiquer le nombre et la personne.**

I. — Le gui pousse principalement sur le pommier. Les Chinois font une grande consommation de thé. Lorsque je voyage dans ma chambre, je parcours rarement une ligne droite. (X. DE MAISTRE.) Desaix tombe atteint d'une balle dans la poitrine. Les petits ruisseaux font les grandes rivières. Les armées qui n'ont pas de discipline sont toujours battues. (HOCHE.) Nous entendons derrière comme un bruit de tonnerre sous ces voûtes sonores : un chariot vient. (NISARD.)

II. — Que vous êtes joli ! que vous me semblez beau ! (LA FONTAINE.) Veux-tu que je te dise ? La réputation de bel esprit coûte bien à soutenir. (MOLIÈRE.) Les pyramides semblent s'éloigner à mesure qu'on s'en approche ; on en est encore à une lieue, et déjà elles dominent tellement sur la tête qu'on croit être à leur pied. (VOLNEY.) Ardent au début, le Gaulois se lassait vite. Des hommes grossiers et oisifs sont fort enclins à se quereller. (GUIZOT.)

161. — Indiquer si le verbe est au présent, au passé ou au futur.

I. — Le tambour *bat* la charge. Le fermier *a battu* son blé. Le chasseur *battra* le bois en tous sens. Le clairon *sonne*. Cette pendule *sonnait* les heures. Midi *sonnera* dans quelques minutes. Charlemagne *avait fondé* une école dans son palais. Un paon *muait* : un geai *prit* son plumage. (LA FONTAINE.) Où le père *a passé*, *passera* bien l'enfant. (A. DE MUSSET.) Le chien *crut* l'ombre bien plus belle que la proie ; il *lâcha* celle-ci pour l'ombre et *manqua* de se noyer.

II. — Petit poisson *deviendra* grand. La vie souterraine des hannetons *dure* juste trois ans. Ce que vous *blâmez* en ce moment, vous *l'approuverez* peut-être demain. Qui vous *croira*, si vous ne *dites* jamais la vérité ? Le roi Louis XI *maria* et *dota* Jeanne Hachette. Un savetier *chantait* du matin jusqu'au soir. (LA FONTAINE.) A la guerre, on *dort* sans lit, on *mange* sans table, où l'on *peut*, comme on *peut*. Quand nous *respirons*, la poitrine se dilate et se contracte alternativement.

163. — Distinguer les compléments : 1° directs ; 2° indirects.

I. — Le vent dessèche la campagne. Le singe imite l'homme. Tu sors avec tes parents. On emploie journellement les feuilles, les fleurs et les fruits de l'oranger. Nous donnons des secours aux malheureux. Les procès ruinent les familles, les désunissent et changent des parents en ennemis mortels. On a vu un lion enlever une génisse aussi facilement qu'un chat emporte une souris. (L. FIGUIER.)

II. — La nature nous crée, l'éducation nous façonne. Les Gaulois bâtissaient leurs demeures avec des branchages et du chaume. Au lieu d'entasser ses écus dans un coffre, il les plaça. (E. ABOUT.) Les anciens racontent aux conscrits rangés autour du feu les batailles où le régiment a donné avec tant de gloire. (G. FOY.) Les arbres se couvrent de feuilles et entrelacent leurs branches ; les mouches bourdonnent parmi les fleurs ; tout respire la joie et la vie dans le séjour de la mort. (X. DE MAISTRE.)

160. — **Souligner les verbes; en indiquer le nombre et la personne.** IIe ANNÉE

Agrippine à son fils Néron.

Dès vos plus jeunes ans, mes soins et mes tendresses
N'ont arraché de vous que de feintes caresses.
Rien ne vous a pu vaincre, et votre dureté
Aurait dû dans son cours arrêter ma bonté.
Que je suis malheureuse ! et par quelle infortune
Faut-il que tous mes soins me rendent importune !
Je n'ai qu'un fils. O ciel ! qui m'entends aujourd'hui,
T'ai-je fait quelques vœux qui ne fussent pour lui ?
Remords, craintes, périls, rien ne m'a retenue ;
J'ai vaincu ses mépris, j'ai détourné ma vue
Des malheurs qui dès lors me furent annoncés ;
J'ai fait ce que j'ai pu : vous régnez, c'est assez.

(RACINE.)

162. — **Indiquer si le verbe est au présent, au passé ou au futur.**

Energie du vieil Horace.

JULIE.

Que *vouliez*-vous qu'il *fît* contre trois ?

LE VIEIL HORACE.

         Qu'il *mourût*,
Ou qu'un beau désespoir alors le *secourût*.
N'*eût*-il que d'un moment *reculé* sa défaite,
Rome *eût été* du moins un peu plus tard sujette.
Il *eût* avec honneur (1) *laissé* mes cheveux gris,
Et c'*était* de sa vie un assez digne prix...
Il *est* de tout son sang comptable à sa patrie ;
Chaque goutte épargnée *a* sa gloire *flétrie* ;
Chaque instant de sa vie, après ce lâche tour,
Met d'autant plus sa honte avec la mienne au jour.
J'en *romprai* bien le cours ; et ma juste colère,
Contre un indigne fils usant des droits d'un père,
Saura bien faire voir, dans sa punition,
L'éclatant désaveu d'une telle action.

(CORNEILLE.)

164. — **Corriger les phrases.**

L'ennemi assiégea et s'empara *de la ville*. Nous aimons à *chasser* et *la pêche*. Il ne faut pas maltraiter ni s'acharner *sur un ennemi vaincu*. Les bons élèves s'appliquent *au calcul* et *à écrire*. Le singe s'aperçoit et contrefait *les gestes et les attitudes des hommes*. Un honnête homme gagne sa vie *en travaillant* et non *par la ruse*. Le pauvre demande et vit *de la charité*. L'apprenti apprend la *serrurerie* et *à forger*. Les mères chérissent et pardonnent aisément à *leurs enfants*. Les bons parents demandent à leurs enfants d'*être appliqués* et la *docilité*. J'écoute et profite *des bons conseils*.

(1) Il eût laissé *honorés* mes cheveux gris.

165. — Distinguer les compléments circonstanciels.

I. — La neige fond au soleil. Le sang circule dans les veines. Le soldat défend le drapeau avec courage. Beaucoup d'insectes vivent aux dépens des récoltes. On coupe la toison des moutons au mois de juin. Les blés sont mûrs à la fin de l'été. Le chasseur s'avança à petits pas, sans bruit. Un papillon voltigeait sur les fleurs. On conserve le vin dans la cave. Dans son enfance, Duguesclin était très querelleur.

II. — L'ours polaire guette le veau-marin aux fentes de glaces, sur les blocs flottants où cet animal se chauffe au soleil, et fond sur lui avec l'astuce du tigre. Il poursuit également les phoques lorsqu'ils plongent. Les sabotiers se sont installés au fond de la vallée, près d'une lisière de forêt où un ruisseau chante clair comme une flûte. (A. Theuriet.)

167. — I. Faire suivre chacun des verbes d'un complément convenable choisi dans la colonne correspondante.

II. Indiquer : 1° si le complément est direct ou indirect ; 2° si le verbe est transitif ou intransitif.

EX. : Manger (*v. t.*) une poire (*c. d.*), Nuire (*v. int.*) à la santé (*c. ind.*).

COMPLÉMENTS.

une dent	de chagrin	à tout le monde
contre un obstacle	de l'école	les injures
à ses intérêts	un refuge	un navire
la mémoire	de frayeur	une lettre

VERBES.

perdre	sortir	armer
nuire	chercher	recevoir
arracher	mourir	oublier
lutter	pâlir	plaire

169. — Distinguer : 1° les compléments du verbe ; 2° l'espèce du verbe.

I. — Le malade perd la mémoire. Puisque tu te repens, je te pardonne. Les premiers sauvages cueillirent dans les forêts quelques fruits nourriciers et subvinrent ainsi à leurs besoins. Un homme de génie, Montgolfier, inventa les ballons. Les libraires vendent des livres. La mollesse nous rend incapables de tout travail sérieux.

II. — La mendicité dégrade l'homme, elle l'abaisse en le forçant à se courber devant son semblable ; cela dégénère en bassesse. (E. Chatrian.) L'homme, même muet, réussit à se faire comprendre par l'expression de sa physionomie et la variété de ses gestes. Les grives voyagent par grandes troupes et font annuellement deux apparitions dans nos contrées. La loi punit les gens qui maltraitent les animaux domestiques.

166. — Corriger les phrases.

C'est à mon père *à qui* je parle. L'enfant *que* tout le monde cède est bien malheureux. Les hirondelles attrapent et se nourrissent de *mou-ches*. Les conquérants ont toujours aimé *à combattre* et *la gloire*. J'ai donné à ce chien *un coup de bâton* qui m'avait mordu. Tu aimes *le silence* et à *vivre seul*. Le renard pénètre et devaste *nos poulaillers*. Les grands navires chargés de marchandises entrent et sortent *du port* tous les jours. C'est à *toi à qui* je m'adresse pour demander conseil. Personne n'était plus capable que Sénèque de s'opposer et de prévenir le *mauvais goût*. Les sangliers ramassent et se nourrissent *des glands tombés des chênes*.

168. — Indiquer si les verbes sont transitifs ou intransitifs.

Les canards sauvages.

Par un temps grisâtre d'automne, lorsque la bise souffle sur les champs, que les bois perdent leurs dernières feuilles, une troupe nombreuse de canards sauvages traverse en silence un ciel mélanco-lique. S'ils aperçoivent du haut des airs quelque château gothique, c'est là qu'ils se préparent à descendre : ils attendent la nuit et font de longues évolutions au-dessus des bois. Aussitôt que la vapeur du soir enveloppe la vallée, le cou tendu et l'aile sifflante, ils s'abattent tout à coup sur les eaux qui retentissent. Un cri général, suivi d'un profond silence, s'élève dans tous les marais. Guidés par une petite lumière, qui peut-être brille à l'étroite fenêtre d'une tour, les voyageurs s'approchent des murs. Là, battant des ailes, et poussant des cris par intervalles, au milieu du murmure des vents et des pluies, ils saluent l'habitation de l'homme.

(CHATEAUBRIAND.)

170. — Même exercice.

L'enfant.

Lorsque l'enfant paraît, le cercle de famille
Applaudit à grands cris ; son doux regard qui brille
    Fait briller tous les yeux ;
Et les plus tristes fronts, les plus souillés peut-être,
Se dérident soudain à voir l'enfant paraître,
    Innocent et joyeux.

Soit que juin ait verdi mon seuil, ou que novembre
Fasse autour d'un grand feu vacillant dans la chambre
    Les chaises se toucher,
Quand l'enfant vient, la joie arrive et nous éclaire.
On rit, on se récrie, on l'appelle, et sa mère
    Tremble à le voir marcher.

(VICTOR HUGO)

Iʳᵉ ANNÉE

171. — Indiquer à quelle voix est le verbe.

I. — Le marteau frappe l'enclume. Je suis frappé par un ennemi. Le fou se frappe la tête contre le mur de sa cellule. Tu flattes ton chien. L'enfant est flatté par sa mère. Il se flatte de réussir. L'eau de seltz renferme de l'acide carbonique en dissolution. On s'accoutume à bien parler en lisant ceux qui écrivent bien. Les trois ordres d'enseignement sont placés sous la haute direction du Ministre de l'Instruction publique.

II. — Partout où je me plais, j'y reste ; à l'instant où je m'ennuie, je m'en vais. (J.-J. ROUSSEAU.) L'astre du jour nous dérobe les splendeurs du firmament ; c'est pendant la nuit que les panoramas du ciel nous sont ouverts. (FLAMMARION.) Le mensonge se glisse partout, se mêle à tout, fausse tout, corrompt tout. Mes amis, vous ne possédez plus en Egypte que le terrain que vous avez sous les pieds ; si vous reculez d'un pas, vous êtes perdus. (KLÉBER.)

173. — Faire quatre listes des verbes suivant la conjugaison.

I. — Chanter, courir, croire, prendre, recevoir, finir, partir, tordre, couper, ternir, apercevoir, vendre, mesurer, rompre, blanchir, devoir, planter, pouvoir, rougir, fondre, brûler, ajouter, éteindre, fléchir, falloir, coudre, valoir, corriger, punir, concevoir, combattre, bondir, tendre, chercher, mouvoir, rétablir.

II. — *Voyager* c'est *feuilleter* et *lire* le livre de la nature. *Prendre* de bonnes habitudes est une des plus grandes vertus de l'homme. Pour *savoir commander*, il faut *apprendre* à *obéir*. L'égoïste aime mieux *recevoir* que *donner*. *Rendre* le bien pour le mal est le fait des âmes charitables. Plutôt *souffrir* que *mourir*, c'est la devise des hommes. (LA FONTAINE.) *Aller* au-devant de la mort, c'est du courage ; *l'attendre* sans se plaindre, c'est de l'intrépidité. A beau *mentir* qui vient de loin. *Souffler* n'est pas *jouer*.

175. — I. Distinguer les sujets et les compléments.

II. Indiquer pour chaque verbe l'espèce, le temps, la voix.

(Révision.)

La vache, la chèvre, l'ânesse fournissent le lait. Les impôts sont votés chaque année en France par les représentants de la nation. Les lièvres se nourrissent de substances végétales. Exposé à l'air, le beurre s'altère peu à peu. Les Arabes qui habitent les déserts ont toujours été un peu voleurs. (CHATEAUBRIAND.) Quand le raisin a été écrasé, on l'abandonne à la fermentation. J'ai lu autrefois l'histoire d'un Anglais qui s'était pendu parce qu'on lui avait servi du café sans sucre. (SOUVESTRE.) La bataille des rues, frères contre frères, est remplacée par la lutte électorale. La mort n'a pas toujours les oreilles ouvertes aux vœux de messieurs les héritiers, et l'on a le temps d'avoir les dents longues, lorsqu'on attend, pour vivre, le trépas de quelqu'un. (MOLIÈRE.) L'expérience tient une école où les leçons coûtent cher. Soigne bien ta vigne, et tu n'auras pas à envier celle de ton voisin.

172. — Indiquer à quelle voix sont les verbes en italiques. II' ANNÉE

Fragilité de la vie.

Les hommes *passent* comme les fleurs qui *s'épanouissent* le matin, et qui le soir *sont flétries* et *foulées* aux pieds. Les générations des hommes *s'écoulent* comme les ondes d'un fleuve rapide ; rien ne *peut* arrêter le temps qui *entraîne* après lui tout ce qui *paraît* le plus immobile. Toi-même, ô mon fils, qui *jouis* maintenant d'une jeunesse si vive et si féconde en plaisirs, *souviens*-toi que ce bel âge n'est qu'une fleur qui *sera* presque aussitôt *séchée* qu'*éclose ;* tu te *verras* changer insensiblement ; les grâces riantes, les doux plaisirs qui *t'accompagnent s'évanouiront* comme un beau songe.

Ce temps te *paraît* éloigné. Hélas ! tu te *trompes,* ô mon fils ; il se *hâte,* le voilà qui *arrive.*

(FÉNELON.)

174. — Faire quatre listes des verbes suivant la conjugaison.

La calomnie.

Croyez qu'il n'y a pas de plate méchanceté, pas d'horreur, pas de conte absurde, qu'on ne fasse adopter aux oisifs d'une grande ville en s'y prenant bien ; et nous avons ici des gens d'une adresse !...

D'abord un bruit léger, rasant le sol comme l'hirondelle avant l'orage, *pianissimo,* murmure, et file, et sème en courant le trait empoisonné. Telle bouche le recueille et, *piano, piano,* vous le glisse en l'oreille adroitement. Le mal est fait ; il germe, il rampe, il chemine et, *rinforzando,* de bouche en bouche, il va le diable : puis tout à coup, je ne sais comment, vous voyez la calomnie se dresser, siffler, s'enfler, grandir à vue d'œil. Elle s'élance, étend son vol, tourbillonne, enveloppe, arrache, entraîne, éclate et tonne, et devient, grâce au ciel, un cri général, un *crescendo* public, un *chorus* universel de haine et de proscription. Qui diable y résisterait ?

(BEAUMARCHAIS.)

176. — Indiquer pour chaque verbe : l'espèce, le temps, la voix.

Bornes de l'esprit humain.

(Révision.)

Ceux qui enseignèrent que l'Océan était salé de peur qu'il ne se corrompît, et que les marées étaient faites pour conduire nos vaisseaux dans nos ports, furent un peu honteux quand on leur répliqua que la Méditerranée a des ports et point de reflux. Qui nous apprendra par quelle mécanique ce grain de blé que nous jetons en terre se relève pour reproduire un tuyau chargé d'un épi, et comment le même sol produit une pomme au haut de cet arbre, et une châtaigne à l'arbre voisin ? Plusieurs docteurs ont dit : « Que ne sais-je pas ? » Montaigne disait : « Que sais-je ? »

Décideur impitoyable, tu cherches les bornes de ton esprit. Elles sont au bout de ton nez.

(VOLTAIRE.)

CHAPITRE VII.

LE VERBE

VERBES TRANSITIFS ET VERBES INTRANSITIFS
À LA VOIX ACTIVE.

Le verbe est à la voix active lorsque le sujet fait l'action.

PREMIÈRE CONJUGAISON
VERBES TERMINÉS EN **er**
(3600)
MODÈLE **AIMER**
Radical : **aim**. — *Terminaison :* **er**.
Mode Indicatif.

TEMPS SIMPLES.			TEMPS COMPOSÉS.		
PRÉSENT.			**PASSÉ INDÉFINI.**		
J'	aim **e**.		J'	ai	aim **é**.
Tu	aim **es**.		Tu	as	aim **é**.
Il	aim **e**.		Il	a	aim **é**.
Nous	aim **ons**.		Nous	avons	aim **é**.
Vous	aim **ez**.		Vous	avez	aim **é**.
Ils	aim **ent**.		Ils	ont	aim **é**.
IMPARFAIT.			**PASSÉ ANTÉRIEUR.**		
J'	aim **ais**.		J'	eus	aim **é**.
Tu	aim **ais**.		Tu	eus	aim **é**.
Il	aim **ait**.		Il	eut	aim **é**.
Nous	aim **ions**.		Nous	eûmes	aim **é**.
Vous	aim **iez**.		Vous	eûtes	aim **é**.
Ils	aim **aient**.		Ils	eurent	aim **é**.
PASSÉ DÉFINI.			**PLUS-QUE-PARFAIT.**		
J'	aim **ai**.		J'	avais	aim **é**.
Tu	aim **as**.		Tu	avais	aim **é**.
Il	aim **a**.		Il	avait	aim **é**.
Nous	aim **âmes**.		Nous	avions	aim **é**.
Vous	aim **âtes**.		Vous	aviez	aim **é**.
Ils	aim **èrent**.		Ils	avaient	aim **é**.
FUTUR SIMPLE.			**FUTUR ANTÉRIEUR.**		
J'	aim **erai**.		J'	aurai	aim **é**.
Tu	aim **eras**.		Tu	auras	aim **é**.
Il	aim **era**.		Il	aura	aim **é**.
Nous	aim **erons**.		Nous	aurons	aim **é**.
Vous	aim **erez**.		Vous	aurez	aim **é**.
Ils	aim **eront**.		Ils	auront	aim **é**.

Mode Conditionnel.

TEMPS SIMPLES.

PRÉSENT.

J'	aim	erais.
Tu	aim	erais.
Il	aim	erait.
Nous	aim	erions.
Vous	aim	eriez.
Ils	aim	eraient.

TEMPS COMPOSÉS.

PASSÉ (*1re forme*).

J'	aurais	aim	é.
Tu	aurais	aim	é.
Il	aurait	aim	é.
Nous	aurions	aim	é.
Vous	auriez	aim	é.
Ils	auraient	aim	é.

PASSÉ (*2e forme*).

J'	eusse	aim	é.	Nous	eussions	aim	é.
Tu	eusses	aim	é.	Vous	eussiez	aim	é.
Il	eût	aim	é.	Ils	eussent	aim	é.

Mode Impératif.

PRÉSENT.

Sing. 2e pers. Aim e.
Plur. { 1re pers. Aim ons.
{ 2e pers. Aim ez.

PASSÉ.

Sing. 2e pers. Aie aim é.
Plur. { 1re pers. Ayons aim é.
{ 2e pers. Ayez aim é.

Mode Subjonctif.

PRÉSENT.

Que j'	aim	e.
Que tu	aim	es.
Qu' il	aim	e.
Que nous	aim	ions.
Que vous	aim	iez.
Qu' ils	aim	ent.

PASSÉ.

Que j'	aie	aim	é.
Que tu	aies	aim	é.
Qu' il	ait	aim	é.
Que nous	ayons	aim	é.
Que vous	ayez	aim	é.
Qu' ils	aient	aim	é.

IMPARFAIT.

Que j'	aim	asse.
Que tu	aim	asses.
Qu' il	aim	ât.
Que nous	aim	assions.
Que vous	aim	assiez.
Qu' ils	aim	assent.

PLUS-QUE-PARFAIT.

Que j'	eusse	aim	é.
Que tu	eusses	aim	é.
Qu' il	eût	aim	é.
Que nous	eussions	aim	é.
Que vous	eussiez	aim	é.
Qu' ils	eussent	aim	é.

Mode Infinitif.

PRÉSENT . Aim er. | PASSÉ : Avoir aim é.

Mode Participe.

PRÉSENT : Aim ant. | PASSÉ : Aim é (ée), ayant aim é.

DEUXIÈME CONJUGAISON

VERBES TERMINÉS EN **ir**

(350)

MODÈLE **FINIR**

Radical : **fin** *et* **finiss**. — *Terminaison* : **ir**.

Mode Indicatif.

TEMPS SIMPLES.			TEMPS COMPOSÉS.		

PRÉSENT.

			PASSÉ INDÉFINI.		
Je	fin	is.	J'	ai	fin i.
Tu	fin	is.	Tu	as	fin i.
Il	fin	it.	Il	a	fin i.
Nous	fin	issons.	Nous	avons	fin i.
Vous	fin	issez.	Vous	avez	fin i.
Ils	fin	issent.	Ils	ont	fin i.

IMPARFAIT.

			PASSÉ ANTÉRIEUR.		
Je	finiss	ais.	J'	eus	fin i.
Tu	finiss	ais.	Tu	eus	fin i.
Il	finiss	ait.	Il	eut	fin i.
Nous	finiss	ions.	Nous	eûmes	fin i.
Vous	finiss	iez.	Vous	eûtes	fin i.
Ils	finiss	aient.	Ils	eurent	fin i.

PASSÉ DÉFINI.

			PLUS-QUE-PARFAIT.		
Je	fin	is.	J'	avais	fin i.
Tu	fin	is.	Tu	avais	fin i.
Il	fin	it.	Il	avait	fin i.
Nous	fin	îmes.	Nous	avions	fin i.
Vous	fin	îtes.	Vous	aviez	fin i.
Ils	fin	irent.	Ils	avaient	fin i.

FUTUR SIMPLE.

			FUTUR ANTÉRIEUR.		
Je	fin	irai.	J'	aurai	fin i.
Tu	fin	iras.	Tu	auras	fin i.
Il	fin	ira.	Il	aura	fin i.
Nous	fin	irons.	Nous	aurons	fin i.
Vous	fin	irez.	Vous	aurez	fin i.
Ils	fin	iront.	Ils	auront	fin i.

Mode Conditionnel.

TEMPS SIMPLES.	TEMPS COMPOSÉS.

PRÉSENT.

		PASSÉ (1re forme).

Je   fin irais.
Tu   fin irais.
Il   fin irait.
Nous   fin irions.
Vous   fin iriez.
Ils   fin iraient.

J'   aurais   fin i.
Tu   aurais   fin i.
Il   aurait   fin i.
Nous aurions   fin i.
Vous auriez   fin i.
Ils   auraient   fin i.

PASSÉ (2e forme).

J'   eusse   fin i.
Tu eusses   fin i.
Il   eût   fin i.

Nous eussions fin i.
Vous eussiez fin i.
Ils   eussent   fin i.

Mode Impératif.

PRÉSENT.

Sing.   2e pers. fin   is.
Plur. { 1re pers. finiss ons,
       { 2e pers. finiss ez.

PASSÉ.

Sing.   2e pers. aie   fin i.
Plur. { 1re pers. ayons fin i.
       { 2e pers. ayez   fin i.

Mode Subjonctif.

PRÉSENT.

Que je   finiss e.
Que tu   finiss es.
Qu' il   finiss e.
Que nous finiss ions.
Que vous finiss iez.
Qu' ils   finiss ent.

PASSÉ.

Que j'   aie   fin i.
Que tu   aies   fin i.
Qu' il   ait   fin i.
Que nous ayons   fin i.
Que vous ayez   fin i.
Qu' ils   aient   fin i.

IMPARFAIT.

Que je   finiss e.
Que tu   finiss es.
Qu' il   fin it.
Que nous finiss ions.
Que vous finiss iez.
Qu' ils   finiss ent.

PLUS-QUE-PARFAIT.

Que j'   eusse   fin i.
Que tu   eusses   fin i.
Qu' il   eût   fin i.
Que nous eussions fin i.
Que vous eussiez fin i.
Qu' ils   eussent   fin i.

Mode Infinitif.

PRÉSENT : Fin ir. | PASSÉ : Avoir fin i.

Mode Participe.

PRÉSENT : Fin iss ant. | PASSÉ : Fin i (ie), ayant fin i.

TROISIÈME CONJUGAISON

VERBES TERMINÉS EN **oir**

(*13*)

MODÈLE **RECEVOIR**

Radical : **rec** *et* **recev**. — *Terminaison :* oir.

Mode Indicatif.

TEMPS SIMPLES.		TEMPS COMPOSÉS.		
PRÉSENT.		**PASSÉ INDÉFINI.**		
Je	reç ois.	J'	ai	reç u.
Tu	reç ois.	Tu	as	reç u.
Il	reç oit.	Il	a	reç u.
Nous	recev ons.	Nous	avons	reç u.
Vous	recev ez.	Vous	avez	reç u.
Ils	reçoiv ent.	Ils	ont	reç u.
IMPARFAIT.		**PASSÉ ANTÉRIEUR.**		
Je	recev ais.	J'	eus	reç u.
Tu	recev ais.	Tu	eus	reç u.
Il	recev ait.	Il	eut	reç u.
Nous	recev ions.	Nous	eûmes	reç u.
Vous	recev iez.	Vous	eûtes	reç u.
Ils	recev aient	Ils	eurent	reç u.
PASSÉ DÉFINI.		**PLUS-QUE-PARFAIT.**		
Je	reç us.	J'	avais	reç u.
Tu	reç us.	Tu	avais	reç u.
Il	reç ut.	Il	avait	reç u.
Nous	reç ûmes.	Nous	avions	reç u.
Vous	reç ûtes.	Vous	aviez	reç u.
Ils	reç urent.	Ils	avaient	reç u.
FUTUR SIMPLE.		**FUTUR ANTÉRIEUR.**		
Je	recev rai.	J'	aurai	reç u.
Tu	recev ras.	Tu	auras	reç u.
Il	recev ra.	Il	aura	reç u.
Nous	recev rons.	Nous	aurons	reç u.
Vous	recev rez.	Vous	aurez	reç u.
Ils	recev ront.	Ils	auront	reç u.

Mode Conditionnel.

TEMPS SIMPLES.

PRÉSENT.

Je	recev	rais.
Tu	recev	rais.
Il	recev	rait.
Nous	recev	rions.
Vous	recev	riez.
Ils	recev	raient.

PASSÉ (2ᵉ forme).

J'	eusse	reç u.
Tu	eusses	reç u.
Il	eût	reç u.

TEMPS COMPOSÉS.

PASSÉ (1ʳᵉ forme).

J'	aurais	reç u.
Tu	aurais	reç u.
Il	aurait	reç u.
Nous	aurions	reç u.
Vous	auriez	reç u.
Ils	auraient	reç u

Nous	eussions	reç u.
Vous	eussiez	reç u.
Ils	eussent	reç u.

Mode Impératif.

PRÉSENT.

Sing. 2ᵉ pers. Reç ois.
Plur. { 1ʳᵉ pers. Recev ons.
{ 2ᵉ pers. Recev ez.

PASSÉ.

Sing. 2ᵉ pers. Aie reç u.
Plur. { 1ʳᵉ pers. Ayons reç u.
{ 2ᵉ pers. Ayez reç u.

Mode Subjonctif.

PRÉSENT.

Que je	reçoiv	e.
Que tu	reçoiv	es.
Qu' il	reçoiv	e.
Que nous	recev	ions.
Que vous	recev	iez.
Qu' ils	reçoiv	ent.

IMPARFAIT.

Que je	reç	usse.
Que tu	reç	usses.
Qu' il	reç	ût.
Que nous	reç	ussions.
Que vous	reç	ussiez.
Qu' ils	reç	ussent.

PASSÉ.

Que j'	aie	reç u.
Que tu	aies	reç u.
Qu' il	ait	reç u.
Que nous	ayons	reç u.
Que vous	ayez	reç u.
Qu' ils	aient	reç u.

PLUS-QUE-PARFAIT.

Que j'	eusse	reç u.
Que tu	eusses	reç u.
Qu' il	eût	reç u.
Que nous	eussions	reç u.
Que vous	eussiez	reç u.
Qu' ils	eussent	reç u.

Mode Infinitif.

PRÉSENT : Recev oir.

PASSÉ : Avoir reç u

Mode Participe.

PRÉSENT : Recev ant.

PASSÉ : Reç u (ue), ayant reç u.

QUATRIÈME CONJUGAISON

VERBES TERMINÉS EN **re**
(50)

MODÈLE **RENDRE**

Radical : **rend.** — *Terminaison :* **re.**

Mode Indicatif.

TEMPS SIMPLES.	TEMPS COMPOSÉS.

PRÉSENT.

			PASSÉ INDÉFINI.		
Je	rend **s.**		J'	ai	rend **u.**
Tu	rend **s.**		Tu	as	rend **u.**
Il	rend.		Il	a	rend **u.**
Nous	rend **ons.**		Nous	avons	rend **u.**
Vous	rend **ez.**		Vous	avez	rend **u.**
Ils	rend **ent.**		Ils	ont	rend **u.**

IMPARFAIT.

			PLUS-QUE-PARFAIT.		
Je	rend **ais.**		J'	avais	rend **u.**
Tu	rend **ais.**		Tu	avais	rend **u.**
Il	rend **ait.**		Il	avait	rend **u.**
Nous	rend **ions.**		Nous	avions	rend **u.**
Vous	rend **iez.**		Vous	aviez	rend **u.**
Ils	rend **aient.**		Ils	avaient	rend **u.**

PASSÉ DÉFINI.

			PASSÉ ANTÉRIEUR.		
Je	rend **is.**		J'	eus	rend **u.**
Tu	rend **is.**		Tu	eus	rend **u.**
Il	rend **it.**		Il	eut	rend **u.**
Nous	rend **îmes.**		Nous	eûmes	rend **u.**
Vous	rend **îtes.**		Vous	eûtes	rend **u.**
Ils	rend **irent.**		Ils	eurent	rend **u.**

FUTUR.

			FUTUR ANTÉRIEUR.		
Je	rend **rai.**		J'	aurai	rend **u.**
Tu	rend **ras**		Tu	auras	rend **u.**
Il	rend **ra.**		Il	aura	rend **u.**
Nous	rend **rons.**		Nous	aurons	rend **u.**
Vous	rend **rez.**		Vous	aurez	rend **u.**
Ils	rend **ront.**		Ils	auront	rend **u.**

Mode Conditionnel.

TEMPS SIMPLES.	TEMPS COMPOSÉS.

PRÉSENT. — PASSÉ (1re *forme*).

Je	rend **rais**.	J' aurais rend **u**.
Tu	rend **rais**.	Tu aurais rend **u**.
Il	rend **rait**.	Il aurait rend **u**.
Nous	rend **rions**.	Nous aurions rend **u**.
Vous	rend **riez**.	Vous auriez rend **u**.
Ils	rend **raient**.	Ils auraient rend **u**.

PASSÉ (2e *forme*).

J' eusse rend **u**.	Nous eussions rend **u**.
Tu eusses rend **u**.	Vous eussiez rend **u**.
Il eût rend **u**.	Ils eussent rend **u**.

Mode Impératif.

PRÉSENT.	PASSÉ.
Sing. 2e pers. rend **s**.	*Sing.* 2e pers. aie rend **u**.
Plur. { 1re pers. rend **ons**.	*Plur.* { 1re pers. ayons rend **u**.
2e pers. rend **ez**.	2e pers. ayez rend **u**.

Mode Subjonctif.

PRÉSENT. — PASSÉ.

Que je	rend **e**.	Que j' aie rend **u**.
Que tu	rend **es**.	Que tu aies rend **u**.
Qu' il	rend **e**.	Qu' il ait rend **u**.
Que nous	rend **ions**.	Que nous ayons rend **u**.
Que vous	rend **iez**.	Que vous ayez rend **u**.
Qu' ils	rend **ent**.	Qu' ils aient rend **u**.

IMPARFAIT. — PLUS-QUE-PARFAIT.

Que je	rend **isse**.	Que j' eusse rend **u**.
Que tu	rend **isses**.	Que tu eusses rend **u**.
Qu' il	rend **ît**.	Qu' il eût rend **u**.
Que nous	rend **issions**.	Que nous eussions rend **u**.
Que vous	rend **issiez**.	Que vous eussiez rend **u**.
Qu' ils	rend **issent**.	Qu' ils eussent rend **u**.

Mode Infinitif.

PRÉSENT : Rend **re**. | PASSÉ : Avoir rend **u**.

Mode Participe.

PRÉSENT : Rend **ant**. | PASSÉ : Rend **u** (ue), ayant rend **u**.

TABLEAU COMPARATIF DES TERMINAISONS
de la voix active.

(Verbes réguliers.)

INDICATIF.

	1ʳᵉ conjug.	2ᵉ conjug.	3ᵉ conjug.	4ᵉ conjug.
PRÉSENT.	e	is	ois	s
	es	is	ois	s
	e	it	oit	»
	ons	ons	ons	ons
	ez	ez	ez	ez
	ent	ent	ent	ent
IMPARFAIT.	ais	ais	ais	ais
	ais	ais	ais	ais
	ait	ait	ait	ait
	ions	ions	ions	ions
	iez	iez	iez	iez
	aient	aient	aient	aient
PASSÉ DÉFINI.	ai	is	us	is
	as	is	us	is
	a	it	ut	it
	(à)mes	(î)mes	(û)mes	(î)mes
	(à)tes	(î)tes	(û)tes	(î)tes
	(è)rent	(i)rent	(u)rent	(i)rent
FUTUR.	(e)rai	(i)rai	rai	rai
	(e)ras	(i)ras	ras	ras
	(e)ra	(i)ra	ra	ra
	(e)rons	(i)rons	rons	rons
	(e)rez	(i)rez	rez	rez
	(e)ront	(i)ront	ront	ront

CONDITIONNEL.

	1ʳᵉ conjug.	2ᵉ conjug.	3ᵉ conjug.	4ᵉ conjug.
PRÉSENT.	(e)rais	(i)rais	rais	rais
	(e)rais	(i)rais	rais	rais
	(e)rait	(i)rait	rait	rait
	(e)rions	(i)rions	rions	rions
	(e)riez	(i)riez	riez	riez
	(e)raient	(i)raient	raient	raient

IMPÉRATIF.

	1re conjug.	*2e conjug.*	*3e conjug.*	*4e conjug.*
PRÉSENT.	e	is	ois	s
	ons	ons	ons	ons
	ez	ez	ez	ez

SUBJONCTIF.

	1re conjug.	*2e conjug.*	*3e conjug.*	*4e conjug.*
PRÉSENT.	e	e	e	e
	es	es	es	es
	e	e	e	e
	ions	ions	ions	ions
	iez	iez	iez	iez
	ent	ent	ent	ent
IMPARFAIT.	(a)sse	(i)sse	(u)sse	(i)ss
	(a)sses	(i)sses	(u)sses	(i)sses
	(à)t	(î)t	(û)t	(î)t
	(a)ssions	(i)ssions	(u)ssions	(i)ssions
	(a)ssiez	(i)ssiez	(u)ssiez	(i)ssiez
	(a)ssent	(i)ssent	(u)ssent	(i)ssent

INFINITIF.

	1re conjug.	*2e conjug.*	*3e conjug.*	*4e conjug.*
PRÉSENT.	er	ir	oir	re

PARTICIPE.

	1re conjug.	*2e conjug.*	*3e conjug.*	*4e conjug.*
PRÉSENT.	ant	ant	ant	ant
PASSÉ.	é	i	u	u

Ressemblances. — Comme on le voit, dans les quatre conjugaisons, les *syllabes finales* sont presque partout les mêmes ; seulement, à certains temps, ces syllables sont précédées des voyelles **e** ou **a** dans *aimer* : j'aim(*e*)rai, que j'aim(*a*)sse ; de la voyelle **i** dans *finir* et *rendre* : je fin(*i*)rai, que je fin(*i*)sse, que je rend(*i*)sse ; de la voyelle **u** dans *recevoir* : nous reç(*û*)mes, que je reç(*u*)sse.

Différences. — Les différences se rencontrent surtout au singulier des premières et des troisièmes personnes du présent et du passé défini de l'indicatif. Quant aux secondes personnes du singulier, toutes finissent par la lettre **s**. — Il en est de même des secondes personnes du singulier de l'impératif, sauf pour celle *d'aimer* qui ne prend pas d'**s** : *aime*.

OBSERVATIONS SUR CERTAINS VERBES

I. — VERBES DE LA PREMIÈRE CONJUGAISON.

(Exercices 179 à 182, 194, 196, 218, 220.)

1°. — Verbes avec un *e* fermé ou un *e* muet à l'avant-dernière syllabe.

Explication. — Quand nous prononçons un mot, nous élevons la voix sur la dernière syllabe de ce mot : ainsi, en prononçant les mots *maison, pavé*, nous élevons la voix sur les syllabes *son, vé*.

Mais si le mot se termine par un *e* muet et si, par conséquent, la dernière syllabe de ce mot est muette, c'est sur l'avant-dernière que nous élevons la voix ; ainsi, en prononçant les mots *arbre, terre*, ce n'est pas sur les syllabes *bre, re*, que nous devons élever la voix, mais sur les syllabes *ar, ter*. C'est la règle de l'*accent tonique* (voir *Notions préliminaires*).

Par suite, quand un mot *varie* et que sa dernière syllabe devient muette, si l'avant-dernière syllabe a un *e* muet ou fermé, on le change en *e* ouvert pour que la syllabe ait plus de sonorité.

C'est ce que nous avons vu au féminin des noms en *er : berger, bergère*, et au féminin des adjectifs en *er, et : léger, légère ; discret, discrète ; fluet, fluette*. C'est ce que nous allons voir dans les verbes.

céder,	je *cède.*
semer,	je *sème.*
jeter,	je *jette.*
appeler,	j'*appelle.*

184. — Règle. — Quand la dernière syllabe d'un mot *variable* devient muette, l'*e fermé* ou l'*e muet* de la pénultième se change en *e ouvert*.

Dans les verbes, ce changement se fait de trois manières :

1° L'accent aigu se change en grave : *céder*, je *cède*.

2° L'*e muet* prend l'accent grave : *semer*, je *sème*.

3° Les verbes en *eter* redoublent le *t : jeter*, je *jette*.

Les verbes en *eler* redoublent l'*l : appeler*, j'*appelle*.

Exceptions. — Les verbes *acheter, becqueter, crocheter, épousseter, étiqueter, haleter*, ainsi que les verbes *celer, geler, harceler, modeler, marteler, peler*, prennent simplement l'accent grave : il *achète*, il *gèle*.

2°. — Verbes dont le radical finit par un **c** ou un **g**.

tracer, nous traçons.
songer, nous songeons.

Explication. — La prononciation d'un verbe ne doit pas changer au point de le rendre méconnaissable ; c'est ce qui arriverait, si devant les voyelles **o** et **a** on n'adoucissait pas le **c** et le **g** qui terminent le radical.

185. — **Règle.** — Dans les verbes dont le radical finit par un *c* ou un *g*, on adoucit le *c* à l'aide d'une cédille et le *g* à l'aide d'un *e* muet euphonique inséré entre le radical et la terminaison : nous *traçons*, nous *traçâmes* ; nous *song(e)ons*, nous *song(e)âmes*.

3°. — Verbes dont le radical finit par un **y**.

nettoyer, je nettoie.
essuyer, j'essuie.

186. — **Règle.** — Les verbes dont le radical finit par un *y* changent cet *y* en *i* devant l'*e* muet, à moins que l'*y* ne soit précédé d'un *a*, comme dans *payer* ; encore, même dans ceux-là, le changement peut se faire aux troisièmes personnes du présent de l'indicatif : il *paie*, ils *paient*, et dans tout le futur : je *paierai*, tu *paieras*, et tout le présent du conditionnel : je *paierais*, tu *paierais*, etc.

4°. — Verbes dont le radical finit par un **i** ou par un **é** fermé.

prier { IMPARFAIT DE L'INDICATIF : *nous* **priions**, *vous* **priiez**.
{ PRÉSENT DU SUBJONCTIF : *que nous* **priions**, *que vous* **priiez**.
créer : FUTUR : nous **créerons**.

187. — **Remarque.** — Il peut se faire qu'il y ait deux **i** ou deux **e** de suite dans le corps d'un verbe ; cela se rencontre quand la terminaison commence par **i** ou par **e**.

Dans ce cas, le premier **i** ou le premier **e** appartient au radical, l'autre à la terminaison.

II. — VERBES DE LA DEUXIÈME CONJUGAISON.

(Exercices 185 et 236.)

Bénir.

Le cierge bénit ; l'eau bénite.
Que son nom soit béni ; que sa famille soit bénie.

188. — Remarques. — I. — Au participe passé, le verbe **bénir** a deux formes : l'une en *it*, *ite*, pour le sens propre ; l'autre en *i*, *ie*, pour le sens figuré.

✳

Haïr.

Je hais, tu hais, il hait.

189. — II. — Au singulier du présent de l'indicatif, le verbe **haïr** perd le tréma. Il en est de même à la 2ᵉ personne de l'impératif : hais.

III. — VERBES DE LA QUATRIÈME CONJUGAISON.

(Exercices 189, 190.)

Il paraît, il dit, il croit.

190. — Remarques. — I. — Les verbes dont le radical ne se termine pas par un **d**, comme **paraît**(re), **di**(re), **croi**(re), prennent un **t** final à la 3ᵉ personne du singulier du présent de l'indicatif.

✳

Je plains, tu plains, il plaint.
J'absous, tu absous, il absout.

191. — II. — Les verbes en **indre** et **soudre**, comme **plaindre**, **absoudre**, perdent le **d** du radical aux deux premières personnes du singulier du présent de l'indicatif et le changent en **t** à la 3ᵉ personne du singulier.

✳

Il croît, il paraît, — je parais, tu crois.

192. — III. — Dans les verbes en **oître** et **aître**, comme **croître**, **paraître**, l'i prend l'accent circonflexe quand il est suivi du t.

De plus, ces verbes perdent le **t** du radical aux 1ʳᵉ et 2ᵉ personnes du singulier du présent de l'indicatif.

✳

Il plaît, il déplaît.

193. — IV. — Le verbe **plaire** et ses composés prennent l'accent circonflexe sur l'i à la 3ᵉ personne du singulier du présent de l'indicatif.

IV. — VERBES IRRÉGULIERS ET VERBES DÉFECTIFS.

Verbes irréguliers.

Explication. — L'irrégularité des verbes consiste surtout dans les variations du radical. Tantôt un même radical change de forme d'un temps à l'autre. EXEMPLE : **Voir**, je **vis**, j'ai **vu**, je **ver**rais ; — tantôt un même verbe a plusieurs radicaux différents. EXEMPLE : **al**ler, je **vais**, j'**irai**. — **Voi, vi, vu, ver**, sont les formes différentes d'un même radical ; **al, va, ir**, sont les radicaux différents d'un même verbe.

Quelquefois, mais plus rarement, l'irrégularité porte sur les lettres finales. Ainsi le verbe *aller*, qui appartient à la 1re conjugaison, a pour lettres finales une **s** à la 1re personne du présent de l'indicatif : *je vais*, et un **a** à la 3e, *il va*, tandis qu'aux mêmes personnes le modèle *aimer* prend un e muet : *j'aime, il aime*. Ainsi encore aux mêmes personnes le verbe *cueillir*, qui se conjugue sur *finir*, prend un e final au lieu de l's et du *t* du modèle : *je cueille, il cueille, je finis, il finit*.

194. — Définition. — On nomme **irréguliers** les verbes qui ne se conjuguent pas d'une manière entièrement conforme au modèle de leur conjugaison.

Verbes défectifs.

Explication. — Il y a certains verbes auxquels manquent certaines personnes, certains temps, certains modes. Ainsi le verbe **gésir**, au présent de l'indicatif, n'a ni la 1re ni la 2e personne du singulier. Pareillement le verbe **clore** n'a ni les temps de l'imparfait et du passé défini de l'indicatif, ni le mode subjonctif.

195. — Définition. — On nomme **défectifs** les verbes auxquels manquent (font *défaut*) certaines personnes, certains temps, certains modes.

PREMIÈRE CONJUGAISON.

VERBES.	MODE INDICATIF				MODE CONDITIONNEL	MODE IMPÉRATIF	MODE SUBJONCTIF		Mode Participe.	
	PRÉSENT.	IMPARFAIT.	PASSÉ DÉFINI.	FUTUR.	PRÉSENT OU FUTUR.	PRÉSENT OU FUTUR.	PRÉSENT OU FUTUR.	IMPARFAIT.	PRÉSENT.	PASSÉ.
ALLER.....	Je vais, tu vas, il va, nous allons, vous allez, ils vont.	J'allais. Nous allions.	J'allai. Nous allâmes.	J'irai. Nous irons.	J'irais. Nous irions.	Va. Allons.	Que j'aille. Que nous allions.	Que j'allasse. Que n. allassions.	Allant.	Allé.
ENVOYER[1].	J'envoie. Nous envoyons.	J'envoyais. Nous envoyions.	J'envoyai. Nous envoyâmes.	J'enverrai. Nous enverrons.	J'enverrais. Nous enverrions.	Envoie. Envoyons.	Que j'envoie. Que n. envoyions.	Que j'envoyasse. Que n. envoyas-[sions].	Envoyant.	Envoyé.

DEUXIÈME CONJUGAISON.

VERBES.	MODE INDICATIF				MODE CONDITIONNEL	MODE IMPÉRATIF	MODE SUBJONCTIF		Mode Participe.	
	PRÉSENT.	IMPARFAIT.	PASSÉ DÉFINI.	FUTUR.	PRÉSENT OU FUTUR.	PRÉSENT OU FUTUR.	PRÉSENT OU FUTUR.	IMPARFAIT.	PRÉSENT.	PASSÉ.
ACQUÉRIR[2]	J'acquiers. Nous acquérons. Ils acquièrent.	J'acquérais. Nous acquérions.	J'acquis. Nous acquîmes.	J'acquerrai. Nous acquerrons.	J'acquerrais. N. acquerrions.	Acquiers. Acquérons.	Que j'acquière. Que n. acquérions	Que j'acquisse. Q. n. acquissions.	Acquérant.	Acquis,
ASSAILLIR[3]	J'assaille. Nous assaillons.	J'assaillais. Nous assaillions.	J'assaillis. Nous assaillîmes.	J'assaillirai. Nous assaillirons.	J'assaillirais. N. assaillirions.	Assaille. Assaillons.	Que j'assaille. Que n. assaillions.	Que j'assaillisse Que n. assaillis-[sions].	Assaillant.	Assailli.
BOUILLIR..	Je bous. Nous bouillons.	Je bouillais. Nous bouillions.	Je bouillis. Nous bouillîmes.	Je bouillirai. Nous bouillirons.	Je bouillirais. N. bouillirions.	Bous. Bouillons.	Que je bouille. Que n. bouillions.	Que je bouillisse. Que n. bouillis-[sions].	Bouillant.	Bouilli.
COURIR[4]...	Je cours. Nous courons.	Je courais. Nous courions.	Je courus. Nous courûmes.	Je courrai. Nous courrons.	Je courrais. Nous courrions.	Cours. Courons.	Que je coure. Que n. courions.	Que je courusse. Que n. courus-[sions].	Courant.	Couru.
CUEILLIR[5].	Je cueille. Nous cueillons.	Je cueillais. Nous cueillions.	Je cueillis. Nous cueillîmes.	Je cueillerai. Nous cueillerons.	Je cueillerais. N. cueillerions.	Cueille. Cueillons.	Que je cueille. Que n. cueillions.	Que je cueillisse, Que n. cueillis-[sions].	Cueillant.	Cueilli.
FUIR.......	Je fuis. Nous fuyons. Ils fuient.	Je fuyais. Nous fuyions.	Je fuis. Nous fuîmes.	Je fuirai. Nous fuirons.	Je fuirais. Nous fuirions.	Fuis. Fuyons.	Que je fuie. Que n. fuyions.	Que je fuisse. Que n. fuissions.	Fuyant.	Fui.
MENTIR[6]...	Je mens, tu mens, il ment. Nous mentons.	Je mentais. Nous mentions.	Je mentis. Nous mentîmes.	Je mentirai. Nous mentirons.	Je mentirais. N. mentirions.	Mens. Mentons.	Que je mente. Que n. mentions.	Que je mentisse. Q. n. mentissions.	Mentant.	Menti.
MOURIR...	Je meurs. Nous mourons. Ils meurent.	Je mourais. Nous mourions.	Je mourus. Nous mourûmes.	Je mourrai. Nous mourrons.	Je mourrais. Nous mourrions.	Meurs. Mourons.	Que je meure. Que n. mourions.	Que je mourusse. Q. n. mourussions	Mourant.	Mort.
OFFRIR[7]...	J'offre. Nous offrons.	J'offrais. Nous offrions.	J'offris. Nous offrîmes.	J'offrirai. Nous offrirons.	J'offrirais. Nous offririons.	Offre. Offrons.	Que j'offre. Que n. offrions.	Que j'offrisse. Q. n. offrissions,	Offrant.	Offert.
TENIR[8]....	Je tiens. Nous tenons.	Je tenais. Nous tenions.	Je tins. Nous tînmes.	Je tiendrai. Nous tiendrons.	Je tiendrais. N. tiendrions.	Tiens. Tenons.	Que je tienne. Que n. tenions.	Que je tinsse. Que n. tinssions.	Tenant.	Tenu.
VÊTIR	Je vêts, tu vêts, il vêt, nous vêtons, ils vêtent.	Je vêtais. Nous vêtions.	Je vêtis. Nous vêtîmes.	Je vêtirai. Nous vêtirons.	Je vêtirais. Nous vêtirions.	Vêts. Vêtons. Vêtez.	Que je vête. Que n. vêtions.	Que je vêtisse. Que n. vêtissions.	Vêtant.	Vêtu.

(1) Conjuguer de même *renvoyer*.
(2) Conjuguer de même *conquérir*, *requérir*, *s'enquérir*.
(3) Conjuguer de même *tressaillir*.
(4) Conjuguer de même les composés de *courir*.
(5) Conjuguer de même les composés de *cueillir*.
(6) Conjuguer de même *dormir*, *partir*, *sentir*, *sortir*, *servir*, *consentir*, *démentir*, *desservir*, *endormir*, *repartir*, *ressentir*.
(7) Conjuguer de même les verbes terminés en *frir* ou en *vrir*, à l'exception de *appauvrir*, qu'il faut conjuguer sur le modèle de *finir*.
(8) Conjuguer de même *venir* et les composés de *tenir* et de *venir*.

TROISIÈME CONJUGAISON.

VERBES.	MODE INDICATIF. PRÉSENT.	IMPARFAIT.	PASSÉ DÉFINI.	FUTUR.	MODE CONDITIONNEL. PRÉSENT OU FUTUR.	MODE IMPÉRATIF. PRÉSENT OU FUTUR.	MODE SUBJONCTIF. PRÉSENT OU FUTUR.	IMPARFAIT.	Mode Participe. PRÉSENT.	PASSÉ.
ASSEOIR...	J'assieds ou j'assois Nous asseyons ou nous assoyons.	J'asseyais ou j'assoyais. Nous asseyions.	J'assis. Nous assîmes.	J'assiérai ou j'asseyrai Nous assiérons.	J'assiérais. Nous assiérions.	Assieds ou assis Asseyons ou assoyons. Asseyez ou assoyez.	Que j'asseye ou que j'assoie. Que n. asseyions.	Que j'assisse. Que n. assissions.	Asseyant ou assoyant.	Assis.
DEVOIR....	Je dois. Nous devons. Ils doivent.	Je devais. Nous devions.	Je dus. Nous dûmes.	Je devrai. Nous devrons.	Je devrais. Nous devrions.	Dois. Devons.	Que je doive. Que n. devions.	Que je dusse. Que n. dussions.	Devant.	Dû.
ÉCHOIR....	Il échoit.	. . . .	J'échus.	J'écherrai.	J'écherrais.	. . . .	. . . .	Que j'échusse.	Échéant.	Échu.
FALLOIR...	Il faut.	Il fallait.	Il fallut.	Il faudra.	Il faudrait.	. . . .	Qu'il faille.	Qu'il fallût.	. . . .	Fallu.
MOUVOIR [1].	Je meus. Nous mouvons. Ils meuvent.	Je mouvais. Nous mouvions.	Je mus. Nous mûmes.	Je mouvrai. Nous mouvrons.	Je mouvrais. Nous mouvrions.	Meus. Mouvons.	Que je meuve. Que n. mouvions.	Que je musse. Que n. mussions.	Mouvant.	Mû.
PLEUVOIR.	Il pleut.	Il pleuvait.	Il plut.	Il pleuvra.	Il pleuvrait.	. . . .	Qu'il pleuve.	Qu'il plût.	Pleuvant.	Plu.
POURVOIR	Je pourvois. Nous pourvoyons.	Je pourvoyais. Nous pourvoyions.	Je pourvus. Nous pourvûmes.	Je pourvoirai. Nous pourvoirons.	Je pourvoirais. N. pourvoirions.	Pourvois. Pourvoyons.	Que je pourvoie. [voyions.] Que nous pour-	Que je pourvusse. [vussions.] Que nous pour-	Pourvoyant	Pourvu.
POUVOIR [2]...	Je peux ou je puis, Tu peux, il peut, Nous pouvons, Ils peuvent.	Je pouvais. Nous pouvions.	Je pus. Nous pûmes.	Je pourrai. Nous pourrons.	Je pourrais. Nous pourrions.	. . . .	Que je puisse. Que n. puissions.	Que je pusse. Que n. pussions.	Pouvant.	Pu.
SAVOIR....	Je sais. Nous savons.	Je savais. Nous savions.	Je sus. Nous sûmes.	Je saurai. Nous saurons.	Je saurais. Nous saurions.	Sache. Sachons.	Que je sache. Que n. sachions.	Que je susse. Que n. sussions.	Sachant.	Su.
SEOIR (être placé)....	. . . .	. . . .	. . . .	. . . .	. . . .	. . . .	. . . .	. . . .	Séant.	Sis.
SEOIR (être convenable).	Il sied. Ils siéent.	Il seyait. Ils seyaient.	. . . .	Il siéra. Ils siéront.	Il siérait. Ils siéraient.	. . . .	Qu'il siée. Qu'ils siéent.	. . . .	Seyant.	. . . .
SURSEOIR.	Je sursois. Nous surseyons.	Je surseyais. Nous surseyions.	Je sursis. Nous sursîmes.	Je surseoirai. Nous surseoirons.	Je surseoirais. N. surseoirions.	. . . .	. . . .	Que je sursisse. [sions.] Que nous sursis-	Surseyant.	Sursis.
VALOIR [3]...	Je vaux, tu vaux, Il vaut. Nous valons.	Je valais. Nous valions.	Je valus. Nous valûmes.	Je vaudrai. Nous vaudrons.	Je vaudrais. N. vaudrions.	. . . .	Que je vaille. Que nous valions. Qu'ils vaillent.	Que je valusse. Que nous valussions.	Valant.	Valu.
VOIR [4]......	Je vois. Nous voyons, Ils voient.	Je voyais. Nous voyions.	Je vis. Nous vîmes.	Je verrai. Nous verrons.	Je verrais. Nous verrions.	Vois. Voyons.	Que je voie. Que n. voyions.	Que je visse. Que n. vissions.	Voyant.	Vu.
VOULOIR...	Je veux, tu veux, Il veut, n. voulons. Vous voulez. Ils veulent.	Je voulais. Nous voulions.	Je voulus. Nous voulûmes.	Je voudrai. Nous voudrons.	Je voudrais. Nous voudrions.	Veux ou veuille Voulons ou veuillons. Voulez ou veuillez	Que je veuille. Que n. voulions. Qu'ils veuillent.	Que je voulusse. Que nous voulussions.	Voulant.	Voulu.

(1) Conjuguer de même *émouvoir*, en remarquant que le participe passé *ému* ne prend pas d'accent circonflexe.

(2) Dans les phrases interrogatives, au lieu de *peux-je*, on doit dire *puis-je*?

(3) Conjuguer de même *revaloir*, *équivaloir*, *prévaloir*; toutefois, au présent du subjonctif, dire : *que je prévale*.

(4) Conjuguer de même *entrevoir* et *revoir*. *Prévoir* fait *je prévoirai* au futur, *je prévoirais* au présent du conditionnel.

QUATRIÈME CONJUGAISON.

VERBES.	MODE INDICATIF				MODE CONDITIONNEL	MODE IMPÉRATIF	MODE SUBJONCTIF		Mode Participe	
	PRÉSENT.	IMPARFAIT.	PASSÉ DÉFINI.	FUTUR.	PRÉSENT OU FUTUR.	PRÉSENT OU FUTUR.	PRÉSENT OU FUTUR.	IMPARFAIT.	PRÉSENT.	PASSÉ.
ATTEINDRE[1]	J'atteins. Nous atteignons.	J'atteignais. Nous atteignions.	J'atteignis. Nous atteignîmes.	J'atteindrai. Nous atteindrons.	J'atteindrais. N. atteindrions.	Atteins. Atteignons.	Que j'atteigne. Que n. atteignions	Que j'atteignisse. [gnissions.] Que nous attei-	Atteignant.	Atteint.
BATTRE[2]	Je bats. Nous battons.	Je battais. Nous battions.	Je battis. Nous battîmes.	Je battrai. Nous battrons.	Je battrais. Nous battrions.	Bats. Battons.	Que je batte. Que n. battions.	Que je battisse. [sions.] Que nous battis-	Battant.	Battu.
BOIRE	Je bois. Nous buvons. Ils boivent.	Je buvais. Nous buvions.	Je bus. Nous bûmes.	Je boirai. Nous boirons.	Je boirais. Nous boirions.	Bois. Buvons.	Que je boive. Que n. buvions.	Que je busse. Que n. bussions.	Buvant.	Bu.
BRAIRE	Il brait. Ils braient.	Il brayait. Ils brayaient.	. . . . . .	Il braira. Ils brairont.	Il brairait. Ils brairaient.		Qu'il braye. Qu'ils brayent.	. . . . . .	Brayant.	. . . . . .
CONCLURE[3]	Je conclus. Nous concluons.	Je concluais. Nous concluions.	Je conclus. Nous conclûmes.	Je conclurai. Nous conclurons.	Je conclurais. N. conclurions.	Conclus. Concluons.	Que je conclue. Que nous con-	Que je conclusse. [clussions.] Que nous con-	Concluant.	Conclu.
CONDUIRE[4]	Je conduis. Nous conduisons.	Je conduisais. Nous conduisions.	Je conduisis. Nous conduisîmes.	Je conduirai. Nous conduirons.	Je conduirais. N. conduirions.	Conduis. Conduisons.	Que je conduise. Que nous condui-	Que je conduisisse [duisissions.] Que nous con-	Conduisant.	Conduit.
CONNAITRE[5]	Je connais. Nous connaissons.	Je connaissais. Nous connaissions.	Je connus. Nous connûmes.	Je connaîtrai. Nous connaîtrons.	Je connaîtrais. N. connaîtrions.	Connais. Connaissons.	Que je connaisse Que nous con-	Que je connusse. [nussions] Que nous con-	Connaissant	Connu.
COUDRE[6]	Je couds. Nous cousons.	Je cousais. Nous cousions.	Je cousis. Nous cousîmes.	Je coudrai. Nous coudrons.	Je coudrais. Nous coudrions	Couds. Cousons.	Que je couse. Que n. cousions.	Que je cousisse. [sions.] Que nous cousis-	Cousant.	Cousu.
CROIRE	Je crois. Nous croyons. Ils croient.	Je croyais. Nous croyions.	Je crus. Nous crûmes.	Je croirai. Nous croirons.	Je croirais. Nous croirions.	Crois. Croyons.	Que je croie. Que n. croyions.	Que je crusse. Que n. crussions.	Croyant.	Cru.
CROÎTRE[7]	Je crois, tu crois. Il croît. Nous croissons.	Je croissais. Nous croissions.	Je crûs, Nous crûmes.	Je croîtrai. Nous croîtrons.	Je croîtrais. Nous croîtrions.	Crois. Croissons.	Que je croisse. Que n. croissions	Que je crusse. Que n. crussions.	Croissant.	Crû.
DIRE[8]	Je dis. Nous disons. Vous dites.	Je disais. Nous disions.	Je dis. Nous dîmes.	Je dirai. Nous dirons.	Je dirais. Nous dirions.	Dis. Disons. Dites.	Que je dise. Que n. disions.	Que je disse. Que n. dissions.	Disant.	Dit.
ÉCLORE	Il éclôt. Ils éclosent.	. . . . . .	. . . . . .	Il éclôra. Ils écloront	Il éclôrait. Ils éclôraient.		Qu'il éclose. Qu'ils éclosent.	. . . . . .	. . . . . .	Éclos.
ÉCRIRE[9]	J'écris. Nous écrivons.	J'écrivais. Nous écrivions.	J'écrivis. Nous écrivîmes.	J'écrirai. Nous écrirons.	J'écrirais. Nous écririons.	Écris. Écrivons.	Que j'écrive. Que n. écrivions.	Que j'écrivisse. [sions.] Que nous écrivis-	Écrivant.	Écrit.
FAIRE[10]	Je fais, tu fais, Il fait, nous faisons V. faites, ils font.	Je faisais. Nous faisions.	Je fis. Nous fîmes.	Je ferai. Nous ferons.	Je ferais. Nous ferions.	Fais. Faisons. Faites.	Que je fasse. Que n. fassions.	Que je fisse. Que n. fissions.	Faisant.	Fait.

(1) Conjuguer de même les verbes en *indre*.

(2) Conjuguer de même les composés *abattre, combattre, débattre, rabattre*.

(3) Conjuguer de même *exclure*.

(4) Conjuguer de même les verbes en **uire**, à l'exception de *luire* et de *nuire*, qui font au participe passé *lui, nui*.

Remarquer de plus que le verbe *luire* et son composé *reluire* n'ont ni passé défini, ni imparfait du subjonctif.

(5) Conjuguer de même *méconnaître, reconnaître, paraître, apparaître, comparaître, disparaître*.

(6) Conjuguer de même *découdre* et *recoudre*.

(7) Conjuguer de même *accroître* et *décroître*, en observant que les participes passés *accru, décru*, n'ont pas l'accent circonflexe.

(8) Conjuguer de même *redire*. Les autres composés *contredire, interdire*, etc., font vous *contredisez*, vous *interdisez*, etc. *Maudire* fait vous *maudissez*, je *maudissais*, *maudissant*.

(9) Conjuguer de même *circonscrire, décrire, inscrire, transcrire, proscrire, souscrire*.

(10) Conjuguer de même les composés.

QUATRIÈME

VERBES.	MODE INDICATIF.			
	PRÉSENT.	IMPARFAIT.	PASSÉ DÉFINI.	FUTUR.
FRIRE	Je fris. Tu fris. Il frit.	. . . .	. . . .	Je frirai. Tu friras. Il frira.
LIRE [1]	Je lis. Nous lisons.	Je lisais. Nous lisions.	Je lus. Nous lûmes.	Je lirai. Nous lirons.
METTRE	Je mets. Nous mettons.	Je mettais. Nous mettions.	Je mis. Nous mîmes.	Je mettrai. Nous mettrons.
MOUDRE [2]	Je mouds, tu mouds, Il moud, n. moulons, Vous moulez, Ils moulent.	Je moulais. Nous moulions.	Je moulus. Nous moulûmes.	Je moudrai. Nous moudrons.
NAÎTRE	Je nais, tu nais, Il naît, Nous naissons.	Je naissais. Nous naissions.	Je naquis. Nous naquîmes.	Je naîtrai. Nous naîtrons.
PAÎTRE	Je pais. Il paît. Nous paissons.	Je paissais. Nous paissions.	. . . .	Je paîtrai.
PLAIRE [3]	Je plais. Il plaît. Nous plaisons.	Je plaisais. Nous plaisions.	Je plus. Nous plûmes.	Je plairai. Nous plairons.
PRENDRE	Je prends. Nous prenons.	Je prenais. Nous prenions.	Je pris. Nous prîmes.	Je prendrai. Nous prendrons.
RÉSOUDRE [4]	Je résous. Nous résolvons.	Je résolvais. Nous résolvions.	Je résolus. Nous résolûmes.	Je résoudrai. Nous résoudrons.
RIRE	Je ris. Nous rions.	Je riais. Nous riions.	Je ris. Nous rîmes.	Je rirai. Nous rirons.
SUIVRE	Je suis. Nous suivons.	Je suivais. Nous suivions.	Je suivis. Nous suivîmes.	Je suivrai. Nous suivrons.
TRAIRE [5]	Je trais. Nous trayons. Ils traient.	Je trayais. Nous trayions.	. . . .	Je trairai. Nous trairons.
VAINCRE	Je vaincs. Il vainc. Nous vainquons.	Je vainquais. Nous vainquions.	Je vainquis. Nous vainquîmes.	Je vaincrai. Nous vaincrons.
VIVRE [6]	Je vis. Nous vivons.	Je vivais. Nous vivions.	Je vécus. Nous vécûmes.	Je vivrai. Nous vivrons.

(1) Conjuguer de même *élire*, *relire*.

(2) Conjuguer de même *remoudre* (moudre de nouveau) et *rémoudre* (émoudre de nouveau).

(3) Conjuguer de même *complaire*, *déplaire*, *taire*.

(4) Conjuguer de même *absoudre* et *dissoudre*, sauf au passé défini et à l'imparfait du subjonctif, temps auxquels ces deux verbes ne sont pas employés. Remarquer en outre que ces deux verbes font au participe passé : *absous, absoute, dissous, dissoute*.

CONJUGAISON (suite).

MODE CONDITIONNEL PRÉSENT OU FUTUR	MODE IMPÉRATIF PRÉSENT OU FUTUR	MODE SUBJONCTIF PRÉSENT OU FUTUR	IMPARFAIT	Mode Participe PRÉSENT	PASSÉ
Je frirais. Tu frirais. Il frirait.	Fris.	. . . . . .	. . . . . .	. . .	Frit.
Je lirais. Nous lirions.	Lis. Lisons. Lisez.	Que je lise. Que nous lisions.	Que je lusse. Que n. lussions.	Lisant.	Lu.
Je mettrais. Nous mettrions.	Mets. Mettons.	Que je mette. Que n. mettions.	Que je misse. Que n. missions.	Mettant.	Mis.
Je moudrais. Nous moudrions.	Mouds. Moulons.	Que je moule. Que n. moulions.	Que je moulusse. Que nous mou-[lussions.]	Moulant.	Moulu.
Je naîtrais. Nous naîtrions.	Nais. Naissons.	Que je naisse. Que n. naissions.	Que je naquisse. Que nous naqui-[sions.]	Naissant.	Né.
. . . . . .	Pais. Paissons.	Que je paisse. Que n. paissions.	. . . . . .	Paissant.	. . . . . .
Je plairais. Nous plairions.	Plais. Plaisons.	Que je plaise. Que n. plaisions.	Que je plusse. Que n. plussions.	Plaisant.	Plu.
Je prendrais. Nous prendrions.	Prends. Prenons.	Que je prenne. Que n. prenions.	Que je prisse. Que n. prissions.	Prenant.	Pris.
Je résoudrais. N. résoudrions.	Résous. Résolvons.	Que je résolve. Que n. résolvions.	Que je résolusse. Que nous réso-[lussions.]	Résolvant.	Résolu.
Je rirais. Nous ririons.	Ris. Rions.	Que je rie. Que nous riions.	Que je risse. Que n. rissions.	Riant.	Ri.
Je suivrais. Nous suivrions.	Suis. Suivons.	Que je suive. Que n. suivions.	Que je suivisse. Que n. suivissions	Suivant.	Suivi.
Je trairais. Nous trairions.	Trais. Trayons.	Que je traie. Que n. trayions.	. . . . . .	Trayant.	Trait.
Je vaincrais. Nous vaincrions.	Vaincs. Vainquons.	Que je vainque. Q. n. vainquions.	Que je vainquisse. [quis-sions.]	Vainquant.	Vaincu.
Je vivrais. Nous vivrions.	Vis. Vivons.	Que je vive. Que n. vivions.	Que je vécusse. Que n. vécussions	Vivant.	Vécu.

(5) Conjuguer de même *abstraire*, *distraire*, *extraire*, *soustraire*, etc.

(6) Conjuguer de même *revivre* et *survivre*.

Ire ANNÉE

MODE INDICATIF.

Le mode indicatif présente l'action comme certaine.

PRÉSENT

Le présent est le temps qui marque que l'action se fait actuellement.

177. — **Ecrire au présent de l'indicatif les verbes en italiques.**

I. — 1. *Visiter* (les malades). 2. *Raconter* (une histoire). 3. *Armer* (un navire). 4. *Dissiper* (sa fortune). 5. *Gaspiller* (le temps). 6. *Imprimer* (un journal).

II. — Nous *fréquenter* les bonnes compagnies. Tu *détester* le mensonge. Nous *chanter* avant d'entrer en classe. Les panthères *habiter* l'Afrique et l'Asie. Vous *dessiner* sans application. Tu *mépriser* les conseils des mauvais élèves. Vous *trembler* quand l'éclair *briller*. Les rivières *serpenter* à travers les campagnes pour les mieux arroser. Nous *aimer* les bons livres ; ils *charmer* nos ennuis. Je *conserver* toujours mes bonnes habitudes. Tu *rechercher* les histoires vraies. Vous *mépriser* les flatteurs. Ils *tromper* la bonne foi. Nous *approuver* sa conduite. Le jour *commencer* à peine ; les ouvriers *travailler* déjà avec ardeur.

179. — Même exercice.

I. — 1. *Botteler* (du foin). 2. *Museler* (un chien). 3. *Renouveler* (une visite). 4. *Feuilleter* (un livre). 5. *Epeler* (la dictée). 6. *Parqueter* (la chambre).

II. — Je *dételer* les bœufs du labour. Tu *émietter* le pain pour les oiseaux. Le pêcheur *jeter* adroitement ses filets. Vous *appeler* à votre secours. Le soleil *étinceler* à l'horizon. Les lampes électriques *projeter* une vive lumière. Dans les pays où le sol est léger, on *atteler* quelquefois l'âne à la charrue. La mort *niveler* toutes les conditions. Le retour du printemps *renouveler* la nature. L'épicier *ficeler* solidement les paquets. Le vent *amonceler* de gros nuages au-dessus de nos têtes. Je *feuilleter* le livre pour retrouver le passage intéressant. La mer *rejeter* sur les rivages une infinité de choses qu'elle *apporter* de loin.

181. — Même exercice.

I. — 1. *Tracer* (un sillon). 2. *Céder* (un bail). 3. *Bercer* (l'enfant). 4. *Essuyer* (la vaisselle). 5. *Achever* (un travail). 6. *Rudoyer* (un camarade).

II. — Tu *soigner* aujourd'hui la confection de tes devoirs écrits. Nous *menacer* d'une punition l'élève inattentif. Nous *corriger* nos cahiers. Le teinturier *nettoyer* les vêtements. Nous *affliger* nos maîtres par notre dissipation. Il *réparer* ses fautes. La nécessité *créer* l'industrie. Les orties et les ronces *végéter* sur les vieilles murailles. La France *expédier* ses vins et ses tissus à l'étranger. La grêle *précéder* ou *accompagner* les pluies d'orage. Tu *semer* la paresse et tu *récolter* la misère. Tu *payer* régulièrement les ouvriers que tu *employer*.

NOTA. — Les exercices de *première année* s'appuient : 1° *sur le modèle de chaque conjugaison* (voir pages 116 à 123) ; 2° *sur les observations spéciales à certains verbes* (voir pages 126 à 129).

178. — **Ecrire au présent de l'indicatif les verbes en italiques.**   **IIe ANNÉE**

Il *trembler* devant ses juges. Le tribunal *condamner* les coupables et *acquitter* les innocents. Je *respecter* la loi. Les parents *aimer* les enfants respectueux. Vous *mesurer* vos efforts sur vos forces. Les soldats *braver* les dangers de la guerre. Nous *estimer* les personnes honnêtes. Les Espagnols *rechercher* le spectacle de la lutte de l'homme contre le taureau. Tu *pardonner* les offenses. Le serpent *sommeiller* pendant des mois entiers. Je *travailler* maintenant sans relâche. Vous *abandonner* la routine. Pour pêcher le corail, les Grecs *plonger* et *l'arracher* au fond de la mer. Il *garder* le secret qu'on lui a confié. Nous le *louer* de sa discrétion. Certaines populations de l'Afrique *manger* des sauterelles. Les antilopes *ressembler* beaucoup aux cerfs. Le bec et les pattes de l'oiseau *posséder* une adresse inouïe.

180. — Même exercice.

I. — 1. *Peler* (une orange). 2. *Epousseter* (les meubles). 3. *Acheter* (des marchandises). 4. *Déceler* (un voleur). 5. *Marteler* (le fer). 6. *Ecarteler* (un animal).

II. — La terre, qui *recéler* des trésors dans son sein, ne les *livrer* qu'au prix de l'effort. Vous *diminuer* vos dépenses. Tu *étiqueter* les plantes de ta collection. Le moineau *becqueter* le grain que tu lui *jeter* sur le bord de la fenêtre. Le cheval *haleter* à la suite d'une course rapide. Les arbres *éclater* avec fracas quand le froid *congeler* l'eau de leurs tissus. L'homme discret *celer* son secret. Les chameaux *porter* de très lourds fardeaux. Ce que l'on *donner* aux méchants, toujours on le *regretter*. On *attribuer* au cidre acide des propriétés débilitantes. On *marteler* les grosses pièces de forge au moyen du marteau-pilon.

J'*appeler* un chat un chat et Rollet un fripon. (BOILEAU.)

182. — Même exercice.

I. — 1. *Prononcer* (une condamnation). 2. *Infliger* (une punition). 3. *Digérer* (les aliments). 4. *Ensemencer* (un champ). 5. *Pincer* (la vigne). 6. *Aller* (en classe).

II. — Pendant la classe, nous ne *déranger* point nos camarades. La tempête *soulever* les flots. Le chant du coq *annoncer* l'approche du jour. Une première faute *mener* souvent à d'autres. Le malade *digérer* avec difficulté. Qui *aller* lentement, *aller* loin. On *oublier* bientôt les gens qui se sont dépouillés. On *semer* le seigle à l'automne. Les rivières *aller* dans les fleuves, et les fleuves *aller* à la mer. Je *aller* où le vent me *mener*. Nous *prononcer* notre propre condamnation. L'habitude de ne jamais mentir *donner* une grande droiture de conscience. On ne *suppléer* pas à la sollicitude maternelle. Le héros et le grand homme mis ensemble ne *peser* pas un homme de bien. (LA BRUYÈRE.)

NOTA. — Les exercices de *deuxième année*, outre les révisions, portent sur les *verbes irréguliers* et sur les *verbes défectifs*. (Voir tableaux pages 130 à 137).

Iʳᵉ ANNÉE   **183.** — Ecrire au présent de l'indicatif les verbes en italiques.

I. — 1. *Equarrir* (un arbre). 2. *Affermir* (une construction). 3. *Adoucir* (le chagrin). 4. *Investir* (une place). 5. *Trahir* (un secret). 6. *Remplir* (son devoir).

II. — Les grenouilles *fournir* à l'alimentation de l'homme un mets délicat et de digestion facile. Tu *nourrir* ceux qui t'ont élevé. Nous *jouir* de l'estime générale. Les lilas *fleurir* au mois de mai. Le chlore *blanchir* la toile d'une manière rapide. Vous *accomplir* une action méritoire. Je *subir* aujourd'hui un examen difficile. Les écrevisses *rougir* en cuisant. Le chant de l'alouette *retentir* déjà dans les airs. Notre liberté *finir* où commence celle des autres. Vous *réunir* vos amis à l'occasion de votre fête. Des squares *embellir* les plus belles places de nos villes. Vous êtes un ingrat ; vous me *punir* bien de ce que j'ai fait pour vous. Le soleil *jaunir* et *mûrir* les blés.

185. — Même exercice.

I. — 1. *Aplanir* (une difficulté). 2. *Assoupir* (une querelle). 3. *Flétrir* (le mensonge). 4. *Étourdir* (ses voisins). 5. *Rougir* (de honte). 6. *Ravir* (un secret).

II. — Je *bénir* aujourd'hui ceux qui ont pris soin de mon enfance. Le travail *enrichir* les hommes. La vieillesse *appesantir* le corps. Vous *garantir* en ce moment les plantes contre le froid de la nuit. Nous *remplir* nos devoirs avec exactitude. Je *choisir* mes camarades parmi les bons sujets. L'homme tempérant *jouir* généralement d'une bonne santé. Le sage *agir* prudemment. A tout moment, la conscience nous *avertir* en amie et nous *punir* en juge. L'haleine *ternir* la glace d'un miroir.

> J'*aimer* l'araignée et j'*aimer* l'ortie,
>   Parce qu'on les *haïr* ;
> Et que rien n'*exaucer* et que tout *châtier*
>   Leur morne souhait.
>
>   (VICTOR HUGO.)

187. — Même exercice.

I. — 1. *Devoir* (de la reconnaissance). 2. *Apercevoir* (un obstacle). 3. *Concevoir* (un soupçon). 4. *Revoir* (une dictée). 5. *Décevoir* (une espérance). 6. *Entrevoir* (des difficultés).

II. — Tu *voir* mieux dans tes affaires que moi dans les miennes. Nous *apercevoir* l'image des arbres que la rivière réfléchit dans ses eaux. Je *recevoir* à l'instant ma feuille de route. Nous *revoir* avec émotion les lieux qui nous ont vus naître. Tu *concevoir* facilement ce que tu écoutes avec attention. Vous *entrevoir* maintenant de graves difficultés. Les hommes *devoir* lutter ensemble contre la souffrance. Les douaniers *percevoir* un impôt sur une marchandise qui franchit la frontière. Un jour perdu *devoir* nous laisser des regrets. Vous *recevoir* une indemnité pour le dommage qui vous a été causé.

184. — **Ecrire au présent de l'indicatif les verbes en italiques.** IIᵉ ANNÉE

I. — *Acquérir, assaillir, tressaillir, bouillir, courir, cueillir.*

II. — Dans les pays montagneux, les éclats du tonnerre *acquérir* un caractère grandiose. Nous *secourir* les enfants abandonnés. Le feu est devenu moins vif, la viande *bouillir* lentement. Il aime à conquérir, mais il *haïr* les batailles. (CORNEILLE.) Le Nil *parcourir* du midi au nord toute la longueur de l'Egypte. Des gens *parcourir* tous les livres et ne *profiter* d'aucun. (LA BRUYÈRE.) Nous *recueillir* aujourd'hui le fruit de nos efforts. Je vous *prier* et au besoin je vous *requérir* d'expliquer vos paroles. Je *tressaillir* toujours au cher souvenir de ma tendre mère. Tout *concourir* aujourd'hui à combler mes désirs. Qui *chérir* son erreur ne veut pas la connaître. (CORNEILLE.) L'hôte nous *accueillir* en souriant. Nous *enrichir* notre mémoire par l'étude des fables. Nous *courir* quelquefois vers les hommes qui nous ont imposé par leurs dehors. (VAUVENARGUES.)

186. — Même exercice.

I. — *Fuir, mentir, mourir, offrir, tenir, vêtir.*

II. — Si tu *tenir* à voyager loin, ménage ta monture. Hâtons-nous, le temps *fuir* et nous traîne avec soi. (BOILEAU.) Un loup *survenir* à jeun, qui cherchait aventure. (LA FONTAINE.) Nous *découvrir* l'ennemi et nous l'*assaillir* à l'improviste. Un sansonnet américain *parvenir* à coudre des feuilles avec son bec, et très adroitement. (MICHELET.) Tu *mentir* par crainte de la punition, c'est une lâcheté. La neige *revêtir* les plantes et les *garantir* de la gelée. A ces mots, la parole *mourir* dans sa bouche. (FÉNELON.) Tout *devenir* un sujet d'humiliation pour celui qui a mal fait. Enfin, qu'attendez-vous ? il vous *offrir* sa tête. (RACINE.) Le feu qui semble éteint souvent *dormir* sous la cendre. (CORNEILLE.) La colombe l'entend, *partir* et tire de long. (LA FONTAINE.) Le choléra *venir* de l'Inde. On dit que l'aigle *soutenir* les rayons du soleil. Le pavillon *couvrir* la marchandise. Je *ressentir* tous les maux que je puis ressentir. (RACINE.) Les injustices des pervers *servir* souvent d'excuse aux nôtres. (LA FONTAINE.)

188. — Même exercice.

I. — *Pouvoir, vouloir, savoir, valoir, mouvoir, asseoir, pourvoir, seoir, devoir, déchoir, surseoir, voir.*

II. — Nous *savoir* nous contenter de peu. Prendre part à la conversation *seoir* mal aux enfants. Deux sûretés *valoir* mieux qu'une. Le peu que je *savoir*, je le *savoir* bien. L'eau de la rivière *mouvoir* la grande roue du moulin. Le singe *pouvoir* et *savoir* imiter les manières et les gestes de l'homme. C'est à de constantes observations que le peintre *devoir* le talent avec lequel il *savoir* peindre la nature. Le trop d'expédients *pouvoir* gâter une affaire. (LA FONTAINE.) Les parents *pourvoir* aux besoins de leurs enfants. Mieux *valoir* tard que jamais. Il y a de certains grands sentiments que nous *devoir* moins à la force de notre esprit qu'à la bonté de notre naturel. (LA BRUYÈRE.) C'est par là que je *valoir*, si je *valoir* quelque chose. (BOILEAU.)

Ire ANNÉE

189. — Écrire au présent de l'indicatif les verbes en italiques.

I. — *Descendre* (à la cave). 2. *Feindre* (la douleur). 3. *Mordre* (la poussière). 4. *Craindre* (un danger). 5. *Rompre* (un engagement).

II. — Je *répondre* immédiatement aux lettres que l'on m'écrit. Les mauvaises herbes *croître* plus vite que les bonnes plantes. La résine *répandre* en brûlant une fumée fort épaisse. Le maître *absoudre* sur-le-champ le coupable qui *reconnaître* sa faute et qui se repent. L'indigotier *croître* dans l'Inde. De nombreux troupeaux *paître* dans les pampas de l'Amérique du Sud. Les calomniateurs *répandre* sur autrui des accusations mensongères. Cette plante *craindre* la gelée. Je *prétendre* vous traiter comme mon propre fils. (RACINE.) Le soleil *peindre* nos champs des plus vives couleurs. (QUINAULT.) La douceur *rompre* la colère. (FLÉCHIER.)

191. — Même exercice (récapitulation).

I. — 1. *Essuyer* (la table). 2. *Haïr* (l'hypocrisie). 3. *Crépir* (un mur). 4. *Maudire* (le sort). 5. *Décevoir* (les flatteurs.) 6. *Voir* (ses défauts).

II. — Le baobab *atteindre* des dimensions colossales. L'époque à laquelle les oiseaux voyageurs *arriver* dans nos pays ou les *quitter* *varier* suivant les espèces. Les grenouilles *dévorer* une énorme quantité de larves, d'insectes aquatiques et *rendre* les plus grands services aux cultivateurs. Ce que le loup *essayer* par force, le renard l'*exécuter* par adresse. (BUFFON.) Qui *payer* ses dettes s'enrichit. Le pauvre agneau, victime du loup, *personnifier* la détestable raison du plus fort. (E. FAGUET.) Dans les cales, les pêcheurs *empiler* filets, lignes, paniers ; on se hâte, on *crier*, on se démène, et la rade *retentir* d'un murmure immense. (BERGERAT.)

IMPARFAIT.

L'imparfait sert à exprimer une action déjà commencée quand une autre commence.

193. — Écrire à l'imparfait de l'indicatif les verbes en italiques.

I. — *Remonter* (une pendule). 2. *Devancer* (le jour). 3. *Forger* (une grille). 4. *Exploiter* (une ferme). 5. *Sonner* (la charge). 6. *Épicer* (les mets).

II. — Lorsque nous étions à l'école, nous *contracter* de bonnes habitudes. Pendant que la tempête *soulever* la mer, je *diriger* les yeux vers les rochers de la côte ; un navire y *sombrer* ; le sommet des mâts *émerger* seul au-dessus des flots. Je *marcher* dans une fondrière où j'*enfoncer* jusqu'aux genoux, de sorte que je n'*avancer* que très difficilement. Nous *montrer* beaucoup de sang-froid quand le danger nous *menacer*. Ils *cheminer* en pleine campagne pendant que le tonnerre *gronder* et que la foudre *sillonner* les nues. Ma bonne mère *raccommoder* mes habits lorsqu'ils étaient déchirés. Nous *souligner* nos fautes en épelant la dictée.

190. — **Ecrire au présent de l'indicatif les verbes en italiques. II° ANNÉE**

I. — *Atteindre, battre, conclure, conduire, connaître, coudre, croire, croître, dire, écrire, faire, lire.*

II. — Le lézard gris *paraître* être le plus doux des lézards. (LACÉPÈDE.) Ils *perdre* de vue leurs égaux et *atteindre* les plus grands seigneurs. (LA BRUYÈRE.) Les planètes *faire* leur révolution autour du soleil. Le riz *croître* dans les terrains humides. Les dépenses *croître* en même temps que les besoins. Vous ne *dire* jamais de mal d'autrui. On *coudre* des lambeaux qui ne sont point faits les uns pour les autres. (FÉNELON.) Je *conclure* qu'il faut qu'on s'entr'aide. (LA FONTAINE.) Tu *battre* des œufs pour en faire une omelette. Aucun chemin de fleurs ne *conduire* à la gloire. (LA FONTAINE.) Votre enfant *embellir ;* elle *rire*, elle *connaître.* (DE SÉVIGNÉ.) Les grands ne *compter* le reste des hommes pour rien et ne *croire* être nés que pour eux-mêmes. (MASSILLON.)

192. — **Même exercice (récapitulation).**

I. — *Mettre, moudre, naître, paître, plaire, prendre, résoudre, rire, suivre, traire, vaincre, vivre.*

II. — Dans les dangers qui nous *suivre* en croupe, le doux parler ne *nuire* de rien. (LA FONTAINE.) Quand on me *mettre* à causer, je ne *faire* pas trop mal. (DE SÉVIGNÉ.) Notre moulin à café *moudre* trop gros. Le Rhône se perd sous la terre, puis *renaître* un peu plus loin. Chacun *repaître*, le soir étant venu. (LA FONTAINE.) La plupart des hommes estiment ce qu'ils ne *comprendre* pas. Le froid *résoudre* la vapeur en eau. On ne *vaincre* qu'en combattant. (ROTROU.) Chacun *vivre* à sa mode. Il l'exhorte, il le redresse, il le *convaincre*. (FLÉCHIER.) L'on *aller*, l'on *venir*, les valets *faire* cent tours. (LA FONTAINE.) On les *laisser* passer, tout leur *paraître* tranquille. (CORNEILLE.) Il *plaire* à tout le monde et ne saurait se plaire. (BOILEAU.) Notre patrie *nourrir*, dans ses grands herbages, les chevaux, les vaches et les bœufs ; sur ses montagnes *paître* les grands troupeaux de moutons et de chèvres. (BIGOT.)

194. — **Ecrire à l'imparfait de l'indicatif les verbes en italiques.**

I. — *Châtier* (un malfaiteur). 2. *Rédiger* (une lettre). 3. *Nettoyer* (ses habits). 4. *Lancer* (un ballon). 5. *Publier* (une brochure). 6. *Déblayer* (la route).

II. — Je *voyager* pour m'instruire. Les brigands *piller* les villages et *détrousser* les voyageurs. Quand nous *aller* à l'école, nous n'*essuyer* jamais la table avec nos manches. Quand je *sucer* mes doigts ou que je *ronger* mes ongles, maman me *gronder*. Lorsque vous étiez dans l'opulence, vous n'*oublier* pas les services rendus. La brise nous *apporter* l'odeur des foins fauchés. Diogène ayant vu un enfant qui *manger* goulûment donna un soufflet à son précepteur. (PLUTARQUE.) Alcibiade *grasseyer* un peu, ce qui ne lui *seoir* pas mal. (PLUTARQUE.)

> Un lièvre en son gîte *songer.*
> Car que faire en un gîte à moins que l'on ne songe ? (LA FONTAINE.)

Iᵉ ANNÉE 195. — Ecrire à l'imparfait de l'indicatif les verbes en italiques

I. — 1. *Saisir* (l'occasion). 2. *Recevoir* (une lettre). 3. *Rendre* (un service). 4. *Brandir* (une hache). 5. *Ravir* (un trésor).

II. — Quand les recettes diminuaient, vous *réduire* les dépenses Quand tu cherchais des amis, tu les *choisir* bien. Lorsque le jour *paraître*, je *finir* mes devoirs. Quand nous allions à l'école, nous ne *perdre* pas notre temps. Pendant que Charlemagne *étendre* ses conquêtes, il *favoriser* l'instruction dans ses Etats. Lorsque quelqu'un *médire* de moi, je ne *concevoir* ni haine ni vengeance. Lorsque vous étiez avec vos parents, vous *recevoir* de sages conseils. Saint Louis *rendre* la justice sous le chêne de Vincennes. La Tour d'Auvergne ne *quitter* jamais ses soldats ; il *vivre*, il *manger* avec eux ; le soir, il leur *raconter* ses vieilles guerres et leur *parler* de la France.

PASSÉ DÉFINI.

Le passé défini s'emploie pour les actions dont le moment
est déterminé.

197. — Ecrire au passé défini les verbes en italiques.

I. — 1. *Découper* (un carton). 2. *Enseigner* (la morale). 3. *Coller* (une affiche). 4. *Manifester* (sa joie). 5. *Renverser* (le tyran).

II. — La dépêche *arriver* hier soir à huit heures. Au printemps dernier, le jardinier *greffer* ces deux arbres. Le lendemain nous *travailler* avec plus d'ardeur. La leçon finie, on *passer* à l'écriture. Le roi *arriver* le jeudi soir. Je *demander* à souper dès que je fus dans l'hôtellerie. (Le Sage.) Le 31 décembre 1494, à trois heures de l'après-midi, l'armée de Charles VIII *entrer* dans Rome. (Michelet.) Deux renards *entrer* la nuit par surprise dans un poulailler ; ils *étrangler* le coq et les poulets ; après ce carnage, ils *apaiser* leur faim. (Fénelon.) Nous *chercher* tant qu'il fit jour notre chemin à travers ces bois, et il était nuit noire quand nous *arriver* près d'une maison fort noire. (P.-L. Courier.)

199. — Même exercice.

I. — 1. *Border* (un habit). 2. *Protéger* (les faibles). 3. *Avancer* (lentement). 4. *Soulever* (une pierre). 5. *Corriger* (ses défauts).

II. — Je *partage* mon goûter avec un pauvre ; hier, je ...... Nous *arrêtons* le voleur ; au point du jour, nous ...... L'incendie *dévore* la maison ; il y a quelques jours, l'incendie ...... Vous *dirigez* un voyageur égaré ; lundi dernier, vous ...... La grêle *ravage* nos moissons ; l'an passé, la grêle ...... Les juges *condamnent* ce coupable ; le mois dernier ...... Je *prolonge* mon travail jusqu'au déclin du jour ; avant-hier, je ...... Nous *portons* la bonne nouvelle à nos amis ; dès qu'elle nous fut parvenue, nous ...... Le renard *dérobe* les oiseaux de la basse-cour ; hier, un renard ...... Les nuages *cachent* le soleil ; au moment de la revue ......

196. — Ecrire à l'imparfait de l'indicatif les verbes en italiques.   II' ANNÉE

I. — *Fuir, acquérir, tenir, asseoir, absoudre, atteindre, boire, coudre, dire, faire, lire, moudre.*

II. — Nous *voyons* les défauts des autres et nous n'*apercevons* pas les nôtres. Nous *craignons* le jugement de notre conscience. Vous *joignez* vos efforts à ceux de vos camarades. Vous *riez* des infirmités des autres ; nous *plaignons* votre mauvais cœur. Tu *absous* celui que tous *condamnent*. Je *bois* peu et *mange* de même. Vous *assaillez* tout le monde de vos réclamations importunes. Nous *cueillons* des fleurs pour en faire un bouquet. Nous *fuyons* la société des méchants. Nous *allons* nous promener dans la forêt. Nous ne vous *distrayons* pas de vos occupations. Le vent me *pince* le visage. Nos moutons nous *habillent* de leur laine. Je le *loge* et le *tiens* pour mon propre frère. (MOLIÈRE.)

198. — Indiquer le temps, le nombre et la personne de chaque verbe en italiques.

Clovis *vainquit* les Romains à Soissons et les Alamans à Tolbiac. L'oiseau, je le *soutiens*, est l'être supérieur de la création. (G. SAND.) Les vertus de Turenne *égalaient* ses talents militaires. Le chien de la fable *quitta* la proie pour l'ombre. Les plantes *assainissent* l'atmosphère. Le tambour *bat*, le clairon *sonne*. Lorsqu'une plante ne *trouve* pas d'abri contre l'ardeur du soleil, elle *languit* et *meurt*. L'armée *tenait* deux lieues de pays. La semaine dernière, nous *passâmes* en ballon à un mille de hauteur, nous *agitâmes* nos chapeaux en dehors de la nacelle, nous *entendions* parfaitement les cris de la garnison du fort. Les songes *annoncent* quelquefois la vérité. (B. DE SAINT-PIERRE.) Le flux les *apporta*, le reflux les *remporte*. (CORNEILLE.) Où *vont* ces nuages que *chasse* partout la tempête ? Elle me *chasse* comme eux. (LA-MENNAIS.)

> Une jeune guenon *cueillit*
> Une noix dans sa coque verte.   (FLORIAN

200. — Mettre au pluriel les verbes en italiques.

Je ne *crains* qu'une chose, *dit* le Gaulois : la chute du ciel ! Tu *supportais* patiemment les défauts de tes condisciples. Je *vais* à tâtons à travers les ténèbres et je *risque* de tomber à chaque pas. J'*allégeai* ma douleur en soulageant celle des autres. Le berger *ramène* les brebis au bercail. Tu *parlas* peu et tu *écoutas* beaucoup. En été, le saumon *remonte* les fleuves et *franchit* même les chutes d'eau ; il *retourne* passer l'hiver dans la mer. J'*affligeais* rarement mes parents. Le jonc *ploie* facilement. Celui qui *gouverne travaille* pour tout le monde. Si tu *prends* l'habitude de travailler, le travail te *deviendra* agréable. Le Gaulois *fond* l'épée à la main sur le jeune Franc, le *presse*, le *frappe*, le *blesse*. La louange *chatouille* et *gâte* les esprits. Le plaisir *court* après celui qui le *fuit*. C'est au printemps que la taupe *déploie* le plus d'activité. La caravane *traverse* le désert.

201. — **Ecrire au passé défini les verbes en italiques.**

I. — 1. *Réjouir* (le cœur). 2. *Induire* (en erreur). 3. *Décevoir* (une espérance). 4. *Débattre* (son intérêt). 5. *Gravir* (une colline). 6. *Apercevoir* (la lumière).

II. — Vous *reconnaître* trop tard votre erreur. L'hiver dernier, beaucoup d'arbres *périr* par la gelée. Tu *concevoir* autrefois d'excellents projets. A la première question, vous *perdre* la tête. Il *défendre* qu'aucun étranger entrât dans la ville. Tout le jour, il fut sombre et triste, et la nuit il ne *dormir* point. Le piège préparé, nous *courir* nous cacher à trente pas, dans un taillis de jeunes châtaigniers, et nous *attendre*, le regard fixe, l'oreille en éveil. (FABRE.) Lorsque nous *arriver* sur la cime la plus élevée, toutes les Alpes étaient encore plongées dans la nuit.

FUTUR.

Le verbe est au futur lorsqu'il exprime une action à venir.

203. — **Ecrire au futur les verbes en italiques.**

I. — 1. *Arracher* (un aveu). 2. *Seconder* (ses efforts). 3. *Ignorer* (la nouvelle). 4. *Composer* (un remède). 5. *Dominer* (sa colère). 6. *Signer* (un contrat).

II. — Je *passer* demain la frontière. Dans quelques jours, nous *approcher* du terme de notre voyage. Vous *épargner* bien des peines à vos parents. Tu ne *porter* préjudice à personne. Les feuilles des arbres *tomber* à l'automne. Le juge *frapper* le coupable d'une peine sévère. Nous *retourner* à la campagne l'an prochain. Je *rentrer* ce soir à la maison. Les écoliers *réciter* plus tard leurs leçons. Tu *tailler* demain les poiriers et les pommiers. Nous *pratiquer* toujours la charité. Nous *aider* les malheureux. C'est une paire de bœufs perdus ; son frère est mort, celui-là ne *travailler* plus. (G. SAND.)

205. — **Ecrire au futur les verbes en italiques.**

I. — 1. *Déployer* (de l'activité). 2. *Révéler* (un secret). 3. *Suppléer* (ses parents). 4. *Etayer* (une masure). 5. *Plier* (une étoffe). 6. *Lier* (des gerbes).

II. — Vous *alléger* la tâche de vos parents. Vous les *suppléer* dans leurs travaux. La sentinelle te *crier* : « Qui va là ? » Tu *nettoyer* soigneusement tes vêtements. Brins d'osier, vous *lier* les cercles des tonneaux. (A. THEURIET.) Vous ne *trouver* pas le moineau dans les lieux déserts. En toute circonstance, j'*appuyer* votre réclamation. Les perroquets *répéter* les mots que vous *prononcer*. On *employer* la dynamite pour briser la glace de la rivière. Tant qu'on *cultiver* la science, qu'on *admirer* le génie, qu'on *goûter* l'esprit, qu'on *honorer* la vertu, la mémoire de Franklin sera l'une des plus respectées et des plus chéries. (MIGNET.)

202. — **Ecrire au passé défini les verbes en italiques.**   **IIᵉ ANNÉE**

I. — *Mourir, courir, soutenir, survenir, vivre, coudre, croire, croître, moudre, naître.*

II. — Nous *entretenir* la concorde dans la famille. Compère le renard *retenir* à dîner commère la cigogne. Les précautions prises *prévenir* les accidents. Vous *tenir* vos promesses. L'hirondelle *revenir* au printemps. La jeune plante *mourir* faute de soin. L'homme *naître* capable de devenir vertueux. Après avoir imaginé vingt noms, qu'il *effacer, allonger, raccourcir, défaire,* et *recomposer* dans sa mémoire, il l'*appeler* Rossinante, nom qui lui *paraître* majestueux. (CERVANTÈS.). Il *faire* le riche, *promettre* à ces gens pour la dépense, et pour nos guides le lendemain ce qu'ils *vouloir.* (P.-L. COURIER.) Les triomphes de Rivoli *mettre* le comble à la joie des patriotes. (A. THIERS.)

> Plus de chant : il *perdre* la voix
> Du moment qu'il *gagner* ce qui cause nos peines.   (LA FONTAINE.)

204. — **Les verbes sont au passé défini ; les écrire au futur.**

Hier, je *vidai* la citerne ; demain, je ..... La semaine passée, nous *affichâmes* la vente de notre maison ; la semaine prochaine, nous ...... Avant-hier, je *signai* un engagement important ; après-demain, je ...... Hier, tu *visitas* une manufacture de tapis ; demain, tu ...... Autrefois, ils *montrèrent* du courage et de la fermeté ; à l'avenir, ils ...... L'an dernier, vous *entreprîtes* un grand voyage à l'étranger ; l'an prochain ...... Ces jours derniers, nous *arrachâmes* les arbres de l'enclos ; prochainement, nous ...... L'été précédent, tu *séjournas* plus longtemps aux bains de mer ; désormais, tu ...... Dès que l'ennemi *parut,* la sentinelle *cria :* « Aux armes ! » ; dès que l'ennemi ...... Lorsque l'hiver *vint,* la petite plante *mourut ;* lorsque l'hiver ...... Après la cérémonie, nous *allâmes* visiter le musée ; après la cérémonie, nous ..... Aussitôt que le héros *parut,* toute l'assistance *applaudit ;* aussitôt que le héros ...... Quand tu *recueillis* le pauvre orphelin, chacun t'*approuva ;* quand tu .....

206. — **Ecrire au futur les verbes en italiques.**

I. — 1. *Frayer* (un passage). 2. *Vérifier* (les écritures). 3. *Aller* (à la guerre). 4. *Châtier* (le coupable). 5. *Essuyer* (un refus). 6. *Envoyer* (un secours).

II. — J'*employer* mon bien à l'aumône, et je ne *détourner* pas mon visage à l'aspect du pauvre. Nous *aller* demain visiter les catacombes. Tu *broyer* bien les aliments et tu les *mâcher* avant de les avaler. Dans quelques jours, l'ennemi *assiéger* la ville. Les deux puissances *négocier* le traité et en *publier* les clauses. Tu *aller* où le devoir t'*envoyer.* Vous *confier* à l'avenir vos secrets à des gens discrets. On *déblayer* les décombres après l'incendie. J'*expédier* les affaires courantes. Vous *payer* toutes les factures que l'on vous *présenter.* L'autre, dit le corbeau, *garder* le logis. (LA FONTAINE.) La sentinelle *tirer* sur toi. Le général *envoyer* ses ordres par un vélocipédiste.

207. — Ecrire au futur les verbes en italiques.

I. — 1. *Assainir* (un logement). 2. *Agrandir* (une gravure). 3. *Atteler* (un cheval). 4. *Fourbir* (l'équipement). 5. *Recevoir* (un présent). 6. *Atteindre* (le gibier).

II. — Ces villes *recevoir* bientôt quelques embellissements. Tu *nourrir* tes parents devenus infirmes. Je *rougir* de honte à la suite d'une action coupable. On *percevoir* l'impôt sur les marchandises. Les soldats *combattre* courageusement. Je *rendre* service à tout le monde. Nous *prévenir* la maladie. Le cultivateur *répandre* du plâtre sur la luzerne. Vous *craindre* de porter préjudice à autrui. Le temps *adoucir* mes douleurs. Tu *suivre* les bons exemples. Nous *flétrir* l'hypocrisie et le mensonge. *Rire* bien, qui *rire* le dernier.

209. — Indiquer à quel temps est chaque verbe en italiques.

Beaucoup de protestants *quittèrent* la France après la révocation de l'édit de Nantes. La générosité *souffre* des maux d'autrui, comme si elle en était responsable. (VAUVENARGUES). Je *rendrai* mon sang pur comme je l'ai reçu. (CORNEILLE.) D'immenses forêts vierges *couvraient* autrefois les deux Amériques. Le cyclone *ravagea* plusieurs îles des Antilles. La médisance *décèle* une âme basse et jalouse. Polichinelle *gambade, saute* et *gesticule.* Nous *ployions* notre caractère à toutes les exigences. Le braconnier *tend* des pièges aux lièvres et aux lapins. Je *hais* l'oisiveté parce qu'elle *mène* à tous les vices.

> Il *retourne* chez lui ; dans sa cave il *enserre*
> L'argent, et sa joie à la fois. (LA FONTAINE.)

MODE CONDITIONNEL.

*Le mode conditionnel présente l'action comme soumise
à une condition.*

211. — Ecrire au présent du conditionnel les verbes en italiques.

I. — 1. *Panser* (un cheval). 2. *Craindre* (un danger). 3. *Demander* (grâce). 4. *Partir* (en voyage). 5. *Concevoir* (un projet). 6. *Acquitter* (une dette).

II. — J'*éviter* le danger, si je le prévoyais. Vous *soulager* les malheureux, si vous le pouviez. Nous *couvrir* ces jeunes plants, si la gelée menaçait. Si vous partiez tout de suite, vous *arriver* à temps. Les arbres *porter* de moins beaux fruits, si on ne les taillait pas. Vous *travailler* avec plus d'ardeur, si vous aviez des concurrents. Nous vous *fournir* des explications, si cela était utile. Notre terrain *produire* peu si nous ne le labourions profondément. Si la maladie s'aggravait, nous *concevoir* des inquiétudes. Si chacun avait le droit de se faire justice, on *vivre* en état de guerre, et la société *retomber* dans la barbarie.

208. — Ecrire au futur les verbes en italiques.   IIᵉ ANNÉE

I. — *Acquérir, courir, cueillir, mourir, tenir, savoir, valoir, voir, pouvoir, vouloir.*

II. — L'écolier *savoir* ses leçons. Ils *acquérir* l'estime d'autrui par leur honnêteté. Nous *faire* cas du beau, nous mépriserons l'utile et le beau souvent nous *détruire*. Vous *voir* votre erreur. Je *concevoir* l'espoir de réussir. Les personnes imprudentes *courir* toujours à leur perte. Tu *vouloir* vivre sagement, car tu *tenir* à jouir d'une bonne réputation. Nous *mourir* plutôt que de voir notre patrie abaissée. Tu ne *faire* de tort à personne et tu *faire* du bien à tous les hommes par cela seul qu'ils sont hommes. N'estimez votre état que ce qu'il vaut, et vous en *valoir* davantage. (J.-J. ROUSSEAU.) Petit poisson *devenir* grand. (LA FONTAINE.) Aimez les autres et ils vous *aimer* ; servez-les et ils vous *servir*. (J.-J. ROUSSEAU.) C'est un homme qui ne traîne pas un grand nom, mais qui *savoir* porter le sien. (VOLTAIRE.)

210. — Indiquer à quel temps est chaque verbe en italiques.

Le général Hoche.

« Que la mort *est* amère ! » me *disaient* des vieillards. Qui nous *consolera* de la mort du général Hoche ? Elle nous *paraît* celle de la République elle-même.

Lui seul *inspirait* confiance. Il avait dit ce mot : « Je *vaincrai* la contre-révolution, et alors je *briserai* mon épée. » Il *écrivait* à un général qui *vexait* l'autorité civile : « Fils aîné de la Révolution, nous *abhorrons* nous-même le gouvernement militaire. » Il *destitua* le général. Dans les vastes contrées du Rhin et de la Moselle, lui-même, *il établit* l'autorité civile, inamovible, indépendante de lui.

(MICHELET.)

212. — Mettre les verbes en italiques au présent du conditionnel, choisir la condition convenable parmi les exemples en italiques.

Si tu étais plus attentif ...... *Si nous assistions ceux qui souffrent* ...... *Si j'avais un dictionnaire* ...... *S'il était soldat* ...... *Si vous aimiez bien vos parents* ...... *Si vous me donniez un avis* ...... *Si la sécheresse continuait* ...... *Si les pluies persistaient* ...... *Si tu te sentais en danger* ...... *Si vous n'habitiez pas si loin* ...... *Si nous ne pensions qu'à nous* ...... *Si le brouillard était moins épais* ......

Nous *accomplir* une bonne action si ...... Tu *retenir* mieux les leçons de ton maître si ...... Il *observer* facilement la discipline si ...... Si ...... vous *éviter* de leur faire de la peine. Si ...... les rivières *déborder* et *inonder* la contrée. Si ...... je le *suivre* immédiatement. La source *tarir* bientôt si ...... Si ...... je *chercher* la signification de ce mot. Si ...... tu *crier* à l'aide. J'*apercevoir* le village voisin si ...... Nous *pouvoir* nous voir plus souvent si ...... Nous *agir* en égoïstes si ......

Iʳᵉ ANNÉE 213. — Ecrire au présent du conditionnel les verbes en italiques.

I. — 1. *Porter* (plainte). 2. *Apercevoir* (le danger). 3. *Obéir* (à la consigne). 4. *Jeter* (l'ancre). 5. *Rendre* (service). 6. *Décacheter* (une lettre).

II. — Je *réussir* dans mon entreprise, si vous me souteniez. Si tu recevais de mauvais conseils, tu ne les *suivre* pas. Nous *gagner* bien du temps, si nous nous levions de bonne heure. Nous *entendre* le bruit de la cascade, s'il ne faisait pas de vent. Le plus beau paysage *sembler* triste, si l'on n'y entendait chanter les oiseaux. Vous ne *dormir* pas paisiblement, si vous aviez commis une mauvaise action. Le malade *chanceler* s'il essayait de marcher. J'*indiquer*, si je le voulais, le lieu où l'on s'assemble pour conspirer ma perte, et je *dire* quel est le président de cette noire assemblée. (BEAUMARCHAIS.) J'*aimer* autant avoir fait les Invalides, si j'étais prince, que d'avoir gagné trois batailles. (MONTESQUIEU.) S'il passait près de nous quelque paysan retournant au travail, je lui *réjouir* le cœur par quelques bons propos. (J.-J. ROUSSEAU.)

MODE IMPÉRATIF.

L'impératif présente l'action comme voulue.

215. — Ecrire au présent de l'impératif les verbes en italiques.

I. — 1. *Former* (une société). 2. *Parler* (haut). 3. *Dénoncer* (un criminel). 4. *Blanchir* (du linge). 5. *Tendre* (un piège). 6. *Décevoir* (l'importun).

II. — Tu *travailleras* avec courage et persévérance. Vous *demandiez* le châtiment du coupable. Nous *épargnons* les enfants et les vieillards. Vous *écoutâtes* les observations de vos aînés. Tu *oublies* les injures qui te sont faites. Vous ne *fréquenterez* jamais les mauvaises sociétés. Nous *montrerons* de la résignation si le malheur nous frappe. Vous *honoriez*, vous *aimiez* votre père. Tu *consolas* ceux qui sont dans la peine. Nous *soulagions* nos parents. Tu *marches* sans trembler au-devant du danger. Vous *accoutumâtes* l'enfant à l'ordre et à l'économie.

217. — Même exercice.

Nous *unirons* nos maux, ils seront moins affreux. Vous *écartiez* le souffle glacé du chagrin et vous *viviez* indépendant. (FRANKLIN.) Enfant, tu *craindras* d'être ingrat. Tu *descendras* l'escalier avec précaution. Vous *travaillerez*, vous *prendrez* de la peine, dit le laboureur à ses enfants. Vous *détestiez* le vice et vous le *fuyiez*. Nous *suivons* les conseils des gens sages. Tu *obéis* toujours à la voix de la conscience. Vous *romprez* les liens qui vous enchaînent. Tu *apprendras* à vivre du fruit de ton travail. Nous *abattrons* les plus gros arbres de la futaie. Vous *recevrez* les soins que votre faiblesse exige. Tu *grandis* en science et en sagesse. Vous nous *accorderez* un coin de votre jardin pour le cultiver.

214. — Ecrire au présent du conditionnel les verbes en italiques. II⁰ ANNÉE

I. — *Aller, envoyer, acquérir, courir, cueillir, mourir, tenir, pouvoir, savoir, seoir, asseoir, valoir, vouloir, faire, naître.*

II. — Pouvais-tu croire que j'*oublier* que tu m'as sauvé la vie ? Si le pain venait dans votre poche, on ne *retourner* pas la terre, on ne *semer* pas le grain, on ne *demander* pas la pluie et le soleil, on ne *fauciller* pas, on ne *mettre* pas en gerbes, on ne *battre* pas en grange, on ne *vanner* pas, on ne *porter* pas les sacs au moulin, on ne *moudre* pas, on ne *traîner* pas la farine chez le boulanger, on ne *pétrir* pas, on ne *faire* pas cuire. (ERCKMANN-CHATRIAN)

> Le prince, à mes côtés, *faire* dans les combats
> L'essai de son courage à l'ombre de mon bras ;
> Il *apprendre* à vaincre en me regardant faire.
> Et pour répondre en hâte à son grand caractère,
> Il *voir*. . . . .   (CORNEILLE.

216. — Mettre à l'impératif les verbes en italiques au même
nombre et à la même personne.

Si nous voulons surmonter les difficultés, nous les *diviserons*. Si tu commets une faute, tu en *supporteras* les conséquences. Nous *porterons* au seuil des palais un visage content. Vous *réprimerez* les emportements de votre colère. Nous *rappellerons* au bien les enfants égarés. Tu *cireras* tes chaussures et tu *brosseras* tes vêtements. Tu *iras* respirer l'air pur de la campagne. Vous *continuerez* tranquillement votre route. Vous *réprimanderez* les enfants désobéissants. Nous *rentrerons* à la maison avant que l'orage éclate. Tu ne *mangeras* que des fruits bien mûrs. Vous *souffrirez* que l'on vous conseille. Tu *imiteras* sa justice ainsi que sa vaillance. Nous *donnerons* aux pauvres selon notre fortune. Tu *regarderas* et tu *passeras* ton chemin. Nous ne *prodiguerons* pas le temps, car c'est l'étoffe dont la vie est faite. Vous *n'entreprendrez* jamais rien sans y avoir mûrement réfléchi.

218. — Indiquer à quels temps sont les verbes en italiques ;
les écrire à l'impératif, au même nombre et à la même personne.

Nous *savons* nous contenter de ce qui est possible. Si le séjour de Paris vous paraît d'un difficile alliage, vous *ferez* mieux, vous *retournerez* dans votre province, vous *irez* vivre dans le sein de votre famille, vous *servirez*, vous *soignerez* vos vertueux parents. (J.-J. ROUSSEAU.) Tu *apprenais* sur mon exemple à vaincre ta colère. (CORNEILLE.) Vous *voudrez* agréer mes remerciements sincères. Vous *direz* sans détour ce que vous pensez. Si vous voulez qu'une chose soit secrète, vous ne la *dites* pas ; si vous ne voulez pas qu'on la sache, vous ne la *faites* pas. Tu *sauras* respecter la discipline. Tu *voudras* me venir en aide. Tu *fis* tes devoirs avec beaucoup d'application. Tu *serviras* de guide à l'aveugle ; tu *ouvriras* la porte à l'exilé. En matière d'honneur, vous ne *verrez* que vous-même. (CORNEILLE.)

I° ANNÉE

MODE SUBJONCTIF.

Le mode subjonctif présente l'action comme douteuse.

219. — Ecrire au présent du subjonctif les verbes en italiques.

I. — 1. *Travailler* (assidûment). 2. *Broyer* (des couleurs). 3. *Abréger* (le travail). 4. *Appuyer* (un ami). 5. *Étudier* (sa leçon). 6. *Suppléer* (sa famille).

II. — Je *donne* aux pauvres. La charité veut que je ...... — Nous *arroserons* les plantes du jardin. La température exige que ...... — Vous *corrigiez* vos défauts. La morale demande que vous ...... — Tu *essuies* la table avec tes manches. Il n'est pas convenable que tu ...... — J'*userai* avec modération des boissons très fraîches. La santé demande que j' ...... — Les citoyens *sacrifieront* leurs intérêts à ceux de la patrie. Il faut que les citoyens ...... — Vous *rachèterez* vos fautes par une conduite exemplaire. Votre réputation exige que vous ...... — Nous *expédierons* nos marchandises par grande vitesse. Notre correspondant demande que nous lui ......

221. — Même exercice.

I. — 1. *Agir* (prudemment). 2. *Chérir* (ses parents). 3. *Réfléchir* (longtemps). 4. *Accomplir* (son devoir). 5. *Choisir* (bien ses amis). 6. *Amortir* (sa dette).

II. — Nous *compatissons* aux maux d'autrui. La charité demande que ...... — Chaque citoyen *sert* sa patrie. L'amour du pays veut que ...... — La justice *punit* les méchants de leurs crimes. Il importe que ...... — Vous *bâtissez* des châteaux en Espagne. Il n'est pas raisonnable que vous ...... — Nous *réfléchirons* avant de parler. La prudence exige que ...... — Tu *assouvissais* la vengeance. Il ne faut pas que ...... — En temps de guerre, les armées *franchiront* tous les obstacles. En temps de guerre, la tactique impose que ...... — J'*agrandis* mon magasin. L'accroissement de ma clientèle exige que ...... — Nous *applaudirons* les personnes courageuses. Il est bon que ......

223. — Même exercice.

I. — 1. *Recevoir* (une récompense). 2. *Concevoir* (des soupçons). 3. *Rendre* (service). 4. *Craindre* (le danger). 5. *Percevoir* (l'impôt). 6. *Suffire* (à ses besoins).

II. — Je *reçus* la récompense due à mon travail. Mon désir est que ...... — Nous *défendrons* la patrie au péril de notre vie. Le patriotisme veut que ...... — Vous *rendez* le bien pour le mal. La charité exige que vous ...... — Tu *prenais* des bains fréquemment. L'hygiène demande que tu ...... — Nous *mettons* beaucoup de temps à terminer notre travail. Les difficultés veulent que nous ...... — Je *suffirai* d'abord aux besoins les plus pressants. Il m'est indispensable que ...... — Le renard *détruit* les oiseaux de la basse-cour. Le fermier diligent ne permet pas que le renard ...... — Tu *déplores* ta faute aussitôt que tu l'as commise. Si tu veux te corriger, il faut que ......

220. — **Ecrire au présent du subjonctif les verbes en italiques.** **IIe ANNÉE**

I. — 1. *Aller* (au pas). 2. *Exaucer* (un vœu). 3. *Déroger* (à ses habitudes). 4. *Atteler* (les bœufs). 5. *Promener* (un malade). 6. *Rayer* (une inscription).

II. — Tu *méritas* la confiance de tes maîtres. Tes parents désirent que...... — Vous *suppliez* pour obtenir votre pardon. Il suffit que...... — J'*appelais* de toutes mes forces au secours. Il est temps que...... — Nous *sèmerons* le blé dans un terrain bien labouré. Une bonne culture demande que...... — Vous *agréez* les réclamations fondées. La raison veut que...... — Tu *iras* au-devant des désirs de tes parents. Je souhaite que tu...... — Il *recherchait* la société des méchants. Il est honteux qu'il...... — Vous *enverrez* vos enfants à l'école. La loi du 28 mars 1882 exige que vous...... — J'*irai* mieux avant quelques jours. Le médecin me traite pour que......

222. — **Même exercice.**

I. — 1. *Chérir* (ses parents). 2. *Venir* (en aide), 3. *Acquérir* (de l'adresse). 4. *Mourir* (bravement). 5. *Offrir* (ses services). 6. *Découvrir* (un complot).

II. — Je *viens* au secours de l'orphelin. Il est charitable que je...... — *Agissez* toujours avec franchise. L'honnêteté veut que...... — Tu *acquiers* de l'habileté dans ton métier. Ton avenir exige que...... — Vous *conquérez* l'estime d'autrui par la vertu. Je souhaite que vous...... — Cet enfant *revient* à de meilleurs sentiments. Il est temps que cet enfant...... — Le meurtrier *périt*. La justice réclame que le meurtrier...... — Vous *accomplirez* scrupuleusement votre tâche. Le devoir commande que vous...... — L'enfant studieux *recueillait* le fruit de sa persévérance dans le travail. Il est juste que...... — Pour occuper mes loisirs, je *choisis* des lectures intéressantes et instructives. Pour occuper mes loisirs, il faudra que......

224. — **Même exercice.**

I. — 1. *Faire* (le bien). 2. *Savoir* (se conduire). 3. *Attendre* (le jour). 4. *Dire* (la vérité). 5. *Pouvoir* (discuter). 6. *Apprendre* (un état).

II. — Je *pouvais* subvenir à mes besoins. Ma dignité veut que je...... — Vous *saurez* toujours vos leçons. Votre maître exige que vous...... — Nous *plaignons* les affligés. La charité commande que nous...... — Tu *fais* ce que le devoir t'impose. Ta conscience ordonne que tu...... — Le maçon *assied* sa construction sur un terrain ferme. Il importe que le maçon...... — La satisfaction du devoir accompli *vaut* mieux que toutes les richesses. Doutez-vous que la satisfaction du devoir accompli...... — Tu *verras* mieux tes défauts que ceux de ton voisin. Je ne suis pas surpris que tu...... — La foule *encombrait* la voie publique. L'autorité municipale ne permet pas que...... — Un sac vide ne *tient* pas debout. Il est impossible qu'un sac vide......

Iʳᵉ ANNÉE 225. — Ecrire au présent du subjonctif les verbes en italiques.

I. — 1. *Envoyer* (des secours). 2. *Ravir* (un secret). 3. *Apercevoir* (une erreur). 4. *Entendre* (raison). 5 *Enfreindre* (la règle). 6. *Répondre* (à l'insulte).

II. — Si tu veux qu'on t'*épargner*, épargne aussi les autres. (LA FONTAINE.) Il faut que nous *obliger* tout le monde. André Chénier est un des écrivains les plus originaux que nous *posséder*. Il n'est pas dans la famille un seul membre qui ne *contribuer* à l'avantage de tous par sa force et son intelligence. Aimez qu'on vous *conseiller* et non pas qu'on vous *louer*. Je vous raconterai cette conversation en forme de dialogue, afin que vous *juger* du bon sens naturel de ce jeune homme. (BERNARDIN DE SAINT-PIERRE.) Gardes, qu'on *obéir* aux ordres de ma mère. (RACINE.) Il faut que je *fournir* le souper, puisque j'amène au logis compagnie inattendue. (W. SCOTT.) Je ne doute point que vous ne *regarder* favorablement des inventions si utiles et tout ensemble si agréables. (LA FONTAINE.)

227. — Ecrire à l'imparfait du subjonctif les verbes en italiques.

I. — 1. *Commander* (le respect). 2 *Démolir* (une maison). 3. *Concevoir* (un projet). 4. *Obéir* (à ses chefs). 5. *Restreindre* (ses dépenses). 6. *Défendre* (sa famille).

II. — La reconnaissance exige que je *réponde* aux espérances de mes parents. La reconnaissance exigeait que je ...... — Je suis d'avis que le tribunal *punisse* sévèrement les incendiaires. J'étais d'avis que le tribunal ...... — On veut que je *suive* l'exemple des honnêtes gens. On voudrait que je ...... — Il ne faut plus que je *méconnaisse* la vérité. Il ne faudrait plus que je ...... — L'amour filial veut que vous *donniez* à vos parents âgés les soins les plus assidus. L'amour filial voudrait que vous ...... — La discipline demande que l'on *obéisse* aux ordres sans murmurer. La discipline demandait que l'on ....

229. — Même exercice.

I. — 1. *Rejeter* (un avis). 2. *Apercevoir* (une faute). 3. *Agir* (prudemment). 4. *Plaindre* (un coupable). 5. *Reconnaître* (son chemin) 6. *Crier* (au feu!).

II. — Et que voulait la voix céleste? que Jeanne *délaisser* cette mère, cette douce maison. Il fallait qu'elle *quitter* pour le monde, pour la guerre, ce petit jardin où les oiseaux mangeaient dans sa main. Les deux autorités paternelle et céleste commandaient des choses contraires. L'une voulait qu'elle *rester* dans l'obscurité, la modestie et le travail ; l'autre qu'elle *partir* et *sauver* la France. De part et d'autre, il fallait que Jeanne *désobéir*. (MICHELET.) Si un homme avait inventé une machine hydraulique qui *arroser* toute une province et la *rendre* fertile, lui reprocheriez-vous que l'eau qu'il vous donnerait *noyer* quelques insectes? (VOLTAIRE.) Quel beau feu d'artifice! il semblait que les étoiles *tomber* du ciel. (DOMERGUE.)

226. — Ecrire au présent du subjonctif les verbes en italiques. II° ANNÉE

I. —1. *Voir* (ses fautes). 2. *Boire* (modérément). 3. *Mouvoir* (les bras). 4. *Prendre* (du repos). 5. *Vouloir* (du bien). 6. *Savoir* (son métier).

II. — L'eau est une des plus grandes forces mouvantes que l'homme *savoir* employer. (FÉNELON.) J'aime mieux qu'ils *mourir* sous la main d'un autre que sous la mienne. (MOLIÈRE.) Des violettes, sous des buissons épineux, exhalent au loin leurs doux parfums, quoiqu'on ne les *voir* pas. Il faut que l'homme *prendre* une branche d'arbre, qu'il la *courber*, qu'il en *faire* un arc, et que sur cet arc il *poser* un trait et qu'il *abattre* l'animal pour s'en emparer, puis enfin qu'il le *présenter* au feu. Voici des fruits amers, mais il y en a de plus doux à côté ; il faut qu'il les *choisir*. (THIERS.) Mais, choisissez ; car ne faut-il pas qu'un petit nombre *périr* pour sauver la masse du peuple ? (MIRABEAU.)

> *Vouloir* les immortels, conducteurs de ma langue,
> Que je ne *dire* rien qui *devoir* être repris.   (LA FONTAINE.)

228. — Ecrire à l'imparfait du subjonctif les verbes en italiques.

I. — 1. *Prendre* (des renseignements). 2. *Aller* (en excursion). 3. *Tenir* (la conversation). 4. *Acquérir* (l'estime). 5. *Boire* (modérément). 6. *Voir* (ses fautes).

II. — Le devoir exige que *j'aille* au secours des malheureux. Le devoir exigeait que j'...... — Mes parents désirent que *j'acquière* une bonne instruction. Mes parents désireraient que j'...... — Le vainqueur ne tient pas à des victoires qui *fassent* beaucoup de victimes. Le vainqueur ne tiendrait pas à des victoires qui ...... — L'honneur réclame que je *tienne* ma promesse. L'honneur réclamait que ...... — Nous désirons que vous *sachiez* reconnaître les bienfaits. Nous désirerions que vous...... — Il est raisonnable que tu *croies* aux vérités de la science. Il serait raisonnable que tu...... — Dans l'intérêt de la justice, il est indispensable que je *dise* la vérité. Dans l'intérêt de la justice, il serait indispensable que je...... :

230. — Même exercice.

I. — 1. *Faire* (ses études). 2. *Survenir* (à l'improviste). 3. *Savoir* (sa leçon). 4. *Moudre* (le grain). 5. *Vouloir* (du travail). 6. *Dire* (du bien).

II. — Pour moi, qui aime à faire des réflexions, je voudrais que le roi en *faire* là-dessus et qu'il *juger* par là combien il est loin de connaître la vérité. (Mᵐᵉ DE SÉVIGNÉ.) Si tous les pays étaient peuplés et policés comme ils devraient l'être, il n'y en aurait pas où les bêtes *attaquer* les hommes. (FÉNELON.) Enfin, il parla de sa valise, priant fort qu'on la *mettre* au chevet de son lit. (P.-L. COURIER.) Que voulais-tu que je *faire* ? — Que vous *souffrir* toutes sortes de maux plutôt que de manquer à la France et à la grandeur de votre maison ! (FÉNELON.) Il semblait que Louis XI *connaître* tout le monde, qu'il *savoir* le royaume homme par homme..... cela faisait trembler. (MICHELET.)

> Que vouliez-vous qu'il *faire* contre trois ?
>   — Qu'il *mourir* !
> Ou qu'un beau désespoir alors le *secourir*. (CORNEILLE.)

MODE INFINITIF.

Le mode infinitif exprime l'action purement et simplement.

---

231. — Souligner les verbes ; les écrire ensuite au présent de l'infinitif, en séparant le radical de la terminaison.

L'amour de la patrie.

Un sauvage tient plus à sa hutte qu'un prince à son palais, et le montagnard trouve plus de charme à sa montagne que l'habitant de la plaine à son sillon. Demandez à un berger écossais s'il voudrait changer son sort contre celui du premier potentat de la terre. Loin de sa tribu chérie, il en garde partout le souvenir ; partout il redemande ses troupeaux, ses torrents, ses nuages. Il n'aspire qu'à manger du pain d'orge, à boire le lait de la chèvre, à chanter dans la vallée ces ballades que chantaient aussi ses aïeux. Il dépérit s'il ne retourne au lieu natal. Avec quelle joie il reverra son toit de bruyère ! comme il visitera les saintes reliques de son indigence ! (CHATEAUBRIAND.)

MODE PARTICIPE.

Le participe se joint au nom comme l'adjectif.

---

233. — Relever tous les verbes ; les écrire au participe présent, en séparant le radical de la terminaison.

« Nous ne craignons que la chute du ciel », disaient les Gaulois à Alexandre. Les Romains voulurent que la légion contînt dans son sein une troupe légère qui pût en sortir pour engager le combat. Sache que tu parles en ce moment à un homme ferme dans ses résolutions, et que toute ton éloquence ne saurait l'ébranler. Je ne voudrais pas racheter ma vie par un mensonge. Que la vérité sorte de ta bouche ! Faites par devoir ce que les animaux font par instinct. Qui trop embrasse mal étreint. Tout bourgeois veut bâtir comme les grands seigneurs. (LA FONTAINE.)

235. — Relever les verbes ; les écrire au participe passé, en séparant le radical de la terminaison.

Le travail fournit le pain de chaque jour. La sagesse veut que l'on compte d'abord sur soi-même. Le juge mangea l'huître au nez des plaideurs et leur adjugea à chacun une écaille. On parlait des Gaulois avant qu'on parlât des Romains. Les charançons occupent une large place parmi les insectes nuisibles aux cultures. Les petits escargots se répandent dans les vignes au printemps et les attaquent avec avidité. Le chancelier dînait à midi précis, et quand midi sonnait, il descendait dans la salle à manger. Un petit service amène souvent une grande reconnaissance. (BERQUIN.)

232. — Rendre par le présent de l'infinitif les verbes au subjonctif. II⁴ ANNÉE

Il faut *que nous mangions* pour vivre et non pas *que nous vivions* pour manger. La conscience commande *que vous fassiez* le bien et *que vous évitiez* le mal. Il est bon *que l'on observe* les règles de l'hygiène et de la tempérance. Le médecin ordonne *que je garde* la chambre pendant plusieurs jours. Il est dangereux *que l'on cherche* un abri sous les arbres durant un orage. Soldats, il faut *que vous souteniez* bravement l'attaque de l'ennemi et *que vous reveniez* triomphants. Il est essentiel *que l'on prenne* des renseignements avant de faire une entreprise. Le temps permet *que j'aille* à la promenade. Il est inutile *que l'on fasse* des observations à celui qui ne les écoute pas. Il faut *que l'on reçoive* avec empressement les conseils des personnes expérimentées.

234. — I. — Souligner les verbes et en indiquer le mode.

II. — Relever les verbes et les écrire au participe présent.

Le gendre de Madame Jourdain.

Je ne veux point qu'un gendre puisse reprocher à ma fille ses parents; s'il fallait qu'elle me vînt visiter en équipage de grande dame, et qu'elle manquât par mégarde à saluer quelqu'un du quartier, on ne manquerait pas aussitôt de dire cent sottises. « Voyez-vous, dirait-on, cette Madame la marquise qui fait tant la glorieuse ? Elle n'a pas toujours été si relevée que la voilà, et ses deux grands-pères vendaient du drap auprès de la porte Saint-Innocent. Ils ont amassé du bien à leurs enfants, qu'ils paient peut-être bien cher en l'autre monde; et l'on ne devient guère si riche à être honnêtes gens. » Je ne veux point de tous ces caquets ; et je veux un homme, en un mot, qui m'ait obligation de ma fille, et à qui je puisse dire : « Mettez-vous là, mon gendre, et dînez avec moi. »   (MOLIÈRE.)

236. — I. — Relever les verbes; les écrire au présent de l'infinitif et aux deux participes, en séparant le radical de la terminaison.

II. — Indiquer pour chaque verbe le temps et le mode.

On souffrit qu'il entrât plutôt qu'on ne le reçût dans la salle ouverte à tous les hôtes qui arrivaient. La tête qui réfléchit peut accorder sa confiance au bras qui frappe. Louis XIV naquit en 1638, il mourut en 1715; il vécut donc 77 ans. Je voudrais que vous prissiez des habitudes d'ordre. Bénissons la main qui donne aux pauvres. Les évêques bénirent avec solennité les drapeaux et étendards de la nouvelle armée. Ne sois ni humble ni orgueilleux, sois digne. Tous les hommes naissent libres et doivent demeurer libres, à la seule condition de respecter l'égale liberté d'autrui. Ecris, parle, agis sans peur du danger. Un peuple libre doit savoir se défendre. Le cœur me saigne quand je vois le sang d'un Français. (JEANNE D'ARC.) Aux funérailles des Gaulois, on brûlait des lettres que le mort devait lire ou remettre à d'autres morts. (MICHELET.)

CHAPITRE VIII.

LE VERBE

VERBES TRANSITIFS ET VERBES INTRANSITIFS

A LA VOIX ACTIVE

(Suite et fin.)

I. — VERBES AUXILIAIRES

Explication. — Parmi les temps, les uns, comme :

j'aime, j'aimais, j'aimai,
j'arrive, j'arrivais, j'arrivai,

sont formés exclusivement du verbe *aimer* ou du verbe *arriver*; les autres, comme :

j'**ai** aimé,   j'**avais** aimé, j'**aurai** aimé,
je **suis** arrivé, j'**étais** arrivé, je **serai** arrivé,

sont formés de deux verbes. Les premiers sont des **temps simples**; les seconds, des **temps composés**.

196. — Définition. — On appelle **verbes auxiliaires** ceux qui aident à conjuguer les autres.

197. — Il y a deux verbes auxiliaires : **avoir** et **être**.

198. — Le verbe **être** lui-même se conjugue à l'aide de l'auxiliaire **avoir**; seul, le verbe **avoir** se conjugue sans le secours d'aucun autre verbe.

Les deux sens du verbe avoir.

(Exercices 259 et 260.)

J'ai (je possède) de beaux habits.
J'ai (j'éprouve, je ressens) de la peine.

199. — Quand le verbe **avoir** n'est **pas auxiliaire**, il signifie **posséder, éprouver** ; c'est un **verbe attributif**.

❈

J'ai acheté de beaux livres.
Nous avons acheté de beaux livres.
J'ai acheté équivaut à : j'ai été achetant.
Nous avons acheté équivaut à : nous avons été achetant.

200. — Quand le verbe **avoir** est **auxiliaire**, il joue le rôle du verbe **être**.

Les deux sens du verbe être.

(Exercices 259 et 260.)

Mon fils n'est plus (n'existe plus).
Croyez-moi ; cela est (est vrai).

201. — Le verbe **être** n'est pas toujours **auxiliaire**; quand il n'est pas auxiliaire, il exprime, outre l'affirmation, l'idée d'**existence** ou de **vérité**; c'est un **verbe attributif**.

❈

La vertu est aimée.
Le vice est détesté.

202. — Quand le verbe **être** est auxiliaire, il n'exprime que l'affirmation ; dans ce cas, il est toujours suivi d'un participe passé, et c'est ce participe passé qui est l'attribut.

VERBE AUXILIAIRE AVOIR

Mode Indicatif.

TEMPS SIMPLES	TEMPS COMPOSÉS

PRÉSENT.

J'	ai.
Tu	as.
Il (elle)	a.
Nous	avons.
Vous	avez.
Ils (elles)	ont.

PASSÉ INDÉFINI.

J'	ai	*eu.*
Tu	as	*eu.*
Il (elle)	a	*eu.*
Nous	avons	*eu.*
Vous	avez	*eu.*
Ils (elles)	ont	*eu.*

IMPARFAIT.

J'	avais.
Tu	avais.
Il (elle)	avait.
Nous	avions.
Vous	aviez.
Ils (elles)	avaient.

PLUS-QUE-PARFAIT.

J'	avais	*eu.*
Tu	avais	*eu.*
Il (elle)	avait	*eu.*
Nous	avions	*eu.*
Vous	aviez	*eu.*
Ils (elles)	avaient	*eu.*

PASSÉ DÉFINI.

J'	eus.
Tu	eus.
Il (elle)	eut.
Nous	eûmes.
Vous	eûtes.
Ils (elles)	eurent.

PASSÉ ANTÉRIEUR.

J'	eus	*eu.*
Tu	eus	*eu.*
Il (elle)	eut	*eu.*
Nous	eûmes	*eu.*
Vous	eûtes	*eu.*
Ils (elles)	eurent	*eu.*

FUTUR SIMPLE.

J'	aurai.
Tu	auras.
Il (elle)	aura.
Nous	aurons.
Vous	aurez.
Ils (elles)	auront.

FUTUR ANTÉRIEUR.

J'	aurai	*eu.*
Tu	auras	*eu.*
Il (elle)	aura	*eu.*
Nous	aurons	*eu.*
Vous	aurez	*eu.*
Ils (elles)	auront	*eu.*

Mode Conditionnel.

PRÉSENT.		PASSÉ (1re forme).		
J'	aurais.	J'	aurais	*eu.*
Tu	aurais.	Tu	aurais	*eu.*
Il (elle)	aurait.	Il (elle)	aurait	*eu.*
Nous	aurions.	Nous	aurions	*eu.*
Vous	auriez.	Vous	auriez	*eu.*
Ils (elles)	auraient.	Ils (elles)	auraient	*eu.*

PASSÉ (2e forme).

J'	eusse	*eu.*	Nous	eussions	*eu.*
Tu	eusses	*eu.*	Vous	eussiez	*eu.*
Il (elle)	eût	*eu.*	Ils (elles)	eussent	*eu.*

Mode Impératif.

PRÉSENT.			PASSÉ.			
Sing.	2e pers. Aie.		*Sing.*	2e pers. Aie	*eu.*	
Plur.	{ 1re pers. Ayons		*Plur.*	{ 1re pers. Ayons	*eu.*	
	{ 2e pers. Ayez.			{ 2e pers. Ayez	*eu.*	

Mode Subjonctif.

PRÉSENT.		PASSÉ.		
Que j'	aie.	*Que* j'	aie	*eu.*
Que tu	aies.	*Que* tu	aies	*eu.*
Qu' il (elle)	ait.	*Qu'* il (elle)	ait	*eu.*
Que nous	ayons.	*Que* nous	ayons	*eu.*
Que vous	ayez.	*Que* vous	ayez	*eu.*
Qu' ils (elles)	aient.	*Qu'* ils (elles)	aient	*eu.*

IMPARFAIT.		PLUS-QUE-PARFAIT.		
Que j'	eusse.	*Que* j'	eusse	*eu.*
Que tu	eusses.	*Que* tu	eusses	*eu.*
Qu' il (elle)	eût.	*Qu'* il (elle)	eût	*eu.*
Que nous	eussions.	*Que* nous	eussions	*eu.*
Que vous	eussiez.	*Que* vous	eussiez	*eu.*
Qu' ils (elles)	eussent.	*Qu'* ils (elles)	eussent	*eu.*

Mode Infinitif.

PRÉSENT : Avoir. | PASSÉ : Avoir *eu.*

Mode Participe.

PRÉSENT : Ayant. | PASSÉ : Eu (eue), ayant *eu.*

VERBE AUXILIAIRE ÊTRE

Mode Indicatif.

TEMPS SIMPLES.		TEMPS COMPOSÉS.		

PRÉSENT.

Je	suis.
Tu	es.
Il (elle)	est.
Nous	sommes.
Vous	êtes.
Ils (elles)	sont.

PASSÉ INDÉFINI.

J'	ai	été.
Tu	as	été.
Il (elle)	a	été.
Nous	avons	été.
Vous	avez	été.
Ils (elles)	ont	été.

IMPARFAIT.

J'	étais.
Tu	étais.
Il (elle)	était.
Nous	étions.
Vous	étiez.
Ils (elles)	étaient.

PLUS-QUE-PARFAIT.

J'	avais	été.
Tu	avais	été.
Il (elle)	avait	été.
Nous	avions	été.
Vous	aviez	été.
Ils (elles)	avaient	été.

PASSÉ DÉFINI.

Je	fus.
Tu	fus.
Il (elle)	fut.
Nous	fûmes.
Vous	fûtes.
Ils (elles)	furent.

PASSÉ ANTÉRIEUR.

J'	eus	été.
Tu	eus	été.
Il (elle)	eut	été.
Nous	eûmes	été.
Vous	eûtes	été.
Ils (elles)	eurent	été.

FUTUR SIMPLE.

Je	serai.
Tu	seras.
Il (elle)	sera.
Nous	serons.
Vous	serez.
Ils (elles)	seront.

FUTUR ANTÉRIEUR.

J'	aurai	été.
Tu	auras	été.
Il (elle)	aura	été.
Nous	aurons	été.
Vous	aurez	été.
Ils (elles)	auront	été.

Mode Conditionnel.

PRÉSENT.		PASSÉ (1re forme).	
Je	serais.	J'	aurais *été.*
Tu	serais.	Tu	aurais *été.*
Il (elle)	serait.	Il (elle)	aurait *été.*
Nous	serions.	Nous	aurions *été.*
Vous	seriez.	Vous	auriez *été.*
Ils (elles)	seraient.	Ils (elles)	auraient *été.*

PASSÉ (2e forme).

J'	eusse *été.*	Nous	eussions *été.*
Tu	eusses *été.*	Vous	eussiez *été.*
Il (elle)	eût *été.*	Ils (elles)	eussent *été.*

Mode Impératif.

PRÉSENT.			PASSÉ.		
Sing.	2e *pers.* Sois.		*Sing.*	2e *pers.* aie *été.*	
Plur.	1re *pers.* Soyons.		*Plur.*	1re *pers.* ayons *été.*	
	2e *pers.* Soyez.			2e *pers.* ayez *été.*	

Mode Subjonctif.

PRÉSENT.		PASSÉ.	
Que je	sois.	*Que* j'	aie *été.*
Que tu	sois.	*Que* tu	aies *été.*
Qu' il (elle)	soit.	*Qu'* il (elle)	ait *été.*
Que nous	soyons.	*Que* nous	ayons *été.*
Que vous	soyez.	*Que* vous	ayez *été.*
Qu' ils (elles)	soient.	*Qu'* ils (elles)	aient *été.*

IMPARFAIT.		PLUS-QUE-PARFAIT.	
Que je	fusse.	*Que* j'	eusse *été.*
Que tu	fusses	*Que* tu	eusses *été.*
Qu' il (elle)	fût.	*Qu'* il (elle)	eût *été.*
Que nous	fussions.	*Que* nous	eussions *été.*
Que vous	fussiez.	*Que* vous	eussiez *été.*
Qu' ils (elles)	fussent.	*Qu'* ils (elles)	eussent *été.*

Mode Infinitif.

PRÉSENT : Être. | PASSÉ : Avoir *été.*

Mode Participe.

PRÉSENT : Étant. | PASSÉ : Été, ayant *été.*

II. — FORMATION DES TEMPS COMPOSÉS.

(Exercices 251 à 258.)

VERBES TRANSITIFS A LA VOIX ACTIVE.

Mode Indicatif.

PRÉSENT.	J'ai	PASSÉ INDÉFINI.	J'ai	aimé,
IMPARFAIT.	J'avais	PLUS-QUE-PARFAIT.	J'avais	fini,
PASSÉ DÉFINI.	J'eus	PASSÉ ANTÉRIEUR.	J'eus	reçu,
FUTUR SIMPLE.	J'aurai	FUTUR ANTÉRIEUR.	J'aurai	rendu.

Mode Conditionnel.

| PRÉSENT. | J'aurais | PASSÉ. | J'aurais ou j'eusse | aimé, fini, reçu, rendu. |

Mode Impératif.

| PRÉSENT. | Aie | PASSÉ. | Aie | aimé, fini, reçu, rendu. |

Mode Subjonctif.

| PRÉSENT. | Que j'aie | PASSÉ. | Que j'aie | aimé, |
| IMPARFAIT. | Que j'eusse | PLUS-QUE-PARFAIT. | Que j'eusse | fini, reçu, rendu. |

Mode Infinitif.

| PRÉSENT. | Avoir | PASSÉ. | Avoir | aimé, fini, reçu, rendu. |

Mode Participe.

| PRÉSENT. | Ayant | PASSÉ. | Ayant | aimé, fini, reçu, rendu. |

203. — Règle. — On forme les **temps composés** d'un verbe avec le participe passé de ce verbe précédé des temps simples de l'auxiliaire.

204. — Tous les verbes **transitifs** emploient l'auxiliaire **avoir** dans la formation de leurs temps composés.

VERBES INTRANSITIFS A LA VOIX ACTIVE.

VOYAGER.	ARRIVER.
Mode indicatif.	**Mode indicatif.**
PASSÉ INDÉFINI : j'ai voyagé	PASSÉ INDÉFINI : je suis arrivé
PASSÉ ANTÉRIEUR : j'eus voyagé	PASSÉ ANTÉRIEUR : je fus arrivé
PLUS-QUE-PARFAIT : j'avais voyagé	PLUS-QUE-PARFAIT : j'étais arrivé
FUTUR ANTÉRIEUR : j'aurai voyagé	FUTUR ANTÉRIEUR : je serai arrivé
Mode conditionnel.	**Mode conditionnel.**
PASSÉ (1re forme) : j'aurais voyagé	PASSÉ (1re forme) : je serais arrivé
PASSÉ (2e forme) : j'eusse voyagé	PASSÉ (2e forme) : je fusse arrivé
Mode impératif.	**Mode impératif.**
PASSÉ : aie voyagé	PASSÉ : sois arrivé
Mode subjonctif.	**Mode subjonctif.**
PASSÉ : que j'aie voyagé	PASSÉ : que je sois arrivé
PLUS-QUE-PARFAIT : que j'eusse voyagé	PLUS-QUE-PARFAIT : que je fusse arrivé
Mode infinitif.	**Mode infinitif.**
PASSÉ : avoir voyagé	PASSÉ : être arrivé
Mode participe.	**Mode participe.**
PASSÉ : ayant voyagé	PASSÉ : étant arrivé

205. — Règle. — Parmi les verbes **intransitifs**, certains prennent l'auxiliaire **avoir** et se conjuguent à la voix active comme les verbes **transitifs**; d'autres prennent l'auxiliaire **être**.

Les verbes intransitifs *aller, arriver, échoir, décéder, éclore, mourir, naître, venir, devenir, parvenir, revenir,* se conjuguent toujours avec l'auxiliaire **être**.

REMARQUE IMPORTANTE.

206. — Le mot *neutre* veut dire **ni l'un, ni l'autre**; les verbes *intransitifs* n'étant ni **actifs**, ni **passifs**, sont quelquefois appelés *neutres*. Ce nom ne vaut rien; les mots **actifs**, **passifs**, **pronominaux** désignent les *voix* ou formes de la conjugaison; les mots *transitif, intransitif* désignent les *espèces* et, par conséquent, la *nature* des verbes.

Ire ANNÉE   **237. — I. — Conjuguer le verbe avoir aux temps indiqués.**

II. — Mettre au pluriel les verbes en italiques.

I. — PRÉSENT : *avoir* (du courage). PASSÉ DÉFINI : *avoir* (raison). IM-PARFAIT : *avoir* (de bons parents). FUTUR : *avoir* (du succès.)

II. — J'*ai* une curiosité extrême d'entendre vos aventures. Il *avait* pour petite table un bureau. Tu *as* besoin de voyager. J'*aurai* une volonté ferme. Il *a* une chevelure noire et le nez aquilin. Tu *eus* bien des difficultés à surmonter. La bonne action *aura* sa récompense. J'*avais* beaucoup de respect pour mes parents. Tu *auras* la vérité pour guide. J'*eus* le bonheur de réussir. Tu *avais* soin de tes livres. Le bœuf de travail *a* les jambes courtes et le jarret large. J'*avais* des habitudes d'ordre et de propreté. Il *aura* de la déférence pour les vieillards. Tu *as* besoin d'un ferme soutien. Le général victorieux *eut* les honneurs du triomphe.

239. — I. — Conjuguer le verbe avoir aux temps indiqués.

II. — Mettre au singulier les verbes en italiques.

I. — PRÉSENT DU CONDITIONNEL : *avoir* (de l'espoir). PRÉSENT DU SUB-JONCTIF : *avoir* (de la fortune). PRÉSENT DE L'IMPÉRATIF : *avoir* (confiance). IMPARFAIT DU SUBJONCTIF : *avoir* (tort).

II. — Avec de la bonne volonté, vous *auriez* toujours assez de moyens. *Ayez* toujours bon caractère. Il faut que vous *ayez* de l'audace. On désirait qu'ils *eussent* une conduite irréprochable. S'ils *avaient* bien soin de se couvrir, ils n'*auraient* pas à craindre la fraîcheur du soir. Le maître veut que ses chevaux *aient* une nourriture suffisante et saine. *Ayez* confiance en l'avenir. Je voudrais que vous *eussiez* une santé robuste. Ces grands coupables ne méritent pas que nous *ayons* pitié d'eux. Vous *auriez* bientôt raison des obstinés en employant la persuasion. Ils *auraient* tort de se laisser aller au désespoir.

241. — I. — Conjuguer le verbe avoir aux temps composés.

II. — Dire à quel mode et à quel temps le verbe avoir se trouve.

I. — *Avoir* (de la persévérance). *Avoir* (bon cœur). *Avoir* (de l'énergie).

II. — Louis XIV n'*aurait* presque pas *eu* de défauts, s'il *avait été* mieux élevé et s'il *avait eu* un peu plus d'esprit. (MONTESQUIEU.) Il faut que vous *ayez eu* de la persévérance pour mener à bonne fin cette entreprise. La grand'mère *avait eu* soin du pauvre orphelin. Ayons toujours pour guide les exemples de nos vertueux parents. Jenner *a eu* la gloire de découvrir la vaccine. Au milieu de tout ce bruit, vous *eussiez eu* toutes les peines du monde à vous faire entendre. S'ils *ont eu* un tort, ils l'ont payé de leur vie. Louis XIV, qui *avait* eu toute sa vie une grâce majestueuse, l'*eut* aussi dans la mort. (MICHELET.) Mathieu Molé *a eu* par-dessus tout l'amour de la justice et l'indépendance du juge. Vous *eussiez eu* peur de me voir au milieu des bandits. (VOITURE.) Mon père *avait eu* trois duels en entrant au régiment.

238. — **Employer, *a, as*, formes du verbe avoir, ou *à*, mot invariable.**   **IIᵉ ANNÉE**

Chacun ..... ses peines: rois, bergers, chiens, moutons. (Voltaire.) Les écueils mouvants qu'on ..... | ..... craindre se distinguent ..... peine. La fable consiste ..... peindre les travers des hommes. Le troupeau se rassemble ..... la voix du berger. (A. Chénier.) Le peuple ..... une expression énergique pour peindre cette langueur d'âme qu'on éprouve hors de sa patrie. Il dit : « Cet homme ..... le mal du pays. » (Chateaubriand.) Tu ..... l'amour du devoir. Celui qui ..... conscience d'avoir bien mérité de son pays porte avec lui la récompense de ses services. (Mirabeau.) ..... son âge, l'enfant ..... besoin de tout le monde et ne peut guère rendre de service ..... personne. C'est une folie d'employer son argent ..... acheter un repentir. (Franklin.) Tu veux cesser de vivre ? Mais je voudrais bien savoir si tu ..... déjà commencé ? (J.-J. Rousseau.)

240. — **Employer les formes du verbe avoir : *ai, aie, aies, ait, aient*.**

Monte ton horloge, ... l'œil ouvert sur le cadran, règle bien tes occupations. (P. Joigneaux.) La cataracte du Niagara est la plus forte chute d'eau qu'il y ..... au monde. Je tiens pour impossible que les grandes monarchies de l'Europe ..... encore longtemps à durer. (J.-J. Rousseau.) ....., du sang-froid en présence du danger. Il faut que tu ..... la conscience droite et pure. Il n'y a pas jusqu'à la discipline qui n'..... son charme. Quoique les nègres ..... peu d'esprit, ils ne laissent pas d'avoir beaucoup de sentiment. (Buffon.) ..... le courage de dire ce que tu penses. Je n'..... pas la prétention d'être meilleur qu'un autre. (Michelet.) La tendresse que j'..... pour mon petit espalier me fait craindre pour lui le froid de la nuit. (Rollin). Il faut que le diamant ..... de la pureté pour avoir une grande valeur.

Quoi que l'heure présente ..... de trouble et d'ennui,
Je ne veux pas mourir encore. (A. Chénier.)

242. — **Employer convenablement les formes du verbe avoir : *eus, eut, eût ; — eusse, eusses, eussent*.**

Le premier ouvrage de Montesquieu ..... un immense succès. Papin est le premier qui ..... l'idée d'employer la vapeur comme force motrice. J'..... pitié des oiseaux, j'ai pitié des hommes. (Brizeux.) Louis XIV ..... pour le guider les ministres les plus laborieux qu'il fût. Moi, seigneur, que j'..... une âme si traîtresse! (Corneille.) Racine ..... le bonheur de se lier avec Molière et Boileau. Il était quand je l'..... de grosseur raisonnable. (La Fontaine). Je ne me suis jamais aperçu que j'..... moins de naissance qu'un autre, ni que les autres en ..... plus que moi. (B. de Saint-Pierre.) Si je pouvais faire en sorte que tout le monde ..... de nouvelles raisons pour aimer ses devoirs, sa patrie, ses lois, je me croirais le plus heureux des hommes. (Montesquieu.) Il semblait que ces déserts n'..... plus rien de sauvage. (Fénelon.) Un si grand coupable méritait-il que tu ..... pitié de lui ?

   243. — **I.** — Conjuguer le verbe être aux temps indiqués.
　　　　　　　　II. — Mettre au pluriel les verbes en italiques.

I. — Présent de l'indicatif : *être* (en voyage). Passé défini : *être* (en bonne santé). Imparfait : *être* (malade). Futur : *être* (prudent).

II. — Le lapin domestique *est* plus gros que le lapin de garenne. J'*étais* encore dans la forêt quand la nuit me surprit. Tu *seras* libre toute la journée. Je *suis* puissant, mais je *suis* juste. Tu *es* un ingrat, tu le *fus* toujours. Je *serai* trop heureux si vous acceptez mon invitation. L'ennemi *était* généreux après la victoire. Je *fus* bienveillant pour mes camarades. L'enfant insoumis *sera* la cause du désespoir de sa famille. Tu *étais* bien jeune quand tu *fus* orphelin. Je *serai* ferme et persévérant dans l'adversité. L'habitant de Paris *est* d'une curiosité qui va jusqu'à l'extravagance. (Montesquieu.) Je sais que le pauvre *est* mon frère.

245. — **I.** — Conjuguer le verbe être aux temps indiqués.
　　　　　　　II. — Mettre au singulier les verbes en italiques.

I. — Présent du conditionnel : *être* (diligent). Présent du subjonctif : *être* (discret). Présent de l'impératif : *être* (raisonnable). Imparfait du subjonctif : *être* (attentif).

II. — Il importe que nous *soyons* polis envers tout le monde. Vous *seriez* des ingrats en agissant de la sorte. Le maître exige que les écoliers *soient* studieux. *Soyez* prévenants pour vos camarades. Nous *serions* plus écoutés en parlant moins. Sans les oiseaux, les récoltes *seraient* la proie des insectes. Il était nécessaire que les plantes *fussent* à l'abri de la gelée. Je demande que vous *soyez* attentifs. Je voudrais que vous *fussiez* le premier à reconnaître vos torts. *Soyez* compatissants envers ceux qui souffrent. Que vos actions *soient* toujours conformes aux lois de la morale.

247. — **I.** — Conjuguer le verbe être aux temps composés.
　　　　　　　II. — Dire à quel temps et à quel mode le verbe être
　　　　　　　　　se trouve.

I. — *Être* (en peine). *Être* (content). *Être* (en voyage). *Être* (en repos).

II. — Il eût fallu que j'*eusse été* bien ingrat pour oublier le bien que vous m'avez fait. Au milieu des séditieux, le magistrat se montra aussi tranquille que s'il *eût été* sur son tribunal. Si Olivier de Serres n'*avait été* que gentilhomme, son nom serait oublié ; il *a été* laboureur actif et éclairé, il mérite vénération et reconnaissance. La foi avait toujours *été* grande dans notre famille. (Michelet.) Si ce n'était un blasphème de dire que quelqu'un, dans notre siècle, *a été* plus intrépide que Gustave-Adolphe et Condé, je dirais que ça *a été* Mathieu Molé. (De Retz.) Il s'imaginait qu'il *eût été* un héros s'il *eût habité* les forêts. (Fénelon.)

C'*eût été* justement l'affaire :
Tel fruit, tel arbre pour bien faire. (La Fontaine.)

244. — **Employer convenablement les formes du verbe être :**   IIe ANNÉE
es, est ; fus, fut.

Tu f.... mon ennemi même avant que de naître. (CORNEILLE.) Dis-
moi qui tu hantes, je te dirai qui tu e..... . Louis XIV f..... ingrat envers
Colbert, le peuple le f.... aussi. La botanique e..... l'étude d'un oisif
et paresseux solitaire. (J.-J. ROUSSEAU.) Le cheval e..... la plus noble
conquête que l'homme ait jamais faite. (BUFFON.) Tu e.... .malheureux
parce que tu e..... paresseux. Ce f..... le grand-père qui s'en alla le
premier. (MICHELET.) Un livre e..... une voix que l'on entend, une
voix qui vous parle. (E. LABOULAYE.) L'ennui e..... une maladie dont
le travail e..... le remède. La vieillesse de Corneille ne f..... pas heureuse. Le bois où l'animal sauvage e..... né e..... une patrie à laquelle il e..... fidèlement attaché. La fierté e..... l'attribut des
honnêtes gens. Un premier mouvement ne f..... jamais un crime.
(CORNEILLE.)

246. — **Employer convenablement les formes du verbe être :**
fut, fût ; — fusse, fusses, fussent.

Le premier vêtement de l'homme ..... la peau de l'animal tué dans
la forêt. Il n'y a rien que je ne ..... capable de faire pour ceux à qui
j'ai obligation. (Mme DE MAINTENON.) Seriez-vous heureux que le
bruit qui court ..... vrai ? Je ne puis douter qu'ils ne ..... les signaux
de détresse d'un navire en perdition. (B. DE SAINT-PIERRE.) Jamais
tu n'as fait une promesse que tu ne ..... prêt à tenir. Quel que
..... son égoïsme, Cromwell avait l'âme trop grande pour que la plus
haute fortune purement personnelle suffît à le satisfaire. (GUIZOT.)
Montesquieu ne ..... pas seulement un grand écrivain, ce ..... encore
un vrai sage, humain et bienfaisant. Quelque petits que ..... ces objets,
ils étaient dignes de mon attention, puisqu'ils avaient mérité celle de
la nature. (B. DE SAINT-PIERRE.) La première condition des assié-
geants ..... qu'on leur jetât le capitaine du haut du donjon.

248. — **Mettre les verbes être et avoir aux temps indiqués.**

Vous ne rendrez rien, et vous (*avoir*, futur) les trente mille pièces;
c'est vous qui aimez le mieux votre père. (VOLTAIRE.) Quels que (*être*,
subj. pr.) les humains, il faut vivre avec eux. On demande que nous
(*avoir*, subj. pr.) l'amour du devoir. Il faut que nous (*être*, subj. pr.)
dignes de nos ancêtres. (*Être*, impér.) justes et bons. On peut dire que le
chien est le seul animal dont la fidélité (*être*, subj. pr.) à l'épreuve.
(BUFFON.) Dans quelque situation que vous (*être*, subj. pr.), faites toujours votre devoir. (*Avoir*, imp.) le courage de dire notre pensée. (*Être*,
imp.) respectueux envers vos parents. (*Avoir*, imp.) compassion de
ceux qui vous tendent la main. J'ai pour principe que mieux vaut
une étoffe sans accrocs, fût-elle moins précieuse, qu'une plus riche
avec une reprise, si bien faite qu'elle (*être*, subj. pr.). (A. DUMAS.)

Iʳᵉ ANNÉE   249. — **Indiquer si les verbes avoir et être sont à un temps simple ou à un temps composé.**

I. — Vous serez insupportable si vous ne devenez humble. Ayez des amis, ne les achetez pas, méritez-les. Louis XIV a eu des généraux habiles pour le seconder. Racine eut plus que de la fortune, il eut la faveur d'un maître dont le regard était un bienfait. (VOLTAIRE.) Je donnerais tous mes joyaux pour n'avoir que vingt ans. (FÉNELON.)

II. — Quelque appétit que nous eussions, il nous fut impossible de toucher aux mets. La vérité est la seule chose ici-bas qui soit digne des soins et des recherches des hommes. (MASSILLON.) Toute puissance est faible à moins que d'être unie. (LA FONTAINE.) J'aurais été soldat, si je n'étais poète. (VICTOR HUGO.) Il n'y a que l'homme et le singe qui aient des cils aux deux paupières. (BUFFON.) Je voudrais voir inscrits les noms de ceux qui meurent pour la patrie sur des registres qui fussent comme la source de la gloire et de la noblesse. (MONTESQUIEU.)

251. — Distinguer les verbes transitifs.

I. — La voiture part. Je parcours ma chambre en chantant; je fais ma toilette, je sors. Le poêle ronfle doucement, et la petite lampe brille sur la table. Fermez les yeux sur les défauts d'autrui. Les cris redoublent dans le carrefour. Rentré chez moi, je trouve mon eau qui bout sur ma petite lampe. Perrette prétendait arriver sans encombre à la ville. L'esclave appartenait à son maître absolument comme un bœuf ou un cheval.

II. — Un gland tombe; le nez du dormeur en pâtit. (LA FONTAINE.) En général, le lion ne sort pas pendant le jour; aux premières ombres du crépuscule, il entre en campagne. Voici le soleil qui sort des brumes de l'hiver; le printemps annonce son approche; une brise amollie glisse sur les toits. (C. SOUVESTRE.) Il partit comme un trait, mais les élans qu'il fit furent vains, la tortue arriva la première. (LA FONTAINE.)

253. — I. — Conjuguer successivement à l'un des temps composés.
II. — Dire à quels temps sont les verbes en italiques.

I. — 1. *Ouvrir* (une porte). 2. *Arracher* (un arbre). 3. *Apercevoir* (son erreur). 4. *Vendre* (un champ). 5. *Remplir* (un réservoir). 6. *Cacheter* (une lettre).

II. — Je n'ai pas *fait* cent pas que je suis plus brisé que si j'*avais fait* dix lieues. Les deux gros lions s'enfuirent dès qu'ils *eurent aperçu* les chasseurs. La maison, vous l'*eussiez prise* pour un arsenal; ce n'étaient que fusils, pistolets, etc... (P.-LOUIS COURIER.) Il *a changé* les géants en moulins pour me dérober la gloire de les vaincre. (CERVANTÈS.) Le galant en *eût fait* volontiers un repas. (LA FONTAINE.) Les oiseaux de passage *ont* toujours *indiqué* les saisons. (VOLTAIRE.) Je demeurais quelquefois une heure dans une compagnie sans qu'on m'*eût regardé* et qu'on m'*eût mis* en occasion d'ouvrir la bouche. (MONTESQUIEU.) J'*ai vu* par sa valeur cent escadrons rompus. (CORNEILLE.)

250. — **Analyser les verbes être et avoir.**   II' ANNÉE

I. — Il suffisait pour le pleurer que je *fusse* son fils. Quand tu *seras* soldat, n'oublie pas que tu te dois à la patrie. *Sois* fidèle à tes engagements. Je partis sans lumière; si j'en *avais eu*, *ç'aurait* peut-être *été* pis encore. (J.-J. Rousseau.) *Étant* enfant, Vaucanson comprit seul la structure et le jeu des pièces d'une horloge. Le sanglier se tenait debout, mais chancelant sur ses quatre pattes, comme s'il *eût été* ivre. (A. Dumas.)

II. — Tout ce qui *est* matériel *est* pesant. L'écureuil nage très bien, quoiqu'il n'*ait* pas souvent occasion de le faire. Charles XII *a été* le premier qui *ait eu* l'ambition d'*être* conquérant sans *avoir* l'ambition d'agrandir ses États. (Voltaire.) C'*est* être damné que d'*avoir* à plaider; et la seule pensée d'un procès *serait* capable de me faire fuir aux Indes. (Molière.) Il semblait que ces déserts n'*eussent* plus rien de sauvage. (Fénelon.)

252. — **Distinguer les verbes transitifs et les verbes intransitifs ;**
faire connaître la voix.

Mort de Mirabeau.

Des pressentiments de mort se mêlaient à ses vastes projets et quelquefois en arrêtaient l'essor. Cependant sa conscience était satisfaite, l'estime publique s'unissait à la sienne et l'assurait que s'il n'avait pas encore fait le salut de l'État, il avait du moins assez fait pour sa propre gloire. Pâle et les yeux profondément creusés, il paraissait tout changé à la tribune et souvent il était saisi de défaillances subites; les excès de plaisir et de travail, les émotions de la tribune avaient usé en peu de temps cette existence. La Cour était alarmée, tous les partis étonnés. Une dernière fois il prit la parole à cinq reprises différentes, sortit épuisé et ne reparut point. Le lit de mort le reçut et ne le rendit qu'au Panthéon.   (Thiers.)

254. — **Mettre à la 2' pers. du sing., puis à la 1re pers. du pluriel.**

Le bon citoyen.

Je suis un bon citoyen ; et dans quelque pays que je fusse né, je l'aurais été tout de même. Je suis un bon citoyen, parce que j'ai toujours été content de l'état où je suis, que j'ai toujours approuvé ma fortune, que je n'ai jamais rougi d'elle, ni envié celle des autres. Je suis un bon citoyen, parce que j'aime le gouvernement où je suis né, sans le craindre, et que je n'en attends aucune faveur ; et je rends grâces au ciel de ce qu'ayant mis en moi de la médiocrité en tout, il a bien voulu mettre un peu de modération dans mon âme. Si je savais quelque chose qui me fût utile et qui fût préjudiciable à ma famille, je chercherais à l'oublier ; mais si je savais quelque chose qui fût utile à ma famille, et qui fût préjudiciable à ma patrie, je le repousserais comme un crime.   (Montesquieu.)

Iʳᵉ ANNÉE **255.** — I. — Conjuguer successivement à l'un des temps composés.

II. — Dire à quels temps sont les verbes en italiques.

I. — 1. *Rire* (bruyamment). 2. *Résider* (en province). 3. *Aboutir* (à un résultat). 4. *Suffire* (à ses besoins). 5. (*Voyager* avec plaisir). 6. *Périr* (par la fumée).

II. — La séance *a duré* plus d'une heure. Le soleil *avait brillé* durant toute la matinée. Ravi de ma bonne action, *j'aurais marché* sans toucher la terre, *j'aurais souri* à tous. (E. Souvestre.) Le paresseux *a vécu* sans songer qu'il vivait. (Fénelon.) Où l'armée royale *a passé*, on suit sa trace au vol des corbeaux. (Sardou.) Elle était gaie, et elle *eût babillé* volontiers au lieu de dormir. Si l'on en croit les savants, des animaux gigantesques *auraient existé* aux temps les plus reculés. Dumouriez *a* tristement *vieilli* loin de sa patrie. (Thiers.) Tout l'édifice de la monarchie *avait croulé* par la faute de ses chefs. (Mignet.)

257. — I. — Conjuguer successivement à l'un des temps composés.

II. — Dire à quels temps sont les verbes en italiques.

I. — 1. *Aller* (à l'école). 2. *Arriver* (en retard). 3. *Décéder* 'faute de soins). 4. *Déchoir* (de ses fonctions). 5. *Éclore* (bientôt). 6. *Mourir* (de frayeur).

II. — Un grand événement *est survenu* dans ma vie. J'aurais désiré que d'heureuses circonstances me *fussent venues* en aide. L'hirondelle *était revenue* de la provision, le bec plein d'insectes pour ses petits. Si la mer avait été calme, nous *serions allés* nous promener en barque. La cigale se trouva fort dépourvue quand la bise *fut venue*. (La Fontaine.) Ceux qui *sont morts* pour la patrie ont rendu leur nom glorieux. J'étais comme un enfant qui, construisant un château de cartes, en *est arrivé* au troisième étage. Comment l'aurais-je fait, si je n'*étais* pas *né*? (La Fontaine.) La persévérance a toujours été ma devise ; sans elle, je ne *serais arrivé* à rien. (Stephenson.)

259. — Indiquer si les verbes avoir et être sont auxiliaires ou non.

I. — Les belles soirées sont revenues, la foule a repris ses promenades sur les quais, sur les boulevards. Nous sommes à Paris depuis un mois, et nous avons toujours été dans un mouvement continuel. (Montesquieu.) J'ai ouï raconter du roi des choses qui tiennent du prodige. (Montesquieu.) Il semble que la nature ait employé la règle et le compas pour peindre la robe du zèbre. (Buffon.)

II. — Les bateliers du Weser eurent la barbarie de mettre en pièces le bateau de Papin. Orphelin presqu'à sa naissance, Hoche n'eut d'autre éducation que celle qu'il se donna lui-même. (Michelet.) Le peuple qui a les meilleures écoles est le premier entre les peuples. (Montesquieu.) N'est-ce pas un beau dessein que de travailler à laisser après nous les hommes plus heureux que nous ne l'avons été ? (Montesquieu.)

256. — **Conjuguer les verbes intransitifs suivants à la 1re pers.** II° ANNÉE
du sing., au passé défini et au futur antérieur alternativement.

1. — *Nuire* (à sa réputation). *Mourir* (de chagrin). *Flotter* (dans
l'air). *Nager* (avec adresse). *Arriver* (à l'improviste). *Grimper* (aux
arbres). *Venir* (au secours). *Voyager* (en chemin de fer). *Gazouiller*
(dans les bosquets). *Bouillir* (d'impatience). *Tomber* (dans un piège).
Retentir (du bruit des échos). *Camper* (dans le désert). *Convenir* (d'une
affaire).

II. — *Luire* (au soleil). *Aller* (en promenade). *Résister* (aux intem-
péries). *Décéder* (par suite d'imprudence). *Croître* (en sagesse). *Marcher* (au pas). *Rire* (aux éclats). *Rester* (dans sa famille). *Hésiter* (à
prendre une résolution). *Naître* (pauvre). *Partir* (sur-le-champ). *Déchoir* (de son poste). *Vieillir* (loin du pays). *Éclore* (rapidement).

258. — **Mettre chacun des verbes en italiques au temps indiqué.**

Les hirondelles (*revenir*, futur antérieur) au printemps. L'égalité
dans la famille n'(*exister*, passé indéfini) pas toujours en France. La
bête fauve (*tomber*, passé indéfini) dans le piège qu'on lui avait tendu.
On craignait le malheur avant qu'il (*arriver*, imparfait du subjonctif). Sans votre aide je (*tomber*, conditionnel passé). Un bruit
d'hommes et de chevaux (*succéder*, plus-que-parfait de l'indicatif)
au silence. Et le drôle (*laper*, passé antérieur), le tout en un moment. On (*lever*, conditionnel passé) la séance, si le tumulte (*conti-
nuer*, plus-que-parfait de l'indicatif). Les ennemis (*entrer*, conditionnel passé) dans nos murs sans l'héroïque défense de nos braves soldats. La neige laisse en disparaissant le sol couvert d'herbes abon-
dantes qui (*végéter*, passé indéfini) sous son abri. Combien d'hommes
admirables et qui avaient de beaux génies (*mourir*, passé indéfini)
sans qu'on en (*parler*, imparfait du subjonctif) jamais.

260. — **Indiquer si les verbes avoir ou être sont auxiliaires ou non.**

Antiques vertus du peuple romain.

Il n'y eut jamais de peuple où la frugalité, où l'épargne, où la pauvreté *aient été* plus longtemps en honneur. Les sénateurs les plus
illustres, à ne regarder que l'extérieur, *n'avaient* d'éclat ni de majesté
qu'en public et dans le sénat. Du reste, on les trouvait occupés du labourage et des autres soins de la vie rustique, quand on les allait quérir
pour commander les armées. Ces exemples *sont* fréquents dans l'histoire romaine : Curius et Fabricius, ces grands capitaines qui vain-
quirent Pyrrhus, un roi si riche, *n'avaient* que de la vaisselle de terre,
et le premier, à qui les Samnites en offraient d'or et d'argent, répon-
dit que son plaisir *n'était* pas d'en *avoir*, mais de commander à qui en
avait. Après *avoir* triomphé et enrichi la république des dépouilles de
ses ennemis, il *n'avait* pas de quoi se faire enterrer. Ainsi les richesses
étaient méprisées : la modération et l'innocence des généraux romains
faisaient l'admiration des peuples vaincus.

(BOSSUET.)

5***

CHAPITRE IX.

CONJUGAISONS DIVERSES

I. — VOIX PASSIVE.

(Exercices 261 à 264.)

I. — VOIX ACTIVE.   **II. — VOIX PASSIVE.**

I. — VOIX ACTIVE			II. — VOIX PASSIVE	
J'ai		*Je* suis		J'ai été	
J'eus		J'étais		J'eus été	
J'avais	*aimé*	*Je* fus		J'avais été	
J'aurai		*Je* serai		J'aurai été	
J'aurais	*fini*	*Je* serais	*frappé*	J'aurais été	*frappé*
J'eusse		sois		aie été	
Que j'aie	*reçu*	*Que je* sois		*Que j'aie* été	
Que j'eusse		*Que je* fusse		*Que j'eusse* été	
avoir	*rendu*	être		avoir été	
ayant		étant		ayant été	

207. — **Remarques.** — A tous les temps composés des quatre conjugaisons de la *voix active*, le verbe se conjugue avec l'auxiliaire **avoir**.

A la *voix passive*, il n'y a pas de temps *simples*. Tous les temps sont *composés* de l'auxiliaire **être** et du participe passé du verbe que l'on conjugue.

❋

Les Français **ont pris** *Alger*.
Alger **a été prise** *par les Français*.

208. — A la *voix passive*, le verbe reste transitif; seulement la *transition* ou le passage de l'action se fait en sens inverse, c'est-à-dire du complément indirect au sujet.

On peut toujours faire passer un verbe transitif de la voix active à la voix passive, ou réciproquement, sans altérer le sens de la proposition.

209. — Tous les verbes *transitifs* ont la *voix passive* ; aucun verbe *intransitif* ne peut avoir cette voix.

PROCÉDÉS.

Jeanne d'Arc **a vaincu** *les Anglais.*
Les Anglais **ont été vaincus** *par Jeanne d'Arc.*

210. — Pour faire passer un verbe de la voix active à la voix passive, il faut changer le sujet en complément indirect, et le complément direct en sujet.

※

Jeanne d'Arc **a été brûlée** *par les Anglais.*
Les Anglais **ont brûlé** *Jeanne d'Arc.*

211. — Pour faire passer un verbe de la voix passive à la voix active, il faut changer le sujet en complément direct, et le complément indirect en sujet.

VERBE TRANSITIF FRAPPER,
A LA VOIX PASSIVE.

Mode Indicatif.

PRÉSENT :	je suis	frappé, etc.	PASSÉ INDÉFINI :	j'ai	été frappé, etc.
IMPARFAIT :	j'étais	frappé, etc.	PASSÉ ANTÉRIEUR :	j'eus	été frappé
PASSÉ DÉFINI :	je fus	frappé, etc.	PLUS-QUE-PARFAIT :	j'avais	été frappé
FUTUR :	je serai	frappé, etc.	FUTUR ANTÉRIEUR :	j'aurai	été frappé

Mode Conditionnel.

PRÉSENT :	je serais	frappé, etc.	PASSÉ :	1ʳᵉ forme j'eusse	été frappé
				2ᵉ forme j'aurais	été frappé

Mode Impératif.

PRÉSENT :	sois	frappé	PASSÉ :	aie	été frappé

Mode Subjonctif.

PRÉSENT	que je sois frappé	PASSÉ :	que j'aie été frappé
IMPARFAIT :	que je fusse frappé	PLUS-QUE-PARFAIT :	que j'eusse été frappé

Mode Infinitif.

PRÉSENT :	être	frappé	PASSÉ :	avoir été frappé

Mode Participe.

PRÉSENT	étant	frappé	PASSÉ :	ayant été frappé

II. — VOIX PRONOMINALE.

(Exercices 265 à 268.)

LES DEUX PRONOMS.

Je me *lave (moi).*
Je me *donne des coups (à moi).*

212. — A la *voix pronominale,* le verbe se conjugue avec *deux pronoms personnels* de la même personne, dont le premier est *sujet,* le second, *complément direct* ou *indirect* du verbe; ces pronoms sont *inséparables* et précèdent toujours le verbe aux temps simples, et l'auxiliaire aux temps composés.

❀

*L'*enfant *se lave ; —* il *se lave.*
Les enfants *se lavent; —* ils *se lavent.*

213. — Aux troisièmes personnes, le sujet peut être un *nom* ou un *pronom.*

❀

Je me *lave; —* je le *lavè.*

214. — Pour qu'un verbe soit à la *voix pronominale,* il faut qu'il soit conjugué avec deux pronoms de la même personne; ainsi *je le lave* n'est pas à la voix pronominale, parce que le pronom sujet *je* est de la première personne et le pronom complément *le* de la troisième.

❀

Il le *lave.*

215. — Il ne suffit pas que les pronoms soient de la même personne; il faut encore que le sujet fasse l'action sur lui-même; ainsi, *il le lave* n'est pas à la voix pronominale, parce que le sujet *il* ne se lave pas lui-même.

CARACTÈRES DE LA VOIX PRONOMINALE.

216. — **Règle.** — Pour qu'un verbe soit à la *voix pronominale,* il ne suffit pas que les deux pronoms soient de la même personne, il faut encore que le sujet *fasse* et *reçoive* l'action, c'est-à-dire que le sujet et le complément soient un seul et même individu.

LES DEUX ESPÈCES DE VERBES PRONOMINAUX.

(*Exercice 268*.)

Explication. — On dit bien : *je frappe le mur, je me frappe,* c'est-à-dire que le verbe *frapper* peut se conjuguer à la voix active et à la voix pronominale. Mais il n'en est pas de même de certains verbes, comme *se repentir ;* on dit bien : *je me repens,* mais on ne peut pas dire *je repens quelqu'un* ou *quelque chose.* Ces verbes ne peuvent donc se conjuguer qu'à la voix pronominale.

247. — **Définitions.** — On appelle verbes **essentiellement pronominaux** ceux qui ne peuvent se conjuguer qu'à la voix pronominale. On appelle verbes **accidentellement pronominaux** ceux qui se conjuguent tantôt à la voix pronominale, tantôt à la voix active. On dira, par exemple :

Je **frappe;** — *je* me **frappe.**
Je **lave ;** — *je* me **lave.**

je me **suis**		*je me* **suis**	
je m' **étais**		*je m'* **étais**	
je me **fus**		*je me* **fus**	
je me **serai**		*je me* **serai**	
je me **serais**	*lavé*	*je me* **serais**	*repenti*
je me **fusse**		*je me* **fusse**	
»		»	
que je me **sois**		*que je me* **sois**	
que je me **fusse**		*que je me* **fusse**	
*s'*être		*s'*être	
*s'*étant		*s'*étant	

248. — **Règle I.** — Les deux espèces de verbes pronominaux se conjuguent exactement de la même manière.

249. — **Règle II.** — A leurs *temps composés,* tous les verbes **accidentellement** ou **essentiellement pronominaux** prennent l'auxiliaire être.

VERBES TRANSITIFS A LA VOIX PRONOMINALE.

MODÈLE : **SE LAVER.**

Mode Indicatif.

PRÉSENT.

Je me lave.

PASSÉ INDÉFINI.

Je me suis lavé.

IMPARFAIT.

Je me lavais.

PASSÉ ANTÉRIEUR.

Je me fus lavé.

PASSÉ DÉFINI.

Je me lavai.

PLUS-QUE-PARFAIT.

Je m'étais lavé.

FUTUR SIMPLE.

Je me laverai.

FUTUR ANTÉRIEUR.

Je me serai lavé.

Mode Conditionnel.

PRÉSENT.

Je me laverais.

PASSÉ.

1re forme. Je me serais lavé.
2e forme. Je me fusse lavé.

Mode Impératif.

PRÉSENT.

Lave-toi.

PASSÉ.

(*N'existe pas.*)

Mode Subjonctif.

PRÉSENT.

Que je me lave.

PASSÉ.

Que je me sois lavé.

IMPARFAIT.

Que je me lavasse.

PLUS-QUE-PARFAIT.

Que je me fusse lavé.

Mode Infinitif.

PRÉSENT.

Se laver.

PASSÉ.

S'être lavé.

Mode Participe.

PRÉSENT.

Se lavant.

PASSÉ.

S'étant lavé.

VERBES INTRANSITIFS A LA VOIX PRONOMINALE.

Nuire (*à quelqu'un*).
Parler (*à quelqu'un*).
Je me **nuis** (*à moi*).
Je me **parle** (*à moi*).

220. — **Règle.** — Quelques verbes intransitifs ont la voix pronominale. Les verbes **intransitifs** qui peuvent avoir un complément indirect sont les seuls qui se conjuguent à la **voix pronominale.**

CONJUGAISON.

VERBE TRANSITIF **LAVER.**	VERBE INTRANSITIF **PARLER.**
Temps simples.	*Temps simples.*
Je me **lave** (moi).	Je me **parle** (à moi).
Je me **lavais.**	Je me **parlais.**
Je me **lavai.**	Je me **parlai.**
Je me **laverai.**	Je me **parlerai.**
Je me **laverais.**	Je me **parlerais.**
Lave-toi.	**Parle**-toi.
Que je me **lave.**	Que je me **parle.**
Que je me **lavasse.**	Que je me **parlasse.**
Se **laver.**	Se **parler.**
Se **lavant.**	Se **parlant.**
Temps composés.	*Temps composés.*
Je me **suis** lavé.	Je me **suis** parlé.
Je me **fus** lavé.	Je me **fus** parlé.
Je m'**étais** lavé.	Je m'**étais** parlé.
Je me **serai** lavé.	Je me **serai** parlé.
Je me **serais** lavé.	Je me **serais** parlé.
Je me **fusse** lavé.	Je me **fusse** parlé.
Que je me **sois** lavé.	Que je me **sois** parlé.
Que je me **fusse** lavé.	Que je me **fusse** parlé.
S'**être** lavé.	S'**être** parlé.
S'**étant** lavé.	S'**étant** parlé.

221. — **Règle.** — A la **voix pronominale,** les verbes **intransitifs** se conjuguent comme les verbes **transitifs.**

III. — VERBES IMPERSONNELS ou UNIPERSONNELS.

(Exercices 269 et 270.)

**Falloir, il faut, il fallait, il a fallu,
Il faudrait, il aurait fallu, etc.**

222. — Définition. — On appelle verbes **unipersonnels**
ou verbes **impersonnels** ceux qui à tous les temps n'ont
que la troisième personne du singulier.

REMARQUES.

Il **faut** *obéir.*

223. — I. — Dans les verbes *unipersonnels*, le pronom **il** ne représente pas une personne du discours ; on ne peut pas dire, par exemple : *Jean faut obéir.* **Il** est donc un pronom *impersonnel*, et c'est
pour cette raison qu'on appelle aussi *impersonnels* les verbes qui sont
précédés de ce pronom.

⁂

Il *faut, il importe, il neige.*
Il *arrive un malheur.*
Il *fait de l'orage,*
Il *gèle à pierre fendre.*

224. — II. — Il y a deux espèces de verbes impersonnels, ceux qui
le sont *essentiellement* et ne peuvent avoir pour sujet que le pronom
impersonnel *il*, comme : *falloir, importer, neiger*, etc., et ceux qui ne
le sont qu'*accidentellement*, comme : *arriver, faire, geler*, etc.

Le Sujet.

(Exercice 270.)

Il convient *de parler (Parler convient).*
Il arrive *un malheur (Un malheur arrive).*
Il tombe *de la neige (De la neige tombe).*

225. — Dans les verbes impersonnels, le pronom **il** n'est que
le *sujet apparent*; le *sujet réel* est souvent après le verbe.

VERBE IMPERSONNEL ou UNIPERSONNEL
MODÈLE : **FALLOIR.**

Mode Indicatif.

PRÉSENT.	PASSÉ INDÉFINI.
Il faut.	Il a fallu.
IMPARFAIT.	PASSÉ ANTÉRIEUR.
Il fallait.	Il eut fallu.
PASSÉ DÉFINI.	PLUS-QUE-PARFAIT.
Il fallut.	Il avait fallu.
FUTUR.	FUTUR ANTÉRIEUR.
Il faudra.	Il aura fallu.

Mode Conditionnel.

PRÉSENT.	PASSÉ.
Il faudrait.	1re *forme*: Il aurait fallu. 2e *forme*: Il eût fallu.

Mode Impératif.
(*Néant.*)

Mode Subjonctif.

PRÉSENT.	PASSÉ.
Qu'il **faille**.	Qu'il **ait** fallu.
IMPARFAIT.	PLUS-QUE-PARFAIT.
Qu'il **fallût**.	Qu'il eût fallu.

Mode Infinitif.

PRÉSENT.	PASSÉ.
Falloir.	**Fallu**.

Mode Participe.

PRÉSENT.	PASSÉ.
»	Ayant fallu.

IV. — FORMES INTERROGATIVE ET NÉGATIVE.

(*Exercices 271 et 272.*)

Forme interrogative.

Je *frappe ;*   tu *frappes ;*   j'ai *frappé ;*   tu *as frappé.*
Frappé-je ?   *frappes*-tu ?   *ai*-je *frappé ?*   *as*-tu *frappé ?*

226. — Dans la forme interrogative, aux temps simples, le *pronom personnel sujet* se met **après le verbe**, et, aux temps composés, **après l'auxiliaire.** Il en est ainsi aux trois voix.

✳

Frappait-il ?   *frappe-t-il ?*   *frappa-t-il ?*   *a-t-il frappé ?*

227. — Dans la forme interrogative, le *pronom sujet* est uni au verbe par un **trait-d'union.** Les troisièmes personnes du singulier finissent, en général, par un **t** ; quand ce *t* final manque, on le remplace par un *t euphonique* entre deux traits d'union.

✳

Frappe-je ?   *frappé-je ?*   *eusse-je frappé ?*   *eussé-je frappé ?*

228. — Dans la forme interrogative, quand la première personne finit par un e muet, cet *e* prend l'accent aigu.

✳

Observation. — Aux modes *impératif* et *subjonctif*, le verbe ne peut prendre la forme interrogative. Il en est de même aux modes *impersonnels.*

Forme négative.

Je **ne** *comprends* **pas.**   Je n'ai **pas** *compris.*
Pierre **ne** *vous comprend* **pas.**   *Pierre* **ne** *vous a* **pas** *compris.*

229. — Dans la forme négative, aux temps simples, la première négation **ne** se place après le sujet ; la seconde **pas** après le verbe. Aux temps composés, la première se place après le sujet, la seconde, après l'auxiliaire.

VERBE **FRAPPER** CONJUGUÉ SOUS LA FORME
INTERROGATIVE

PRÉSENT.	IMPARFAIT.	PASSÉ INDÉFINI.

VOIX ACTIVE.

Frappé-je ?	Frappais-je ?	Ai-je frappé ?
Frappes-tu ?	Frappais-tu ?	As-tu frappé ?
Frappe-t-il ?	Frappait-il ?	A-t-il frappé ?
Frappons-nous ?	Frappions-nous?	Avons-nous frappé ?
Frappez-vous ?	Frappiez-vous ?	Avez-vous frappé ?
Frappent-ils ?	Frappaient-ils ?	Ont-ils frappé ?
		etc.

VOIX PASSIVE.

Suis-je frappé ?	Etais-je frappé ?	Ai-je été frappé ?
Es-tu frappé ?	Etais-tu frappé ?	As-tu été frappé ?
Est-il frappé ?	Etait-il frappé ?	A-t-il été frappé ?
Sommes-nous frappés ?	Etions-nous frappés ?	Avons-nous été frappés ?
Êtes-vous frappés ?	Etiez-vous frappés ?	Avez-vous été frappés ?
Sont-ils frappés ?	Etaient-ils frappés ?	Ont-ils été frappés ?
		etc.

VOIX PRONOMINALE,

Me frappé-je ?	Me frappais-je ?	Me suis-je frappé ?
Te frappes-tu ?	Te frappais-tu ?	T'es-tu frappé ?
Se frappe-t-il ?	Se frappait-il ?	S'est-il frappé ?
Nous frappons-nous ?	Nous frappions-nous ?	Nous sommes-nous frappés ?
Vous frappez-vous ?	Vous frappiez-vous ?	Vous êtes-vous frappés ?
Se frappent-ils ?	Se frappaient-ils ?	Se sont-ils frappés ?
		etc.

ANALYSE DU VERBE.

La terre **tourne** *autour du soleil.*

Tourne, 3ᵉ pers. sing. prés. mode indic. verbe intransitif **tourner,**
voix active, 1ʳᵉ conjugaison.

230. — **Méthode.** — Pour analyser le verbe, il faut en
indiquer la personne, le nombre, le temps, le mode, l'espèce, la voix et la conjugaison.

Iʳ ANNÉE

261. — Souligner les verbes à la voix passive

I. — L'éclair sillonne le nuage. Les flots sont soulevés par la tempête. La terre est jonchée de feuilles mortes. Le câprier est cultivé en grand en Provence. Chaque défaut nous prépare des souffrances particulières. Sans les oiseaux, les chenilles détruiraient les produits de nos jardins. Tous les accidents de mer, le flux et le reflux, sont prédits par les oiseaux.

II. — Charlemagne fut enterré à Aix-la-Chapelle, dans un tombeau que l'on fit murer. Le merle construit son nid dans les buissons, presque à ras de terre. Mon lit est placé de la façon la plus heureuse ; les premiers rayons du soleil viennent se jouer dans mes rideaux. (X. DE MAISTRE.) Sans l'existence d'une armée, nos maisons, nos propriétés seraient exposées aux invasions des étrangers. Le bœuf semble avoir été fait exprès pour la charrue. (BUFFON.)

263. — Changer l'actif en passif.

I. — Le cultivateur laboure la terre. Le renard dévaste le poulailler. Le colonel commande le régiment. Les chasseurs poursuivent l'ours. Le médecin soigne le malade. Le fleuve débordé a envahi le village. La tempête a englouti le navire. L'ingrat oublie les services reçus. Le mineur extrait le charbon de terre. Le chien de berger garde le troupeau. Le soldat exécutera l'ordre de l'officier.

II. — Le charretier attelle le cheval. La pluie a mouillé mon chapeau. La montre marque l'heure. Les troupeaux de moutons améliorent le sol. Le castor supporte facilement la captivité. Le singe contrefait les gestes et les attitudes de l'homme. Henri IV encouragea beaucoup l'industrie de la soie. L'écolier le plus appliqué a remporté le prix d'excellence. Les deux chambres, réunies en congrès, élisent le Président de la République. Ceux qui connaissent l'honnête homme l'estiment. Condé vainquit un corps d'armée espagnol à Rocroy.

265. — I. — Ecrire alternativement à l'un des temps simples de l'indicatif.
II. — Souligner les verbes à la voix pronominale.

I. — 1. *Se réjouir* (de ses succès). 2. *S'instruire* (de ses devoirs). 3. *Se corriger* (de ses défauts). 4. *S'appliquer* (au travail).

II. — Tu te flattes de réussir. Je me méfie des hypocrites. La troupe s'arrêta pour vaincre ou pour mourir. Compère le renard se mit un jour en frais. (LA FONTAINE.) Si vous parlez toujours, il faut que je me taise. (MOLIÈRE.) Les Francs, percés de nos dards, se roulent par terre et se débattent dans les angoisses de la douleur. (CHATEAUBRIAND.) Il se réjouissait à l'odeur de la viande. Le canon se faisait entendre, l'ennemi se montrait, soudain la fatigue était oubliée. (GÉNÉRAL FOY.) On s'abrite à son ombre, à sa tige on s'appuie. (V. HUGO.) Heureux celui qui retrouve le soir le foyer domestique et s'y assied au milieu des siens. (LAMENNAIS.)

262. — Changer l'actif en passif.   IIᵉ ANNÉE

Le vent *agite* le drapeau. Un nuage *cache* le soleil. Le cantonnier *sable* le chemin. La lecture sérieuse *fatigue* le paresseux. Un moineau *happa* au passage un pauvre scarabée. Les montagnes boisées *retiennent* les eaux. On *cultive* le houblon dans le nord et dans l'est de la France. On *utilise* la fourrure du lièvre pour la confection du feutre. On *surnomma* Bayard le « Chevalier sans peur et sans reproche. » La race noire *habite* le continent africain. La neige *couvre* le sommet des hautes montagnes. Petite pluie *abat* grand vent. Ravaillac *frappa* Henri IV d'un coup de couteau dans la poitrine. Le vice *dégrade* l'homme, mais le repentir le *purifie* et l'*élève*. La locomotive *entraîne* tous les wagons. Le maître *instruit* et *conseille* l'élève. Le soleil nous *éclaire* pendant le jour. On *colle* les vins rouges avec des blancs d'œufs. Le cheval de guerre *voit* le péril et l'*affronte*. (Buffon.) On peut *porter* l'économie dans une fête, quelque somptueuse qu'elle soit.

264. — Changer le passif en actif.

L'Amérique *fut découverte* par Christophe Colomb. La boussole *a été inventée* par les Chinois. La mer *est sillonnée* en tous sens par des embarcations. La pesanteur de l'air *fut constatée* par Galilée. Un terrain sans bois *est desséché* par le soleil. En Angleterre, d'innombrables journaux *sont lus* et *étudiés* par les cultivateurs. Les qualités de l'enfance *sont perfectionnées* par une bonne éducation. La grange entière *fut consumée* par l'incendie. Le petit bois *était traversé* par un ruisseau limpide. Plusieurs arbres *avaient été déracinés* par l'ouragan. L'individu *sera dégradé, avili, tué* par l'alcool. Notre héros *fut* bien *reçu* par les habitants des cabanes. Ces paroles *furent suivies* d'une nouvelle accolade. Notre grand mât *avait été brisé* la nuit par la foudre, et le mât de misaine avec notre unique voile *avait été emporté* le matin par le vent (B. de Saint-Pierre.) Lorsque j'arrivai, *je fus regardé* comme si *j'avais été* envoyé du ciel. (Montesquieu.)

266. — Souligner les verbes à la voix pronominale; indiquer s'ils sont transitifs ou intransitifs.

Je me ris des orgueilleux et des fats. La chasse était acharnée et les coups de fusil se succédaient sans interruption. Défiez-vous de deux traîtres : l'ennui et l'impatience. (Fénelon.) J'entends le gazouillement confus des hirondelles qui se sont emparées du toit de la maison. (X. de Maistre.) Les jours se suivent et ne se ressemblent pas. Souviens-toi que je suis le seul qui t'a déplu (Fénelon.) Le peuple romain s'est appliqué pendant cinq siècles à la conquête du monde; il a achevé son œuvre. L'homme de tous les temps se demande d'où il vient et où il va. (V. Duruy.) Pendant que les baraques s'élèvent, l'air retentit en mille endroits des coups de la hache et des cris des travailleurs. (Général Foy.) Toutes les choses de la nature se tiennent et se prouvent les unes les autres. (Malebranche.) Le temps perdu ne se répare point, ne se recouvre point. Les aigles s'élèvent jusque dans les nues et s'élancent comme la foudre sur toute proie qui peut les nourrir. (Fénelon.)

Ire ANNÉE 267. — I. — Ecrire alternativement à l'un des temps composés de l'indicatif.

II. — Souligner les pronoms compléments; indiquer la nature de ces compléments.

I. — 1. *Se moquer* (des sots). 2. *Se rafraîchir* (la bouche). 3. *S'ennuyer* (au logis). 4. *Se défendre* (contre la calomnie).

II. — Je me suis blessé à la figure et aux mains. Tu te fatigues inutilement. Nous nous étions rencontrés par hasard. Les deux adversaires se sont réconciliés sur le terrain. Importé d'Espagne à la fin du siècle dernier, le mérinos s'est répandu dans toutes les parties de la France. On l'accueille, on lui rit, partout il s'insinue. (MOLIÈRE.) Ils l'avalent des yeux, du doigt ils se la montrent. (LA FONTAINE.) Si je sortais, tout le monde se mettait aux fenêtres. (MONTESQUIEU.) On s'écrasait aux ponts pour passer les rivières. (V. HUGO.) Je ne me serais jamais imaginé que je dusse troubler le repos d'une grande ville où je n'étais point connu. (MONTESQUIEU.)

269. — Souligner tous les verbes impersonnels; dire s'ils sont essentiellement ou accidentellement impersonnels.

I. — Quand on a le malheur d'être poltron, il faut se guérir de sa poltronnerie et se garder de faire le brave. Il tonne fréquemment pendant les fortes chaleurs de l'été. Quand il neige dans la montagne, il est dangereux d'en suivre les sentiers. Il se prend plus de mouches avec du miel qu'avec du vinaigre. Il semble que Paris soit une ville capable de lasser le promeneur le plus infatigable. (TH. GAUTIER.)

II. — Il ne suffit pas de donner un louis d'or ou un morceau de pain, selon qu'on est riche ou pauvre, il faut en même temps donner un peu de son cœur. Il vient un temps où la vie décline, où les forces s'éteignent. Il y a de mauvais exemples qui sont pires que les crimes. (MONTESQUIEU.) Rien ne remplace le passé; il se forme mille liens délicats entre nous et les muets témoins de nos années écoulées. (BERSOT.) Il est bon de parler et meilleur de se taire. (LA FONTAINE.)

271. — Ecrire les verbes en italiques du 1er paragraphe à la forme négative et ceux du 2e paragraphe à la forme interrogative.

I. — *Fais* à autrui ce que tu *voudrais* qu'on te fît. Je *suis* robuste et je *suis* agile. *Laisse*-toi tromper par les apparences, si tu *veux* que tes joies se *changent* en douleurs. Si tu *fais* le mal, tu *éprouveras* des remords. L'homme qui *est* vertueux *a* de bons amis. Celui qui *passe* sa jeunesse dans l'indolence *perd* la plus agréable portion de sa vie. Si vous *êtes* économe, vous *serez* à l'abri du besoin.

II. — Le travail *est* un trésor. Nous *réussirons* dans nos projets. Tu *as* une affection profonde pour ta famille. Les loups *mangent* gloutonnement. Vous *respectez* la vieillesse. Les oiseaux *ont* le goût de la chasse et l'appétit de la proie. Nous *devons* imiter l'exemple des gens de bien. Tout flatteur *vit* aux dépens de celui qui l'écoute. Le roi Louis XI *abaissa* la puissance des seigneurs. La raison du plus fort *est* toujours la meilleure. (LA FONTAINE.)

268. — **Distinguer les verbes qui s'emploient essentiellement à la voix pronominale de ceux qu'on n'y trouve qu'accidentellement.**   IIe ANNÉE

Je me suis arrogé le droit de vous conseiller. Quand nous nous levons, les habitants de Tahiti se couchent. Le grand art du cultivateur est de faire se succéder sur une même terre des cultures diverses. Le loup s'empare du mouton, l'emporte au fond du bois et s'en repaît. L'aimable étranger me contait des choses si surprenantes que je me demandais à plusieurs reprises s'il ne se moquait pas de moi. (E. About.) Elle part, elle s'évertue, elle se hâte avec lenteur. (La Fontaine.) Les deux tiers de l'existence humaine se passent à hésiter, et le dernier tiers à se repentir. (Souvestre.) Je me rappelle que je me suspendais à des arbres tout jeunes, récemment plantés ; il y en a plusieurs qui se sont brisés ; on m'a beaucoup grondé et on a bien fait. Au printemps, lorsque tout se ranime, il sort de l'herbe un bruit qui s'élève comme un long murmure. (Lamennais.)

270. — **I.** — **Souligner les verbes impersonnels.**

II. — **Distinguer le sujet réel de chaque verbe impersonnel.**

Il est tombé de la neige toute la nuit. Il se trouve des fautes grossières dans votre devoir. Nous cherchâmes notre chemin tant qu'il fit jour, et il était nuit noire quand nous arrivâmes près d'une maison fort noire. (P.-L. Courier.) Chaque année, il est distribué aux pauvres des secours de vêtement et de chauffage. Il est des barrières plus hautes que les montagnes qui séparent les peuples ; ce sont les inimitiés insensées. (Bruno.) Il sort de ses yeux mourants je ne sais quoi de sombre et de farouche. (Massillon.) Il vaut mieux faire envie que pitié. Le hibou est un personnage réfléchi, philosophe, qui construit fort bien les raisonnements lorsqu'il s'agit d'une provision de souris. (Taine.) Sur toute la surface de la terre, il naît et meurt trois mille personnes par heure. (Chateaubriand.)

Il nous faudrait mille personnes
Pour éplucher tout ce canton. (La Fontaine.)

272. — **Mettre les phrases à la forme interrogative en faisant tous les changements nécessaires.**

Le mercure et l'alcool sont employés dans la fabrication du thermomètre. Les anciens ne connaissaient ni l'imprimerie ni la boussole. Je ne repousse jamais les conseils désintéressés. Le pic frappe les arbres de son bec et mange les insectes cachés sous l'écorce. Un frère est un ami donné par la nature. (Legouvé.) Le règne glorieux de Henri IV ne désarma pas les entreprises criminelles dirigées contre lui. Le nom de Jeanne d'Arc pourrait être écrit en lettres d'or sur la partie blanche de notre drapeau national. Il ne faut pas juger des gens sur l'apparence. (La Fontaine.) Nous naissons, nous vivons pour la société. (Boileau.) On récolte ce qu'on a semé. Un bienfait reproché tient toujours lieu d'offense. (Racine.) Le jardinier Le Nôtre planta les jardins de Versailles et des Tuileries.

CHAPITRE X.

LES TEMPS ET LES MODES

I. — LES TEMPS.

TEMPS PRINCIPAUX.

Explication. — Le temps est une suite de moments. Il n'y a que trois grandes divisions du temps : le **présent**, le **passé**, le **futur**. Tous les moments se placent nécessairement dans l'une de ces trois divisions, mais un moment ne peut pas être plus ou moins présent, tandis qu'il peut être plus ou moins passé, plus ou moins futur, c'est-à-dire plus ou moins éloigné ou rapproché du présent. *Hier* est plus près de nous qu'*avant-hier*, et *demain* qu'*après-demain*. Il en est de même des actions ; elles peuvent être successives dans le passé et le futur, mais non dans le présent.

Aussi, en grammaire, le verbe n'a-t-il qu'un temps présent, tandis qu'il a plusieurs temps passés et plusieurs temps futurs.

231. — **Définition.** — Les **temps** servent à indiquer les rapports chronologiques des actions entre elles.

EMPLOI DES TEMPS.

L'Imparfait.

Un agneau **se désaltérait**
Dans le courant d'une onde pure ;
Un loup **survient**.....

232. — **L'imparfait** sert à exprimer une action déjà commencée quand une autre commence.

Passé défini.

Un riche laboureur, sentant sa mort prochaine,
   Fit *venir ses enfants......*

Le laboureur *fit* venir ses enfants *au moment* où il sentit sa mort prochaine.

233. — Le **passé défini** s'emploie pour les actions dont le moment est déterminé *(défini).*

*

Passé indéfini.

Gardez-vous, leur dit-il, de vendre l'héritage
   Que nous **ont laissé** *nos parents....*

Le laboureur n'indique pas *le moment* où les parents ont *laissé* leur héritage à leurs enfants.

234. — Le **passé indéfini** s'emploie pour les actions dont le moment est indéterminé *(indéfini).*

*

Passé antérieur.

Quand Mirabeau **eut ouvert** *la bouche, l'assemblée fit silence.*

Les deux actions se sont suivies *immédiatement,* et celle de Mirabeau a été *antérieure* à celle de l'assemblée.

235. — Le **passé antérieur** sert à exprimer la première de deux actions successives et toutes deux passées.

*

Plus-que-parfait.

J'avais visité *l'Italie, avant de partir pour l'Espagne.*

Les deux actions sont toutes les deux passées, elles se sont succédé, mais pas *immédiatement.*

235 *bis.* — Le **plus-que-parfait** sert à exprimer la première de deux actions passées, mais dont la seconde n'a pas immédiatement suivi l'autre.

*

Futur antérieur.

Quand vous **aurez terminé** *votre devoir, vous vous* **amuserez.**

Les deux actions doivent se suivre, et celle de *terminer* son devoir sera *antérieure* à celle de *s'amuser.*

236. — Le **futur antérieur** sert à exprimer la première de deux actions successives et toutes deux futures.

6*

II. — LES MODES.

Explication. — Le verbe sert à affirmer le rapport qui existe entre l'attribut et le sujet ; ce rapport n'est pas toujours le même : la qualité, l'état, l'action qu'exprime l'attribut peuvent être présentés comme *certains*, ou *conditionnels*, ou *douteux*, ou *voulus*.

❊

Paul **vient** (*est venant*).

237. — **L'indicatif** présente l'action comme *certaine*.

❊

Paul **viendrait** (*serait venant*) *si on l'appelait.*

238. — **Le conditionnel** présente l'action comme soumise à une *condition*.

❊

Paul, **viens** (*sois venant*).

239. — **L'impératif** présente l'action comme *voulue*.

❊

Croyez-vous que Paul **vienne** (*soit venant*)?

240. — **Le subjonctif** présente l'action comme *douteuse*.

❊

Paul aime à **travailler** (*le travail*).

241. — **L'infinitif** exprime l'action purement et simplement.

❊

Paul **travaillant** *avec ardeur réussira.*

242. — **Le participe** se joint au nom comme l'adjectif.

243. — **Définition.** — **Le mode** est le pouvoir qu'a le verbe de présenter l'action avec des caractères différents.

L'INDICATIF

EMPLOI DES TEMPS.

Quand **partez-vous ?** (pour) *partirez-*vous ?
Il était *minuit ; tout à coup les éclairs* **brillent,**
l'orage **gronde.**
Je **plie** *et ne* **romps pas.**

244. — Le *présent de l'indicatif* s'emploie souvent au lieu du futur pour exprimer une action prochaine.

245. — Le *présent* s'emploie aussi au lieu du passé pour rendre l'action présente à l'esprit.

246. — Il s'emploie encore pour exprimer une habitude.

❊

Une minute et **j'ai fini** (pour) *j'aurai fini.*

247. — Le *passé indéfini* s'emploie souvent au lieu du futur antérieur, pour exprimer une action qui doit se faire si vite qu'on la tient pour déjà faite.

❊

Vous ne **volerez** *point* (pour) ne *volez* point.

248. — Le *futur* a parfois le sens du présent de l'impératif.

❊

Je **vois** *que Jules* **travaille.**

Je **voyais,** *je* **vis,** *j'ai* **vu** ⎱
(quand) *j'eus* **vu,** *j'avais* **vu** ⎰ *que Jules* **travaillait.**
(quand) *je* **verrai,** *j'aurai* **vu** *que Jules* **travaille.**

249. — **Règle.** — Quand les deux actions sont *simultanées,* si le premier verbe est au *présent,* le second s'y met aussi. Si le premier est à l'un des *cinq temps passés,* le second se met toujours à *l'imparfait.* Si le premier est à *l'un des deux futurs,* le second se met *au présent.*

❊

Je **crois** *qu'il* **a vu.**	*Je* **croyais** *qu'il* **avait vu.**
Je **crois** *qu'il* **verra.**	*Je* **croirai** *qu'il* **a vu**

250. — **Règle.** — Quand les deux actions ne sont pas simultanées, chacun des verbes se met au temps de l'action qu'il exprime.

❊

Je **crois**
J'ai toujours **cru** ⎱ *que la terre* **tourne.**
Je **croirai** *toujours*

251. — **Règle.** — Quand le second verbe exprime une vérité, un fait permanent, ce verbe se met au *présent.*

LE CONDITIONNEL.

DIVERS SENS DE CE MODE.

J'obéirais, si *vous obéissiez.* (condition exprimée.)
J'irais *volontiers à Paris.* (condition sous-entendue.)
Je **voudrais** *qu'il partît.* (affirmation adoucie.)
Je croyais qu'il **viendrait.** (action future par rapport à la première.)

252 — Définition. — Le mode **conditionnel** sert à exprimer une action soumise à une **condition** exprimée ou sous-entendue. Il sert aussi à adoucir l'expression d'une volonté et à exprimer le futur.

EMPLOI DU CONDITIONNEL.

J'affirmerais *qu'il ne ment pas, qu'il n'a pas menti, qu'il ne mentira pas.*

Croirait-*on qu'il mente, qu'il ait menti ?*

253. — Règle. — Quand le verbe de la proposition principale est au mode **conditionnel,** celui de la subordonnée se met à l'**indicatif** ou au **subjonctif,** selon que le premier verbe exprime la **certitude** ou l'**incertitude.**

254. — Remarque. — Sous ce rapport, la règle est la même pour le conditionnel que pour l'indicatif.

Je crois } *qu'il* **viendrait,** *si on l'appelait.*
     qu'il **serait venu,** *si on l'eût appelé.*

255. — Règle. — Après un verbe au présent de l'indicatif, le verbe de la proposition subordonnée se met au **conditionnel présent** ou **passé,** pour exprimer une action future ou future passée soumise à une condition.

Je croyais
Je crus } **qu'il viendrait**
J'ai cru   *ou*
J'avais cru } **serait venu.**

256. — Règle. — Après un verbe à l'un des temps passés de l'indicatif, le verbe de la subordonnée se met au **présent** ou au **passé du conditionnel,** pour exprimer une action future ou future passée **soumise ou non à une condition.**

Quoi! j'aurai cru sottement qu'il se dérangerait!

257. — **Remarque.** — Après le futur simple de l'indicatif, le verbe de la subordonnée ne peut se mettre au conditionnel ; on ne dit pas : je *croirai* qu'il *viendrait.* Après un futur passé, le conditionnel peut quelquefois s'employer.

258. — Par ce qui précède, on voit que le conditionnel n'ayant pas de futur, on est obligé de remplacer ce temps par le *présent* ou le *passé* du même mode.

L'IMPÉRATIF.

DIVERS SENS DE CE MODE.

Fais *ce que dois.* (Je t'ordonne de faire ce que tu dois.)
Ne **crains** *rien, je suis là.* (Je t'engage à ne rien craindre.)
Ayez réussi (si vous réussissez), *tout le monde sera content.*
O mon père, **sois** *mon soutien.* (Je te prie d'être mon soutien.)

259. — **Définition.** — Le mode impératif sert surtout à exprimer le **commandement**, mais il peut aussi servir à exprimer un **conseil**, une **exhortation**, une **prière** et même une **supposition.**

LES TEMPS DE L'IMPÉRATIF.

Il vous disait : « **fuyez!** » *et moi, je vous disais :* « **restez.** »
Il vous dira : « **fuyez!** » *et moi, je vous dira :* « **restez.** »

260. — **Règle.** — Quel que soit le moment où l'on commande, l'action de commander est toujours considérée comme **présente** ; aussi le **présent de l'impératif** est-il presque seul usité.

❈

Ayez *tout* **terminé** *à midi sonnant.*

261. — **Remarque.** — Quand celui qui commande se représente sa volonté *présente* comme accomplie à un moment déterminé (midi sonnant), le *passé de l'impératif* peut s'employer.

LE SUBJONCTIF.

EMPLOI DE CE MODE.

Je souhaite qu'il **réussisse.**
Qu'il **vienne!** (sous-entendu **je veux**).

262. — Définition. — Le mode **subjonctif** ne peut s'employer que dans les propositions **dépendantes** (subordonnées), comme l'indiquent le sens du mot **subjonctif** et la conjonction **que**, dont ce mode est précédé.

La proposition *principale* est quelquefois *sous-entendue.*

*

Je doute que l'accusé **soit** *innocent*
Je suis sûr que l'accusé **est** *innocent.*

263. — Règle. — Dans les propositions subordonnées commençant par la conjonction *que*, on emploie le mode *subjonctif* pour exprimer un fait qui paraît **douteux**, et l'*indicatif* pour exprimer un fait qui paraît **certain**.

*

Je veux
Il faut
Pensez-vous   } *qu'il* **vienne.**
Je ne crois pas

Explication. — Il ne suffit pas de *vouloir* une chose, de la *défendre,* de la *désirer,* de la *juger* bonne ou nécessaire pour qu'elle arrive. L'interrogation et la négation impliquent également le *doute* et l'*incrédulité.*

264. — Règle. — Après les verbes qui expriment la **volonté**, les verbes **impersonnels**, les verbes mis sous la forme **interrogative** ou sous la forme **négative**, on emploie le **subjonctif** dans la proposition subordonnée.

CORRESPONDANCE DES TEMPS DU SUBJONCTIF
AVEC CEUX DE L'INDICATIF.

J'ordonne qu'il **parte** (à l'instant même).

j'ordonnais		
j'ordonnai		
j'ai ordonné	} *qu'il* **partît** (à l'instant même).
(Quand) *j'eus ordonné*		
j'avais ordonné		

j'ordonnerai
(Quand) *j'aurai ordonné* } *qu'il* **parte** (à l'instant même).

265. — **Règle.** — Lorsque les deux actions sont *simultanées*, ou doivent se suivre sans intervalle, la correspondance entre les temps du subjonctif et ceux de l'indicatif est la même que celle des temps de l'indicatif entre eux. (*Voir n° 249.*)

✻

Je doute qu'il **mente** *désormais.*

j'exigeais
j'exigeai
j'ai exigé } *qu'il* **revînt** *à la fin du mois.*
(Quand) *j'eus exigé*
j'avais exigé

Je lui dirai qu'il **parte** *demain.*

266. — **Règle.** — Lorsque la seconde action est *future* par rapport à la première, le second verbe devrait être au *futur du subjonctif.* Ce temps n'existant pas, on met le second verbe au **présent du subjonctif** après le présent et le futur de l'indicatif, et à **l'imparfait du subjonctif** après l'imparfait, le plus-que-parfait et les passés défini, indéfini et antérieur de l'indicatif.

L'INFINITIF.

Crier *n'est pas* **chanter.**

267. — Définition. — L'infinitif est un mode **imper-sonnel** qui exprime simplement l'action, sans y ajouter aucune idée, c'est-à-dire sans la **déterminer** (définir).

❈

Tromper (*la tromperie*) *est blâmable.*
Tromper ses parents *est plus blâmable encore.*

268. — Règle. — L'infinitif a une double nature : tantôt il équivaut à un *substantif*, et dans ce cas il n'a ni **sujet**, ni **complément** ; tantôt il fait fonction de *verbe*, et alors il a un **complément** et un **sujet**.

269. — Remarque. — Le sujet peut être sous-entendu ; dans cette phrase : *tromper ses parents*, le sujet : *un enfant*, est sous-entendu.

EMPLOI DE L'INFINITIF COMME COMPLÉMENT.

Que **faire** ? (sous-entendu *dois-je ?*)
Où **aller** ? (sous-entendu *puis-je ?*)

Dans *que faire ? où aller ?* les infinitifs sont les compléments des verbes *dois-je ? puis-je ?* sous-entendus.

270. — Règle. — L'infinitif étant un mode **impersonnel** ne peut faire fonction de *verbe*, dans les propositions **indépendantes.**

❈

Je **vais** *voir* (sous-entendu *pour*)
Je **cours** *l'avertir* (sous-entendu *pour*).

271. — Remarque. — Après les verbes de *mouvement*, l'infinitif peut être **complément circonstanciel** ; dans ce cas, la préposition est sous-entendue.

$$\left.\begin{array}{l} \textit{J'aime} \\ \textit{J'apprends} \\ \textit{Je cherche} \\ \textit{Je lui montre} \end{array}\right\} \textbf{à} \textit{ dessiner}$$

$$\left.\begin{array}{l} \textit{Je crains} \\ \textit{J'évite} \\ \textit{Je lui défends} \\ \textit{Je lui permets} \end{array}\right\} \textbf{de} \textit{ voyager}$$

272. — **Remarque.** — Après certains verbes, l'infinitif est **complément direct**, bien qu'il soit précédé des prépositions *à* ou *de*.

❉

On me défend **de parler** (on défend que je parle).
Cela va sans **dire** (sans qu'on le dise).
Mon père me renvoie **pour réfléchir.**

Explication. — Dans les deux premiers exemples, le sujet est sous-entendu, mais il est facile à trouver et ne prête à aucune méprise. Il n'en est pas de même dans le dernier exemple, que l'on peut comprendre de deux manières : *pour que je réfléchisse*, ou bien *pour qu'il réfléchisse*. On peut s'y tromper.

273. — **Règle.** — Quand on emploie l'**infinitif** sans que le **sujet** en soit exprimé, il faut que cette ellipse ne donne lieu à aucune équivoque.

Ire ANNÉE   **273.** — **Mettre les verbes au temps indiqué de l'indicatif.**

I. — Les dynasties *passer* (prés.), les royaumes *tomber* (prés.), les nations *s'effacer* (prés.) de la terre, pourtant Polichinelle ne *fermer* (prés.) point boutique. (CH. NODIER.) Au moment où les colonnes *arriver* (imparf.) au pied de la côte, un horrible fracas, comme une espèce de déchirement, *retentir* (passé déf.) ; tout fut couvert de fumée, *c'être* (imparf.) les Prussiens qui *venir* (imparf.) de lâcher leurs batteries.

II. — Un des moments les plus doux de ma vie, ce *être* (passé déf.) il y *avoir* (prés.) plus de trente ans, et je m'en *souvenir* (prés.) comme d'hier, lorsque mon père me *voir* (passé déf.) arriver du collège, les bras chargés des prix que je *remporter* (plus-que-parf.), et les épaules chargées des couronnes qu'on me *donner* (plus-que-parf.) et qui, trop larges pour mon front, *laisser* (plus-que-parf.) passer ma tête. (DIDE-ROT.) Après que Lamartine *enrichir* (passé ant.) notre langue de plusieurs chefs-d'œuvre, il *mourir* (passé déf.) pauvre.

275. — I. — **Mettre les verbes en italiques au passé défini.**
II. — **Indiquer la nature de chaque verbe.**

(Révision.)

Bonheur de la vie des champs.

Heureux celui pour qui le village voisin même *est* une terre étrangère ! il *met* sa gloire et sa religion à rendre heureux ce qui l'*environne*. S'il ne *voit* dans son jardin ni les fruits de l'Asie ni les ombrages de l'Amérique, il *cultive* des plantes qui *font* la joie de sa femme et de ses enfants. Dès que ses blés *sont* mûrs, il *rassemble* ses parents, il *invite* ses voisins, et dès l'aurore il y *entre* avec eux, la faucille à la main. Son cœur *palpite* de joie en voyant ses gerbes s'accumuler, et ses enfants danser autour d'elles, couronnés de bluets et de coquelicots : leurs jeux lui *rappellent* ceux de son premier âge, et la mémoire des vertueux ancêtres qu'il *espère* revoir un jour dans un monde plus heureux. (BERNARDIN DE SAINT-PIERRE.)

277. — **Mettre les verbes en italiques : 1° au présent de l'indicatif ;**
2° au futur simple.

Le matin à la ferme.

Au petit jour, le coq *lançait* son cri dans la vallée. En bas tout *était* sombre, mais dans l'allée le garçon de ferme *marchait* d'un pas pesant ; les chaînes *remuaient*, les bœufs *mugissaient* tout bas. Bientôt la ferme *était* pleine de bruit ; dans la cour, le coq, les poules, le chien, tout *allait*, *venait*, *caquetait*, *aboyait*. Dans la cuisine, les casseroles *tintaient*, le feu *pétillait*, les portes *s'ouvraient* et se *refermaient*. Puis, tout à coup, tout *devenait* blanc ; c'*était* le soleil qui *venait* enfin de paraître, entre les deux côtes en face, rouge, étincelant comme de l'or. (ERCKMANN-CHATRIAN.)

274. — **Mettre les verbes en italiques à l'imparfait, au passé défini ou au passé indéfini, selon le sens.**   IIe ANNÉE

En entrant dans sa chambre, je *trembler* : ses railleries amères m'*humilier* presque toujours. (FLORIAN.) Sous le nom de vin on désigne le jus du fruit de la vigne qui *subir* la fermentation. (L. FIGUIER.) Le temps de la moisson venu, ils *lier* leurs gerbes et en *faire* deux tas égaux qu'ils *laisser* en plein champ. (LAMARTINE.) Le marchand, tout effrayé de voir sous ses yeux se noyer tous les moutons, s'*efforcer* de les retenir de tout son pouvoir ; mais *c'être* en vain ; tous à la file se *jeter* dans la mer et *périr*. (RABELAIS.) J'*demander* déjà à plus de cent personnes où demeure M. Arlequin, domestique, tous me *répondre* par des éclats de rire. (FLORIAN.) Tendre amitié, c'est dans le ciel que tu *prendre* naissance ; tu *descendre* sur la terre aux premiers chagrins des humains. (FLORIAN.)

276. — **Mettre les verbes en italiques au passé antérieur ou au futur antérieur, selon le sens.**

A peine en *jouer* on quelques mesures, que j'entendis partir de toutes parts des éclats de rire. (J.-J. ROUSSEAU.) Oh ! je rirai aussi, moi, mais quand j'*dîner*. (FLORIAN.) A peine *parler*-il qu'il entendit un petit tournebroche d'un fermier voisin, qui glapissait dans les buissons. (FÉNELON.) Remuez votre champ dès qu'on *faire* l'août. (LA FONTAINE.) Quand nous *doubler* le cap de Bonne-Espérance, nous fûmes assaillis par un épouvantable vent du sud. (B. DE SAINT-PIERRE.) Quand la maladie *cesser*, le médecin alla chez tous ceux qu'il avait traités demander son salaire. (MONTESQUIEU.) Quand vous serez probe et économe, vous *atteindre* le comble du bonheur domestique. (FRANKLIN.) Dès que les matelots *distinguer* la terre de la patrie, ils devinrent pour la plupart incapables d'aucune manœuvre. (B. DE SAINT-PIERRE.)

La cigogne au long bec n'en put attraper miette,
Et le drôle *laper* le tout en un moment. (LA FONTAINE.)

278. — **Mettre les verbes en italiques au passé antérieur ou au plus-que-parfait, selon le sens.**

Je vous annonçai la bonne nouvelle dès que j'*recevoir* la lettre de mon ami. J'*terminer* mon devoir quand tu commenças le tien. Il se fit un grand bruit dès qu'il *parler*. Lorsque la grande armée *quitter* Moscou, on put suivre sa trace par les cadavres qu'elle laissait derrière elle. Le sergent Hornus était une vieille bête à trois brisques, qui *mettre* vingt ans à gagner ses galons de sous-officier. (A. DAUDET.) A peine *prononcer* il ces paroles qu'il fut mis à mort. Titus disait qu'il *perdre* sa journée lorsqu'il n'*faire* pas de bien. Quand les Lacédémoniens *briser* leurs piques à force de tuer, ils continuèrent à combattre avec l'épée. (V. DURUY.) Dès que le jour parut, toute la famille, à grand bruit, vint nous éveiller, comme nous l'*recommander*. (P.-L. COURIER.) Emile a semé des fèves sur un carré où le jardinier Robert *semer* d'abord des melons. (J.-J. ROUSSEAU.)

Iʳᵉ ANNÉE

279. — Copier d'abord en mettant les verbes en ital. aux temps indiqués, puis mettre à la 1ʳᵉ personne du singulier.

EXEMPLE : *J'ai maintenant douze ans.....*

Un mot sur la vie.

Petit Français, tu *avoir* (présent) maintenant douze ans passés ; hier tu n'*être* (imparf.) qu'un enfant auquel on *épargner* (imparf.) toutes les fatigues. Tu n' ..... *vivre* (pass. ind.) que pour toi seul. Tu *trouver* (imparf.) chaque jour dans la maison paternelle, matin, midi et soir, la soupe, le pain et quelque chose encore à mettre sur ton pain. Tout cela t' ..... *paraître* (pass. ind.) tout naturel. Tes parents *travailler* (imparf.) pour toi bien durement, tandis que tu *dormir* (imparf.) ou que tu *courir* (imparf.) çà et là et *t'amuser* (imparf.). Ce n'est que quand tu *être* (fut. s.) grand, quand tu *savoir* (fut. s.) ce que c'est que la vie, quand tu *avoir* (fut. s.) des enfants à ton tour, que tu *comprendre* (fut. s.) bien tout ce que les parents *faire* (pass. indéf.) pour toi, et d'autant plus qu'ils *être* (imparf.) plus pauvres.

D'après Cʜ. Bɪɢᴏᴛ.

281. — Indiquer à quel temps et à quel mode est chaque verbe en italiques ; justifier oralement cet emploi.

I. — Si j'*étais* maître d'école, j'*estimerais* mon humble métier au-dessus de tous les métiers du monde. (Cᴏʀᴍᴇɴɪɴ.) On peut dire que le chien *est* le seul animal dont la fidélité *soit* à l'épreuve. *Efforcez-vous* de rendre à vos parents leur tâche moins rude par le soin que vous *prendrez* de leur complaire. (Lᴀᴍᴇɴɴᴀɪs.) Si j'*avais tenu* ce maraud-là, je lui *aurais rompu* les bras et coupé les oreilles. (Mᵐᵉ ᴅᴇ Sᴇᴠɪɢɴᴇ́.)

II. — *Aimez* les autres et ils vous *aimeront*. Deux rats *cherchaient* leur vie, ils *trouvèrent* un œuf. (Lᴀ Fᴏɴᴛᴀɪɴᴇ.) Les hommes *disparaîtraient* bientôt de la terre, s'ils *cessaient* de s'entr'aider les uns les autres. *Écoutons* avec recueillement, *redisons* avec discernement et *parlons* avec discrétion. (Bᴇʀǫᴜɪɴ.) On *façonne* les plantes par la culture, et les hommes par l'éducation. (J.-J. Rᴏᴜssᴇᴀᴜ.)

283. — Même exercice.

I. — Je crois que le ciel *a permis* pour nos péchés cette infortune. (Lᴀ Fᴏɴᴛᴀɪɴᴇ.) Si l'on me *demandait* quelle côte de l'Océan *donne* la plus haute impression, je *dirais* : celle de Bretagne. (Mɪᴄʜᴇʟᴇᴛ.) *Dépensez* un sou de moins par jour que votre bénéfice net. (Fʀᴀɴᴋʟɪɴ.) Quand tu *seras* sur le mur, la sentinelle *criera* : Qui vive ! — Tu ne *répondras* pas.

II. — Il ne faut pas qu'elle *meure* sans l'ordonnance du médecin. (Mᴏʟɪᴇ̀ʀᴇ.) Et je sais que de moi tu *médis* l'an passé. (Lᴀ Fᴏɴᴛᴀɪɴᴇ.) Si l'empire *appartenait* à la beauté, le paon *serait* le roi des oiseaux. (Bᴜꜰꜰᴏɴ.) Les grandes pensées *viennent* du cœur. (Vᴀᴜᴠᴇɴᴀʀɢᴜᴇs.) Vous *savez* que les malades ne *reconduisent* point. (Mᴏʟɪᴇ̀ʀᴇ.) Il ne fut personne qui ne *s'écriât* : « Voilà l'ouragan ! » (B. ᴅᴇ Sᴀɪɴᴛ-Pɪᴇʀʀᴇ.)

280. — **Mettre selon le sens les verbes en italiques à l'un des   IIᵉ ANNÉE**
temps composés de l'indicatif.

Lorsque l'omelette qu'on me faisait fut en état de m'être servie, je m'*asseoir* à une table. Je n'..... pas encore *manger* le premier morceau que l'hôte entra, suivi de l'homme qui l'*arrêter* dans la rue. (LE SAGE). Quand cette neige *fondre*, il n'y aura plus que de la boue (DE L'HÔPITAL.) Gardez-vous de vendre l'héritage que vous *laisser* vos parents. (LA FONTAINE.) Les ennemis mêmes de Sully *louer* sa probité. A peine le disque solaire *disparaître* qu'un jet immense d'un vert pâle et transparent vint le remplacer. Quand nous *traverser* la ville, nous gravir une montée très raide et très escarpée. (G. SAND.) Vous pensez si le lièvre *rire;* et voilà cependant que la tortue *gagner*, parce qu'elle *partir* tout de suite, ne ..... pas *perdre* un seul instant, *se hâter* avec lenteur. (E. FAGUET.)

282. — **Mettre les verbes en italiques au temps et au mode**
convenables.

Eh ! dit-il, je vous *crier* depuis une heure que ce sont des moulins à vent. (CERVANTÈS.) *Monter* cet escalier, vous *traverser* la terrasse et vous vous *trouver* en même temps que moi au tournant du chemin. (G. SAND.) L'automne dernier, la troupe *camper* sur les hauts plateaux de la forêt, où *aller* elle à l'automne prochain ? (A. THEURIET.) Ne vous *lier* qu'avec ceux qui marchent dans la route du bien. (LAMENNAIS.) Sans l'amitié, nous *passer* dans les pleurs les longs instants de cette courte vie. (FLORIAN.) La probité et la simplicité de Drouot lui *faire* honneur dans les plus beaux jours de la République romaine. On *dire* qu'avant de s'en aller le pauvre homme voulait nous donner tout son savoir. (A. DAUDET.) Je veux éviter le mal et pratiquer le bien, quand même je ne *voir* personne auprès de moi. (BERQUIN.) J'entrai chez un paysan, dont la maison n'*avoir* pas belle apparence, mais c'était la seule que je *voir* alentour. (J.-J. ROUSSEAU.)

284. — **I.** — **Mettre les verbes en italiques au temps et au mode**
convenables.

II. — **Indiquer la fonction des verbes à l'infinitif.**

Si cela continue, je crois qu'à la fin je *être* un sot ; il semble que ce *être* mon étoile, et que je ne *pouvoir* m'en dispenser. (MONTESQUIEU.) Serait-il possible, madame, que vous *être* millionnaire ? — Je le suis. (E. ABOUT.) Chaque chef était entouré des guerriers de sa famille, afin que, plus ferme dans le choc, il *remporter* la victoire ou *mourir* avec ses amis. (CHATEAUBRIAND.) Si, à vingt ans, on nous *faire* voir le visage que nous *avoir* à soixante ans, nous *tomber* à la renverse et nous *avoir* peur de cette figure. (Mᵐᵉ DE SÉVIGNÉ.) Doubler la profondeur du sol *être* le meilleur moyen d'augmenter sa puissance productrice. Je veux qu'avant six mois nous *être* en état de tenir une conversation d'une heure, toute remplie de bons mots. (MONTESQUIEU.) Le peuple auquel *commander* Attila ne *ressembler* pas aux Germains. (E. LAVISSE.) Cet homme n'osait manger le pain qu'il *gagner* à la sueur de son front. (J.-J. ROUSSEAU.)

CHAPITRE XI

ACCORD DU VERBE ET DE L'ATTRIBUT
AVEC LE SUJET

LE SUJET. — SES FORMES DIVERSES

A. — **Paris** *est grand.*
Nous *sommes mortels.*
Mentir *est honteux.*

B. — **Le, la, les** *sont des articles.*
Les délicats *sont malheureux.*
Le boire et le manger *vous sont assurés.*
Un tiens *vaut mieux que deux* **tu l'auras.**
Les élus *ont convoqué leurs électeurs.*
Le mieux *est l'ennemi du bien.*
Le pour *et le* **contre** *sont ennemis.*
Les que *et les* **parce que** *abondent dans notre langue.*
Des oh! ah! *retentirent dans l'assemblée.*
Ces a et ces b *sont mal faits.*
Les on-dit *me touchent peu.*

C. — **Qu'il se trompe,** *(cela) est possible.*
Qu'il ait voulu tromper, *(c)'est impossible.*

274. — Règle. — Le sujet peut prendre des formes diverses. Peuvent, en effet, être *sujets* du verbe :

A. — **Les noms, pronoms** et **infinitifs**;

B. — **Les mots pris substantivement**; toutes les espèces de mots, toutes les espèces de lettres de l'alphabet, et même des propositions comme *on dit* peuvent être prises substantivement;

C. — **Des propositions entières.**

> **275.** — **Remarque.** — Les *mots pris substantivement* supposent l'ellipse d'un nom : *les délicats* (sous-entendu *gens*), ou équivalent à un nom : un *tiens* (un don), deux *tu l'auras* (deux promesses). Il en est de même des propositions sujets : *qu'il se trompe* (une erreur de lui). En réalité, le *sujet* est toujours un *nom*, c'est-à-dire une personne ou une chose.

ACCORD DU VERBE AVEC LE SUJET

(*Exercices 285-292.*)

Tu **obéiras** *à ton père.*

Obéiras est à la 2e personne et au singulier, parce que le sujet *tu* est de la 2e personne et du singulier.

276. — **Règle générale.** — Le verbe s'accorde en nombre et en personne avec le sujet.

❋

Jean **est** *paresseux.* — *Jeanne* **est** *studieuse*

277. — **Remarque I.** — Le genre du sujet n'exerce aucune influence sur le verbe ; en d'autres termes, *le verbe n'a pas de genre.*

❋

Marchez *droit.*

278. — **Remarque II.** — A l'impératif, le sujet est sous-entendu.

❋

C'est toi **qui** *commanderas.*

279. — **Remarque III.** — Le pronom relatif prend le nombre et la personne de son antécédent.

❋

Napoléon **mourut** *à Sainte-Hélène.*

280. — **Remarque IV.** — Le verbe se met toujours à la *3e personne* quand il a un *nom* pour sujet, parce que les **noms sujets** désignent toujours la personne dont on parle, c'est-à-dire la **troisième.**

❋

Parler est *bien ;* se **taire est** *mieux.*

281. — **Remarque V.** — Lorsque le verbe a pour sujet un *infinitif,* il se met toujours à la 3e personne, parce que l'**infinitif** équivaut à un **nom.**

SUJET DU VERBE IMPERSONNEL.
Il pleut *des pierres.*

282. — Le verbe impersonnel s'accorde toujours en nombre et en personne avec le pronom *il*, sujet apparent, et non avec le *sujet réel.*

ACCORD DU VERBE AVEC LES NOMS COLLECTIFS.
(*Exercice 288.*)

La foule des morts (la totalité des morts) **a été ensevelie** *sur le champ de bataille.*
Une foule de morts (de nombreux morts) **ont été ensevelis** *sur place.*

283. — **Règle.** — Quand le verbe a pour sujet un *collectif* suivi d'un complément, il s'accorde avec le collectif si celui-ci est *général*, et avec le complément si le collectif est *partitif.*

284. — **Remarque.** — Dans le collectif *général*, c'est l'idée de *totalité* et par conséquent l'idée du *singulier* qui domine, tandis que dans le collectif *partitif* l'idée dominante est celle de *grand nombre*, et par conséquent de *pluralité.*

※

Beaucoup *de gens* (*un grand nombre* de gens) **recherchent** *les richesses ;* **peu** (*un petit nombre*), **recherchent** *la vertu.*

285. — **Règle.** — Les adverbes de quantité équivalent à des collectifs partitifs : le verbe s'accorde avec leur complément.

PLURALITÉ DES SUJETS.
(*Exercices 289, 291.*)

Pierre et Paul **sont** *dissipés* (tous les deux sont dissipés).
Ni Jean ni Jacques ni Jules ne **travaillent** (aucun d'eux ne travaille).

286. — **Règle.** — Quand un verbe a **deux** ou **plusieurs** sujets, il se met au pluriel si l'attribut **convient** à tous ou ne **convient** à aucun.

PARTICULARITÉS.

(Exercices 290 et 292.)

L'un **ou** *l'autre* **se trompe** (l'un des deux).

Pour se faire comprendre, un mot, un geste, un regard **suffit** (l'un des trois suffit).

Ni l'un ni l'autre ne **sera** *vainqueur* (l'un des deux seulement peut l'être).

287. — Règle. — Quand un verbe a **deux ou plusieurs sujets**, il se met au singulier si l'attribut **ne convient** ou ne peut convenir qu'à **l'un d'eux**.

❉

Ce peintre, ce sculpteur **est** *aussi un poëte.*

288. — Règle. — Quand les sujets désignent **une seule et même personne**, le verbe se met au singulier.

ACCORD DU VERBE AVEC LA PERSONNE DU SUJET.

Nous *tous et* **moi** *le premier* **nous marcherons** *à l'ennemi.*
Lui *et* **ses amis refusent** *de marcher.*

289. — Règle. — Quand les sujets sont de la **même personne**, le verbe s'accorde en **personne** avec ces sujets.

❉

Toi, lui *et* **moi sommes** *d'accord.*
Elle *et* **toi** *ne* **faites** *qu'un.*
Jeanne *et* **toi** *ne* **faites** *qu'un.*

290. — Règle. — Quand les sujets sont de **personnes différentes**, le verbe s'accorde en personne avec celui qui a la **priorité**.

291. — Remarque. — La 1re personne a la priorité sur les autres, la 2e sur la 3e, la 1re et la 2e sur les noms.

❉

Toi, lui et moi, **nous** *sommes d'accord.*
Toi et lui, **vous** *partirez.*
Pierre et toi, **vous** *êtes une paire d'amis.*

292. — Règle. — D'ordinaire, on **résume** les pronoms sujets de personnes différentes en un **pronom** pluriel de la personne que doit prendre le verbe.

L'ATTRIBUT. — SES FORMES DIVERSES.

A. — *Ces femmes sont* **laborieuses.**
Ces jeunes gens seront **soldats**
Cette chambre est **la mienne.**
Cette jeune fille a été **récompensée.**
Mes sœurs sont **arrivées.**

B. — *Vouloir, c'est* **pouvoir.**
Promettre est **bien,** *tenir est* **mieux.**
Je suis **en colère.**

C. — *Je* **mange** *(je suis* **mangeant).**

293. — Règle. — A. — L'attribut peut être un mot variable : un *adjectif* (laborieuses) ; un *nom* (soldats) ; un *pronom* (la mienne) ; un *participe* passé (récompensée, arrivées).

B. — L'attribut peut être encore : un *infinitif* (pouvoir); un *adverbe* (bien, mieux) ; une *préposition* suivie de son régime (*en* colère).

C. — Dans les verbes attributifs, l'attribut est le participe présent contenu dans le verbe : je mange, c'est-à-dire je suis *mangeant.*

ACCORD DE L'ATTRIBUT AVEC LE SUJET.

Mon frère est **soldat.**
Nos amis sont **soldats.**
L'abeille est **diligente.**
Les abeilles sont **diligentes.**

294. — Règle I. — Quand l'attribut est un mot variable, il s'accorde en **genre** et en **nombre** avec le sujet.

✳

Mon frère et ma sœur sont **studieux.**
La neige et le lait sont **blancs.**

295. — Règle II. — Si le verbe a des sujets de **genres** différents, l'attribut prend le **masculin.**

LE PARTICIPE PASSÉ EMPLOYÉ COMME ATTRIBUT.

I

Les bons élèves seront **récompensés**.
Les beaux jours sont **revenus**.

II

Elle a **refusé** *mes présents* (a été refusant).
Voilà les livres que j'ai **lus** (ai été lisant).
Elles se sont **acheté** *une maison* (ont été achetant.)

296. — Règle. — Parmi les participes passés, deux seulement peuvent être **attributs** et comme tels s'accorder avec le sujet ; ce sont :

1° Le participe passé à la **voix passive** (*récompensés*).

2° Le participe passé des **verbes intransitifs** conjugués avec l'auxiliaire **être** (*revenus*).

Les autres ne **s'accordent pas** avec le sujet.

Lⁱ ANNÉE   285. — Souligner les sujets ; faire accorder les verbes.

I. — Les souris n'*habiter* (prés. ind.) pas exclusivement les maisons ;
on les *trouver* (prés. ind.) également dans les jardins et dans les
champs. Un laboureur, sentant sa mort prochaine, *songer* (imp. ind.)
avec inquiétude à l'avenir de ses enfants. J'*avoir* (imparf. ind.) une
montre, une montre à moi, dans ma poche, à laquelle je *pouvoir* (imparf.
ind.) regarder l'heure. (H. MALOT.)

II. — Vous *prétendre* (prés. ind.) être Français et vous ne *savoir*
(prés. ind.) ni parler, ni écrire votre langue. (A. DAUDET.) Nous *re-
couvrir* (passé déf.) soigneusement notre ouvrage de terre bien foulée,
et le jour où tout fut fait, nous *attendre* (passé déf.) l'heure de l'arrosement. (J.-J. ROUSSEAU.) Le jour, vos parents *travailler* (prés. ind.)
pour vous, et la nuit encore, pendant que vous *reposer* (prés. ind.),
ils *veiller* (prés. ind.) pour n'avoir pas le lendemain à vous répondre,
quand vous leur *demander* (prés. ind.) du pain : « *Attendre!* » (prés.
imp.). (LAMENNAIS.)

287. — Même exercice.

I. — Je le *saluer* (prés. ind.), ce petit oiseau qui sera mon hôte pour
cette année ; il *être* (futur s.) le bienvenu dans ma maison et dans mon
jardin ; il *soigner* (futur s.) et *élever* (futur s.) sa nombreuse famille ;
je *respecter* (prés. ind.) son repos et surtout sa confiance. (A. KARR.)
Mentir *être* (prés. ind.) le métier d'un lâche et d'un cœur noir. (J.-J.
ROUSSEAU.) Là où nous *entrer* (imparf. ind.) *entrer* (imp. ind.) une
providence. (LAMARTINE.)

II. — Quel heureux moment que celui où le guide de la caravane
apercevoir (prés. ind.) à l'extrême limite de l'horizon un point noir
qui *révéler* (prés. ind.) une oasis! (E. RECLUS.) Soudain de l'extrémité
du désert *accourir* (prés. ind.) un tourbillon. (CHATEAUBRIAND.) Les
abeilles s'*habituer* (prés. ind.) avec les personnes qui les *fréquenter*
(prés. ind.) et se *familiariser* (prés. ind.) avec ce qui *remuer* (prés.
ind.). Les canards sauvages *habiter* (prés. ind.) le nord des deux con-
tinents. (L. FIGUIER.)

289. — Même exercice.

I. — La paix et l'oisiveté l'*rendre* (plus-que-parf.) malade. (E. ABOUT.)
Buffon *dire* (pass. ind.) que l'or et la soie ne *être* (prés. ind.) pas les
vraies richesses de l'Orient, que le chameau *être* (prés. ind.) le trésor
de l'Asie. Souffrir sans se plaindre *être* (prés. ind.) de la force d'âme.
L'agriculture et la santé *gagner* (prés. cond.) beaucoup au dessèchement des marais. Bienheureux ceux qui *être* (pass. ind.) utiles à leurs
semblables ! (J. JANIN.)

II. — L'ordre, l'économie, le travail, un petit commerce et surtout la frugalité nous *entretenir* (imp. ind.) dans l'aisance. (MARMON-
TEL.) La santé, la vigueur d'esprit, la paix du cœur *être* (prés. ind.) le
fruit touchant du travail. (VAUVENARGUES.) Les mots et les drapeaux
conduire (prés. ind.) les hommes plus que les raisons et la raison. (J.
SIMON.) Nous nous *pardonner* (prés. ind.) tout et rien aux autres
hommes. (LA FONTAINE.)

286. — Souligner les sujets ; faire accorder les verbes. II° ANNÉE

Gager (impér.), *dire* (passé déf.) la tortue, que vous n'*atteindre* (futur s.) pas sitôt que moi ce but. Là, *dormir* (imparf. ind.) et *veiller* (imp. ind.) sans se déranger jamais l'immobile portier. (A. DE VIGNY.) Hélas ! *dire* (imparf. ind.) le liseron, si je *pouvoir* (imparf. ind.) m'élever un peu au-dessus de cette haie qui m'*étouffer* (prés. ind.), je *voir* (prés. cond.) le soleil et je *pouvoir* (prés. cond.) fleurir ! Saule blanc, aux branches élancées, *vouloir* (prés. ind.) tu que je m'*appuyer* (prés. subj.) sur toi ? (DELON.) Écho, toi, la voix pure de la vallée, qui *répondre* (imparf. ind.) à mes chants, jamais ces lieux ne me *revoir* (futur s.) ! (SCHILLER.) Polichinelle *assommer* (futur s.) demain soir le commissaire qu'il *assommer* (imp. ind.) ce matin, sans qu'on *pouvoir* (prés. subj.) dire qu'il est cruel, car tous les acteurs du théâtre de Polichinelle *être* (prés. ind.) en bois. (CH. NODIER.) La façon de donner *valoir* (prés. ind.) mieux que ce qu'on *donner* (prés. ind.). (CORNEILLE.)

288. — Même exercice.

Presque tous les peuples, mais surtout ceux de l'Asie, *compter* (prés. ind.) une suite de siècles qui nous *effrayer* (prés. ind). (VOLTAIRE.) Assez de gens *mépriser* (prés. ind.) le bien, mais peu *savoir* (prés. ind.) le donner. (LA ROCHEFOUCAULD.) Le nombre des ingrats ne *être* (prés. cond.) pas si grand si les bienfaiteurs *être* (imp. ind.) moins rares. Beaucoup d'hommes *être* (prés. ind.) de vrais échos qui *répéter* (prés. ind.) tout ce qu'ils *entendre* (pr. ind.) dire. La plupart des peines n'*arriver* (prés. ind.) si vite que parce que nous *faire* (prés. ind.) la moitié du chemin. La plupart de ceux qui se *dire* (prés. ind.) malheureux *être* (prés. ind.) des hommes passionnés. (BUFFON.) O combien d'hommes dans le monde, avec des gestes façonnés, un petit caquet et un air capable, n'*avoir* (prés. ind.) ni sens, ni conduite ! (FÉNELON.) Des enfants qui naissent, la moitié tout au plus *parvenir* (prés. ind.) à l'adolescence. (J.-J. ROUSSEAU.) Le nombre des espèces d'animaux *être* (prés. ind.) plus grand que celui des espèces de plantes. (BUFFON.)

290. — Même exercice.

Là où *manquer* (prés. ind.) la liberté et la paix, il se peut que des hommes *vivre* (prés. ind.), mais ils n'*avancer* (prés. ind.) pas. (GUIZOT.) Ni le miel, ni la cire ne *être* (prés. ind.) des substances végétales. Le soleil ni la mort ne *pouvoir* (prés. ind.) être regardés fixement. (LA ROCHEFOUCAULD.) Un souffle, une ombre, un rien, tout lui *donner* (imparf. ind.) la fièvre. (LA FONTAINE.) Ma jeunesse et ma vanité m'en *faire* (pass. déf.) juger autrement. (LE SAGE.) L'homme ne doit pas compter sur la vie : une vapeur, un grain de sable *suffire* (prés. ind.) pour la terminer. (LA HARPE.) Dans tous les âges de la vie, l'amour de l'étude, le goût du travail *être* (prés. ind.) un bien. (MARMONTEL.) La parenté, l'alliance personnelle entre les rois n'*être* (prés. ind.) rien pour les nations. (CONDORCET.) Le sillon ou la vague *inspirer* (prés. ind.) les mêmes pensées aux hommes qui *labourer* (prés. ind.) la terre ou l'eau. (LAMARTINE.) L'existence et le bonheur de tous *résulter* (prés. ind.) du bonheur de chacun. (BERQUIN.)

G***

Iʳᵉ ANNÉE   **291. — Souligner les sujets; faire accorder les verbes.**

I. — Vous ne *courir* (prés. ind.) donc pas où vous *vouloir* (prés. ind.). (La Fontaine.) Le costume de mes compagnons, leur attitude et leur silence *être* (imp. ind.) en harmonie avec le paysage. (E. About.) L'amitié *donner* (prés. ind.) seule des jouissances que le remords et la crainte ne *venir* (prés. ind.) pas empoisonner. La santé et la fortune *retirer* (prés. ind.) leurs faveurs à ceux qui en abusent.

II. — Ma cocarde et ma dragonne *faire* (imp. ind.) le bonheur de ma vie. (Florian.) Respirer l'air pur des campagnes *valoir* (prés. ind.) mieux que respirer l'air vicié des villes. La raison et la vérité *devoir* (cond. pr.) gouverner les hommes. (Bossuet.) Dans l'état misérable où *j'tomber* (plus-que-parf. ind.), l'étude et le silence *rester* (imp. ind.) ma seule consolation. (Michelet.) Les riches et les puissants *croire* (prés. ind.) qu'on *être* (pr. ind.) misérable quand on ne *vivre* (prés. ind.) pas comme eux (B. de Saint-Pierre.)

293. — Souligner les sujets; faire accorder les attributs.

I. — La race française est *brave, fier* et *généreux*. La patrie primitive du coq est *inconnu*. Enfants, redoutez le jour où vous serez *privé* des conseils affectueux et de la tendre affection de votre mère. Que la probité et le travail soient vos compagnons *assidu*. (Franklin.) La cigale se trouva fort *dépourvu* quand la bise fut *venu*. Mes enfants, soyez *tranquille, appliqué, réfléchi, propre* et *obéissant*.

II. — Parmi ceux qui combattent pour la patrie, les uns reviennent *sain* et *sauf* dans leurs foyers, beaucoup d'autres reviennent *blessé* ou *mutilé*. Ces arbres sont *beau*, ces fleurs sont *beau*; mais ce ne sont pas les fleurs, ni les arbres de mon pays, ils ne me disent rien. (Lamennais.) La vertu qui est *peint* sur votre figure ne me permet pas de me défier de vous. (Fénelon.) Les chèvres sont *robuste, facile* à nourrir; presque toutes les herbes leur sont *bon*. (Buffon.)

295. — Analyser les verbes en italiques et leurs sujets.

(Révision.)

Excursion matinale.

Vous ne *sauriez* vous figurer quel temps admirable il *fait* ici. Nous nous *croirions* à Nice si nous *voyions* devant nous ses ravissants parterres de violettes. Je me *suis levée* avant l'aube du jour. J'*eus* à peine *ouvert* ma fenêtre qu'il me *vint* une bouffée d'air printanier. Au bout d'une heure et demie, je *suis sortie*. Vous autres citadins, qui *avez* l'habitude de vous coucher à des heures indues, vous *êtes privés* du plaisir d'entendre les hymnes chéris qu'*envoient* vers les cieux les chantres des bois. Arrivée au bord de la rivière, d'habitude si poissonneuse, j'y *aperçus* déjà un vieux pêcheur qui, dans l'espoir de trouver ses victimes endormies et de prendre force tanches et brochets, *avait devancé* l'aurore. Mais toutes ses espérances *furent déçues*. Quelques rares goujons *sont* seuls *venus* mordre à l'hameçon.   (G. Sand.)

292. — Souligner les sujets ; faire accorder les verbes.   II° ANNÉE

Le vent, le moindre bruit, un oiseau qui se pose sur une pointe de rocher *suffire* (prés. ind.) pour provoquer la chute d'une avalanche. (CORTAMBERT.) Nous *être* (imp. ind.) les mêmes qui *combattre* (plus-que-parf. ind.) dans les jeux. (FÉNELON.) Ni l'or, ni la grandeur ne nous *rendre* (prés. ind.) heureux. (LA FONTAINE.) Tu dois sacrifier tes intérêts présents à la vérité, à la justice qui *triompher* (fut. simple) dans l'avenir. Peindre ou décrire *être* (prés. ind.) deux choses différentes ; l'un *supposer* (prés. ind.) des yeux, l'autre *exiger* (prés. ind.) du génie. (BUFFON.) Nous *convenir* (prés. ind.) vous et moi que les hommes ne *suivre* (prés. ind.) pas la raison ; mais moi qui ne *vouloir* (prés. ind.) pas faire comme eux, je *vouloir* (prés. ind.) suivre la raison qui m'*obliger* (prés. ind.) de les aimer. (FÉNELON.)

294. — Faire accorder les verbes et les attributs avec les sujets.

Quand un père est *atteint* dans son honneur, toute la famille est *atteint*. Le bras et la main sont *fait* pour exécuter les ordres de la volonté. (BUFFON.) La vache, la chèvre, l'ânesse, la brebis *fournir* (prés. ind.) le lait *destiné* à la nourriture de l'homme. Le nombre des propriétaires d'une même cabane de castors *varier* (prés. ind.) beaucoup. (L. FIGUIER.) Femmes, moine, vieillards, tout *descendre* (plus-que-parf.). (LA FONTAINE.) La route est *uni* et *sablé* comme une allée de jardin, et *bordé* de hêtres magnifiques. (G. SAND.) Le panier, le van, la cage et la nasse sont *sorti* des mains du vannier. J'ai vu la foi des contrats *banni*, les lois les plus saintes *anéanti*, toutes les lois de la nature *renversé*. (MONTESQUIEU.) « Ils sont bien *cruel*, *dire* (imparf. ind.) les passants, de monter ainsi tous deux sur cette pauvre bête, qui à peine serait *suffisant* d'en porter un seul. » (MALHERBE.)

296. — I. — Analyser les verbes en italiques et leurs sujets.
II. — Justifier oralement l'emploi des temps et des modes.

(Révision.)

L'Avare.

HARPAGON..... Ne *serais*-tu point homme à faire courir le bruit que j'*ai* chez moi de l'argent caché ? — LA FLÈCHE. Vous *avez* de l'argent caché ? — HARPAGON. Non, coquin, je ne *dis* pas cela. (Bas.) J'*enrage*. (Haut.) Je *demande* si, malicieusement, tu n'*irais* point faire courir le bruit que j'en *ai*. — LA FLÈCHE. Hé ! que nous *importe* que vous en *ayez* ou que vous n'en *ayez* pas, si c'*est* pour nous la même chose ? — HARPAGON (levant la main pour frapper). Tu *fais* le raisonneur ! Je te *baillerai* de ce raisonnement-ci par les oreilles. *Sors* d'ici, encore une fois ! — LA FLÈCHE. Hé bien ! je *sors*. — HARPAGON. *Attends* : ne m'*emportes*-tu rien ? — LA FLÈCHE. Que vous *emporterais*-je ? — HARPAGON. *Tiens*, *viens* çà que je *voie*. *Montre*-moi tes mains.

(MOLIÈRE.)

CHAPITRE XII.

LE PARTICIPE

LE PARTICIPE EN GÉNÉRAL.

TEMPS	VOIX ACTIVE	VOIX PASSIVE	VOIX PRONOMINALE
PRÉSENT PASSÉ	aimant ayant aimé	étant aimé ayant été aimé, aimé	s'aimant s'étant aimé

Le singe, **amusant** *la foule, faisait des tours et des grimaces.*
Le singe est un animal **amusant.**

297. — Définition. — Le participe est une espèce de mot qui peut être **verbe** ou **adjectif**; il *participe* de la nature de l'un et de l'autre : c'est de là que lui vient son nom.

LE PARTICIPE PRÉSENT.

Quel temps il indique.

(*Exercice 297.*)

Paul **ouvrant** *un livre* **se met** *à lire.*
Paul **ouvrant** *un livre* **se mit** *à lire.*
Paul **ouvrant** *un livre* **se mettra** *à lire.*

298. — Règle. — Le participe présent énonce une action **présente** *au moment* où commence une autre action, que celle-ci soit présente, passée ou future.

LE PARTICIPE PRÉSENT ET L'ADJECTIF VERBAL.

(Exercices 298 à 300.)

J'ai vu un chien **courant** *après un lièvre* (c'est-à-dire qui courait au moment où je l'ai vu).

J'ai acheté un chien **courant** (c'est-à-dire un chien fait pour la course, un chien agile).

299. — Définition. — On appelle **adjectif verbal** le participe présent employé comme adjectif : *verbal* veut dire **qui a la forme du verbe.**

300. — Remarque. — On reconnaît le *participe présent* à ce qu'il exprime une action ou un état à un **moment déterminé**, tandis que l'*adjectif verbal* exprime une **qualité** ou une **manière d'être habituelle.**

✻

Les insectes bourdonnaient **volant** *autour de nous.*
Prenez une feuille **volante.**
Une voix s'élevait, **perçant** *les airs.*
Il poussait des cris **perçants.**

301. — Règle. — Le participe présent est **invariable** ; au contraire, l'**adjectif verbal**, comme les autres adjectifs qualificatifs, s'**accorde** en genre et en nombre avec le nom qu'il qualifie.

TABLEAU

INDIQUANT LA DIFFÉRENCE QUI EXISTE ENTRE L'ORTHOGRAPHE DE QUELQUES
PARTICIPES PRÉSENTS ET CELLE DES ADJECTIFS VERBAUX
CORRESPONDANTS.

VERBES	PART. PRÉS.	ADJ. VERB.	VERBES	PART. PRÉS	ADJ. VERB.
adhérer	adhérant	adhérent	fatiguer	fatiguant	fatigant
convaincre	convainquant	convaincant	intriguer	intriguant	intrigant
converger	convergeant	convergent	négliger	négligeant	négligent
différer	différant	différent	provoquer	provoquant	provocant
équivaloir	équivalant	équivalent	suffoquer	suffoquant	suffocant
exceller	excellant	excellent	vaquer	vaquant	vacant

LE PARTICIPE PASSÉ.

Quel temps il indique.

L'ennemi **battu prend** *la fuite.*
L'ennemi **battu prendra** *la fuite.*
L'ennemi **battu prit** *la fuite.*

302. — Règle. — Le participe passé énonce une action qui est **passée** *au moment* où commence une autre action (fuir), que celle-ci soit présente, passée ou future.

❅

permis(e), **permis;**
cueilli(e), **cueilli;**
prescrit(e), **prescrit.**

303. — Procédé. — Pour savoir comment s'écrit un participe passé au *masculin*, il n'y a qu'à chercher le *féminin* et à retrancher l'*e muet final.*

———

LE PARTICIPE PASSÉ EMPLOYÉ COMME ADJECTIF.

(*Exercices 301 et 302.*)

Il ne faut pas manger de la viande **gâtée** (malsaine).

304. — Règle. — Lorsque le participe passé est employé *adjectivement*, il s'**accorde** comme les adjectifs avec le **nom** auquel il se rapporte.

305. — Procédé. — On reconnaît que le *participe passé* est employé *adjectivement* quand il n'a ni **auxiliaire**, ni **complément.**

———

LE PARTICIPE PASSÉ EMPLOYÉ AVEC UN AUXILIAIRE.

(Exercices 303 à 316.)

I. — Le verbe a un complément direct.

> *Voilà les fleurs* **que j'ai cueillies.**
> *Voilà les fleurs* **que je me suis cueillies.**
> *Ils se sont* **abstenus** *de vin.*
>
> *J'ai* **cueilli** *ces fleurs.*
> *Je me suis* **cueilli** *ces fleurs.*
> *Ils se sont* **arrogé** *ces droits.*

Explication. — Dans les trois premiers exemples, le complément direct *précède* le participe passé. Dans les trois derniers exemples, ce complément *suit* le participe passé.

306. — Première règle. — Quand le verbe a un complément direct, le participe passé de ce verbe s'accorde avec ce complément s'il en est **précédé**, et reste **invariable** s'il en est **suivi.**

❋

II. — Le verbe n'a pas de complément direct.

> *Ils* **furent vaincus** *par nous.*
> **Elles** *sont* **arrivées** *à Paris.*
> *Ils ont* **couru** *de toutes leurs forces.*
> *Elles ont* **dormi** *longtemps.*

Explication. — Dans les deux premiers exemples, les verbes *vaincre* et *arriver* n'ont pas de complément direct et sont conjugués avec l'auxiliaire *être*. Dans les deux derniers exemples, les verbes *courir* et *dormir* n'ont pas non plus de complément direct, mais ils sont conjugués avec l'auxiliaire *avoir*.

307. — Seconde règle. — Quand le verbe n'a pas de complément direct, s'il est conjugué avec l'auxiliaire **être**, le participe passé s'accorde avec le **sujet**; s'il est conjugué avec l'auxiliaire **avoir**, le participe reste **invariable.**

Remarque. — Le participe passé des verbes impersonnels est toujours invariable.

1ʳᵉ ANNÉE   **297.** — I. — **Ecrire le participe présent de chacun des verbes.**

II. — Souligner les participes présents.

I. — *Ajouter, concevoir, applaudir, apercevoir, devoir, définir, embellir, entendre, mesurer, pardonner, planter, recevoir, réfléchir.*

II. — L'hirondelle boit en volant. L'enfant s'endort en souriant dans sa couche légère. Nous allions errant de ruine en ruine. Il entend les serpents, il croit les voir rampant autour de lui. (Fénelon.) J'étais sur le gaillard d'arrière, me tenant accroché aux haubans du mât d'artimon, tâchant de me familiariser avec le spectacle de l'ouragan. (B. de Saint-Pierre.) Protégés par une couche de duvet moelleux, les bébés s'en vont roulant, trébuchant, tirant à eux leurs petites pattes novices, agitant en l'air leur menotte rondelette. (G. Droz.)

299. — I. — **Ecrire le participe présent de chacun des verbes.**

II. — Faire accorder chaque adjectif verbal.

I. — *Abolir, agir, arrêter, arrondir, blanchir, chanter, choisir, appeler, composer, décevoir, fléchir, grandir.*

II. — Un air et un souffle *dévorant*, des cendres *étincelant* embrasaient la respiration sèche, *haletant* de nos soldats, à moitié suffoqués par la fumée. (Thiers.) Nous aperçûmes bientôt les fourneaux à charbon espacés entre les arbres ; les uns *conservant* encore leur forme, les autres affaissés et *fumant*. (A. Theuriet.) Les papillons, doux insectes qui aiment la société, *couvrant* les rives de leurs tribus ailées, transforment toute la prairie en *ravissant* tapis de fleurs. (Michelet.) Les deux vaillants champions, *levant* à la fois leurs redoutables glaives, semblaient menacer le ciel et la terre. (Cervantès.) Le cygne se fait admirer de près, *étalant* ses beautés et *développant* ses grâces par mille mouvements doux, *ondulant* et suaves. (Buffon.)

301. — I. — **Ecrire aux deux genres le part. passé des verbes.**

II. — Faire accorder les part. passés pris adjectivement.

I. — *Acheter, caresser, concevoir, démolir, déranger, finir, flétrir, fondre, gravir, grandir, ravir, remporter.*

II. — Une mouche *vu* au microscope paraît énorme. Il faut préférer une pauvreté sans reproche à des richesses mal *acquis*. La terrasse *envahi* par la végétation libre n'avait peut-être jamais été si belle. (G. Sand.) Des aigles, *entraîné* par le courant d'air, descendent en tournoyant au fond du gouffre. (Chateaubriand.) Il y avait en l'air des espèces de voûtes *formé* par de tout petits nuages d'or. (P. Loti.) *Traqué, fusillé, décimé*, la gent tout entière se décida à l'émigration. (Th. Gautier.) Dans ce grand horizon du soleil couchant, cette masse d'hommes, *tourmenté, enveloppé* d'une fumée confus, avait l'air d'un troupeau *surpris* en rase campagne dans le premier tourbillon d'un orage formidable. (A. Daudet.)

298. — **Faire accorder chaque adjectif verbal.**   IIᵉ ANNÉE

La boue à Paris.

Figurez-vous la pluie *tombant* depuis le matin, un ciel gris et bas à toucher avec les parapluies, un temps mou *poissant* tout, le gâchis, la boue, rien que de la boue, en flaques lourdes, en traînées *luisant bordant* les trottoirs, chassée en vain par les balayeuses mécaniques, enlevée sur d'énormes tombereaux qui, *roulant* vers Montreuil, la promènent en triomphe à travers les rues, toujours remuée et toujours *renaissant, poussant* entre les pavés, *éclaboussant* les panneaux des voitures, le poitrail des chevaux, les vêtements des passants, *mouchetant* les vitres, les seuils, les devantures, à croire que Paris entier va s'enfoncer et disparaître sous cette tristesse du sol fangeux, sous cette souillure *envahissant* où tout se fond et se confond.

(A. DAUDET.)

300. — **Souligner les part. présents ; indiquer la voix à laquelle ils sont employés. Faire accorder chaque adjectif verbal.**

Rien n'est *charmant* comme les kangourous *broutant* assis sur leurs longues pattes de derrière, *s'appuyant* sur leurs petites mains et se *relevant* à chaque instant pour savourer les herbes. L'idée du danger dura peu, mais elle fut *poignant*. (NISARD.) J'ai toujours vu ceux qui voyageaient dans des voitures bien douces, rêveurs, tristes, *grondant* et *souffrant*. (J.-J. ROUSSEAU.) Les moineaux vont, viennent, *voletant, piaillant,* ne *partant* que lorsqu'on va mettre le pied dessus. (TH. GAUTIER.) La frégate anglaise courait des bordées avec une majestueuse lenteur, *allant, venant, virant, se penchant, se relevant, glissant, s'arrêtant, jouant* au soleil comme un cygne qui se baigne. (A. DE VIGNY.) Nous étions *tremblant* d'émotion avec de grosses larmes dans les yeux. (E. SOUVESTRE.)

302. — **Faire accorder les part. passés pris adjectivement.**

Le cadavre du tigre gisait devant la cabane, *frappé* au front, les pattes *raidi* par la mort, la langue *enflé* et *vomi* par des lèvres sanglantes, les yeux à demi *ouvert* et pleins encore d'une formidable expression. (MÉRY.) Le lait, *abandonné* au repos, laisse surnager la crème qui, *battu*, fournit le beurre. (L. FIGUIER.) Le lendemain, quand je revins guetter la couveuse, je trouvai les œufs *brisé* et le nid *abandonné*. (A. THEURIET.) Les méchants ont bien de la peine à demeurer *uni*. (FÉNELON.) Que de remparts *détruit !* Que de villes *forcé !* (BOILEAU.) Les torrents *desséché,* les rochers *fendu,* les tombeaux *entr'ouvert* attestent le prodige. (CHATEAUBRIAND.) Qu'elle est belle, cette nature *cultivé !* que de trésors *ignoré !* que de richesses nouvelles ! les fleurs, les fruits, les grains *perfectionné, multiplié* à l'infini ; les espèces utiles d'animaux *transporté, propagé, augmenté* sans nombre ! BUFFON.)

Iʳᵉ ANNÉE　　**303. — I. — Ecrire aux deux genres le part. passé des verbes.**

　　II. — Faire accorder les participes, s'il y a lieu.

I. — *Accuser, anéantir, arroser, cueillir, déchirer, définir, devoir, descendre, fabriquer, grossir, morfondre, nommer.*

II. — J'ai *oublié* vos injures. La nature a *donné* aux arbres du midi un large feuillage pour servir aux animaux d'abri contre la chaleur. (B. DE SAINT-PIERRE.) Revenait-il de ces glorieuses campagnes qui ont *rendu* son nom immortel, Turenne fuyait les acclamations populaires. (FLÉCHIER.) Il a bien mal *placé* cette citrouille-là. (LA FONTAINE.) La forêt sauvage, la lande où errent les troupeaux, la nature ne les a *donné* à personne. (CH. DELON.) La Fontaine a *montré* la vanité sous toutes ses formes et l'a *poursuivi* de ses fines railleries. (E. FAGUET.) La profession de médecin est celle que Molière a *observé* de plus près et le plus souvent *traduit* sur la scène. (E. FAGUET.)

305. — Faire accorder les participes, s'il y a lieu.

I. — Le siècle de Louis XIV a *produit* une foule de grands hommes qui ont *laissé* des chefs-d'œuvre dans tous les genres. La belle fable intitulée « le *Paysan du Danube* » est une des plus éloquentes que La Fontaine ait *composé*. Les Arabes qui habitent les villes ont toujours *aimé* les fables, la poésie et l'astronomie. (CHATEAUBRIAND.) L'homme civilisé porte partout au fond de son cœur le souvenir de ceux qu'il a *aimé*. (E. ABOUT.)

II. — Quoi, dit-il, c'est vous qui avez *gâté* mon œuvre ! J'avais *semé* là des melons, et c'est vous qui les avez *détruit* pour planter vos misérables fèves ! (J.-J. ROUSSEAU.) Un homme d'honneur tient la parole qu'il a *donné*. Ce que La Fontaine a *aimé* le plus après son art, ce sont les faibles et les opprimés : il les a *instruit*, il les a *consolé*. (E. FAGUET.) Toutes les questions *agité* et *discuté* de son temps, Montesquieu les a *abordé* et *discuté* à son tour. (E. ZEVORT.)

307. — Même exercice.

I. — Les serpents s'endorment quand ils ont *mangé*. Nous étions *enfermé* comme dans une cage. (A. DE VIGNY.) Le roi a fort *ri* de cette folie et tout le monde trouve que voilà la plus cruelle chose que l'on puisse faire à un vieux courtisan. (Mᵐᵉ DE SÉVIGNÉ.) Toute l'armée comprit que nous avions *marché* si vite pour surprendre ces Prussiens seuls. (ERCKMANN-CHATRIAN.) C'est lorsque nous sommes *éloigné* de notre pays natal que nous sentons l'instinct qui nous y attache. (CHATEAUBRIAND.)

II. — A mesure qu'ils sont *achevé*, les sabots sont *déposé* dans la loge sous un épais lit de copeaux qui les empêche de se fendre. (A. THEURIET.) Une légère teinte rosée a *paru* sur son visage. Nos transports ont si subitement *augmenté*, que nous occupons trois charrons et deux bourreliers. (BALZAC.) Tant de prospérités ne furent pas *regardé* sans envie. Quatre années avaient *suffi* pour changer la face de ce bourg. Monseigneur, nous vous sommes bien *obligé*. (MOLIÈRE.)

304. — Faire accorder les participes passés en italiques, s'il y a lieu. II° ANNÉE

J'ai *traversé* les champs de la vigne du paresseux et je les ai *trouvé* couverts d'orties. Il a *souffert* le mal qu'il ne méritait pas et celui que son imprudence lui a *attiré*. (VAUVENARGUES.) Le plus simple écolier sait maintenant des vérités pour lesquelles Archimède eût *sacrifié* sa vie. (RENAN.) J'ai *consacré* à écrire l'histoire trente années de ma vie. (THIERS.) Quelle tâche mon père m'a *imposé* si je veux jamais mériter les louanges qu'on rend à sa mémoire ! (DIDEROT.) Combien de découvertes qui ont *immortalisé* leurs auteurs ont été le résultat des travaux des siècles précédents ! (D'ALEMBERT.) L'éruption d'un volcan est un des plus beaux spectacles que la nature ait *réservé* à l'homme. La main du temps, et plus encore celle des hommes, qui ont *ravagé* tous les monuments de l'antiquité, n'ont rien pu jusqu'ici contre les pyramides. (VOLNEY.)

Quel droit vous a *rendu* maîtres de l'univers ? (LA FONTAINE.)

306. — Remplacer chaque tiret par le participe passé d'un verbe choisi dans la liste.

Lire, prendre, faire, dire, commettre, écrire, vaincre, mettre, savoir, avoir.

Il s'en alla honteux comme un renard qu'une poule aurait —. Le Cid est la plus belle tragédie que Corneille ait —. Quels contes de fées avez-vous —? La vaccine est l'une des plus importantes découvertes que l'homme ait —. Les Romains traînaient derrière le char de triomphe les chefs ennemis qu'ils avaient —. Il y a des choses que tout le monde dit parce qu'on les a — une fois. (MONTESQUIEU.) Nos aïeux ont toujours — un très grand soin que leurs contes renfermassent une morale louable et instructive. (PERRAULT.) Là, au fond de la salle, le vieux Hauser avait — ses lunettes et épelait les lettres avec les petits. (A. DAUDET.) N'accusons que nous-mêmes des fautes que nous avons —. C'est par les talents de l'esprit et non par la force que l'homme a — subjuguer les animaux. (BUFFON.)

308. — Faire varier le participe, s'il y a lieu.

Son habit avait été noir et avait *eu* des boutons ; ses bas s'étaient *percé* à travers les trous de ses bottes. (A. KARR.) Les Français s'étaient *ouvert* une retraite glorieuse par la victoire de Fornoue. (VOLTAIRE.) La terrasse, autrefois *dallé*, était *devenu* comme un jardin de plantes sauvages qui avaient *poussé* dans les pierres disjointes et qui s'étaient *mêlé* à quelques arbustes plus précieux, autrefois *planté* en corbeille. (G. SAND.) Ma patrie, ma famille, mes amis se sont *présenté* à mon esprit ; et ma tendresse s'est *réveillé*. (MONTESQUIEU.) Les bancs, les pupitres s'étaient *poli, frotté* par l'usage ; les arbres de la cour avaient *grandi*. (A. DAUDET.) Voyez cette multitude d'yeux, ce diadème clairvoyant dont la nature s'est *plu* à ceindre la tête de la mouche. (B. DE SAINT-PIERRE.) L'ancienne société a été *détruit* pendant la Révolution et la nouvelle s'est *assis* sous l'Empire. (MIGNET.)

Ire ANNÉE **309.** — **Faire varier le participe, s'il y a lieu.**

I. — La mer était *sillonné* par cinq ou six vagues longues et *élevé*, *espacé* entre elles par de larges et profondes vallées. (B. DE SAINT-PIERRE.) Après tant de siècles pendant lesquels tout est *sorti* d'elle, la terre n'est point encore *usé*. (FÉNELON.) Autrefois les paysans étaient *méprisé* et souvent *maltraité* par leurs seigneurs. Ce pain que j'ai *fabriqué* avec tant d'efforts, à qui est-il ? (THIERS.)

II. — Les débris des bataillons de la garde, *poussé* pêle-mêle dans le vallon, se battaient toujours sans vouloir se rendre. (THIERS.) La cavalcade était *suivi* d'un char de dix-huit pieds de haut. (VOLTAIRE.) N'imitez jamais avant que vous ayez *réfléchi*. Peu de carrières ont été aussi pleinement, aussi vertueusement *rempli* que celle de Franklin. (MIGNET.) Les anciens étaient généralement *persuadé* que l'âme est immortelle. Là tous les airs de la ville seraient *oublié*. (J.-J. ROUSSEAU.)

> Dois-je trouver mauvais qu'un méchant pourpoint noir,
> Qui m'a *duré* deux ans, soit *percé* jusqu'au coude ? (SCARRON.)

311. — **Faire varier, s'il y a lieu, les mots en italiques.**

I. — L'oisiveté et l'indocilité sont les deux défauts dont on guérit le moins lorsqu'on les a *contracté*. Les vents, *emprisonné* derrière le rideau de nuages, s'en dégagèrent avec le rugissement des vagues, *courbant* les moissons, *brisant* les branches des arbres, *emportant* les toits. (LAMARTINE.) Vraiment, ma fille, vous êtes *aimé* et *estimé* dans cette maison. (Mme DE SÉVIGNÉ.)

II. — Nos mains brûlaient en *cherchant* à garantir notre figure d'une chaleur *brûlant*. Elle était toute *courbé*, *tremblant*, boiteuse, *ridé*, *toussant* et *crachant* toute la journée. (FÉNELON.) Vous m'écrivez ces mots dans votre dernière lettre : « Avec les notes que vous avez *transcrit*. » Il faut *transcrit*. C'est une faute que tout le monde fait à Genève. (J.-J. ROUSSEAU.) Le labourage *mis* en honneur a *adouci* les peuples farouches. (FÉNELON.) J'ai *passé* les déserts.

313. — **Mettre à la 1re personne du pluriel.**

La maison de Rollin.

Je commence à sentir et à aimer plus que jamais la douceur de la vie rustique, depuis que j'ai un petit jardin qui me tient lieu de maison de campagne. Je n'ai point de longues allées à perte de vue, mais deux petites seulement, dont l'une me donne de l'ombre sous un berceau assez propre, et l'autre, exposée au midi, me fournit du soleil pendant une bonne partie de la journée, et me promet beaucoup de fruits pour la saison. Un petit espalier, couvert de cinq abricotiers et de dix pêchers, fait tout mon fruitier. Je n'ai point de ruches à miel; mais j'ai le plaisir tous les jours de voir les abeilles voltiger sur les fleurs de mes arbres, et, attachées à leur proie, s'enrichir du suc qu'elles en tirent, sans me faire aucun tort.

(ROLLIN.)

310. — **Ecrire correctement ce morceau au passé indéfini.**   **II° ANNÉE**

Le parc abandonné.

Les pièces d'eau se *changent* en marais ; les murs de charmilles se *hérissent*, tous les berceaux s'*obstruent*, toutes les avenues se *ferment*, les végétaux naturels à chaque sol *déclarent* la guerre aux végétaux étrangers ; les chardons étoilés *étouffent* sous leurs larges feuilles les gazons anglais ; des foules épaisses de graminées et de trèfles se *réunissent* autour des arbres de Judée ; des touffes d'ortie s'*emparent* de l'une des naïades, et des forêts de roseaux des forges de Vulcain ; des plaques verdâtres *rongent* les visages de Vénus sans respecter leur beauté ; les arbres mêmes *assiègent* le château ; les cerisiers sauvages, les ormes, les érables *montent* sur ses combles, et *dominent* enfin sur ses coupoles orgueilleuses.

(BERNARDIN DE SAINT-PIERRE.)

312. — **Faire varier les participes, s'il y a lieu.**

J'avais deux fils, ma plus belle espérance, je les ai *vu* mourir à mes côtés. (MARMONTEL.) Quelquefois la foudre a *allumé* des incendies qui ont *paru* inexplicables, car personne n'a *vu* passer le rayon brillant ni *entendu* la voix du tonnerre. Il se voyait par là *sevré* de la dépense qu'il avait *compté* que je ferais chez lui. (LE SAGE.) Combien de visages différents j'ai *vu* traverser ce long corridor de nos mansardes, combien de compagnons de quelques jours *disparu* pour jamais! (E. SOUVESTRE.) La guerre ne se faisait pas autrefois comme nous l'avons *vu* faire du temps de Louis XIV. (VOLTAIRE.) Cette foule vulgaire que j'aurais *dû* suivre d'un œil ami, puisqu'elle est *composé* de frères en espérances et en douleurs, je l'ai *laissé* passer avec indifférence comme un troupeau. (E. SOUVESTRE.)

314. — **Ecrire correctement tous les mots en italiques.**

L'Industrie humaine.

L'homme a presque *changé* la face du monde ; il a *su* dompter par l'esprit les animaux qui le *surmonter* (imp. ind.) par la force ; il a *su* discipliner leur humeur brutale, et contraindre leur liberté indocile. Il a même *fléchi* par adresse les créatures *inanimé* : la terre n'a-t-elle pas été *forcé* par son industrie à lui donner des aliments plus convenables, les plantes à corriger en sa faveur leur aigreur sauvage, les venins *même* à se tourner en *remède* pour l'amour de lui? Il est *monté* jusqu'aux cieux : pour marcher plus sûrement, il a *appris* aux astres à le guider dans ses voyages ; pour mesurer plus également sa vie, il a *obligé* le soleil à rendre compte, pour ainsi dire, de tous ses pas. Je ne puis contempler sans admiration ces merveilleuses découvertes qu'a *fait* la science pour pénétrer la nature, ni tant de belles inventions que l'art a *trouvé* pour l'accommoder à notre usage.   (BOSSUET.)

315. — Ecrire correctement les mots en italiques.

Autour de la ferme.

Les arbres du verger *chargé* de fruits à *noyau* et à *pépin* sont encore une autre richesse. Quatre ou cinq *cent* ruches sont *établi* auprès d'un petit ruisseau qui arrose le verger ; les abeilles *donne* au possesseur une récolte considérable de miel et de cire, sans qu'*il s'embarrasse* de *tout* les fables qu'on a *débité* sur (*ce* ou *se*) peuple industrieux, sans rechercher très vainement si cette nation *vivre* (ind. prés.) sous les lois d'une *prétendu* reine. Il y a des allées de *mûrier* à perte de vue : les feuilles *nourrir* (ind. prés.) (*ces* ou *ses*) vers précieux, qui ne sont pas moins *utile* que les abeilles. Une partie de la métairie est *fermé* par un rempart impénétrable d'aubépine, proprement *taillé*, qui *réjouir* (ind. prés.) l'odorat et la vue.

(VOLTAIRE.)

317. — Mettre au pluriel tous les mots en italiques.

L'écureuil.

L'écureuil est un joli petit animal qui *n'est* qu'à demi *sauvage*, et qui, par *sa* gentillesse, par *sa* docilité, par l'innocence même de *ses* mœurs, *mériterait* d'être *épargné* : *il n'est* ni *carnassier*, ni *nuisible*, quoiqu'*il saisisse* quelquefois des oiseaux ; *sa* nourriture ordinaire, ce sont des fruits, des amandes, des noisettes, de la faîne et du gland. *Il* se *tient* ordinairement assis presque debout, et se *sert* de *ses* pieds de devant, comme d'une main, pour porter à *sa* bouche ; *il est* toujours en l'air ; *il approche* des oiseaux par *sa* légèreté, *il demeure* comme eux sur la cime des arbres, *parcourt* les forêts, y *fait son nid*, *cueille* les graines, *boit* la rosée et ne *descend* à terre que quand les arbres sont agités par la violence des vents.

(BUFFON.)

319. — I. — Mettre au singulier tous les mots en italiques.
II. — Analyser les verbes.

Les éléphants.

Ces animaux aiment le bord des fleuves ; *ils* ne *peuvent* se passer de l'eau ; *ils* en *remplissent* souvent *leur* trompe, soit pour la *porter* à *leur* bouche ou seulement pour se rafraîchir le nez. *Ils* ne *peuvent* supporter le froid et *souffrent* aussi de l'excès de la chaleur ; car, pour éviter la trop grande ardeur du soleil, *ils s'enfoncent* autant qu'*ils peuvent* dans la profondeur des forêts les plus sombres ; *ils* se *mettent* aussi assez souvent dans l'eau ; le volume énorme de *leur* corps *leur* nuit moins qu'il ne *leur* aide à nager ; *ils enfoncent* moins dans l'eau que les autres animaux, et d'ailleurs la longueur de *leur* trompe, qu'*ils redressent* en haut et par laquelle *ils respirent*, *leur* ôte toute crainte d'être *submergés*.

(BUFFON.)

316. — Écrire correctement tous les mots en italiques.

L'homme et les animaux.

Lorsque, avec le temps, l'espèce humaine s'est *étendu, multiplié, répandu*, et qu'à la faveur des arts et de la société l'homme a *pu* marcher en force pour conquérir l'univers, il a *fait* reculer peu à peu les bêtes féroces, il a *purgé* la terre de ces animaux gigantesques dont nous trouvons encore les ossements énormes, il a *détruit* ou *réduit* à un petit nombre d'individus les espèces voraces ou nuisibles, il a *opposé* les animaux aux animaux, et *subjuguant* les uns par adresse, *domptant* les autres par la force, ou les *écartant* par le nombre, et les *attaquant* tous par des moyens *raisonné*, il est *parvenu* à se mettre en sûreté et à établir un empire qui n'est *borné* que par les lieux inaccessibles, les solitudes *reculé*, les sables *brûlant*, les montagnes *glacé* et les cavernes *obscur*.

(BUFFON.)

318. — Distinguer les verbes employés transitivement des mêmes verbes employés intransitivement.

Rien ne *sert* de courir; il faut partir à point. (LA FONTAINE.) On n'est jamais si bien *servi* que par soi-même. L'ambition ne me *travaille* point. (LA ROCHEFOUCAULD.) Corneille *travaillait* facilement et Racine avec peine. (MONTESQUIEU.) Leur posture suppliante *parlait* pour eux. (FÉNELON.) C'est une tragédie qu'il faut plutôt *parler* que déclamer. (VOLTAIRE.) Tu *fatigues* assez pour gagner davantage. (LA FONTAINE.) Une écriture trop fine *fatigue* les yeux. Il faut *souffrir* ce qu'on ne peut empêcher. (BEAUMARCHAIS.) Plutôt *souffrir* que mourir, c'est la devise des hommes. (LA FONTAINE.) Vous ne vous seriez point ennuyée : vous auriez peut-être *pleuré* une petite larme, puisque j'en ai *pleuré* plus de vingt. (Mme DE SÉVIGNÉ.) Tu dois à ton état *plier* ton caractère. (VOLTAIRE.) Je *plie* et ne romps pas. (LA FONTAINE.)

320. — Mettre à la 1re personne du sing. du futur.

Le sort des servantes.

Nous sommes de toutes les maisons, et toutes les maisons peuvent *nous* fermer leurs portes; *nous sommes* de toutes les familles, et toutes les familles peuvent *nous* rejeter ; *nous élevons* les enfants comme s'ils étaient à *nous*, et, quand *nous* les *avons* élevés, ils ne *nous reconnaissent* plus pour *leurs mères* ; *nous épargnons* le bien des maîtres, et le bien que *nous* leur *avons* épargné s'en *va* à d'autres qu'à *nous !* *Nous nous attachons* au foyer, à l'arbre, au puits, au chien de la cour, et le foyer, l'arbre, le puits, le chien, *nous sont enlevés* quand il *plaît* à *nos* maîtres ; le maître *meurt* et *nous n'avons* pas le droit d'être en deuil ! Parentes sans parenté, familières sans famille, mères sans enfants : voilà le sort des servantes !

(LAMARTINE.)

CHAPITRE XIII.

LES MOTS INVARIABLES

I. — LA PRÉPOSITION.

(Exercices 321 à 324.)

Explication. — Les mots les plus courts ne sont pas les moins utiles ; nous l'avons déjà vu par les pronoms personnels *je, tu, il, me, te, se*, etc., sans lesquels on aurait grand'peine à se faire comprendre ; nous l'allons voir encore par les *prépositions* qui, elles aussi, ne tiennent pas beaucoup de place, et qui cependant jouent un rôle si important. Que signifieraient, en effet, des phrases comme celles-ci : *il est ..... la maison, — je connais son amitié ..... lui, — Jean est utile ..... ses semblables, — c'est un ..... mes amis*, si entre le verbe *est*, le nom *amitié*, l'adjectif *utile*, le pronom *un* et leurs compléments *maison, lui, ses semblables, mes amis*, on n'intercalait les prépositions *dans, pour, à, de* : *il est* **dans** *la maison, je connais son amitié* **pour** *lui, Jean est utile* **à** *ses semblables, c'est un* **de** *mes amis*.

> *Je pars ..... Lyon.*
> *Je pars* **pour** *Lyon.*
> *Je pars* **de** *Lyon.*

308. — Définition. — **La préposition** se place entre un mot et son **complément** pour en marquer le *rapport*.

309. — Remarques. — On l'appelle *pré-position* parce qu'elle est placée *(posée)* avant *(pré)* le complément.

310. — La préposition ne peut s'employer *sans un régime ;* elle en est inséparable. Unie à son régime, elle forme le complément d'un mot.

✳

LES LOCUTIONS PRÉPOSITIVES.

Il demeure **hors de** *la ville,* **près de** *la mer,* **à côté de** *la gare.*

311. — Définition. — Une locution prépositive est un groupe de mots formé d'une **préposition** et d'autres mots qui en complètent le sens.

312. — **Remarque.** — Dans les locutions *hors de, près de, à côté de,* la préposition *hors,* l'adverbe *près,* le nom *côté* complètent et précisent le sens de la préposition *de.*

Une *locution prépositive* joue le rôle d'une simple *préposition.*

TABLEAU DES PRÉPOSITIONS.

Prépositions indiquant la **direction** *des mouvements dans l'espace et le temps.*

Je vais **à** *Paris* **chez** *mon père.*
Il entre **en** *ville,* **dans** *le jardin.*
Il vient **de** *Londres.*
Il passe **par** *cette rue.*
Nous irons **jusqu'au** *(à le) bout.*
Il vient **vers** *nous,* **au-devant** *de nous.*
Il marche **sur** *nous,* **contre** *nous.*
Il va **hors** *d'ici,* **loin de** *nous.*
Il marche **du** *(de le) matin* **au** *(à le) soir.*
Il travaille **dès** *ou* **depuis** *le matin.*

———

Prépositions indiquant les **positions** *ou places dans l'espace et le temps.*

Il habite **en** *Angleterre,* **près de** *Londres.*
Le papillon vole **parmi** *les fleurs.*
Il travaille **avant** *et* **après** *ses repas.*
Je suis assis **devant** *la maison.*
Tu te reposes **sous** *les arbres.*
Nous sommes attentifs **pendant** *la leçon.*

———

Prépositions indiquant les principales **circonstances** *1° des actions ; 2° des états.*

1° ACTIONS. *Il s'est blessé* **en** *jouant (manière)* **avec** *un couteau (instrument).*
Il s'est engagé **par** *patriotisme (cause)* **pour** *défendre son pays (but).*

2° ÉTATS. *Une plume* **de** *fer (matière).*
Un arbre **en** *boule (forme).*
Une forêt **de** *l'État (propriété).*

7*

> ### REMARQUES PARTICULIÈRES
>
> *Il est* **prêt** à *partir* (préparé, disposé à partir).
> *Il est* **près de** *partir* (sur le point de partir).
>
> **313.** — Il ne faut pas confondre les locutions *prêt à, près de.*
> *Prêt à* exprime l'idée de préparation, de disposition; *près de*
> exprime l'idée de proximité; *prêt, prête,* est un *adjectif; près*
> est une *préposition.*
>
> ❋
>
> **Voici** *ma place;* **voilà** *la vôtre.*
> **Voilà** *son avis;* **voici** *le mien.*
>
> **314.** — *Voici* (vois ici) désigne les objets, les lieux, les temps
> **rapprochés** de celui qui parle; *voilà* (vois là) désigne les
> objets, les lieux, les temps **éloignés** de lui.

II. — L'ADVERBE.

(*Exercices 325 à 328.*)

Explication. — Nous avons vu qu'une action s'accomplit toujours
en un certain *temps,* en un certain *lieu,* d'une certaine *manière,* etc.
Ces circonstances sont exprimées, d'ordinaire, par des *compléments
circonstanciels,* c'est-à-dire à l'aide de prépositions suivies de leurs
régimes. Elles peuvent quelquefois s'exprimer à l'aide d'un seul mot
invariable qu'on nomme *adverbe.* Ex. : *Il se lève* **tôt, tard.**

La circonstance exprimée par l'adverbe peut elle-même être précisée par un autre adverbe. Ex. : *Il se lève* **(trop)** *tôt,* **(plus)** *tôt,*
(moins) *tôt,* **(assez)** *tôt,* etc.

De même, l'idée exprimée par un adjectif peut être précisée par
un adverbe. Ex. : *Il est sage,* **(très)** *sage,* **(plus)** *sage,* **(moins)** *sage,*
(assez) *sage,* etc.

> *Tu écris* **mal.**
> *Tu vas* **trop** *vite.*
> *Tu es* **très** *maladroit.*

315. — **Définition.** — L'adverbe est une espèce de
mot qui se joint au **verbe,** à un autre **adverbe** ou à un
adjectif pour les *modifier,* c'est-à-dire pour en préciser le
sens.

Place de l'adverbe.

Cet enfant lit **couramment.**
Autrefois *on voyageait en diligence.*
Il est parti pour Paris **précipitamment.**
Vous allez **trop vite** (et non *vite trop*).
Vous êtes **très maladroit** (et non *maladroit très*).

316. — **Remarque.** — Si l'adverbe se place souvent près (*ad*) du *verbe* qu'il modifie, il peut aussi en être séparé ; il précède toujours immédiatement l'adverbe ou l'adjectif dont il précise le sens.

TABLEAU DES ADVERBES.

Adverbes de lieu. — *Ailleurs, alentour, dedans, dehors, dessus, dessous, devant, derrière, en, ici, ci, là, où,* etc.

Adverbes de temps. — *Alors, aujourd'hui, hier, demain, auparavant, aussitôt, autrefois, jadis, naguère, maintenant, désormais, dorénavant, d'abord, ensuite, puis, enfin, jamais, toujours, souvent, parfois, quelquefois, premièrement,* etc.

Adverbes de quantité. — *Assez, trop, autant, plus, davantage, moins, aussi, si, beaucoup, peu, que, combien.*

Adverbes de manière. — *Ainsi, autrement, bien, mieux, mal, pis, comme, comment, justement, injustement, honnêtement, malhonnêtement,* et les adverbes en *ment.*

Adverbes interrogatifs. — *Que, pourquoi, quand, comment, combien,* etc.

Adverbes exclamatifs. — *Que, combien.*

Adverbes affirmatifs. — *Oui, certes, certainement, assurément.*

Adverbes négatifs (SIMPLES :) *Ne, non, nenni, nullement.* (DOUBLES :) *Ne pas, ne point, ne plus, ne guère,* etc.

LES DIVERSES ESPÈCES D'ADVERBES.

Pierre est **loin** (dans un *lieu* éloigné).
Il reviendra **bientôt** (dans un *temps* rapproché).
Il a gagné **beaucoup** (une grande *quantité*) d'argent.
Mais il l'a gagné **honnêtement** (d'une *manière* honnête).

317. — Règle. — On donne à chaque **espèce** d'adverbe le nom de l'idée qu'elle exprime. Ainsi les adverbes qui expriment des idées de **lieu**, de **temps**, de **quantité**, de **manière**, s'appellent adverbes de *lieu*, de *temps*, de *quantité*, de *manière*.

318. — Procédé. — On reconnaît qu'un adverbe est un **adverbe de lieu** quand il répond à la question *où?* Ex. : **Où** *Pierre est-il?* — *Il est loin* ; — qu'il est **adverbe de temps** quand il répond à la question *quand?* Ex. : **Quand** *reviendra-t-il?* — *Bientôt* ; — qu'il est **adverbe de quantité** quand il répond à la question *combien?* Ex. : **Combien** *a-t-il gagné?* — *Beaucoup* ; — qu'il est **adverbe de manière** quand il répond à la question *comment?* Ex. : **Comment** *a-t-il gagné?* — *Honnêtement.*

LA LOCUTION ADVERBIALE.

Où *la voit-on ?*
On ne la voit **nulle part.**
Quand *veux-tu travailler ?*
Je veux travailler **à présent.**
Comment *vient-il ?*
Il vient **à propos.**

319. — Définition. — On nomme **locution adverbiale** tout groupe de mots qui a le **sens** et la **valeur** d'un **adverbe**.

320. — Remarque. — Ainsi : *nulle part, à présent, à propos,* équivalent à des adverbes.

Adverbes interrogatifs et exclamatifs.

Où (en quel *lieu*) *allez-vous ?*
Quand (en quel *temps*) *viendrez-vous ?*
Combien (en quel *nombre*) *êtes-vous ?*
Comment (de quelle *manière*) *allez-vous ?*

321. — Certains adverbes de **lieu**, de **temps**, de **quantité**, de **manière**, peuvent servir à *interroger* : on les appelle alors *adverbes interrogatifs*

❊

Combien (à quel degré) *je vous plains !*
Que (à quel point) *vous êtes changé !*

322. — Certains **adverbes de quantité** peuvent servir pour l'*exclamation :* on les appelle alors *adverbes exclamatifs.*

Adverbes affirmatifs.

Jean est brave ; **oui**, **certainement, assurément**
il est brave.
Jean est-il brave ? — **Oui, certainement, assurément.**

323. — **L'adverbe affirmatif** sert à renforcer l'affirmation du jugement ou à répondre affirmativement à une question.

Adverbes négatifs.

Léon **n'est pas** *brave.*
Léon est-il brave ? — **Non.**

324. — Les adverbes négatifs servent ou à rendre un jugement négatif, c'est-à-dire à nier, ou à répondre négativement à une question.

❊

Je **ne** *puis, je* **ne** *sais.*

325. — L'adverbe **ne** est l'adverbe négatif par excellence ; c'est même le *seul adverbe négatif*, puisqu'il suffit pour *nier* (je *ne* puis), et qu'il sert à former tous les autres adverbes négatifs : *non, nullement,* **ne** *pas,* **ne** *point,* **ne** *guère,* etc.

COMPLÉMENT DE L'ADVERBE.

Beaucoup *d'argent,* **assez** *de vin,* **trop** *de liqueurs.*

326. — Presque tous les adverbes de quantité prennent un complément ; ce complément est un nom ou un pronom. Excepté : *davantage, si, très.*

❋

Contraire *à mon attente ;* **contrairement** *à mon attente.*

327. — Les adverbes de manière *formés d'adjectifs qualificatifs* et de la terminaison *ment* peuvent prendre les mêmes compléments que ces adjectifs.

❋

Où *en êtes-vous* **de votre lecture ?** — *Nous en sommes* **ici de notre lecture** *et* **là de notre dictée.**

328. — Parmi les adverbes de lieu, trois : *où, ici, là,* peuvent prendre un complément. Ce complément est un nom.

❋

Jamais *de la vie* (en aucun temps).

329. — Seul des adverbes de temps, **jamais** peut avoir un complément qui est un nom.

DEGRÉS DE SIGNIFICATION DANS LES ADVERBES.

POSITIF : *habilement* (d'une manière *habile*).
COMPARATIF : *plus, moins, aussi* habilement.
SUPERLATIF : *très, le plus, le moins* habilement.

330. — Les *adverbes de manière,* formés d'adjectifs qualificatifs, ont, comme ces adjectifs, tous les *degrés de signification.*

❋

Plus *loin,* **moins** *près,* **aussi** *tard.*

331. — Les adverbes qui expriment des idées qui comportent l'augmentation et la diminution, peuvent, seuls parmi les autres adverbes, avoir le comparatif ou le superlatif.

❋

Plutôt *la mort que la honte.*
La tortue arriva **plus** *tôt que le lièvre.*

332. — Il ne faut pas confondre *plus tôt,* qui exprime une idée de temps, avec *plutôt,* qui exprime une idée de préférence.

III. — LA CONJONCTION.

(Exercices 329 à 332.)

Explication. — De même que dans une proposition il y a des rapports entre les mots qui la composent, ainsi dans une phrase il y a des rapports entre les propositions dont elle est composée. Si, par exemple, je dis : *Tous les vices sont haïssables ;* **donc** le *mensonge doit être haï,* la seconde proposition ou second jugement est une *conséquence* de la première, et c'est la conjonction *donc* qui marque ce rapport.

Si je dis : *La Tour-d'Auvergne s'est dévoué* **parce** *qu'il aimait son pays,* la seconde proposition indique la *cause* de la première, et c'est la conjonction **parce que** qui exprime ce rapport.

La conjonction joue donc un rôle très important, puisqu'elle marque le lien de nos jugements et par suite de nos raisonnements.

Pierre a joué **et** *il a perdu.*
Je crois **que** *vous avez raison.*
Je chanterai **si** *vous chantez.*
Je pars **puisque** *vous l'ordonnez.*

333. — Définition. — La conjonction est une espèce de mot invariable qui se place entre les propositions pour en marquer le rapport.

❋

J'ai vu Pierre **et** *(j'ai vu) sa sœur.*
Cette eau est claire **et** *(elle est) fraîche.*
Il faut vaincre **ou** *(il faut) mourir.*
Il ne lit ni bien **ni** *(il ne lit) mal.*

334. — Remarque. — Alors même qu'une conjonction est placée entre deux mots de même nature, ce ne sont pas deux mots mais *deux propositions* qu'elle unit ; de ces propositions, la première est *complète,* la seconde est *elliptique.*

———

LA LOCUTION CONJONCTIVE.

Paul travaille **pendant que** *nous jouons.*

335. — Définition. — La locution conjonctive est un groupe de mots qui fait office de **conjonction.**

LES DEUX ESPÈCES DE CONJONCTIONS.

Pierre a joué **et** *il a perdu.*
Je crois **que** *vous avez raison.*

336. — Définitions. — Il y a **deux espèces** de conjonctions :

1° Celles qui servent à *lier* les **propositions coordonnées** et qu'on appelle, pour cette raison, **conjonctions de coordination.**

2° Celles qui servent à *lier* les **propositions subordonnées** aux **propositions principales** et qu'on appelle,
pour cette raison, **conjonctions de subordination.**

✳

C'est votre père, **par conséquent** *vous devez lui obéir.*
Soyez obligeant, **afin que** *l'on vous aime.*

337. — Remarque. — Comme les conjonctions, les **locutions
conjonctives** sont, les unes de **coordination** : *par conséquent,* etc.,
les autres de **subordination** : *afin que,* etc.

TABLEAU DES CONJONCTIONS.

> **1° De coordination :**
>
> *Et, ou, ni, aussi, car, cependant, donc, mais, néanmoins,
> puis, sinon, toutefois,* etc.
>
> **2° De subordination :**
>
> *Que, lorsque, puisque, quoique, comme, quand, si,* etc.
>
> ### Locutions conjonctives.
>
> **1° De coordination :**
>
> *Au contraire, au moins, au reste, au surplus, d'ailleurs, du
> moins, du reste, en effet, par conséquent,* etc.
>
> **2° De subordination :**
>
> *Afin que, avant que, bien que, de peur que, jusqu'à ce que,
> parce que, pendant que, pour que, pourvu que, sans que,* etc.

REMARQUES PARTICULIÈRES.

Parce que, par ce que.

Vous serez puni **parce que** (pour cette raison que) *vous êtes coupable.*

Par ce (d'après ce) **que** *vous me dites, je comprends qu'il a menti.*

338. — Il ne faut pas confondre **parce que** *locution conjonctive*, avec **par ce** qui est une *préposition* suivie de son complément **ce** (cette chose).

❄

Quoique, quoi que.

Je l'aime **quoiqu'**il *ait commis bien des fautes.*
Quoi que *vous disiez, je l'estime.*

339. — **Quoique** est une conjonction; dans **quoi que**, **quoi** est un pronom mis pour **quelque chose**, et **que** est un pronom relatif.

❄

Quand, quant. à

Je partirai **quand** (lorsque) *vous voudrez.*
Je ne signerais pas **quand** (alors que) *vous me donneriez mille francs.*

Quand (à quelle époque) *viendrez-vous ?*
J'accepte vos remerciements; **quant à** (pour) *l'argent, je n'en veux pas.*

340. — Si le mot **quand** veut dire *lorsque, alors que*, il est conjonction ; s'il signifie *à quelle époque*, il est adverbe interrogatif.

Les mots *quant à* signifient **pour, en ce qui concerne ;** ils forment une *locution prépositive.*

L'adverbe et la conjonction *quand* se terminent par un **d** ; dans la locution *quant à*, **quant** se termine par un **t**.

❄

Ou, où.

Je veux tout **ou** (ou bien) *rien.*
Où (en quel lieu) *est votre sœur ?*

341. — **Ou** sans accent signifie **ou bien** : c'est une *conjonction;* **où** avec un accent grave signifie **en quel lieu** : c'est un *adverbe.*

L'INTERJECTION.

(Exercices 333 et 334.)

Explication. — Lorsqu'un sentiment vif nous saisit, qu'une idée nous saute à l'esprit, au lieu de les exprimer par de longues phrases, nous les exprimons souvent d'un seul mot *jeté* dans le courant de la conversation. *Ah! oh! hé! bah!* disons-nous, ou plutôt crions-nous, car ces mots sont des espèces de cris et ne ressemblent à aucun des mots que nous avons étudiés précédemment; ce sont des *interjections*. Quelquefois aussi nous *jetons* dans le discours des noms, des adjectifs, des verbes, des adverbes : *courage! ferme! soit! bravo!* qui sont de véritables propositions réduites à un seul mot.

> **Courage!** (ne vous laissez pas décourager.)
> **Ferme!** (montrez-vous fermes; résistez.)
> **Soit!** (je le veux bien, j'y consens.)
> **Bravo!** (je vous félicite de tout cœur.)

Ce sont des mots employés sous forme *interjective*.

✻

> **ah! oh! hé! hem!**
> **paix! bon! allons! bis! chut!**

342. — **Définition.** — L'interjection est une espèce de mot invariable qu'on jette au milieu du discours pour exprimer avec force une idée ou un sentiment.

ONOMATOPÉE

pan! pif! paf! pouf! cric! crac!

343. — **Définition.** — On appelle **onomatopée** l'imitation vocale (par la voix) des **sons** et des **bruits** de toute sorte.

Remarque. — L'*onomatopée* n'est pas à proprement parler un **mot**, puisqu'elle n'exprime aucune **idée**; ce n'est qu'un **son**.

TABLEAU DES INTERJECTIONS.

1° Interjections proprement dites ou cris :

*Ah! aïe! bah! ça! eh! fi! ha! hi! hein! hem! ho! hum! oh!
ouais! pouah!*

2° Mots employés interjectivement :

Noms : *courage! dame! diable ou diantre! halte! foin! misé-
ricorde! paix! peste!*
Adjectifs : *bon! ferme!*
Verbes : *allons! gare! soit! tope!*
Adverbes : *arrière! bien! bis! bravo! çà! sus!*

3° Locutions interjectives :

Allons donc! Halte-là! Fi donc! or çà! Tout beau!

4° Interjections composées : *Holà!* (Ho! là!) — *Hélas*
(Hé! que je suis las!) — *Parbleu!* (Par Dieu!)
Corbleu! (par le corps de Dieu!)
Palsambleu! (par le sang de Dieu!)
Malepeste! (mauvaise peste!)

5° Onomatopées : *pif! paf! pouf! cric! crac! pan! vlan!*
etc.

ANALYSE DES MOTS INVARIABLES

(Exercices 335 et 336.)

Ah! *prenez* **vite** *cette bourse* **et** *partez* **à** *son secours.*

Ah! interjection.
vite   adv. de manière, modifie le verbe *prenez.*
et   conjonct. unit les deux prop. coordonnées.
à   préposit. unit le verbe *partez* à son complément *secours.*

344. — Méthode. — Pour analyser les **mots invariables,**
il faut en indiquer : 1° l'espèce ; 2° la fonction.

Ire ANNÉE   **321. — Souligner les prépositions**

I. — Pendant sa vie et après sa mort, le bœuf rend les plus grands services à l'homme. Il fumait régulièrement, par bouffées égales, comme la cheminée d'une machine à vapeur. (ABOUT.) La beauté sans la bonté est une fleur sans parfum. (BERQUIN.) Le travail est une meilleure ressource contre l'ennui que le plaisir. On vous parle une heure durant et vous ne répondez pas à ce qu'on vous dit. (MOLIÈRE.)

II. — Ce qui importe à tout homme, c'est de remplir ses devoirs sur la terre. (J.-J. ROUSSEAU.) L'eau purifiée par la distillation est sans odeur ; elle existe toujours dans l'atmosphère à l'état de vapeur. Les Pyrénées atteignent leur plus grande élévation dans la partie centrale. Dans tout ce qui m'arrive d'heureux ou de triste, ma pensée se tourne involontairement vers ma mère. (LAMARTINE.) Les enfants doivent rendre à leurs parents les soins qui leur ont été prodigués dans leur enfance. (COMPAYRÉ.)

323. — Distinguer les locutions prépositives et les prépositions.

I. — Jamais l'hirondelle ne s'établit loin de l'homme. Le thermomètre est descendu au-dessous de zéro. On n'aime pas cet enfant à cause de sa paresse. Ne manquez pas de venir nous voir lors de votre retour. Il s'est arrêté en deçà de la ville. La neige s'entassait autour de la caverne. Chacun s'imagine être au-dessus de son voisin. (LE SAGE.)

II. — Vivons près de nos amis, loin des méchants, à l'ombre du toit paternel. J'ai passé quelques jours dans une maison de campagne auprès de Paris. Nous passâmes au travers des écueils. Le serpent roule et déroule son corps autour des arbres avec tant de promptitude que l'œil a de la peine à le suivre. (LACÉPÈDE.) Pour manger, les ours s'assoient sur leur derrière, à la manière des singes. (L. FIGUIER.) Enfant, respecte notre père nourricier, ce bon blé qui, de sa faible tige, soutient avec peine sa tête pesante où est notre pain de demain. (MICHELET.)

325. — Souligner les adverbes

Amour fraternel.

J'avais un frère plus âgé que moi de sept ans. Il apprenait la profession de mon père qui était habile horloger à Genève. L'extrême affection qu'on avait pour moi le faisait un peu négliger. Je ne le voyais presque point ; mais je ne laissais pas de l'aimer tendrement. Je me souviens qu'une fois que mon père le châtiait rudement et avec colère, je me jetai impétueusement entre eux, l'embrassant étroitement. Je le couvris ainsi de mon corps, recevant les coups qui lui étaient portés, et je m'obstinai si bien dans cette attitude, qu'il fallut enfin que mon père lui fit grâce, soit désarmé par mes cris et mes larmes, soit pour ne pas me maltraiter plus que lui.

(J.-J. ROUSSEAU.)

322. — **Remplacer les tirets par les prépositions convenables choisies dans la liste :**   **IIe ANNÉE**

A, avec, autour, chez, de, en, par, pour, sans.

Adieu rôti !

Je ne puis me rappeler — rire qu'un soir, — mon père, étant condamné — quelque espièglerie — m'aller coucher — souper, et passant — la cuisine — mon triste morceau — pain, je vis et flairai le rôti tournant — la broche. On était — du feu, il fallut — passant saluer tout le monde. Quand la ronde fut faite, lorgnant du coin — l'œil ce rôti qui avait si bonne mine et qui sentait si bon, je ne pus m'abstenir — lui faire aussi la révérence et — lui dire — un ton piteux : Adieu, rôti !

Cette saillie — naïveté parut si plaisante qu'on me fit rester — souper.

(J.-J. Rousseau.)

324. — **Choisir la préposition ou la locution convenable.**

Sans, au-dessus de, à travers, voici, près de, à côté de, prêt à, voilà, entre.

Une grande âme est — l'injure. (La Bruyère). Le méchant qui fait trembler est bien — trembler lui-même. (Beaumarchais.) Comment l'homme peut-il être heureux ? — ce que l'on se demande. (J.-J. Rousseau.) — les rochers la peur les précipite. (Racine.) Des maux que j'ai prédits — venir le temps. (Delille.) La droiture du cœur, la vérité, l'innocence : — la véritable grandeur. (Massillon.) Plus on est — sa fin et plus l'on croit vivre. (Chateaubriand.) La plupart des hommes vivent — la misère — la voir. (J. Simon.) L'ignorance toujours est — s'admirer. (Boileau.) On ne connaît l'importance d'une action que lorsqu'on est — l'exécuter. (La Fontaine.) Toute guerre — hommes est une guerre — frères. (V. Hugo.)

326. — **Souligner les adverbes ; en indiquer l'espèce.**

La chair du lièvre est très savoureuse. La poule d'eau, qui vit ordinairement dans les marais, constitue un gibier fort médiocre. Vous le voyez déjà fatigué du combat. Parmi ceux qui sont atteints d'une même maladie, les uns guérissent plus tôt, les autres plus tard. Perrette là-dessus saute aussi transportée. (La Fontaine.) La chair des poissons forme un aliment moins nutritif que les viandes de boucherie. Plutôt souffrir que mourir, c'est la devise des hommes. (La Fontaine.) L'intolérance ressemble désormais à de la folie. (J. Simon.) La peur regarde derrière, la prudence regarde devant. La mer est trop grosse pour mettre un canot dehors. On triomphe des mauvaises habitudes plus aisément aujourd'hui que demain. Des hôtes de nos bois, les fauvettes sont les plus nombreuses comme les plus aimables. (Buffon.) Les hommes extrêmement heureux et les hommes extrêmement malheureux sont également portés à la dureté. (Montesquieu.)

327. — Distinguer les adverbes et les locutions adverbiales.

I. — Lorsque vos parents vous commandent quelque chose, obéissez-leur sur-le-champ. Le coucher du soleil est sans contredit un spectacle magnifique. Enfants, ne marchez pas devant les personnes âgées; tenez-vous toujours en arrière. La nuit dernière, le vent et la pluie nous ont réveillés en sursaut. Levons-nous toujours de bonne heure et mettons-nous tout de suite au travail.

II. — Un élève qui travaille avec ardeur et étudie sans cesse, réussira certainement. Mettez de côté vos petites répugnances. Je demandai trois jours pour me consulter là-dessus. (Le Sage.) Le mérite perce toujours et triomphe à la fin de tous les obstacles. Je trouve les caprices de la mode chez les Français étonnants; quelquefois les coiffures montent insensiblement, et une révolution les fait descendre tout à coup. (Montesquieu.) On dit : « Je ferai telle chose quand tout le monde l'aura faite, demain, plus tard. » (Laboulaye.)

329. — Souligner les conjonctions.

I. — Ne perdez jamais votre temps, car il est précieux. La betterave, cuite ou crue, fournit un aliment agréable et rafraîchissant. Aucun oiseau de basse-cour n'est plus facile à nourrir que le canard. L'enfant étourdi ne calcule ni ne mesure ses mouvements. Les hirondelles reviennent dans nos pays quand le printemps reparaît. Chacun sent que l'instant décisif est venu.

II. — Mon verre n'est pas grand mais je bois dans mon verre. (A. de Musset.) Le sage est ménager du temps et des paroles. (La Fontaine.) Lorsqu'on chauffe le lait, on voit sa surface se couvrir de pellicules blanches. Il est remarquable que les lions, les chameaux et les singes ont les narines plus ouvertes que les animaux des pays froids. (B. de Saint-Pierre.) Un mélange étonnant de la nature sauvage et de la nature cultivée montrait partout la main de l'homme où l'on eût cru qu'il n'avait jamais pénétré. (J.-J. Rousseau.)

331. — Distinguer les conjonctions et les locutions conjonctives.

I. — Soyons toujours obligeants, afin que les autres nous obligent. Puisque votre travail n'est pas achevé, vous resterez jusqu'à ce que vous l'ayez terminé. Un cheval peut traîner sur l'eau une charge de 60,000 kilogrammes, tandis qu'il n'en peut traîner que 1,000 sur les routes. Le jaguar, ainsi que le couguar, habite les contrées chaudes de l'Amérique méridionale. (Buffon.)

II. — Les plantes, pourvu qu'elles soient en plein air et non dans les appartements, assainissent l'atmosphère. Vous resterez ici jusqu'à ce que je vienne vous prendre. L'âne crut qu'on l'adorait parce qu'on saluait les reliques qu'il portait. Il m'a pardonné avant que je l'eusse demandé. (Massillon.) Voyez ce cheval ardent et impétueux pendant que son écuyer le conduit et le dompte. (Bossuet.)
L'onde était transparente, ainsi qu'aux plus beaux jours.
(La Fontaine.)

328. — Distinguer les adverbes affirmatifs, négatifs, interrogatifs, II° ANNÉE exclamatifs.

Certes, il n'y a point pour l'homme un meilleur parti que la vertu. (La Bruyère.) La guerre sans nécessité absolue est certainement un crime. (J. Simon.) Où vont tous ces enfants dont pas un seul ne rit ? (Victor Hugo.) Un honnête homme qui dit oui ou non mérite d'être cru. (La Bruyère.) Comment ! madame, me moquer ! (Molière.) Que nous passons rapidement sur cette terre ! (J.-J. Rousseau.) Le pauvre qui donne volontiers un peu fait plus que le riche qui donne beaucoup à contre-cœur. (Ch. Nodier.) Le bonheur ou le malheur des hommes ne dépend pas moins de leur humeur que de leur fortune. (La Rochefoucauld.) Le drapeau ! que de choses sacrées il renferme dans ses plis ! (J. Claretie.) On aime mieux dire du mal de soi que de n'en point parler. (Mme de Sévigné).

330. — Distinguer : 1° les conjonctions de coordination et de subordination ; 2° *que* conjonction et *que* pronom relatif.

Vous devinez, à l'âge de mes habits, que je n'ai pas dix mille francs de rentes. (About.) Songiez-vous aux douleurs que vous m'alliez causer ? (Racine.) Ésope a dit fort ingénieusement que la meilleure et la pire des choses était la langue. La faim regarde à la porte de l'homme laborieux, mais elle n'ose pas entrer. La félicité, c'est le bonheur que ne suit aucun remords. Je suis flatté de votre approbation, car c'est surtout à mes amis que je cherche à plaire. (J.-J. Rousseau.) Lorsque vous ferez l'aumône, que votre main gauche ne sache point ce que fait votre main droite. (V. Hugo.) Quand on a peu de désirs, on a peu de privations. Mon enfant, c'est pour toi que j'aime à vivre ; c'est pour toi que j'ai souffert plus, pour ainsi dire, que je ne pouvais supporter. (Pestalozzi.)

332. — Employer l'expression convenable

Parce que, par ce que, quoique, quoi que, ou, où, quand, quant à.

S'il n'y avait pas un brin de peine — serait le plaisir ? (Sainte-Beuve.) Je n'aurais jamais, — moi, trouvé ce secret. (La Fontaine.) On voit quelquefois des enfants qui sèchent et dépérissent d'une langueur secrète, — d'autres sont plus caressés qu'eux. (Fénelon.) Je vivrai sans reproche — périrai sans honte. (Corneille.) Mon père sans ressource et ma mère malade décidèrent que j'étudierais — il arrivât. (Michelet.) — j'aie une bonne opinion de moi, je ne me serais jamais imaginé que je dusse troubler le repos d'une grande ville. (Montesquieu.) — il dit, on devine qu'il est obligé de se taire. — à l'économie se joint le travail, l'aisance suit de près les privations. — on eût pu penser de mon prétendu talent, l'effet fut pire que tout ce qu'on semblait attendre. (J.-J. Rousseau.) L'homme vertueux fait son devoir — il craint les conséquences de la faute, ou — il a horreur du crime, ou — il aime la vertu. (J. Simon.)

333. — Souligner les interjections

I. — Hé ! bonjour, monsieur du corbeau. (LA FONTAINE.) Ah ! voilà qui est bien ! (MOLIÈRE.) Chut ! mon petit frère dort. Eh ! mon frère, comme te voilà fait ! (LA FONTAINE.) Eh bien ! que gagnez-vous, dites-moi, par journée ? (LA FONTAINE.) Ah ! si tu pouvais passer l'eau ! (FLORIAN.) Aïe ! aïe ! il m'a tué. Eh quoi ! charger ainsi cette pauvre bourrique ! (LA FONTAINE.) Hein ! qu'en dis-tu, ma fille ? (C. D'HARLE-VILLE.)

II. — Hé ! holà ! compagnon, n'y a-t-il pas un soldat de garde ? (A. DE MUSSET.) France, ô belle contrée ! ô terre généreuse ! (A. CHÉNIER.) Hélas ! je cherche en vain, rien ne s'offre à ma vue. (RACINE.) Bah ! j'en ai vu bien d'autres. Oh ! là ! Oh ! descendez, que l'on ne vous le dise. (LA FONTAINE.) Ha ! ha ! ma foi, cela est tout à fait drôle. Hum ! si je voulais, je vous répondrais bien là-dessus. (MARIVAUX.) Oh ! que l'impatience empêche de biens et cause de maux ! (FÉNELON.)

On applaudit très fort, on répète en écho :
« C'est Esope ! bravo ! bravo ! (LE BAILLY.)

335. — Analyser les mots invariables,

La pitié.

I. — Le peintre Gros vit un jour entrer dans son atelier un de ses élèves, beau jeune homme insouciant, qui avait trouvé galant de piquer à son chapeau un superbe papillon dont il venait de faire la capture et qui se débattait encore. L'artiste fut indigné, il entra dans une violente colère : « Quoi ! malheureux, dit-il, voilà le sentiment que vous avez des belles choses ! Vous trouvez une créature charmante, et vous ne savez en rien faire que de la crucifier et la tuer barbarement !... Sortez d'ici, n'y rentrez plus ! ne paraissez jamais devant moi ! »

II. — Ce mot ne surprendra pas ceux qui savent quelle fut la vive sensibilité du grand artiste, sa religion de la beauté. Ce qui étonne davantage, c'est de voir un anatomiste, un homme qui vécut le scalpel à la main, Lyonnet, parler dans le même sens et au sujet des insectes qui intéressent le moins. Cet homme habile et patient a, comme on sait, ouvert à la science une voie toute nouvelle par son immense travail sur la chenille du saule, où l'on apprit que l'insecte est identique, pour les muscles, aux animaux supérieurs. Lyonnet se félicite d'avoir pu mettre à fin ce travail, sans avoir tué plus de huit ou neuf individus de l'espèce qu'il voulait décrire.

(MICHELET.)

334. — Distinguer les interjections et les onomatopées. II· ANNÉE

Ah ! que de la vertu les charmes sont puissants ! (TH. CORNEILLE.)
Le temps d'ouvrir une lucarne, frrt ! voilà le bivouac en déroute.
(A. DAUDET.) Aïe ! aïe ! au meurtre ! au secours ! on m'assomme !
(MOLIÈRE.) Ils passaient au travers de Nanterre, tra ! tra ! tra ! ils rencontrent un homme à cheval, gare ! gare ! (Mme DE SÉVIGNÉ.) Quand la guêpe, un jour d'été, vous entre par la fenêtre, avec ce fort zou ! zou ! zou ! agressif et menaçant, chacun se met sur ses gardes. (MICHELET.) Oh ! qu'il est cruel de n'espérer plus. (FÉNELON.) Ah ! ah ! ah ! je ne saurais m'en souvenir que je ne rie de tout mon cœur. (MOLIÈRE.) Pif ! paf! brrr ! patapan !..... quel bruit elles font mes chères voisines. Ouf! que ce diable d'homme est rude à manier. (BEAUMARCHAIS.) Il empoigne un marteau, et pan ! pan ! voilà un corbeau crucifié ; il a beau faire coua ! coua ! (AL. DUMAS.) Quand la corde se rompt, crac ! pouf ! il tombe à terre. (LA FONTAINE.) Par ma foi ! voilà un beau jeune vieillard pour quatre-vingt-dix ans ! (MOLIÈRE.)

Les bras m'en tombent. — Bah ! vous les ramasserez. (E. AUGIER.)

336. — Analyser les mots invariables.

Le corbeau et le renard.

Maître corbeau, sur un arbre perché,
Tenait en son bec un fromage.
Maître renard, par l'odeur alléché,
Lui tint à peu près ce langage :
« Hé ! bonjour, monsieur du corbeau.
Que vous êtes joli ! que vous me semblez beau !
Sans mentir, si votre ramage
Se rapporte à votre plumage,
Vous êtes le phénix des hôtes de ces bois. »
A ces mots le corbeau ne se sent pas de joie ;
Et pour montrer sa belle voix,
Il ouvre un large bec, laisse tomber sa proie.
Le renard s'en saisit, et dit : « Mon bon monsieur,
Apprenez que tout flatteur
Vit aux dépens de celui qui l'écoute :
Cette leçon vaut bien un fromage sans doute. »
Le corbeau, honteux et confus,
Jura, mais un peu tard, qu'on ne l'y prendrait plus.
(LA FONTAINE.)

CHAPITRE XIV.

LA PROPOSITION ET L'ANALYSE LOGIQUE

I. — LA PROPOSITION.

Comment elle se complète.

(Exercices 337, 338, 343, 345, 347, 349, 351.)

Explication. — La proposition se compose de **trois termes** : le *sujet*, l'*attribut* et le *verbe* qui les unit. *L'eau est nécessaire*, voilà une proposition complète et composée uniquement de ses trois termes. Mais chacun d'eux peut recevoir des compléments.

Le *nom sujet*, l'**eau**, peut être ainsi complété :

L'eau *douce*, l'eau *des sources*, l'eau, *ce corps si répandu dans la nature*, l'eau *qui jaillit des sources*.

De plus, le sujet peut être composé de plusieurs mots de la même espèce, de deux noms, par exemple :

> L'*eau* et l'*air* sont nécessaires.

Ces divers compléments peuvent s'ajouter les uns aux autres. Ex. : L'*eau* douce des sources et l'*air* pur des champs, ces deux fluides si répandus dans la nature, *sont nécessaires*.

De même que le sujet, l'**attribut** a plusieurs formes, et chacune d'elles peut recevoir un ou plusieurs compléments.

L'adjectif *attribut* peut être ainsi complété :

L'eau est nécessaire *à l'homme*, *très* nécessaire, nécessaire *dans toute condition*, *à tout âge*, nécessaire *pour conserver l'homme sain*, nécessaire *pour le rendre fort et vigoureux*.

Enfin, l'attribut peut être complété par un autre attribut de la même espèce :

> L'eau est *nécessaire* et même *indispensable*.

C'est ainsi que la simple proposition : *L'eau est nécessaire*, peut devenir par l'addition successive des compléments la phrase suivante :

L'**eau** *des sources* et l'**air** *pur des champs*, *ces deux fluides si communs dans la nature*, **sont nécessaires** *et même* **indispensables** *à l'homme, dans toute condition, à tout âge, non seulement pour le conserver sain, mais encore pour le rendre fort et vigoureux.*

L'eau des sources est nécessaire.
L'eau et l'air sont nécessaires.

345. — Le sujet peut recevoir des compléments ; il peut se composer de plusieurs mots de la même espèce.

✳

L'eau est nécessaire à l'homme.
L'eau est nécessaire et indispensable.

346. — L'attribut peut recevoir des compléments ; il peut se composer de plusieurs mots de la même espèce.

✳

L'eau est nécessaire.

Le
roi Jean donna
(**quoi ?** — *le duché de Bourgogne* (complément direct).
{ **à qui ?** — *à Philippe le Hardi* (compl. indirect).
(**quand ?** — *en l'année 1363* (compl. circonstanciel).

347. — Le verbe **être** est tantôt distinct de l'attribut, comme dans le premier exemple ; tantôt il est uni à l'attribut (*donna*) et forme un verbe **attributif.**

348. — Quand l'attribut est contenu dans le verbe, il peut prendre trois sortes de compléments, s'il est transitif, et deux, s'il est intransitif. (*Voir chap. VI.*)

II. — LA PHRASE
(*Exercices 344, 346, 348, 350, 352.*)

Explication. — Une phrase se compose rarement d'une seule proposition ; souvent elle en renferme plusieurs ; quelquefois elle en compte un grand nombre. Toutes ces propositions ne sont pas de la même nature : il faut apprendre à les distinguer les unes des autres.

L'indépendante et la dépendante.
A l'œuvre on connaît l'artisan.

349. — On appelle **indépendante** la proposition qui, à elle seule, forme un sens complet.

✳

Un loup disait | **que l'on l'avait volé.**

350. — On appelle **dépendante** ou **subordonnée** la proposition qui **dépend** d'une autre.

Indépendantes et dépendantes diverses.

Pour un âne enlevé deux hommes se battaient
L'un voulait le garder, l'autre voulait le vendre.
Cet animal est triste **et** *la crainte le ronge.*

351. — On nomme **coordonnées** les propositions *indépendantes* qui forment une même phrase. Tantôt les propositions *coordonnées* sont séparées par des signes de ponctuation; tantôt elles sont unies par les conjonctions *et, ou, ni, mais,* etc., qu'on nomme, pour cette raison, **conjonctions de coordination.** (Voir page 232.)

✻

Un loup disait **que** l'on l'avait **volé.**

352. — On nomme **principale** la proposition qui amène une *subordonnée.* **Un loup disait** est une principale; **que l'on l'avait volé** est une subordonnée.

Les subordonnées sont ordinairement unies aux principales par les conjonctions *que, quand, si, lorsque,* etc., qu'on nomme, pour cette raison, **conjonctions de subordination.** (Voir page 232.)

✻

Une grenouille vit un bœuf
Qui *lui sembla de belle taille.*

Dites-moi **où** *vous allez,* **quel** *est votre dessein ?*

353. — Une *subordonnée* peut aussi être unie à la principale par un mot *relatif* ou *interrogatif.*

✻

Celui **qui n'avance pas** *recule.*

354. — On nomme **incidente** la *subordonnée* enclavée dans une autre proposition.

✻

Je vous paierai, **lui dit-elle,**
Avant l'oût, foi d'animal.

Un soir, **t'en souvient-il ?** *nous voguions en silence.*

355. — On nomme **incise** l'*indépendante* intercalée dans une proposition ou entre deux propositions.

Nota. — L'*incidente* est **subordonnée** et commence par un mot relatif; l'*incise* est **indépendante** et séparée du reste de la phrase par une parenthèse ou des virgules.

TABLEAU
des diverses espèces de propositions.

---

356. — *Toute proposition est* **indépendante** ou **dépendante.**

I. — PROPOSITIONS INDÉPENDANTES.

Les propositions indépendantes peuvent être

1° SEULES { *A l'œuvre on connaît l'artisan.*

2° COORDONNÉES. {
Pour un âne enlevé, deux voleurs se battaient :
| *L'un voulait le garder,* | *l'autre voulait le vendre.*

Cet animal est triste | **et** *la crainte le ronge.*

3° PRINCIPALES. { **Un loup disait** | *que l'on l'avait volé.*

4° INCISES. {
Je vous paierai, | **lui dit-elle,** |
Avant l'oût, foi d'animal.

II. — PROPOSITIONS DÉPENDANTES.

Les propositions dépendantes peuvent être

1° SUBORDONNÉES. {
Un loup disait | **que l'on l'avait volé.**
Une grenouille vit un bœuf
| **Qui lui sembla de belle taille.**

Dites-moi | **où vous allez,** | **quel est votre but.**

2° INCIDENTES. { *Celui* | **qui n'avance pas** | *recule.*

7.**

DES DIVERSES ESPÈCES DE PROPOSITIONS.

OBSERVATIONS TRÈS IMPORTANTES (1).

Perrin fort gravement ouvre l'huître et la gruge,
  Nos deux messieurs le regardant. (LA FONTAINE.)
(c'est-à-dire : Pendant que nos deux messieurs le regardaient.)

  La tanche rebutée, *il trouva du goujon.* (LA FONTAINE.)
(c'est-à-dire : Quand le héron eut rebuté la tanche.)

357. — I. — Le verbe de la proposition est souvent **au participe présent ou passé.**

✳

Je le voyais **s'avancer à grands pas.**
  (c'est-à-dire : qui s'avançait à grands pas.)

L'homme est né **pour travailler.**
  (c'est-à-dire : afin qu'il travaille.)

358. — II. — Le verbe de la proposition est souvent aussi à **l'infinitif.** Ces propositions dont le verbe est au participe ou à l'infinitif sont, comme on le voit, des espèces de *propositions subordonnées.*

✳

Chacun se dit ami, **mais fou qui s'y repose.** (LA FONT.)
  (sous-entendu : *Celui-là est.*)

Etes-vous satisfait ? Moi, dit-il, **pourquoi non ?** (LA FONT.)
  (sous-entendu : ne serais-je pas satisfait ?)

359. — III. — Il arrive qu'un ou deux termes de la proposition sont **sous-entendus,** c'est-à-dire que la proposition est **elliptique.**

(1) Le langage écrit et surtout le langage parlé abondent en propositions de ce genre ; il est impossible de lire quelques vers de La Fontaine sans en trouver.

III. — L'ANALYSE LOGIQUE.

(Voir le choix de 50 phrases graduées, page 253.)

360. — **L'analyse logique** consiste à indiquer : 1° dans chaque phrase le *nombre* et la *nature* des propositions ; 2° dans chaque proposition le *sujet,* le *verbe* et l'*attribut.*

MODÈLE D'ANALYSE LOGIQUE.

Penses-tu, lui dit-il, que ton titre de roi
Me fasse peur ni me soucie ? (LA FONTAINE.)

Cette phrase contient **quatre propositions :**
1° *Penses-tu,*
2° *Lui dit-il,*
3° *Que ton titre de roi me fasse peur,*
4° *Ni me soucie.*

1° — **Proposition principale :** *Penses-tu* (il y a inversion du sujet)
SUJET : *tu.*
VERBE ET ATTRIBUT : *penses* (pour : es pensant).

2° — **Proposition incise :** *lui dit-il* (il y a inversion du sujet).
SUJET : *il.*
VERBE ET ATTRIBUT : *lui dit* (pour : fut disant à lui).

3° — **Proposition subordonnée :** *que ton titre de roi me fasse peur.*
SUJET : *ton titre de roi.*
VERBE ET ATTRIBUT : *me fasse peur* (pour : soit faisant peur à moi).

4° — **Proposition subordonnée elliptique :** *ni me soucie* (pour : qu'il me soucie).
SUJET : *il* (sous-entendu).
VERBE ET ATTRIBUT : *me soucie* (pour : soit souciant à moi).

Ire ANNÉE

337. — Distinguer les sujets, les verbes et les attributs.

I. — Le plomb est lourd. L'abeille est diligente. Les allumettes sont utiles. La mendicité est interdite. Les Francs étaient braves. Le chien est fidèle. Nous sommes dociles. Les fruits sont rafraîchissants. Le rossignol est petit. Le sapin est résineux. Je suis studieux. La fourmi est laborieuse. Les Gaulois étaient grands. La vipère est venimeuse. Vous êtes reconnaissants. Le soleil est immobile. Le coq est hardi.

II. — La pie est voleuse. Vous êtes attentifs. La brebis est douce. Les chameaux sont sobres. Le diamant est précieux. La mer est immense. Les Alpes sont élevées. L'âne est patient. Je suis calme. Les Huns étaient barbares. Nous sommes dévoués. Le lièvre est peureux. Louis XI était superstitieux. L'étain est brillant. Notre drapeau est tricolore. Les procès sont ruineux. La couleuvre est inoffensive. Tu es courageux. La Suisse est montagneuse. Le bois est touffu.

339. — Mettre une croix sous les sujets; souligner, s'il y a lieu, le complément du sujet.

I. — Le chien est l'ami des enfants. Le chien de berger est intelligent. Les oiseaux sont les auxiliaires du cultivateur. Les oiseaux les plus féroces sont susceptibles d'éducation et d'attachement. Les pluies du mois de juin et de septembre sont funestes à la vigne. Les pluies sont produites par les nuages. Le miel de Narbonne est renommé. Le miel est un excellent aliment.

II. — La glace est transparente. Les glaces de Saint-Gobain sont renommées dans le monde entier. Les machines sont une invention utile. La machine à tisser les étoffes est une découverte de notre siècle. Le pauvre sans patience est comme une lampe sans huile. La poudre est un mélange de soufre, de salpêtre et de charbon. La poudre de chasse, la poudre de guerre et la poudre de mine sont fabriquées avec les mêmes matières, mais dans des proportions différentes.

341. — Choisir deux sujets convenant au même verbe.

Le chien et le chat — Paris et Londres — une tragédie et une comédie — Turenne et Condé — le riche et le pauvre — l'or et l'argent — le magistrat et le soldat — le palmier et le cotonnier — le lierre et la mousse — la France et l'Italie — le bœuf et le cheval — Richelieu et Mazarin — l'agilité et la ruse — l'honneur et la gloire.

I. — sont deux métaux précieux. — sont deux bons serviteurs de l'homme. — sont des villes populeuses. — sont séparées par les Alpes. — sont attachés à la muraille. — ne sont pas toujours amis. — sont égaux devant la loi. — sont des arbres des pays chauds.

II. — furent deux grands ministres. — sont les serviteurs de la patrie. — furent d'habiles généraux de Louis XIV. — sont des qualités naturelles aux Français. — sont les attributs du renard. — sont des pièces de théâtre.

338. — Mettre une croix sous les sujets ; indiquer si le verbe a plu- IIe ANNÉE sieurs sujets ; souligner, s'il y a lieu, le complément du sujet.

La porcelaine est originaire de Chine. La santé, la vigueur d'esprit, la paix du cœur sont le fruit du travail. Les lâches sont méprisés. Un indiscret est une lettre décachetée que tout le monde peut lire. (A. DUMAS.) Que la probité et le travail soient vos compagnons assidus. (FRANKLIN.) Un paresseux est le frère d'un mendiant. Le secret du plaisir est le travail. Nous sommes très souvent la cause de nos maux. Les bonnes et les belles actions d'un père sont la meilleure partie de son héritage. Un bon feu, des livres, des plumes sont des ressources contre l'ennui. (X. DE MAISTRE.) Les erreurs et les faux jugements sont presque toujours le résultat des premières impressions. (BERQUIN.) La folie religieuse des augures était originairement fondée sur des observations très naturelles et très sages. (VOLTAIRE.) Les mendiants volent les pauvres. (A. KARR.)

340. — Indiquer si le verbe a un ou plusieurs attributs ; souligner, s'il y a lieu, le complément de l'attribut.

Les cuirs de Hongrie sont des cuirs très forts, très épais, très souples et très onctueux. Le paresseux est inutile à la société. Les racines sont indispensables aux plantes. Sous Louis XI, les rues de Paris étaient étroites et tortueuses. La sagesse est la connaissance et l'amour du vrai bien. Les fables sont l'histoire des temps grossiers. L'héroïsme est le courage, le désintéressement et le sacrifice dans l'accomplissement d'un grand devoir. Le ton de la bonne conversation est coulant et naturel. (J.-J. ROUSSEAU.) Un livre a toujours été pour moi un ami, un conseil, un consolateur éloquent et calme. (G. SAND.) Tout au monde est mêlé d'amertume et de charmes. (LA FONTAINE.) Chacun est l'artisan de sa bonne fortune (RÉGNIER.) Le plus grand bienfaiteur de Corneille, sans jalousie et sans rancune celui-là, fut le public. (E. FAGUET.)

342. — Souligner les verbes attributifs et les décomposer.

L'homme courageux brave le danger. Tous les Mexicains faisaient du cacao leur nourriture habituelle. Les écluses divisent le canal en un certain nombre de parties appelées biefs. La bergeronnette jaune trotte sur le sable d'un air à la fois espiègle et peureux. (G. SAND.) La peur est le plus grand et le plus réel de tous les dangers. Pauvreté n'est pas vice. Il entendait chanter les balles, les gamelles fracassées et la voix du colonel. (A. DAUDET.) Il se réjouissait à l'odeur de la viande. (LA FONTAINE.) Tout marque dans l'homme sa supériorité sur les êtres vivants. (BUFFON.) Les plus grands États périssent par la discorde. Je confie à tes soins mon unique trésor. (RACINE.) L'invention de l'imprimerie est le plus grand événement de l'histoire. (V. HUGO.) Corneille aimait fort et honorait, comme il devait le cardinal Richelieu. (E. FAGUET.) Pour le naturaliste, la vache est un animal ruminant ; pour le promeneur, c'est une bête qui fait bien dans le paysage. (H. MALOT.)

7ᵉ ANNÉE   **343.** — Mettre une croix sous les attributs ; souligner, s'il y a lieu, le complément de l'attribut.

I. — Le calomniateur est méprisé. Les paresseux sont méprisés de tout le monde. Ce banquier est riche. Notre histoire est riche en traits d'humanité. Le jeune coq fut croqué par la belette. Le plus grand désir de l'enfant est de devenir un homme. Le chêne était un arbre sacré pour les Gaulois. Le travail est un trésor. Quand un père est atteint dans son honneur, toute la famille est atteinte.

II. — La perte d'une bonne mère est un des plus grands malheurs de la vie. L'hôte est sacré, même pour le sauvage. L'ingratitude est mère de tout vice. (LA FONTAINE.) Un menteur est toujours prodigue de serments. (CORNEILLE.) La richesse intellectuelle est, après la vertu, le premier des biens. (J. SIMON.) Le chat de la fable est l'hypocrite de religion, comme le renard est l'hypocrite de cour. (TAINE.)

345. — Choisir deux attributs convenant au même sujet.

Grands et robustes — fidèle et reconnaissant — la joie et le lien — féroces et barbares — juste et aimable — humide et couvert — effilé et pointu — aimables et touchantes — brillants et intelligents — vieux et petit — fougueux et insatiables — rare et précieuse — saisie, redressée — basse et indigne — dupe, fripon.

I. — Le chien est — . Le temps était — . Franklin fut — . Le long museau du renard est — , ses yeux sont — . (TAINE.) Les Huns étaient — . Les enfants sont — des familles. Les fables des anciens étaient — . Les Gaulois étaient — .

II. — Sa conduite est — . Raton, d'ordinaire, n'est pas une — mais un — . (TAINE.) La présence d'esprit est — . Les jeunes gens sont — dans leurs plaisirs. Vingt-deux fois sa hampe encore tiède, échappée à une main mourante, fut — . (A. DAUDET.) Le château est — mais assez pittoresque. (G. SAND.)

347. — Distinguer les compléments directs, indirects, circonstanciels.

I. — J'ai deux grands bœufs dans mon étable. (P. DUPONT.) L'Esquimau s'embarque au printemps avec son épouse sur quelque glace flottante. (CHATEAUBRIAND.) Il embrasse son écu et tombe, la lance en arrêt, sur l'aile du premier moulin qui l'enlève, lui et son cheval, et les jette à vingt pas l'un de l'autre. (CERVANTÈS.) On élève les abeilles dans des ruches. Les harengs habitent les mers du Nord.

II. — Maître corbeau, sur un arbre perché, tenait en son bec un fromage. (LA FONTAINE.) Souvent, pendant une demi-heure, on entend derrière la montagne un tintement de clochettes. (TAINE.) On trouve partout aux Invalides la main d'un grand monarque. (MONTESQUIEU.) Le vrai courage trouve toujours quelques ressources contre l'adversité. (FÉNELON.) Les hommes vertueux ont seuls des amis. (VOLTAIRE.)

344. — Distinguer les indépendantes et les dépendantes ; indiquer si les indép. sont principales ou coordonnées. IIᵉ ANNÉE

La toilette de la maison est une marque qui ne trompe point ; lorsqu'elle ne prouve pas l'aisance, elle prouve au moins l'intention d'y arriver. (P. Joigneaux.) Le sabotier chante comme un loriot et l'ouvrage se façonne au milieu des rires et des refrains rustiques. (A. Theuriet.) Un bienfait est la plus sacrée de toutes les dettes. L'homme prudent se tait quand il a trop à dire. (Chénier.) Les heures passent vite quand l'esprit et le cœur ont leurs aises. La mer scintillait au soleil ; chaque goutte reflétait, comme une pointe de diamant, une lumière blanche et pure que l'œil supportait à peine. (Lamennais.) Le castor de France habite les rives du Rhône et de quelques affluents du grand fleuve. Les arbres ne refusent leur ombre à personne, pas même à l'impitoyable bûcheron. Le chêne est la force de la forêt, le bouleau en est la grâce ; le tilleul, lui, en est la poésie intime.

346. — Même exercice.

Tout emprunt est une perte, toute épargne est un gain. Ne remettez pas à demain l'épargne que vous pouvez faire aujourd'hui. Le mégissier prépare les peaux de mouton, de chevreau ou d'agneau, qui servent à la fabrication des chaussures fines et des gants de luxe. (Maigne.) La suie paie toujours le ramoneur, et au delà ; c'est un engrais qui, dans bien des cas, n'a pas son pareil. (P. Joigneaux.) Toute la nature proteste contre la barbarie de l'homme qui méconnaît son frère inférieur. (Michelet.) L'oisiveté ressemble à la rouille, elle use plus que le travail. Chaque climat a son oiseau qui est son augure. (Voltaire.) Travailler est le lot et l'honneur d'un mortel. (Voltaire.) Les animaux de boucherie ne fournissent pas seulement de la viande, ils fournissent aussi plusieurs produits secondaires qui sont utilisés dans l'industrie. (Maigne.) L'incendie augmente, l'orient paraît tout en flammes. (J.-J. Rousseau.) Je passe mes jours loin des hommes que j'ai voulu servir, et qui m'ont persécuté. (B. de Saint-Pierre.)

348. — Distinguer les subordonnées et les incidentes.

Celui qui a fait une mauvaise action en supporte la peine. Tandis que j'étais occupé à la reconnaissance de mon équipage, le navire fut mis à flot. Le lait des herbivores renferme tout ce qui est essentiel à la nourriture de l'homme. La terre la plus fertile ne produirait que des épines si le laboureur ne comptait que sur la fécondité naturelle de son champ. Celui qui court deux lièvres à la fois n'en prend aucun. La pêche du hareng, qui occupe chaque année des flottes entières, était jadis poursuivie avec encore plus d'activité. Un père courageux et vertueux a des enfants qui lui ressemblent. L'homme qui a échappé au naufrage tremble à la vue des eaux les plus tranquilles. Quand le panier fut plein, un coup de sonnette avertit le mécanicien. Tant que la fortune nous est favorable, les amis nous sont fidèles. Celui qui reste dans son lit pendant une belle matinée d'été perd le principal plaisir de la journée.

Iʳᵉ ANNÉE   **349.** — Distinguer les propositions ; en indiquer le nombre ; les séparer, s'il y a lieu, par une barre verticale.

I. — Mon sommeil fut doux, mon réveil le fut davantage. (J.-J Rousseau.) Les tambours battaient et les clairons sonnaient sur les berges du fleuve. La règle est générale : tout corps solide peut devenir liquide, tout corps liquide peut devenir gazeux. (H. Fabre.)

II. — Le signal est donné : la barrière s'ouvre, le taureau s'élance au milieu du cirque ; mais au bruit de mille fanfares, aux cris, à la vue des spectateurs, il s'arrête inquiet, troublé ; ses naseaux fument, ses regards brûlants errent sur les amphithéâtres ; il semble également en proie à la surprise et à la terreur. (Florian.)

351. — Même exercice.

I. — Fais aux autres le bien qu'on t'a fait. Tout flatteur vit aux dépens de celui qui l'écoute. Dès que le pied du marmot a grossi, on garde les sabots précieusement dans un coin de l'armoire, comme on garde la première dent de lait. (A. Theuriet.) Le coup passa si près que le chapeau tomba. (V. Hugo.)

II. — Puisque tout travaille autour de vous, faites de même. Tu pleures maintenant, tu chantais tout à l'heure. Quand on examine une étoffe, on remarque à première vue qu'elle résulte de l'entrelacement régulier de fils tendus avec plus ou moins de force. Je dessine chez moi, je vais dans les musées, je suis les cours publics.

IIᵉ ANNÉE   **350.** — Distinguer les espèces de propositions, et spécialement les incises.

Les oiseaux de passage ont tous leur temps marqué, et ils ne le passent point. (Rollin.) L'oisiveté, dit-on, des vices est la mère. (Bailly.) La vertu, qui jette un si doux parfum dans la mémoire des hommes, ne meurt jamais. (Fénelon.) Eh bien ! lui cria-t-elle, avais-je pas raison ? (La Fontaine.) Le bœuf, le mouton et les autres animaux qui paissent l'herbe, non seulement sont les meilleurs, les plus précieux pour l'homme, puisqu'ils le nourrissent, mais sont encore ceux qui consomment et dépensent le moins. (Buffon.) Quand on m'a fait une injure, disait Descartes, je tâche d'élever mon âme si haut que l'offense ne parvienne pas jusqu'à moi.

352. — Distinguer les différentes espèces de propositions.

Le père mort, les fils vous retournent le champ. (La Fontaine.) Les plantes sont des êtres vivants doués d'une véritable respiration ; elles ressemblent donc sous ce rapport aux animaux. En désobéissant à la raison, on est un sot. (Pascal.) Pensez pieusement, d'abord à votre mère. Si j'avais un peu plus d'haleine et que la douleur de mes côtes me laissât parler librement, je te ferais comprendre combien tu t'abuses. (Cervantès.) En courant après le plaisir, souvent on n'attrape que la douleur. (Montesquieu.) Alors le soldat rebuté se tint en repos ; mais son officier lui commanda de ne pas laisser l'endroit sans gabion. (Racine.) J'aurai, le revendant, de l'argent bel et bon. (La Fontaine

CHOIX
de 50 phrases graduées pour l'analyse.

Ces phrases sont destinées à être analysées dans le courant de l'année, soit oralement, soit au tableau noir ou par écrit, au choix du maître.

Analyser les phrases suivantes :

1. — Le jus des grappes met le merle en joie et développe encore sa gaieté expansive. (A. THEURIET.)

2. — Un point brillant part comme un éclair, et remplit aussitôt tout l'espace ; le voile des ténèbres s'efface et tombe ; l'homme reconnaît son séjour et le trouve embelli. (J.-J. ROUSSEAU.)

3. — Il fait peur, il fait pitié, il pleure comme un enfant, il rugit comme un lion. (FÉNELON.)

4. — L'air est l'aliment du feu ; sans air le feu ne s'allume pas ou s'éteint. (L. FIGUIER.)

5. — Des moutons étaient en sûreté dans leur parc ; les chiens dormaient et le berger, à l'ombre d'un grand ormeau, jouait de la flûte avec d'autres bergers ses voisins. (FÉNELON.)

6. — Les grains de café moka sont inégaux et d'un gris jaunâtre, ils sont rares dans le commerce, surtout dans le commerce de détail. (L. FIGUIER.)

7. — La mode est une loi tyrannique à laquelle on sacrifie toutes les autres. (FÉNELON.)

8. — Fontenelle rapporte qu'en l'année 1754, sur l'annonce d'une éclipse totale, une multitude d'habitants de Paris allèrent se cacher au fond des caves. (FLAMMARION.)

9. — Des canons de bronze remplis d'eau et solidement bouchés se déchirent comme de minces tuyaux, quand on les expose à la rigueur du froid. (H. FABRE.)

10. — Les Indiens de la Virginie croyaient que l'esprit résidait dans la fumée du tabac. (J.-J. AMPÈRE.)

11. — Nous aimons toujours ceux qui nous admirent, et nous n'aimons pas toujours ceux que nous admirons. (LA ROCHEFOUCAULD.)

12. — Tous les métaux sont solides, à l'exception du mercure, qui est liquide. (L. FIGUIER.)

13. — Les vices d'Alexandre étaient extrêmes, comme ses vertus ; il était terrible dans sa colère : elle le rendait cruel. (MONTESQUIEU.)

14. — Tandis que vous serez désunis, et que chacun ne songera qu'à soi, vous n'avez rien à espérer que souffrance, et malheur, et oppression. (LAMENNAIS.)

15. — On rit ; il soupçonne qu'on se moque de lui. (FÉNELON.)

16. — La politesse fait paraître l'homme en dehors comme il devrait être en dedans. (LA BRUYÈRE.)

17. — Les reptiles se plient, se replient ; par les évolutions de leurs muscles, ils gravissent, ils embrassent, ils serrent, ils accrochent les corps qu'ils rencontrent ; ils se glissent subtilement partout. Leurs organes sont presque indépendants les uns des autres ; aussi vivent-ils encore après qu'on les a coupés. (FÉNELON.)

18. — Les ailes des oiseaux ont des plumes avec un duvet qui s'enfle à l'air et qui s'appesantirait dans les eaux. (FÉNELON.)

19. — On dit avec raison que le fer est l'âme de tous les arts, la source de presque tous les biens, et que la perfection relative de son travail pourrait servir de mesure au degré de civilisation d'un peuple. (L. FIGUIER.)

20. — Le coq et la poule connaissent les gens qui les aiment ; ils les suivent, mangent dans leur main, perchent à côté d'eux sur les branches, dînent à leurs côtés, si l'on dîne en plein air par le beau temps, et se rendent, en grande hâte, à toute heure, au moindre appel d'une voix amie. (G. SAND.)

21. — Le vent était si violent qu'on ne pouvait entendre les paroles mêmes qu'on se disait à l'oreille. (B. DE SAINT-PIERRE.)

22. — L'eau-de-vie est un excitant qui n'est que trop répandu et qui a plus d'inconvénients que d'avantages. (L. FIGUIER.)

23. — Durant l'inondation, le petit cours d'eau emporte ses ponts, recreuse son lit, déplace ses remous et ses rapides, nivelle ses cascades, rase les parties de la berge qui s'opposent à sa marche. (E. RECLUS.)

24. — Les cendres de sarments constituent un amendement minéral excellent, parce qu'elles rendent à la vigne les sels de potasse que les récoltes enlèvent au sol chaque année. (L. FIGUIER.)

25. — L'aiguille doit être très dure, afin qu'elle ne fléchisse pas sous la pression du dé qui la pousse dans l'épaisseur de l'étoffe, afin aussi que la pointe ne s'émousse pas et conserve toujours le même pouvoir de pénétration. (H. FABRE.)

26. — La vanité fait parler beaucoup et la légèreté empêche la réflexion qui ferait souvent garder le silence. (FÉNELON.)

27. — Une société d'hommes gouvernée arbitrairement ressemble parfaitement à un troupeau de bœufs mis au joug pour le service du maître. (VOLTAIRE.)

28. — Chacun doit infiniment plus au genre humain, qui est la grande patrie, qu'à la patrie particulière dans laquelle il est né. (FÉNELON.)

29. — Vous faites du miel qui est doux, mais votre cœur est toujours amer ; vous êtes sages dans vos lois, mais emportées dans votre conduite. (FÉNELON.)

30. — Attaché ! dit le loup, vous ne courez donc pas où vous voulez ! (LA FONTAINE.)

31. — Où vont les nuages que chasse la tempête ? Elle me chasse comme eux, et qu'importe où ! L'exilé partout est seul. (LAMENNAIS.)

32. — Rien n'est plus sage que nous, dit l'abeille ; nous seules avons

des lois et une république bien policée ; nous ne broutons que des fleurs odoriférantes ; nous ne faisons que du miel délicieux. (FÉNELON.)

33. — Obéis, si tu veux qu'on t'obéisse un jour. (VOLTAIRE.)

34. — L'artisan se lève avant l'aube, allume sa petite lampe, et fatigue sans relâche, pour gagner un peu de pain qui le nourrisse, lui et ses enfants. (LAMENNAIS.)

35. — Rien ne sert de courir, il faut partir à point. (LA FONTAINE.)

36. — Nous avons tous assez de force pour supporter les maux d'autrui. (LA ROCHEFOUCAULD.)

37. — Le premier état de civilisation où l'on ait observé l'espèce humaine est celui d'une société peu nombreuse subsistant de la chasse et de la pêche. (CONDORCET.)

38. — Les défauts de l'esprit augmentent en vieillissant, comme ceux du visage. (LA ROCHEFOUCAULD.)

39. — Rendez-moi, lui dit-il, mes chansons et mon somme,
          Et reprenez vos cent écus. (LA FONTAINE.)

40. — Quiconque, le pouvant, ne soulage pas son frère, et quiconque, le pouvant, ne nourrit pas son frère qui a faim, est un meurtrier. (LAMENNAIS.)

41. — Que faire d'un paresseux ? il n'est bon à rien. Travaille-t-il ? les moments lui paraissent des heures. S'amuse-t-il ? les heures ne lui paraissent que des moments. (FÉNELON.)

42. — Les vents, en s'engouffrant sous ces vastes débris,
          En tirent des soupirs, des hurlements, des cris ! (LAMARTINE.)

43. — Je n'ai jamais su faire de dettes criardes et j'ai toujours mieux aimé souffrir que devoir. (J.-J. ROUSSEAU.)

44. — Deux hommes étaient voisins, et chacun d'eux avait une femme et plusieurs petits enfants, et son seul travail pour les faire vivre. Et l'un de ces hommes s'inquiétait en lui-même, disant : si je meurs ou que je tombe malade, que deviendront ma femme et mes enfants ? (LAMENNAIS.)

45. — Le juge prétendait qu'à tort et à travers
          On ne saurait manquer, condamnant un pervers.
                              (LA FONTAINE.)

46. — Le financier, riant de sa naïveté,
          Lui dit : « Je vous veux mettre aujourd'hui sur le trône. »
                              (LA FONTAINE.)

47. — Il parut convenable et nécessaire à Don Quichotte de se faire chevalier errant, et de s'en aller par le monde, imitant les exploits de ses héros, redressant les torts, bravant les dangers, afin d'acquérir une gloire immortelle. (CERVANTÈS.)

48. — Manger l'herbe d'autrui ! quel crime abominable ! (LA FONT.)

49. — Marché fait, les oiseaux forgent une machine
          Pour transporter la pèlerine. (LA FONTAINE.)

50. — Est-ce assez ? dites-moi ; n'y suis-je point encore ?
     — Nenni — M'y voici donc ? — Point du tout — M'y voilà ?
                              (LA FONTAINE.)

CHAPITRE XV.

LA FORMATION DES MOTS

SUFFIXES, — PRÉFIXES, — AFFIXES.

pli, (*pli*)**er.**
port, (*port*)**eur.**
saut, (*saut*)**erelle.**

pli, **re**(*pli*).
port, **trans**(*port*).
saut, **sur**(*saut*).

361. — Définitions. — I. — Les **suffixes** sont des syllabes qu'on place **après** le **radical** pour en **modifier** le sens ; *er, eur, erelle* sont des *suffixes*.

362. — II. — Les **préfixes** sont des particules qu'on place **avant** le **radical** pour en **modifier** le sens : *re, trans, sur* sont des *préfixes*.

REMARQUES.

(*re*) **pli** (*er*), (*trans*) **port** (*able*), (*res*) **saut** (*er*).

363. — Un même radical peut prendre à la fois un *suffixe* et un *préfixe*.

❋

rais (*on*), **rais** (*on*) *nable*, **rais** (*on*) *nable* (*ment*).

364. — Un suffixe peut être suivi d'un second et même d'un troisième. Ainsi dans *raisonnablement* le suffixe **on** est suivi d'un autre : **able,** et celui-ci d'un troisième : **ment.**

❋

ré (**im**) *primer*, **ré** (**ex**) *porter*, **sur** (**im**) *poser*.

365. — Un préfixe peut être précédé d'un autre préfixe. Dans *ré-im-primer,* le préfixe **im** est précédé d'un autre préfixe **ré.**

OBSERVATIONS.

366. — Le mot *préfixe* veut dire **placé** *(fixé)* **avant** *(pré)* le radical.

367. — Le mot *suffixe* veut dire **placé** *(fixé)* **après** *(sub)* le radical.

368. — *Préfixes* et *suffixes* sont les uns et les autres des **affixes**, c'est-à-dire des mots placés *(fixés)* près *(ad)* du radical.

DÉRIVÉS ET COMPOSÉS.

(Exercices 353, 355, 357, 359, 361, 363, 365, 367, 372.)

feuill *(age)*, **nuis** *(ible)*, **jaun** *(ir,)* **fine** *(ment)*.

369. — **Définition**. — On appelle **dérivés** les mots qui sont formés d'un mot simple et d'un ou plusieurs suffixes.

Le mot *feuill (age)* est un dérivé formé du *substantif* **feuille** et du *suffixe* **age**.

❋

trans **(port)**, *bien* **(faisant)**, *sur* **(faire)**, *in* **(volontairement)**.

370. — **Définition**. — On appelle **composés** les mots formés d'un radical et d'un ou plusieurs **préfixes**.

Le mot *trans (port)* est un composé formé du *substantif* **port** et du *préfixe* **trans**.

❋

371. — Des dix espèces de mots, quatre seulement : le *nom*, l'*adjectif*, le *verbe* et l'*adverbe*, peuvent être des **dérivés** ou des **composés**.

LES SUFFIXES.

Explication. — Il y a un certain nombre d'idées qui reviennent sans cesse dans le discours, comme les idées de *lieu*, de *temps*, d'*action*, de *métier*, d'*instrument*, de *petitesse*, d'*abondance*, de *possibilité*, de *profession*, de *religion*, etc.

Au lieu d'exprimer ces idées par des phrases ou par des mots entiers, on les exprime plus brièvement par des *suffixes*. Ainsi, au lieu de dire : *celui qui cultive les jardins, celui qui joue du piano*, on dit brièvement : le *jardin*(**ier**), le *pian*(**iste**).

Au lieu de dire : *cet homme mérite l'estime, il peut* être élu, on dit brièvement : *cet homme est estim*(**able**) ; il est *élig*(**ible**).

Les suffixes **ier**, **iste** expriment le métier, la profession ; **able**, **ible**, la possibilité.

Les suffixes sont donc des formes abréviatives.

PRINCIPAUX SUFFIXES.

(Exercices 354, 356, 358, 360, 362.)

Idée de petitesse.

fleur **ette**, *ru* **elle**, *chevr* **eau**, *diablot* **in**, *men* **otte**, *besti* **ole**, *chat* **on**, *aigr* **elet**, *chant* **onner**, *clign* **oter**, etc.

372. — Les suffixes *ette*, *elle*, *eau*, *in*, *otte*, *ole*, *on*, *elet*, *onner*, *oter*, etc., servent à exprimer l'idée de **petitesse**, de **petite quantité**. Les mots qu'ils terminent sont des **diminutifs**.

Idée de défaveur.

popul **ace**, *valet* **aille**, *lourd* **aud**, *cri* **ailler**, *rêv* **asser**.

373. — Les suffixes *ace*, *aille*, *aud*, *ailler*, *asser*, expriment une idée **défavorable**. Les mots qu'ils terminent sont des **péjoratifs**.

Idée d'action.

fertil **iser**, *aigu* **iser**, *simpl* **ifier** (rendre fertile, aigu, simple).

374. — Les suffixes *iser*, *ifier* expriment l'**action** de donner une qualité.

Idée d'état.

cass **é**, *ensevel* **i**, *vainc* **u**.

375. — Les suffixes *é, i, u,* dans les participes passés, expriment l'état.

Idée de temps.

je march **e**, *je march* **ais**, *je march* **erai**.

376. — Les suffixes *e, ais, erai,* etc., des verbes expriment le temps.

Idée d'origine.

Afric **ain**, *Pruss* **ien**, *Angl* **ais**, *Vienn* **ois**, *Gasc* **on**.

377. — Les suffixes *ain, ien, ais, ois, on* expriment l'idée d'origine.

Idée de lieu.

dort **oir**, *parl* **oir**, *ouvr* **oir** (lieux où l'on dort, parle, travaille),

orphelin **at**, *pensionn* **at** (lieux où sont réunis les orphelins, les enfants),

librai **rie**, *bijout* **erie** (lieux où l'on vend des livres, des bijoux),

chên **aie**, *ceris* **aie** (lieux plantés de chênes, de cerisiers).

378. — Le suffixe *oir* indique le **lieu d'action.**

379. — Le suffixe *at* indique le **lieu de réunion.**

380. — Les suffixes *rie, erie* indiquent un **lieu de vente** ou de **fabrication.**

381. — Le suffixe *aie* indique un lieu de **plantation.**

Idée de métier, de profession.

teintur **ier**, *coutel* **ier**, *banqu* **ier**, etc.
auberg **iste**, *dent* **iste**, *journal* **iste**, etc.

382. — Les suffixes *ier, iste* indiquent le **métier,** la **profession.**

Idée de plénitude.

assiett **ée** (une pleine assiette) ; *courag* **eux** (plein de courage).

vor **ace**, *loqu* **ace**, *bon* **ace**.

383. — Les suffixes *ée, eux* expriment la **plénitude**, l'abondance ; le suffixe *ace* marque l'**excès**.

Idée de mérite.

aim **able**, *estim* **able**, *admir* **able** (qui mérite l'amour, etc.).

384. — Le suffixe *able* exprime le **mérite**.

Idée de possibilité.

pot **able**, *abord* **able** (qu'on peut boire, aborder), *divis* **ible**, *fus* **ible** (qu'on peut diviser, fondre).

385. — Les suffixes *able, ible* expriment la **possibilité**.

Idée de manière.

habile **ment**, *lente* **ment** (d'une manière habile, lente).

386. — Dans les adverbes, le suffixe *ment* exprime la **manière**.

Idée de religion.

catholic **isme**, *juda* **ïsme**, *spiritual* **isme**.

387. — Le suffixe *isme* exprime la **religion**, la **philosophie**.

Idée d'instrument.

ras **oir**, *arros* **oir**, *écum* **oire**, *rôtiss* **oire**.

388. — Les suffixes *oir* et *oire* expriment l'idée d'**instrument**.

LES PRÉFIXES.

(Exercices 364 et 366.)

Leur nature.

contre *dire* (parler **contre**); **en** *terrer* (mettre **en** terre);
bien *faisant* (faisant **bien**); **mal** *appris* (appris **mal**).

389. — Les *préfixes* sont pour la plupart des **prépositions**;
quelques-uns sont des **adverbes**.

Leur emploi.

trans *porter,* **pro** *poser,* **re** *passer.*

390. — Certains *préfixes* peuvent s'employer seuls; ils sont
séparables. Ex.: *contre, en, bien, mal.* Les autres sont **inséparables** du mot auquel ils sont joints. Ex. : *trans, pro, re,* etc.

Leur forme.

ad *joindre,* **ac** *couder,* **af** *ficher,* **ag** *graver,* **al** *léger,*
an *nuler,* **ap** *porter,* **ar** *rondir,* **as** *siéger,* **at** *tabler.*

391. — Le **d** final du préfixe **ad** se change en *c, f, g, l, n, p,
r, s, t,* **consonnes initiales** des mots auxquels ce préfixe est
joint.

***

ap *porter,*   **il** *légal,*   **im** *mortel,*   **ef** *facer,*
in *juste,*   **suc** *céder,*   **suf** *fixe,*   **ir** *réfléchi,*
ef *filer,*   **es** *souffler,*   **col** *laborateur,*   **sug** *gérer.*

392. — **Définition.** — On appelle *assimilation* le changement de la **consonne finale** d'un préfixe en la **consonne
initiale** du mot auquel il est joint.

Leur origine.

FRANÇAIS	LATIN	GREC
contre *dire*	**contra** *diction*	**anti** *dote* (contre-poison)
sous *traire*	**sub** *juguer*	**hypo** *crite*
sur *passer*	**super** *poser*	**hyper** *bole*

393. — Les préfixes sont d'origine grecque ou latine, mais les uns, comme *contre, sous, sur,* etc., ont pris une forme **française** ; les autres ont gardé la forme **latine**, comme *contra, sub, super* ; les autres, la forme **grecque**, comme *anti, hypo, hyper,* etc.

394. — *Contre* a le même sens que *contra* et *anti* ; *sous* a le même sens que *sub* et *hypo* ; *sur* a le même sens que *super* et *hyper.*

TABLEAU

De quelques noms, pronoms ou adjectifs **grecs** *qui jouent, en* **français,** *le rôle de suffixes ou de préfixes.*

(*Exercice 368.*)

SUFFIXES.

démo	**cratie** :	**cratie**	veut dire *pouvoir.*
bio	**graphie** :	**graphie**	est l'action d'*écrire.*
chrono	**logie** :	**logie**	est l'action de *parler.*
sym	**pathie** :	**pathie**	signifie *affection, souffrance.*
baro	**mètre** :	**mètre**	signifie *mesure.*
sym	**phonie** :	**phonie**	veut dire *voix, son.*

PRÉFIXES.

auto	*graphe* :	**auto**	veut dire	*lui-même.*
mono	*syllabe* :	**mono**	—	*seul.*
poly	*pède* :	**poly**	—	*plusieurs.*
philo	*sophe* :	**philo**	—	*ami.*
théo	*logie* :	**théo**	—	*Dieu.*
anthropo	*phage* :	**anthropo**	—	*homme.*
zoo	*logie* :	**zoo**	—	*animal.*

FAMILLES DE MOTS.

(Exercices 369 à 371.)

Famille de mots issue du radical pos.

DÉRIVÉS.

pos(e) — pos(er) — pos(ition) — pos(eur)
pos(age) — pos(ément) — pos(itif) — pos(itivement)

COMPOSÉS.

(ap)pos(er) — (ap)pos(ition)
(com)pos(er) — (com)pos(ition) — (com)pos(iteur) — (com)-
  pos(teur)
(dé)pos(er) — (dé)pos(ition) — (dé)pos(itaire) — (dé)pôt
(dis)pos(er) — (dis)pos(ition) — (dis)pos(itif)
(entre)pos(er) (entre)pos(itaire) — (entre)pôt
(ex)pos(er) — (ex)pos(ition) — (ex)pos(ant)
(im)pos(er) — (im)pos(ition) — (im)pôt
(inter)pos(er) — (inter)pos(ition)
(op)pos(er) — (op)pos(ition) — (op)pos(ant)
(pré)pos(er) — (pré)pos(ition) — (pré)pos(é)
(pro)pos(er) — (pro)pos(ition)
(re)pos(er) — (re)pos(oir) — (re)pos
(sup)pos(er) — (sup)pos(ition)
(trans)pos(er) — (trans)pos(ition)

Remarque. — Comme nous l'avons vu (*Chapitre VI, le verbe en général*), un même radical peut avoir plusieurs formes, et chacune de ces formes peut donner naissance à des dérivés et à des composés qui tous sont de la même famille.

395. — **Définition.** — On nomme famille de mots l'ensemble des mots simples, dérivés ou composés qui ont un radical commun.

Iʳᵉ ANNÉE

353. — **Compléter par le radical ou par l'un de ses dérivés.**

I. — **An.** — Il y a des centaines d' —, notre pays était couvert de forêts et de marécages. Un employé qui gagne 200 fr. par mois reçoit un traitement — de 2400 fr. Les Français célèbrent leur fête nationale le 14 juillet, jour — de la prise de la Bastille. Du Guesclin et Jeanne d'Arc ont servi la France pendant la guerre de Cent —. La France récolte — environ cent millions d'hectolitres de blé.

II. — **Arme.** — L'ensemble des armes qu'une armée possède constitue son —. On trouve tous les articles de chasse chez les —. Sous la Révolution, Carnot mit sur pied quatorze — pour défendre la France envahie. Lorsque les seigneurs étaient rentrés dans leurs châteaux, ils serraient leurs — dans des buffets appelés —. Le fils aîné du roi d'Angleterre était surnommé le Prince Noir, à cause de la couleur de son —.

355. — **Même exercice.**

I. — **Balle.** — Desaix tomba frappé d'une — en pleine poitrine. Les premiers — étaient gonflés avec de l'air chaud. Le marchand ouvre sa boutique, défait ses — et étale sa marchandise. Les embarcations sont — par les flots de la mer en furie. Si, dans une élection, aucun des candidats n'a réuni un nombre de voix suffisant, pour être élu, on dit qu'il y a —.

II. — **Champ.** — Le garde — fait la chasse aux petits maraudeurs. La plus grande partie des vins mousseux s'obtient en — avec des raisins rouges. (L. Figuier.) Aux environs de Paris, on cultive les — dans des carrières abandonnées.

Fertile. — Le fumier engraisse la terre, il la rend —. Les terrains humides sont — par le drainage. Les plantes enfouies en terre pendant qu'elles sont encore vertes forment un engrais —. La — de la vallée du Nil est due aux débordements périodiques du fleuve.

357. — **Même exercice.**

I. — **Marchand.** — Les chemins de fer transportent rapidement les voyageurs et les —. Les étoffes vendues dans les magasins à prix fixe sont achetées sans —. Nos places publiques sont encombrées de — forains.

Plant. — Les — textiles servent à la fabrication des tissus. Des — vigoureux et sains promettent une récolte satisfaisante. De nombreux nègres travaillent dans les — de cannes à sucre pour le service de riches — américains.

II. — **Juste.** — Saint Louis rendait la — sous le chêne de Vincennes. Les bonnes balances pèsent —. L'accusé n'a pu — de l'emploi de son temps pendant l'accomplissement du crime. Vous avez — reçu la récompense due à vos services. La preuve d'une opération en est la —. C'est avec — et précision que l'élève studieux récite ses leçons. Charlemagne fut à la fois un rude guerrier et un grand —.

354. — Compléter les mots à l'aide d'un suffixe marquant
la diminution, la péjoration ou l'action.

Les *gouttel*..... qui composent les nuages se réunissent et forment
des gouttes qui se précipitent vers la terre. Les anciens avaient l'habitude de *purif*..... par le feu les objets qui avaient été souillés par
un criminel. Les taches rouges que l'on remarque sur la vieille *ferr*.....
sont de la rouille. Le général Hoche prit à tâche de *pacif*..... la Vendée. Les débris des bataillons, pêle-mêle dans le *vall*....., se battent
toujours sans vouloir se rendre. (THIERS.) Les berceaux de vigne, coquettement arrondis en *arc*....., portaient d'énormes grappes de raisin
succulent. (G. SAND.) Un gros dogue passait, un *lourd*..... le rencontre. (LACHAMBAUDIE.) Enfermé dans Gênes, Masséna y soutint un siège
mémorable qui est, après Zurich, le plus beau *fleur*..... de sa couronne
militaire. (V. DURUY.) Le trop grand désir de se *justif*..... nuit quelquefois plus qu'il ne sert. (FÉNELON.)

356. — Compléter les mots à l'aide d'un suffixe marquant l'état,
le temps ou l'origine.

Les *Gaul*..... aimaient pour leurs vêtements des couleurs brillantes.
Parmi nos illustres marins *franç*....., on cite Tourville, Jean Bart et
Duquesne. Le Soudan est la région la plus *peupl*..... du continent
afric...... Les *Patag*..... sont des hommes robustes et d'une taille
élevée. Les habitants du nord de l'Asie ont la peau blanche comme
celle des *Europé*...... A quoi bon des routes carrossables pour tant de
gens qui n'*user*..... jamais d'une voiture ? (E. ABOUT.) Sous nos rois de
la première race, on *moul*..... les monnaies et on les *frapp*..... avec
des coins grossièrement *grav*..... au tour. (L. FIGUIER.) Une belle
chèvre *tachet*..... de blanc et de noir, la mamelle pleine et *rebond*.....
comme une outre de lait, était *couch*..... aux pieds du berger. (LAMARTINE.) L'homme *renonc*..... à tout travail s'il n'avait la certitude d'en
recueillir les produits. (THIERS.)

358. — Compléter les mots à l'aide d'un suffixe marquant un lieu
d'action, de réunion, de fabrication ou de plantation.

Les départements de la Seine et du Nord possèdent d'importantes
raffiner...... Le palefrenier conduit ses chevaux à l'*abreuv*...... Les
moineaux gourmands font beaucoup de dégâts dans la *ceris*...... Cet
étranger s'est rendu au *consul*..... pour demander son rapatriement.
On lave le linge dans des établissements appelés *lav*...... Les *verrer*.....
sont placées le plus souvent dans le voisinage des mines de houille.
Les nids des pies et des corbeaux sont placés sur les arbres les plus
élevés de la *fut*...... Les fenêtres des *dort*..... seront ouvertes pendant
le jour et fermées pendant la nuit. Elle avait près d'elle une enfant
de l'*orphelin*....., petite garde en pèlerine bleue, qui ne la quittait
jamais. (A. DAUDET.) Mᵐᵉ de Maintenon créa à Saint-Cyr un *pensionn*..... de demoiselles nouvellement converties au catholicisme. Le
convoi se répand, le soir, dans les sentiers où verdit l'*oser*......

Iᵉ ANNÉE

359. — Compléter par le radical ou par l'un de ses dérivés.

I. — Mont. — Le sommet de certaines — est couvert de neiges éternelles. Le bataillon tout entier — à l'assaut de la citadelle. Les — sont presque tous forts et robustes. La Suisse est la contrée la plus — de l'Europe. L'ingénieur assiste au — des appareils. Les environs de Paris sont généralement — . On reconnaît le séjour des taupes à de petits — qu'elles font en fouillant la terre.

II. — Pas. — L'hirondelle happe au — les insectes qui voltigent dans l'air. Votre devoir n'est que — . Le paresseux — sa vie dans l'oisiveté. Les trois temps principaux sont le présent, le — et le futur. Dans les sentiers difficiles, l'attelage marchait au — . Nous étions montés sur la — du vaisseau, d'où nous apercevions nettement la côte. Le navire fit naufrage et la plupart des — périrent. Les plaisirs durent peu, ils ne sont que — . La cuisinière nettoie sa — .

361. — Même exercice.

I. — Port. — Au moment où Etienne Marcel ouvrait l'une des — de Paris à Charles le Mauvais, il fut assassiné par Jean Maillard. Le Havre et Marseille sont les deux plus grands — marchands de la France. L'héroïque soldat — d'une dépêche traversa les lignes ennemies. Les canons sont des armes à longue — . Louis XVI, s'étant mis à la — de sa voiture, fut reconnu à Varennes et ramené à Paris.

II. — Sang. — Les mammifères sont des animaux à — chaud, les poissons ont le — froid. Les tempéraments — sont sujets aux attaques d'apoplexie. Beaucoup de peuplades de l'Afrique ont des mœurs — .

Saut. — L'écureuil est un animal — , il franchit sans peine les distances qui séparent les arbres de la forêt. La marche, la course et le — sont des exercices salutaires. L'insecte ailé, qui s'avance en sautant, est une — . Dans les cérémonies, le président de la République porte le grand cordon de la Légion d'honneur en — .

363. — Compléter par le radical ou par l'un de ses composés.

I. — Arme. — La paix étant conclue, les combattants déposent les armes ou — . Les puissances ont procédé à un — général.

Bord. — La fonte des neiges a fait — la rivière. Les matelots s'élancèrent à l' — . Une hirondelle a bâti son nid sous le — de ma fenêtre. Les voyageurs furent — du wagon dans le vaisseau. Les — de la place étaient envahis par une foule de curieux.

II. — Balle. — On a enveloppé les paquets avec de la toile d' — . Quand les marchands vont à une foire, ils — leurs marchandises ; arrivés à la foire, ils les — ; et pour s'en retourner, ils les — .

Forme. — L'usage des chaussures étroites — le pied. Les ennemis subitement dispersés — rapidement leurs lignes. Les Grecs jetaient dans un gouffre les enfants qui naissaient — . Louvois créa l' — pour les régiments et établit la marche au pas.

360. — Compléter les mots à l'aide d'un suffixe indiquant le métier, **IIᵉ ANNÉE** l'abondance, l'excès ou le mérite.

Je fus hier aux Invalides ; je crois que c'est le lieu le plus *respect.....* de la terre. (MONTESQUIEU.) L'encens vole en flots *vapor.....* . (A. CHÉNIER.) Les havresacs déposés en rond dessinent le terrain où la *chambr.....* doit passer la nuit. (GÉNÉRAL FOY.) Un *art.....* de génie, Le Nôtre, créa l'art des jardins ; il savait en faire la plus belle décoration des châteaux. (V. DURUY.) Le corbeau est si *vor.....* qu'il fait des voiries infectes le fond de sa nourriture. (BUFFON.) Jamais prince ne fut plus capable de rendre la royauté *aim.....* et chère à ses peuples. (BOSSUET.) Robinson travaille tout le jour, à la fois *charpent.....*, chasseur, laboureur, *pot.....*, *vann.....*, *boulang.....*, invincible aux difficultés, au temps, à la peine. (H. TAINE.) Les gens de naturel *peur.....* sont, disait-il, bien *malheur.....* (LA FONTAINE.)

362. — Compléter les mots à l'aide d'un suffixe exprimant la possibilité, la manière, la religion, ou l'instrument.

Le plomb est un métal très *fus.....* . Le *protestant.....* est la religion dominante en Allemagne. La morale apprend aux hommes à se conduire *sage.....* . Le *polythé.....* reconnaît l'existence de plusieurs dieux. Archimède portait l'incendie sur les navires ennemis au moyen de *mir.....* ardents. La ville de Cholet est renommée pour la fabrication des *mouch.....* fins. La plupart des insectes sont *merveilleuse.....* armés, ustensilés. (MICHELET.) Philippe II, roi d'Espagne, le champion du *catholic.....* par toute l'Europe, donna aux Guises 3000 hommes de ces vieilles bandes espagnoles d'une bravoure froide et féroce. (V. DURUY.) Déclarez-vous *haute.....* le protecteur du malheureux. (J.-J. ROUSSEAU.) La gloire du *christian.....* est d'avoir proclamé et répandu la charité. (V. COUSIN.) Rien n'est plus *condamn.....* qu'un ami qui ne vous parle pas *franche.....* . (MOLIÈRE.) Ainsi le câble *flex.....* résiste à la fureur des flots.

364. — Compléter les mots à l'aide d'un préfixe convenable.

Il n'est pas toujours facile d'être pauvre et *.....dépendant*. (J.-J. ROUSSEAU.) Dès que la Gaule fut *.....mise* aux Romains, elle devint *.....connaissable*. Les régions *.....boréennes* sont couvertes de glaces. La crue du fleuve fut si rapide que les rives furent *.....mergées* en quelques heures. Le singe *.....fait* les gestes de l'homme. Le mastodonte, le mammouth appartiennent à l'époque *.....diluvienne*. Le pigeon sait toujours *.....trouver* son toit ; il y *.....tourne*, dès qu'on lui rend la liberté. Pour pourvoir le pauvre de ce nécessaire qu'il n'a pas, vous emploierez le *.....flu* que vous avez. (BOURDALOUE.) Le colibri *.....pend* son nid aux rameaux des orangers. Les oiseaux que l'hiver *.....ile* reviendront avec le printemps. (BÉRANGER.) Le vrai maçon, c'est l'hirondelle qui *.....pend* sa maison aux nôtres. (MICHELET.) Un loup *.....vient* à jeun qui cherchait aventure. (LA FONTAINE.) Je me *.....viens* d'avoir passé une nuit délicieuse dans un chemin qui côtoyait le Rhône ou la Saône. (J.-J. ROUSSEAU.)

365. — Compléter par le radical ou par l'un de ses composés.

I. — **Pas.** — Le dessinateur se sert de la règle et du —. Le — du linge suit le blanchissage. Nous disons qu'il y a perte lorsque la dépense — la recette. Les rasoirs, les ciseaux, les couteaux sont donnés au — . Le malade a — à la suite d'une syncope. Une — est une rue qui n'a pas d'issue et par conséquent où l'on ne peut passer. Les serruriers ouvrent les portes au moyen de clefs appelées — .

II. — **Port.** — Le loup saisit l'agneau et l'— au fond du bois pour le dévorer. Il faut — nos souffrances avec résignation. Les frais de — coûtent moins cher par bateau que par chemin de fer. La France — beaucoup de vin en Angleterre. On appelle taux l'intérêt que — une somme de cent francs placée pendant un an. L'enfant est si faible qu'il a besoin de — . Nous — le coton d'Amérique. La Nouvelle-Calédonie et la Guyane sont des lieux de — pour les criminels.

367. — Même exercice.

I. — **Pose.** — Après le travail, le —. Les trois termes de la — sont le sujet, le verbe et l'attribut. L'ouvrier prévoyant — ses économies à la caisse d'épargne. On vous — une tâche qui est au-dessus de vos forces. Le laboureur fatigué se — à l'ombre d'un chêne. Beaucoup d'étrangers vinrent visiter l'— universelle. Les corps organisés entrent vite en — après la mort. Le pharmacien — les remèdes que le médecin prescrit aux malades.

II. — **Terre.** — L'hyène — les cadavres et en fait sa nourriture. Les éruptions volcaniques sont précédées de bruits — . Colbert, le grand ministre de Louis XIV, fut — la nuit, sans honneur.

Mont. — Troyes est en — de Paris. Un cap ou — est une pointe de terre qui s'avance dans la mer. Notre habitation n'était plus qu'un — de ruines. Avec de la persévérance on — bien des difficultés. Le saumon — le cours des fleuves.

369. — Achever le devoir à l'aide de mots de la famille de tir.

Tiret, tir, tiroir, tirage, tireur, tirailleur, attirer, retirer, étirer, soutirage, attirail.

Le — au sort a lieu tous les ans dans les chefs-lieux de canton. Les hommes qui chassent les bêtes fauves doivent être des — adroits. L'aimant a la propriété d' — le fer. Les commodes sont des meubles comprenant plusieurs — destinés à serrer le linge. Cet exercice de grammaire consiste à remplacer le — par le mot convenable. On — le fer en fils très minces au moyen d'instruments appelés filières. Les eaux du fleuve en se — laissent sur la terre un limon qui la fertilise. Les charrues, les herses, les rouleaux, les tombereaux font partie de l' — du cultivateur. Le jeune sous-lieutenant fit rectifier le — de ses soldats. Le — du vin a pour but d'isoler la lie. Les soldats disposés en — font éprouver des pertes sérieuses à l'ennemi.

366. — Compléter les mots en italiques par le préfixe convenable. **II° ANNÉE**

Le chat est .....*crite* et sournois. Les nègres de la Nouvelle-Guinée sont féroces et même .....*phages*. Le coupable ne peut se .....*traire* aux reproches de sa conscience. Le carré est un .....*gone* de quatre côtés. A force de .....*mettre* des crimes et de se faire la guerre, les Mérovingiens perdirent toute leur .....*rité*. La .....*logie* est une science qui traite de l'étude des animaux. Fouquet était .....*intendant* des finances pendant la minorité du règne de Louis XIV. L'obélisque de la place de la .....*corde* est un .....*lithe* qui nous vient d'Egypte. Les .....*logiens* réunis au colloque de Poissy, en 1561, ne purent empêcher la guerre civile. La .....*ficie* d'un terrain triangulaire s'obtient en multipliant la base par la moitié de la hauteur. La Révolution prépara l'établissement de l'Ecole .....*technique* et de l'Ecole normale. Le sot est un .....*mate*, il est machine. (LA BRUYÈRE.) J'ai peine à ..... *prendre* comment un .....*sophe* peut se résoudre à voyager autrement qu'à pied. (J.-J. ROUSSEAU.)

368. — Compléter les mots en italiques par le préfixe convenable ou l'un des suffixes *cratie, graphie, logie, pathie, métrie, phonie.*

Un mot formé d'une seule syllabe est un .....*syllabe*. Les Egyptiens durent avoir .....*cours* à la *géo*.... pour délimiter leurs champs à la suite des .....*ondations* du Nil. Il n'est que trop vrai qu'il y a eu et qu'il y a encore des .....*phages*. L'enseignement supérieur se donne dans les facultés de médecine, de droit, de .....*logie*, etc. Le Muséum d'histoire naturelle comprend d'intéressantes galeries de *zoo*..... et de *minéra*..... La *géo*..... est la description de la terre. Le Paraguay fut au XVIII° siècle le siège d'une *théo*..... de jésuites. Le malade dont la voix est affaiblie est atteint d'*a*..... C'est un poids immense que je ne puis porter ; pourrai-je au moins le .....*lever* ? (VOLTAIRE.) Quand le chef souffre, tous les membres souffrent par *sym*..... (BOURDALOUE.) Socrate est regardé comme le fondateur de la .....*sophie* morale chez les Grecs. (ROLLIN.) Un historien ne doit se permettre aucune .....*position*. (BUFFON.)

370. — Grouper les mots par familles : faire trois listes des radicaux, des dérivés, des composés.

Acclamer, acclamation, allumer, allumeur, appartement, bandage, bandagiste, bande, bandeau, bandelette, banderole, clameur, coffre-fort, conforme, conformer, confortable, déclamation, déclamer, déconforter, déformation, déformer, département, départir, difformité, enluminer, exclamation, format, formation, forme, formellement, former, formaliser, formule, formuler, fort, fortement, forteresse, fortification, fortifier, illumination, illuminer, impartial, informe, informer, information, lumineux, luminaire, part, partie, partage, partager, partial, plate-bande, proclamer, proclamation, réclamation, réclame, réclamer, réconforter, réforme, réformer, répartir, transformer, transformation.

Iʳᵉ ANNÉE 371. — Achever le devoir à l'aide de mots de la famille de *fort*.

Force, forcer, fortement, fortifier, forteresse, fortification, confortable, effort, déconforter, réconforter, renfort, renforcer.

La poudre et la vapeur ont une — d'expansion extraordinaire. En 1840, Thiers fit décréter l'établissement de — autour de Paris. Belfort, investi le 2 novembre 1870, se prépara, sous les ordres du colonel Denfert-Rochereau, à une résistance digne de la réputation de cette — . Louis XIV confia à Vauban la mission de — les places de nos frontières. Ce que souhaite le paysan, en France, c'est la possession ; ce qu'aime le campagnard anglais, c'est le — . (TAINE.) L'obus ordinaire est fermé par une fusée qui y est — vissée. L'armée fut secourue par de prompts — . Les assiégés firent un — désespéré pour sortir de la ville. Jacques Bonhomme se précipita contre ses oppresseurs armés jusqu'aux dents ou retranchés dans des — . (A. THIERRY.) Le voyageur fatigué entre à l'auberge pour se — .

IIᵉ ANNÉE 372. — Indiquer le radical de chaque mot en italiques. Distinguer les composés et les dérivés, et expliquer oralement la formation de ces mots.

Quand le *roitelet* vient dans nos jardins, il se glisse *subtilement* dans les charmilles. (BUFFON.) En une semaine la *nichée* de moineaux consomme environ 3,000 insectes, chenilles, *vermisseaux* de toute espèce. (H. FABRE.) La nuit venue, les lanternes *s'allumaient*, deux grosses lanternes *superbes* à plein cristal et qui *rayonnaient* au loin comme des phares. (ED. THIERRY.) Jamais morose, ni *impatient*, ni emporté, Franklin appelait la mauvaise humeur la *malpropreté* de l'âme, et disait que la vraie politesse envers les hommes doit être la *bienveillance*. (MIGNET.) La conduite de l'*armée française* pendant le temps de la Terreur a été *vraiment* patriotique. (Mᵐᵉ DE STAEL.) La Bruyère est un *philosophe* qui a bien étudié et connu les hommes. Ce que les *Egyptiens* ont fait du Nil est *incroyable*. Il pleut *rarement* en Egypte ; mais ce fleuve, qui l'arrose toute par ses *débordements réglés*, lui apporte les pluies et les neiges des autres pays. (BOSSUET.)

CHAPITRE XVI.

LA SIGNIFICATION DES MOTS.

HOMONYMES

(Exercices 373 à 387, 389, 391, 393.)

Il boit du **vin**. — *Il crie en* **vain**. — *On l'appela et il* **vint**.

396. — Définition. — On appelle **homonymes** les mots qui ont le même son et des sens différents : *vin, vain* et *vint* sont des **homonymes**.

PARONYMES

(Exercices 388, 390, 392, 394.)

Un homme **éminent** ; *un danger* **imminent**.

397. — Définition. — On appelle **paronymes** les mots qui se ressemblent par la **forme** et diffèrent par le **sens** : *éminent* et *imminent* sont des **paronymes**.

SYNONYMES

(Exercices 395 à 414.)

Colomb a **découvert** *l'Amérique.*
Gutenberg a **inventé** *l'imprimerie.*
L'amour *paternel ; la* **tendresse** *maternelle.*

Explication. — *Découvrir* et *inventer* expriment tous les deux l'idée de *trouver* ; mais *découvrir* c'est trouver quelque chose qui existait et qu'on ne connaissait pas ; *inventer* c'est trouver quelque chose qui n'existait pas : c'est *créer*.

Amour et *tendresse* expriment tous deux l'*affection*, mais la *tendresse* exprime une affection plus vive et plus délicate que l'*amour*.

398. — Définition. — On appelle **synonymes** des mots qui expriment la même **idée** ou le même **sentiment**, mais avec des nuances différentes.

Ire ANNÉE

373. — I. — Etudier ou copier le premier paragraphe.
II. — Employer le mot convenable.

I. — *1. Ailé, adj., qui a des ailes. Héler, v., appeler de loin.
— 2. Alène, n. f., outil de cordonnier. Haleine, n. f., respiration. —
3. Amande, n. f., fruit. Amende n. f., peine pécuniaire. — 4. Coke,
n. m., charbon. Coq, n. m., oiseau. Coque, n. f., coquille, enveloppe.
— 5. Cor, n. m., instrument de musique; durillon. Corps, n. m., ensemble des parties qui constituent un être. Cors, n. m. pl., bois
d'un cerf.*

II. — Il faut briser 4 pour goûter l'amande. L'insecte 1 brillait des
plus vives couleurs. (FLORIAN.) Les 5 sont produits par la pression
de chaussures trop étroites. J'aimerais mieux manier la plume et le
crayon que l'2. (G. SAND.) L. 4 s'allume difficilement et s'éteint dès
qu'il est retiré du feu. Les 3 douces sont utilisées pour la fabrication
des dragées et du nougat. (L. FIGUIER.) On se sert d'un porte-voix
pour 1 un navire. Que sont les peines du 5 auprès des tourments de
l'âme ? (CHATEAUBRIAND.)

375. — Même exercice.

I. — *1. Bal, n. m., réunion où l'on danse. Balle, n. f., jouet, boule
en métal pour armes à feu. — 2. Cahot, n. m., saut d'une voiture.
Chaos, n. m., désordre, confusion. — 3. Cane, n. f., femelle du
canard. Canne, n. f., bâton. — 4. Champ, n. m., étendue de terre
cultivée. Chant, n. m., inflexion modulée de la voix sur différents
tons. — 5. Date, n. f., époque. Datte, n. f., fruit.*

II. — La 5 est un des meilleurs fruits que la nature offre aux
hommes. (B. DE SAINT-PIERRE.) Le 4 est aussi souvent la marque de la
tristesse que de la joie. (CHATEAUBRIAND.) L'enfant avait reçu deux 1
dans la tête. (V. HUGO.) Les 2 épouvantables qu'on recevait dans une
voiture si mal suspendue, ne l'inquiétaient nullement. (G. SAND.) Le
bec de la 3 est mou et aplati comme une pelle. La 3 à sucre est originaire de l'Inde et des parties les plus orientales de l'Asie.

377. — Même exercice.

I. — *1. Chaud, adj., qui a de la chaleur. Chaux, n. f., pierre. —
2. Compter, v., calculer. Conter, v., faire un récit. — 3. Compte,
n. m, action de compter. Conte, n. f., historiette; fable. Comte, n. m.,
titre de noblesse. — 4. Cuir, n. m., peau épaisse de certains animaux. Cuire, v., préparer par l'action du feu. — 5. Echo, n. m., répétition d'un son. Ecot, n. m., quote-part dans un repas.*

II. — Le Lapon trouve dans le 4 du renne sa meilleure défense
contre la froidure. On fait le mortier avec du sable et de 1. Charlemagne créa des ducs, des 3 pour gouverner les provinces en
son nom. On croit qu'autrefois l'Egypte nourrissait vingt millions
d'habitants sans 2 les Romains. (THIERS.) Le mugissement de nos bœufs
charme les 5 champêtres de nos vallées. (CHATEAUBRIAND.) Ce qu'on
appelle 3 est le récit bref et rapide d'une aventure plaisante.

374. — Remplacer chaque chiffre par le mot convenable.   II° ANNÉE

1. Aine, Aisne, haine. 2. Ancre, encre. 3. Autel, hôtel. 4. Air, aire, ère, haire, hère. 5. Archer, archet.

Les oiseaux nagent dans l' 4 comme les poissons dans l'eau. (FÉNELON.) L' 1 prend sa source dans le département de la Meuse. A portée du trait, les 5 commencèrent à lancer leurs flèches. Les 3 de Paris reçoivent un grand nombre de voyageurs chaque année. Au second siècle de notre 4 l'humanité était dans un triste état mental. (SAINTE-BEUVE.) La 1 est injuste et n'examine rien. A moins de permission particulière aucun vaisseau n'osera lever l' 2. Dressons-lui des 3 sur des monceaux d'idoles. (CORNEILLE.) L'égoïste écrit à l' 2 le mal qu'on lui cause, au crayon le bien qu'on lui fait.

Laurent, serrez ma 4 avec ma discipline,
Et priez que toujours le ciel vous illumine. (MOLIÈRE.)

376. — Même exercice.

1. Are, arrhes, art, hart. 2. Cent, sang, sans. 3. Cep, ces, saie, sept, ses. 4. Cerf, serre, serf. 5. Chair, cher, chaire, chère.

Le 4 craint beaucoup moins l'homme que les chiens. (BUFFON.) Le cœur est la machine qui fait circuler le 2. L'hyène dévore les 5 les plus infectes. (BUFFON.) Nous n'avons rien de plus doux et de plus 5 que notre patrie et nos parents. Les Gaulois changèrent 3 de leurs ancêtres contre le vêtement romain. (H. MARTIN.) Je perdis les 1 que j'avais données pour nos places. (G. SAND.) Il n'existe pas de grand talent 2 une grande volonté. (BALZAC.) Qu'importe avec qui l'on soupe, pourvu que l'on fasse bonne 5. (VOLTAIRE.) Le 4, à ses enfants, ne lègue que sa chaîne. En Bourgogne, les ortolans font leurs nids sur les 3. (BUFFON.) Le fagot est délivré de sa 1 ; l'allumette est mise ; le feu flambe et pétille. Les oiseaux carnassiers saisissent leur proie avec leurs 4.

378. — Même exercice.

1. Fond, fond (il), fonds, font (ils), fonts. — 2. Panser, pensée, penser. — 3. Sensé, censé. — 4. Tribu, tribut.

Le sage qui entend une parole 3 la loue et se l'applique à soi-même. (BOSSUET.) L'origine de la société c'est la 4 ; la 4 c'est la famille. (JANET.) Nous ignorons en partie ce qui se trouve au 1 des mers. (BUFFON.) Les richesses ne 1 pas toujours le bonheur. Ambroise Paré osait se réserver l'humble mérite de 2 les malades. L'homme est né pour 2 ; aussi n'est-il pas un moment sans le faire. (PASCAL.) Saint Louis se contenta du revenu de son domaine et de quelques 4 presque volontaires. (FLÉCHIER.) Si le prince est prisonnier, il est 3 être mort. (MONTESQUIEU.) On ne me verra pas déguiser ma 2. (BOILEAU.)

Travaillez, prenez de la peine ;
C'est le 1 qui manque le moins. (LA FONTAINE.)

Ire ANNÉE　　　　**379. — I. — Etudier ou copier le premier paragraphe.
II. — Employer le mot convenable.**

I. — *1.* Faim, *n. f., besoin de manger.* Feint *(il), du verbe feindre.*
Fin, *adj., menu; rusé.* Fin, *n. f., extrémité.* — *2.* Fait, *n. m., action.*
Faix, *n. m., fardeau.* — *3.* Gai, *adj., joyeux.* Gué, *n. m., endroit
d'un cours d'eau où l'on peut passer à pied.* Guet, *n. m., action d'épier;
patrouille.* — *4.* Geai, *n. m., oiseau.* Jais, *n. m., minéral d'un noir
luisant.* Jet, *n. m., action de lancer; jaillissement.*

II. — Pour être toujours 3, il faut être content de sa situation, et un peu
indifférent à celle des autres. Le chameau, patient traverse les déserts
en portant commodément son 2. (DE JUSSIEU.) Les sansonnets, les mer-
les, les 4 peuvent imiter la parole. (BUFFON.) On passe tous les jours
à 3 notre rivière de Seine. (Mme DE SÉVIGNÉ.) La flamme, en 4 brillants,
s'élance dans les airs. (DELILLE.) Le vrai moyen d'être trompé, c'est
de se croire plus 1 que les autres. (LA ROCHEFOUCAULD.)

381. — Même exercice.

I. — *1.* Gril, *n. m., ustensile de cuisine.* Gris, *adj., blanc mêlé de
noir.* — *2.* Héraut, *n. m., officier chargé de faire des annonces.*
Héros, *n. m., guerrier illustre.* — *3.* Mord *(il), du verbe mordre.*
Mors, *n. m., ce qui sert à brider un cheval.* Mort, *n. f., fin de la vie.*
— *4.* Serein, *adj., clair, pur et calme.* Serin, *n. m., oiseau.*

II. — La gloire fait des 2, mais la vertu seule fait des sages. (VAUVE-
NARGUES.) Un ciel 1 semble la peste à Venise. (CHATEAUBRIAND.)
L'aigle, en s'élevant au-dessus des nuages, peut passer tout à coup
de l'orage dans le calme, jouir d'un jour 4 et d'une lumière pure.
(BUFFON.) Au cheval qui vous porte, un 3 est nécessaire. (VOLTAIRE.)
Lorsqu'on présente un lapin à un jeune furet, il se jette dessus
et le 3 avec fureur. (BUFFON.) Louis XII envoya un 2 d'armes déclarer
la guerre au doge. (VOLTAIRE.)

383. — Même exercice.

I. — *1.* Mai, *n. m., mois.* Mais, *conjonction.* Mes, *adj. poss. pl.* Mets,
n. m., aliment. — *2.* Maire, *n. m., premier magistrat d'une commune.* Mer, *n. f., grande étendue d'eau salée.* Mère, *n. f., femme qui
a des enfants.* — *3.* Palais, *n. m., bâtiment somptueux; partie de la
bouche.* Palet, *n. m., pierre plate et ronde ou morceau de métal de
même forme.* — *4.* Pinçon, *n. m., meurtrissure qui reste à la peau
qu'on a pincée.* Pinson, *n. m., oiseau.*

II. — La langue et le 3 sont le siège du goût. L'échalote sert à relever la saveur des 4 et des sauces. Le 2 est à la tête de la commune.
Je me suis fait un 4 en fermant cette porte. Le 4 remplit l'air de sa
voix éclatante. Louis XIV se divertit à bâtir des 3. (LA FONTAINE.) Ne
cherchez pas à être grand, 1 à être bon. La 2 embrasse en paix le fils
qui lui sourit. (V. HUGO.) Le spectacle de la 2 fait toujours une impression profonde. (Mme DE STAEL.)

380. — Employer le mot convenable.

1. Dais, dé, des, dès, dey. — 2. Exaucer, exhausser. — 3. Foi, foie, fois, fouet. — 4. Gaz, gaze. — 5. Pair, paire, perd (il), père. — 6. Martyr, martyre.

On 5 tont le temps qu'on peut mieux employer. Sous un 1 de feuillage comme sous les lambris de son palais, il rendit sans délai ses jugements. Les substances, portées à l'état de 4, occupent un volume de quinze à dix-huit cents 3 plus grand qu'à l'état solide. L'ardeur de s'enrichir chasse la bonne 3. (BOILEAU.) Ne cherchons pas à nous 2 aux dépens de nos rivaux. L'homme 1 sa naissance a le sentiment du plaisir et de la peine. Transformer les vaincus en coupables, c'est, le plus souvent, les transformer en 6. En histoire naturelle, tout l'esprit du monde ne vaut pas une 5 de bons yeux. Le 3 de canard a mis en réputation les pâtés d'Amiens. (L. FIGUIER.)

382. — Même exercice.

1. Fusiller, fusilier. — 2. Août, houe, houx. — 3. Raie, rais, rets, rez. — 4. Raine, reine, rêne, renne. — 5. Raiponce, réponse.

Quelques poissons, comme la 3, n'ont pas de langue. (J. MACÉ.) On enterre la semence tantôt à la charrue, tantôt à la 2. Le bois de 2 peut servir dans les ouvrages de charpenterie. Le premier régiment qui eut des baïonnettes fut celui des 1. (VOLTAIRE.) La présence des pelotes que les 4 portent aux doigts suffit pour les distinguer des grenouilles. Le silence est parfois la plus éloquente des 5. Les 4 lui échappèrent des mains ; il tomba de son char sous les pieds des chevaux. (FÉNELON.) Les ours s'établissent rarement à 3 de terre. (BUFFON.) Remuez votre champ dès qu'on aura fait l'2. (LA FONTAINE.) Le 4 a une fourrure plus chaude que la brebis. (B. DE SAINT-PIERRE.)

Au sortir des forêts,
Le lion fut pris dans des 3. (LA FONTAINE.)

384. — Même exercice.

1. Raisonner, résonner. — 2. Serment, serrement. — 3. Ver, verre, vers, vert. — 4. Fermant, ferment, ferrement.

Les larves du hanneton, trop connues sous le nom de 3 blancs, ravagent les jardins. La sarcelle de Chine a sur la tête un magnifique panache 3 et pourpre. (BUFFON.) Tout homme qui tient à l'estime publique doit rester fidèle à ses 2. (CHATEAUBRIAND.) L'âme a cette aptitude étrange de 1 presque froidement dans les extrémités les plus violentes. (V. HUGO.) Les 2 de cœur ne sont pas bons quand on est vieux. (Mme DE SÉVIGNÉ.) Quand on veut graver le 3, on a recours à une pointe de diamant. Les premières annales des peuples ont été écrites en 3. (CHATEAUBRIAND.) La plupart des matières animales azotées sont des 4.

De leurs douces chansons, instruits par la nature,
Mille tendres oiseaux font 1 les airs. (J.-J. ROUSSEAU.)

I· ANNÉE   **385. — I. — Étudier ou copier le premier paragraphe.**
II. — Employer le mot convenable.

I. — *1.* Pain, *n. m., aliment.* Peint *(il), verbe.* Pin, *n. m., arbre.* —
2. Parti, *n. m., détermination.* Partie, *n. f., portion du tout ; jeu.* —
3. Ri, *part. passé du verbe rire.* Ris, *n. m., le rire.* Rit *(il), verbe.*
Riz, *n. m., plante.* — *4.* Saule, *n. m., arbre.* Sol, *n. m., terrain ;
note de musique.* Sole, *n. f., poisson.* Sol *(sou), monnaie.*

II. — La 4 commune habite principalement la Méditerranée, où la
pêche en est très abondante. Le 4 ne peut pas nourrir pendant longtemps la même espèce de plantes. L'excessive joie arrache plutôt des
pleurs que des 3. (J.-J. ROUSSEAU.) Le 1 maritime égaye la vue, purifie
l'air et fixe la dune mouvante. (M. DU CAMP.) Les temps anciens pre-
naient trop aisément leur 2 des souffrances du grand nombre. (GUIZOT.)
Les fleurs de plusieurs 4 ont une odeur fort agréable. Un fripon ne 3
pas de la même manière qu'un honnête homme. (A. DUMAS.)

387. — Même exercice.

I. — *1.* Pâte, *n. f., farine détrempée et pétrie ; constitution.* Patte,
n. f., pied des animaux. — *2.* Paume, *n. f., dedans de la main ;
jeu.* Pomme, *n. f., fruit,* — *3.* Pause, *n. f., suspension.* Pose *(il),
verbe.* Pose, *n. f., action de poser.* — *4.* Péché, *n. m., faute.*
Pécher, *v., commettre un péché.* Pêcher, *n. m., arbre à fruit.*
Pêcher, *v., prendre du poisson.* — *5.* Poing, *n. m., main fermée.*
Point, *n. m., très petite étendue, signe de ponctuation.* Point, *adv.,
de négation,*

II. — L'orateur, accablé de fatigue, demanda à faire une 3. Mon-
trez-moi 1 blanche, ou je n'ouvrirai pas. (LA FONTAINE.) Autrefois on
coupait le 5 aux parricides. On sait combien il est important de garantir les fleurs du 4 contre les gelées du printemps. Le jeu de 2 est un
exercice utile. La 2 est un fruit médiocre, si on la compare à la pêche.
La terre n'est qu'un 5 dans l'univers. Vous êtes d'une 1 à vivre jusqu'à
cent ans. (MOLIÈRE.) Il n'y a 5 d'homme qui n'ait l'idée de la justice.

389. — Même exercice.

I. — *1.* Pic, *n. m., rocher en pointe.* Pique, *n. f., espèce de lance.*
— *2.* Plan, *n. m., dessin ; projet.* Plant, *n. m., jeune plante* —
3. Porc, *n. m., cochon.* Pore, *n. m., petite ouverture.* Port, *n. m., abri
pour les vaisseaux.* — *4.* Sain, *adj., salubre.* Saint, *adj., exempt
d'imperfection.* Sein, *n. m., milieu ; mamelle.* Seing, *n. m., signature.*
Cinq, *adj. numéral.*

II. — Le corps est parfait quand il est 4 et vigoureux. (J. JANIN.)
Tous les habitants des 3 de mer épicent beaucoup leur cuisine. Il
avait trois ou quatre gardes avec des 1. (MONTESQUIEU.) Le jardinier
choisit un temps couvert pour déplacer les jeunes 2. C'est une dange-
reuse compagnie qu'un troupeau de 3. (G. SAND.) Où peut-on être
mieux qu'au 4 de sa famille ? (MARMONTEL.) Le 1 de Ténériffe se voit
de quarante lieues. On avait fait des 2 fort beaux sur le papier.

                            (ANDRIEUX.)

386. — Employer le mot convenable.

1. Chêne, chaîne. — 2. Comptant, contant, content. — 3. Convaincant, convainquant. — 4. Cote, côte, cotte, quote. — 5. Dessein, dessin. — 6. Différant, différend, différent. — 7. Cou, coup, coût, coud (il).

C'est le 5 qui donne la forme aux êtres. (DIDEROT.) Evitons toujours d'avoir des 6 avec les gens que nous n'aimons pas. Se porter comme un 1 se dit d'une personne qui jouit d'une santé robuste. J'ai toujours été 2 de mon sort. (MONTESQUIEU.) C'est en se 3 soi-même qu'on parvient à convaincre les autres. L'orgueil pousse ses 5 jusqu'à l'extravagance. (BOSSUET.) Tous les hommes sont semblables par les paroles ; ce n'est que les actions qui les montrent 6. (MOLIÈRE.) Les bœufs fatigués marchent le 7 penché d'un pas lent et tardif. (FÉNELON.)

388. — Compléter les phrases en choisissant le mot convenable.

I. — *1. Apurer, v., vérifier un compte. — Epurer, v., rendre pur. 2. Astrologue, n. m., celui qui prédisait l'avenir. Astronome, n. m., celui qui connaît le mouvement des astres. — 3. Avénement, n. m., élévation. Evénement, n. m., fait important. — 4. Accident, n. m., événement fâcheux. Incident, n. m, fait secondaire. — 5. Allusion, n. f., éveiller un souvenir. Illusion, n. f., erreur.*

II. — On n'oserait pas vivre si l'on songeait à tous les 4 dont la vie humaine est semée. (J.-J. ROUSSEAU.) Ils convinrent, pour l'avenir, de ne jamais faire la moindre 5 à leur longue mésintelligence. (G. SAND.) Il faut beaucoup d'années pour 1 la langue et perfectionner le goût. (VOLTAIRE.) Une place devint vacante au bureau des longitudes : je fus nommé 2 adjoint. (ARAGO.) Louis XIV, à son 3 à la couronne, n'avait pas un vaisseau. (VOLTAIRE.) Notre Révolution a fourni en quinze ans les 3 de plusieurs siècles accumulés. (LACRETELLE.)

390. — Même exercice.

I. — *1. Coasser, v., crier en parlant des grenouilles. Croasser, v., crier en parlant des corbeaux. — 2. Confirmer, v., assurer de nouveau. Conformer, v., rendre conforme. — 3. Consommer, v., employer. Consumer, v., détruire sans but. — 4. Dégoûter, v., donner du dégoût. Dégoutter, v., tomber par gouttes. — 5. Echarde, n. f., petit éclat de bois entré dans la chair. Echarpe, n. f., bande d'étoffe. — 6. Lacune, n. f., vide. Lagune, n. f., petit lac.*

II. — Le premier consul donna trois 5 aux trois maires de la ville de Lyon. (THIERS.) C'est toujours dans les 6 et les mares salées que les flamants placent leurs nids. (BUFFON.) Il sortait le matin sa boîte au dos, et marchait jusqu'à ce qu'il entendît 1 les grenouilles. La rouille finit par 3 le fer. Les musiciens ont l'oreille 2 d'une façon particulière. (G. SAND.) Que de gens sont 4 de tout ce qu'ils ont et affamés de ce qu'ils n'ont pas ! (FÉNELON.) Une 5 peut occasionner un panaris. Le jus et les sauces lui 4 du menton et de la barbe. (LA BRUYÈRE.)

Ire ANNÉE

391. — I. — Étudier ou copier le premier paragraphe.
II. — Employer le mot convenable.

I. — *1. Rainette, n. f., genre de grenouille. Reinette, n. f., sorte de pomme. — 2. Roue, n. f., machine circulaire tournant sur son axe. Roux, adj., d'une couleur jaune mêlée de rouge. — 3. Scelle (il), du verbe sceller ; fixer. Sel, n. m., substance servant d'assaisonnement. Selle (il), du verbe seller. Cèle (il), du verbe céler ; cacher. Celle, pr. dém. fém. — 4. Voie, n. f., chemin, moyen. Voit (il), du verbe voir. Voix, n. f., son qui sort de la bouche.*

II. — On se 4 d'un autre œil qu'on ne 4 son prochain. (La Fontaine.) Le bois se 3 ordinairement au plâtre et le fer au plomb. Les 1 vivent pendant l'été sur les feuilles des arbres, dans les bois humides. Il avait des sourcils épais et des favoris très 2. La chèvre a quelque chose de tremblant et de sauvage dans la 4. (Chateaubriand.) La mer est la grande 4 de communication. Rien ne flatte plus l'appétit des brebis que le 3. (Buffon.)

393. — Même exercice.

I. — *1. Tante, n. f., sœur du père ou de la mère. Tente, n. f., sorte d'abri en étoffe. — 2. Tain, n. m., ce qui sert à l'étamage des glaces. Teint, part. passé, du verbe teindre. Teint, n. m., couleur du visage. Thym, n. m., plante. — 3. Saut, n. m., action de sauter. Sceau, n. m., cachet. Seau, n. m., vase. Sot, adj., sans jugement, sans esprit. — 4. Plaine, n. f., étendue de pays unie. Pleine, adj., féminin de plein ; rempli. — 5. Saine, adj., fém. de sain. Scène, n. f., partie du théâtre. Seine (la), n. pr. de fleuve.*

II. — Une toile épaisse en forme de 1 recouvre tout le petit jardin. Un tissu 2 est d'une couleur uniforme sur toutes ses faces. La culture du 2 est des plus faciles. La 5 est navigable sur un parcours de 560 kilomètres environ. Notre imagination est 4 de fantômes dangereux. (Bossuet.) Giton a le 2 frais, le visage plein. (La Bruyère.) Deux 3 alternativement puisaient le liquide élément. (La Fontaine.) L'un dit : « Je n'y vais pas, je ne suis pas si 3. (La Fontaine.)

395. — Distinguer dans chaque colonne deux noms ayant le même sens; copier en rapprochant les synonymes.

monument	ancêtres	attention
achat	aïeux	assassin
action	animal	boisson
chagrin	préparatifs	aube
acte	bergerie	application
construction	sottise	blessure
tristesse	bercail	aurore
amitié	bête	meurtrier
emplette	apprêts	plaie
attachement	bêtise	breuvage

392. — Compléter les phrases par le mot convenable.

I. — *1.* Effraction, *n. f., bris de clôture.* Infraction, *n. f., violation d'une loi, d'un règlement.* — *2.* Imminent, *adj., qui est sur le point d'arriver.* Eminent, *adj., élevé, supérieur.* — *3.* Eruption, *n. f., sortie instantanée, violente.* Irruption, *n. f., invasion.* — *4.* Invasion, *n. f., action d'envahir.* Evasion, *n. f., action de s'échapper.* — *5.* Gradation, *n. f., augmentation ou diminution successive.* Graduation, *n. f., division en degrés.*

II. — L'1 est une circonstance qui aggrave le délit. Le thermomètre Réaumur et le thermomètre centigrade diffèrent par la 5. On monte à un poste 2 et délicat plus aisément qu'on ne s y conserve. Charlemagne arrêta pour toujours l'3 des barbares. (GUIZOT.) Mᵐᵉ de Staël, devenue zélée royaliste, rédigea un plan d'4 pour la famille royale. (MICHELET.) La nature marche par des 5 inconnues. Les Pyrénées ont été formées par l'3 de masses de granit et de marbre. Livrer un pays à l'4 est le plus grand des crimes. (CHATEAUBRIAND.)

394. — Même exercice.

I. — *1.* Oiseux, *adj., qui est inutile.* Oisif, *adj., qui ne fait rien.* — *2.* Péindre, *v., représenter avec des couleurs.* Teindre, *v., passer à la teinture.* — *3.* Pétrifier, *v., rendre semblable à la pierre.* Putréfier, *v., corrompre.* — *4.* Risque, *n. m., péril, danger.* Rixe, *n. m., querelle suivie de coups.* — *5.* Vénéneux, *adj., qui a du venin, se dit des plantes.* Venimeux, *adj., qui a du venin, se dit des animaux.*

II. — Si vous ne savez faire œuvre de vos dix doigts, vous courez grand 4 de mourir de faim. (PROUDHON.) L'humidité 3 les fruits. Ceux qui aiment à s'instruire ne sont jamais 1. (MONTESQUIEU.) Il semble que la nature ait employé la règle et le compas pour 2 la robe du zèbre. (BUFFON.) La garance a la singulière propriété de 2 les os en rouge. (FLOURENS.) Qu'un fait 1, indifférent à tous égards, soit vrai ou faux, cela n'intéresse qui que ce soit. (J.-J. ROUSSEAU.)

396. — Ecrire après chaque mot de la première colonne deux synonymes choisis dans les deux autres colonnes.

abattement	ajustement	absolution
pardon	amitié	assistance
ennemi	découragement	réforme
affront	artisan	antagoniste
aide	appointements	artiste
toilette	correction	traitement
amélioration	arrosement	irrigation
attachement	berger	accablement
antre	caverne	parure
gages	rémission	outrage
arrosage	adversaire	pasteur
ouvrier	secours	affection
pâtre	insulte	grotte

397. — Employer le mot convenable.

1. Aboiements, jappements. — 2. Apparition, vision. — 3. Besoin, nécessité. — 4. Labeur, travail. — 5. Abdication, démission. — 6. Bataille, combat. — 7. Aspect, mine. — 8. Foule, multitude.

Le chien donne l'alarme par ses 1 réitérés. (Buffon.) Le jeune roquet, depuis qu'on l'a séparé de sa mère, ne fait que pousser des 1 plaintifs. L'œil est l'organe de la 2. L'2 du soleil ranime la nature. (J.-J. Rousseau.) 3 n'a point de loi. On a souvent 3 d'un plus petit que soi. (La Fontaine.) Sans un peu de 4 on n'a point de plaisir. (Florian.) On donne le nom de 4 à un ouvrage pénible et suivi. Napoléon 1er signa son 5 à Fontainebleau. Le préfet a cru devoir donner sa 5. Mille petits 6 suivirent la 6 de Moncontour. (Voltaire.) Un homme de bonne 7 peut être un homme de peu de valeur. (Guizot.) Les pickpockets circulaient dans la 8 pour l'exploiter. Ignorez-vous qu'une 8 de vos frères périt ou souffre de ce que vous avez de trop ? (J.-J. Rousseau.)

399. — Distinguer dans chaque colonne deux verbes ayant le même sens ; copier en rapprochant les synonymes

accompagner	apaiser	frapper
amasser	enseigner	délaisser
payer	arrêter	engloutir
escorter	retenir	achever
admettre	clore	battre
ravir	bâtir	abandonner
augmenter	fermer	tomber
acquitter	instruire	cacher
accumuler	punir	terminer
arracher	châtier	dissimuler
recevoir	construire	choir
agrandir	calmer	absorber

401. — Employer le mot convenable.

1. Recueillir, récolter. — 2. Gronder, quereller. — 3. Épurer, purifier. — 4. Conserver, réserver. — 5. Accepter, recevoir. — 6. Reculer, rétrograder.

Avant de 1 il faut ensemencer. Il est bon de 1 ce qui vient d'être expliqué. (Bossuet.) Je vis le maître s'approcher et 2 l'élève coupable. Pourquoi toujours 2 ainsi l'un ou l'autre de vos camarades? On filtre les eaux pour les 3. C'est en lisant les bons ouvrages qu'on parvient à 3 son langage. Ayez soin de 4 quelque argent pour les besoins imprévus. Je vous prie de 4 soigneusement cette estampe. (J.-J. Rousseau.) On ne peut sans s'avilir rien 5 de la scélératesse. (Mme Roland.) Quand pensez-vous 5 vos appointements? L'homme a fait 6 peu à peu les bêtes féroces. (Buffon.) L'armée, qui avait déjà franchi le fleuve, fut obligée de 6.

398. — Employer le mot convenable.

1. Apparence, vraisemblance. — 2. Habitation, maison. — 3. Caverne, excavation. — 4. Agriculteur, cultivateur. — 5. Puissance, autorité. — 6. Cruauté, férocité. — 7. Peine, affliction. — 8. Mine, physionomie. — 9. Chaumière, hutte. — 10. Château, palais. —

Ne vous fiez pas aux 1, elles sont trompeuses. (FÉNELON.) Les hommes, avant d'avoir construit des 2, ont habité des 3. (BUFFON.) Un homme instruit qui exploite la terre en grand est un 4. Sous l'5 imposante de Kléber, il y eut union et ordre. (THIERS.) Il y a de la 6 à tuer un homme pour un soufflet. (PASCAL.) Ce n'est guère que par vertu ou par force d'esprit qu'on sort d'une grande 7. (LA BRUYÈRE.) La plupart des hommes ont leur âme peinte sur leur 8. (GUIZOT.) Un sauvage tient plus à sa 9 qu'un prince à son 10. (CHATEAUBRIAND.)

400. — Ecrire après chaque mot de la première colonne deux synonymes choisis dans les deux autres colonnes.

délaisser	prévenir	mener
démolir	préparer	informer
finir	bégayer	achever
honorer	terminer	bredouiller
modérer	renverser	unir
annuler	rompre	adoucir
apprêter	guider	s'attribuer
s'approprier	flatter	disposer
avertir	adorer	révoquer
balbutier	renoncer	détruire
assembler	s'arroger	révérer
caresser	tempérer	quitter
conduire	casser	cajoler

402. — Employer le mot convenable.

1. Soutenir, supporter. — 2. Porter, transporter. — 3. Fléchir, plier. — 4. Attraper, saisir. — 5. Applaudir, approuver. — 6. Démolir, ruiner. — 7. S'embellir, se parer. — 8. Diviser, partager. — 9. Bondir, sauter.

Le principal usage du bois dans les bâtiments et les constructions de toutes espèces est de 1 les fardeaux. (BUFFON.) Le général Hoche envoyait ses officiers l'un après l'autre 2 de nouveaux ordres. (ERCKMANN-CHATRIAN.) Tu dois à ton état 3 ton caractère. (VOLTAIRE.) Les chouettes, qui ne peuvent 4 que des chauves-souris, se rabattent sur les papillons. (BUFFON.) Devant les ruines de Thèbes aux cent portes, notre armée étonnée s'arrêta pour 5. (ARAGO.) Une longue négligence avait laissé 6 toutes les défenses de la ville. (BOSSUET.) Il ne convient qu'à des femmes et à des comédiens de 7 de bijoux. (HENRI IV.) Nous sommes quatre à 8 la proie. (LA FONTAINE.) Je ne fis que 9, comme on dit, de la poêle à frire dans le feu. (LE SAGE.)

7e ANNÉE   **403.** — Distinguer dans chaque colonne deux adjectifs ayant le même sens ; copier en rapprochant les synonymes.

beau	carnassier	quotidien
niais	certain	entier
joli	considérable	fou
adroit	délicieux	fragile
effrayant	carnivore	complet
affligé	audacieux	paresseux
agréable	excellent	furieux
attristé	insolent	insensé
gracieux	hardi	furibond
sot	grand	faible
terrible	sûr	indolent
habile	impertinent	journalier

405. — Employer le mot convenable.

1. Beau, joli. — 2. Obstiné, têtu. — 3. Humain, compatissant. — 4. Chétif, mauvais. — 5. Bas, vil. — 6. Confus, déconcerté.

Voyez comme le monde est plus 1 et mieux fait qu'une maison. (FÉNELON.) Je ne lâcherai prise que quand je serai mort, car je suis 2. (VOLTAIRE.) Il est quelquefois bon d'être opiniâtre, jamais d'être 2. On ne peut être juste si l'on n'est 3. (VAUVENARGUES.) Soyez 3 pour les malheureux . Va-t-en, 4 insecte. (LA FONTAINE.) Nos écrits sont 4; les siens valent-ils mieux ? (BOILEAU.) Souvent au plus haut rang est le cœur le plus 5. (DELILLE.) Le misérable n'obéit qu'aux sentiments les plus 5. Ceux qui vont droit ne sont jamais 6. (FÉNELON.) Je demeurais tout 6 de me voir traiter ainsi par des domestiques. (LE SAGE.)

407. — I. — Distinguer dans chaque colonne les noms ayant un sens contraire.

II. — Remplacer chaque tiret par le contraire du mot en italiques.

I. — patron	orgueil	créancier	remblai
cavalier	douceur	vente	chaumière
ouvrier	colère	clémence	déblai
paresse	gourmandise	sévérité	bénéfice
travail	modestie	débiteur	perte
fantassin	tempérance	achat	château

II. — Les hommes passent comme les fleurs qui s'épanouissent le *matin* et qui le — sont flétries. (FÉNELON.) La vérité ne fait pas tant de *bien* dans le monde que ses apparences ne font de —. (LA ROCHEFOUCAULD.) On ne peut se consoler d'être trompé par ses *ennemis* et trahi par ses — . (LA ROCHEFOUCAULD.) La *vieillesse* est l'âge le plus distant de l' — . (PASCAL.) Le *bonheur* ou le — des hommes ne dépend pas moins de leur humeur que de la fortune. (LA ROCHEFOUCAULD.)

404. — Ecrire après chaque mot de la première colonne deux synonymes choisis dans les deux autres colonnes.   **II° ANNÉE**

affligé	court	pernicieux
pâle	fainéant	mortifié
tranquille	nuisible	succinct
accompli	implacable	impitoyable
adroit	industrieux	malicieux
mauvais	attristé	ingénieux
bref	désert	achevé
inhabité	parfait	posé
diligent	expéditif	prompt
paresseux	calme	nonchalant
inexorable	blême	solitaire
malfaisant	méchant	blafard

406. — Employer le mot convenable.

1. Vieux, antique. — 2. Considérable, grand. — 3. Délicieux, délectable. — 4. Transparent, diaphane. — 5. Durable, constant. — 6. Fabuleux, faux. — 7. Sauvage, farouche. — 8. Frêle, fragile. — 9. Glouton, goulu. — 10. Gros, épais. — 11. Naïf, naturel.

Là, on voit une forêt de cèdres 1 qui paraissent aussi 1 que la terre où ils sont plantés. (FÉNELON.) Les 2 hommes sont sans envie. (BOSSUET.) Quelle condition vous paraît la plus 3 et la plus libre, ou des bergers ou des brebis ? (LA BRUYÈRE.) L'onde était 4 ainsi qu'aux plus beaux jours. (LA FONTAINE.) Le peuple romain a été le plus 5 dans ses maximes. (BOSSUET.) Du bon or je sépare le 6. (BOILEAU.) Je vous plains de servir sous ce maître 7. (VOLTAIRE.) On dit 8 comme le verre, 8 comme le roseau. Le canard est un oiseau très 9 ; le loup est un animal 9. (ACAD.) Un saint homme de chat, bien fourré, 10 et gras. (LA FONTAINE.) Vous n'avez pas pris cette phrase dans son sens 11. (ACAD.)

408. — Distinguer dans les trois colonnes les adverbes synonymes: — copier en rapprochant les synonymes.

présentement	malignement	copieusement
beaucoup	cependant	en effet
très	complètement	effrontément
vite	tout à coup	méchamment
aussi	actuellement	néanmoins
subitement	nonchalamment	finalement
audacieusement	hardiment	en entier
enfin	fort	négligemment
entièrement	tôt	tout d'un coup
mollement	à la fin	maintenant
malicieusement	ainsi	bien
pourtant	abondamment	promptement

Iʳᵉ ANNÉE

409. — I. — **Distinguer les adjectifs ayant un sens contraire.**
II. — **Remplacer chaque tiret par le contraire du mot en italiques.**

I. —

apparent	précédent	célèbre	discret
captif	chevelu	chéri	distrait
invisible	chauve	intelligent	beau
content	agréable	détesté	hideux
affligé	suivant	inconnu	attentif
libre	déplaisant	niais	bavard

II. — L'âne est de son naturel aussi *humble* que le cheval est —.
(BUFFON.) S'il est vrai que nos joies soient *courtes*, la plupart de nos
peines ne sont pas —. (VAUVENARGUES.) Quel monde de pensées à la fois
distinctes et — suscite en vous ce seul mot : Patrie. (JOUFFROY.) Celui-
là est *riche* qui reçoit plus qu'il ne consomme; celui-là est — dont la
dépense excède la recette. (LA BRUYÈRE.)

411. — I. — **Distinguer les verbes ayant un sens contraire.**
II. — **Remplacer chaque tiret par le contraire du mot en italiques.**

I. —

atteler	admirer	accélérer	disparaître
augmenter	courber	ralentir	renvoyer
dételer	redresser	accueillir	assombrir
récompenser	blâmer	mouiller	apparaître
diminuer	féliciter	chasser	éclaircir
punir	dédaigner	sécher	admettre

II. — Le maître est heureux de *récompenser* les élèves studieux ; il
est obligé de — les paresseux. Si quelque ennemi osait *attaquer* notre
pays, nous saurions le —. Beaucoup de gens voudraient *commander*;
peu sont disposés à —. On se trouve généralement mieux de beaucoup *écouter* que de trop —. La difficulté ne consistait pas à *entrer*
dans la place, mais à en —. Le meilleur moyen d'*achever* bientôt une
tâche, c'est de la — avec courage.

413. — **Employer le mot convenable.**

*1. Bel, joli. — 2. Naïvement, naturellement. — 3. Grand, considé-
rable. — 4. Svelte, délié. — 5. Blême, pâle. — 6. Allongée, prolon-
gée. — 7. Bouquet, touffe. — 8. Grands, longs. — 9. Modèle, type. —
10. Pour le moins, au moins. — 11. Aimais, chérissais.*

Mon père.

Mon père était le plus 1 homme qui fût au monde, et j'admirais 2
en lui le chef-d'œuvre de la nature. Son 3 corps 4 et droit, ses yeux
noirs ombragés de sourcils touffus, sa figure 5, 6 par un 7 de barbe
brune, ses cheveux ras, son cou brûlé par le soleil, ses mains puis-
santes, ses mollets saillants, et jusqu'à ses 8 pieds logés à leur aise
dans leurs souliers de cuir écru, représentaient, 10 pour moi, un 9
accompli. Je l' 11, surtout dans sa veste de drap ou de coutil, suivant
la saison, et sous sa casquette américaine à visière droite.

(ED. ABOUT.)

410. — Employer le mot convenable.

1. Écoutez, entendez. — 2. Belle, jolie. — 3. Paraît, semble. — 4. Couru, galopé. — 5. Attendez, arrêtez-vous. — 6. Ici, là. — 7. Mourir, être tué. — 8. Arrache, emporte. — 9. Indiquait, montrait. — 10. Fait périr, tue. — 11. Précipite, jette. — 12. Larmoyer, Pleurer. — 13. Regardez, voyez. — 14. Indiquant, montrant.

Mort de Turenne.

1, je vous prie, une chose qui est à mon sens fort 2 : il me 3 que je lis l'histoire romaine. Saint-Hilaire, lieutenant général de l'artillerie, fit arrêter M. de Turenne, qui avait toujours 4, pour lui faire voir une batterie ; c'était comme s'il eût dit : « Monsieur, 5 un peu, car c'est 6 que vous devez 7. » Le coup de canon vient donc et 8 le bras de Saint-Hilaire qui 9 cette batterie, et 10 M. de Turenne. Le fils de Saint-Hilaire se 11 à son père, et se met à crier et à 12. « Taisez-vous, mon enfant, lui dit-il, 13, en lui 14 M. de Turenne raide mort, voilà ce qu'il faut pleurer éternellement, voilà ce qui est irréparable. »

(Mme DE SÉVIGNÉ.)

412. — Même exercice.

1. Rencontre, trouve. — 2. Appétit, faim. — 3. Aider, secourir. — 4. Son pays, sa contrée. — 5. Orage, tempête. — 6. Hasarde, risque. — 7. Préserver, sauver. — 8. Adversaires, ennemis. — 9. Malheureux, misérables. — 10. Cris, clameurs. — 11. Se consacre, se dévoue.

L'amour de l'humanité.

Je 1 un indigent qui souffre de 2 ; je m'empresse de le 3. Que m'importent son nom, 4 ! Dans la 5, un marin voit à côté de lui un navire en détresse ; il 6, pour le 7, sa vie et celle de son équipage : demande-t-il si les naufragés sont des Anglais ou des Français ? Ce sont peut-être des 8, mais à coup sûr ce sont des 9. Un médecin entend des 10 de douleur ; il y a là un homme à 7, et le médecin 11 : qui va-t-il soigner, consoler, guérir ? Il n'en sait rien. Voilà l'amour de l'humanité.

(JULES SIMON.)

414. — Même exercice.

1. Apporte, porte. — 2. Armes, armures. — 3. Décide, juge. — 4. Arrange, organise. — 5. Bâtit, construit. — 6. Maisons, habitations. — 7. Mutuellement, réciproquement. — 8. Fait, monte. — 9. Administre, régit. — 10. Partie, portion. — 11. Labeur, travail. — 12. Impôt, tribut. — 13. Transportent, portent.

Le soldat qui 1 les 2, le magistrat qui 3, l'administrateur qui 4 tous les services, travaillent aussi utilement que celui qui a fait naître le blé, qui confectionne des tissus, qui 5 des 6. De même que le laboureur produit du grain pour celui qui tisse, 7 l'un et l'autre doivent labourer et tisser pour celui qui 8, applique les lois ou 9 le pays. Ils lui doivent une 10 de leur 11 en échange de la protection qu'il leur donne. Il faut donc que le laboureur, le tisserand, le maçon payent l'12, dont le produit est destiné à récompenser le 11 et la peine de ceux qui 13 les 2, jugent, administrent et gouvernent pour eux.

(THIERS.)

CHAPITRE XVII

LA PONCTUATION

(Exercices 415 à 420.)

Explication. — Les mots d'une même proposition et les propositions d'une même phrase sont unis par des rapports plus ou moins étroits ; par suite, dans la lecture, ils demandent à être plus ou moins rapprochés. Plus le rapport est étroit, moins on doit laisser d'intervalle.

Les intervalles s'appellent des *pauses ;* les signes de ponctuation indiquent la nature des rapports et la durée des pauses.

La *virgule* (,) indique la plus courte ; le *point* (.) indique la plus longue.

Le *point-virgule* (;) et les *deux-points* (:) indiquent les pauses de moyenne longueur.

LE POINT (.)

On a souvent besoin d'un plus petit que soi (.)

399. — **Règle.** — Le **point** indique que le sens est complet ; il se met à la **fin** des phrases.

*

Que faisiez-vous au temps chaud ?

400. — **Remarques.** — I. — Le **point** d'interrogation (?) se met à la fin des **phrases interrogatives.**

*

Oh (!) oh (!) quelle caresse et quelle mélodie (!)

Comment (!) des animaux qui tremblent devant moi (!)
Je suis donc un foudre de guerre (!)

401. — II. — Le **point** d'**exclamation** (!) se place après les **interjections** et les phrases **exclamatives.**

*

Si je ne me retenais, je te (.....)
Taisez-vous, sinon je vous (.....)

402. — III. — Les **points de suspension** (.....) se placent après les premiers mots d'une phrase qui reste **inachevée,** mais dont le sens se devine aisément.

LA VIRGULE (,)

Adieu veau (,) vache (,) cochon (,) couvée.

403. — Règles. — La **virgule** sert à séparer les termes d'une énumération.

❋

Le bruit cesse, on se retire.

Tout vous est aquilon (,) tout me semble zéphyr.

404. — La **virgule** sert aussi à séparer les propositions qui sont courtes et qui expriment des actions successives ou simultanées.

❋

De quand sont vos jambons ? Ils ont fort bonne mine.
— **Monsieur** (,) *ils sont à vous.*

Va-t'en (,) **chétif insecte** (,) *excrément de la terre.*

405. — La **virgule** sert encore à séparer les mots mis en **apostrophe.**

❋

Il était (,) **quand je l'eus** (,) *de grosseur raisonnable.*

Penses-tu (,) **lui dit-il** (,) *que ton titre de roi*
Me fasse peur ni me soucie ?

406. — On sépare par la virgule les **propositions explicatives.**

❋

On a toujours raison ; le destin (,) *toujours tort.*
(sous-entendu a.)

407. — Remarque. — On emploie la virgule pour indiquer qu'un verbe est **sous-entendu.**

———

LES DEUX-POINTS (:)

Maître renard, par l'odeur alléché,
Lui tint à peu près ce langage (:)
Eh ! bonjour.....

Phèdre l'a dit élégamment (:)
Il n'est pour voir que l'œil du maître.

408. — Règle. — Les **deux-points** servent à annoncer un **discours** ou une citation.

❋

Que me faudra-t-il faire ?
— Presque rien, dit le chien (:) donner la chasse aux gens
Portant bâton, etc.....

Le monde est plein de gens qui ne sont pas plus sages (:)
Tout bourgeois veut bâtir comme les grands seigneurs, etc.

409. — Remarque. — Les *deux-points* servent encore à annoncer le **développement** ou la **preuve** de ce qu'on vient d'avancer.

LE POINT-VIRGULE (;)

La raison du plus fort est toujours la meilleure (;)
Nous l'allons montrer tout à l'heure.

410. — Règle. — Le **point-virgule** sert à séparer des **propositions** dont la seconde n'est pas un complément **indispensable** pour la première.

❋

Que votre majesté
Ne se mette pas en colère (;)
Mais plutôt qu'elle considère
Que je me vas désaltérant
Dans le courant
Plus de vingt pas au-dessous d'elle (;)
Et que par conséquent, etc.

411. — Remarque. — Le *point-virgule* sert encore à séparer les **propositions** de même nature, mais d'une longue étendue.

LES GUILLEMETS (« »)

Fait prisonnier à Pavie, François Ier écrivait à sa mère : « Tout est perdu, fors l'honneur. »

412. — Règle. — Les guillemets servent à renfermer une citation.

❋

LE TIRET (—)

Qu'est-ce là, lui dit-il ? — Rien. — Quoi ! rien ! — Peu de chose.
— Mais encor ? — Le collier, etc.

413. — Règle. — Le tiret sert dans le **dialogue** à indiquer le changement d'interlocuteur.

❋

LA PARENTHÈSE ( )

Jacqueau (c'était son nom) sur la corde élastique
Dansait et voltigeait au mieux.

414. — Règle. — La parenthèse sert à indiquer une proposition intercalée dans une autre.

415. — Remplacer chaque verticale par le point convenable.

Un seul mot quelquefois désarme la colère | (VOLTAIRE.) Que vous êtes joli | que vous me semblez beau | (LA FONTAINE.) Ai-je tort d'avoir pitié de mes semblables | (FÉNELON.) Comment peut-on mériter le respect d'autrui quand on n'en a pas pour soi-même | (J.-J. ROUSSEAU.) La bêche des esclaves a fait plus de bien que l'épée d'un conquérant n'a fait de mal | (BERNARDIN DE SAINT-PIERRE.) Ah | ah | monsieur est Persan | C'est une chose bien extraordinaire | Comment peut-on être Persan | (MONTESQUIEU.) On agit contre la nature toutes les fois qu'on agit contre sa patrie | (FÉNELON.) Qu'est-ce que cela veut dire | Je suis enfermé | On verrouille la porte en dehors | (A. DE MUSSET.) Je parle | je parle à mon bonnet | (MOLIÈRE.)

Sais-tu que sans payer je pourrais bien le prendre |
Je suis le maître | — Vous | | de prendre mon moulin |

(ANDRIEUX.)

417. — Mettre le point convenable ou une virgule selon le sens.

L'eau | l'alcool | l'huile sont des substances liquides | L'attelage suait | soufflait | était rendu | (LA FONTAINE.) L'eau est un corps transparent | sans odeur et sans couleur | La vertu | qui jette un si doux parfum dans la mémoire des hommes | ne meurt jamais | (FÉNELON.) Qui est là | dit une voix cassée | qui paraissait être celle d'une vieille femme | (L. DE JUSSIEU.) Abeille | lui dit-il | voulez-vous me parler | Le mensonge se glisse partout | se mêle à tout | fausse tout | corrompt tout | Qui sait jusqu'à quel point l'homme pourrait perfectionner sa nature | soit au moral | soit au physique | (BUFFON.) Nous sommes les héritiers de tous ceux qui sont morts | les associés de tous ceux qui vivent | la providence de tous ceux qui naîtront | (ABOUT.) Manger l'herbe d'autrui | quel crime abominable | (LA FONTAINE.)

419. — Employer le signe convenable.

On entend les écureuils | pendant les belles nuits d'été | crier en courant les uns après les autres | (BUFFON.) Les terres légères sont principalement sableuses | elles redoutent la sécheresse | Quand le navire menace de sombrer | tout le monde court à la manœuvre | équipage et passagers | quand aussi la récolte est en danger | il faut que tout le monde de la ferme soit debout. (P. JOIGNEAUX.) On se jette aisément dans le vice | on en sort difficilement | O la grande et belle destinée des hommes qui peuvent se dire | à leur lit de mort | Ma vie n'a pas été inutile | je n'ai pas été un oisif fardeau sur la terre | poète | j'ai consolé les hommes par mes vers | homme d'Etat | j'ai servi ma patrie par mes paroles et par mes actes | soldat | je l'ai défendue par mes armes | (J. JANIN.) La Seine | la Loire | la Garonne et le Rhône sont les plus grands fleuves de la France |

416. — Remplacer chaque verticale par le signe convenable.   II· ANNÉE

L'Hirondelle.

Pourquoi me fuir | passagère hirondelle |
Viens reposer ton aile auprès de moi |
Pourquoi me fuir | c'est un cœur qui t'appelle |
Ne suis-je pas voyageur comme toi |

Vois-tu là-bas | sur la rive de France |
Le seuil aimé qui s'est ouvert pour moi |
Va | portes-y le rameau d'espérance |
Ne suis-je pas un oiseau comme toi |

Ne me plains pas | ah | si la tyrannie
De mon pays ferme le seuil pour moi |
Pour retrouver la liberté bannie
N'avons-nous pas notre ciel comme toi | (LAMARTINE.)

418. — Même exercice.

Le Renard et les raisins

Certain renard gascon | d'autres disent normand |
Mourant presque de faim | vit au haut d'une treille
    Des raisins | mûrs apparemment |
    Et couverts d'une peau vermeille |
Le galant en eût fait volontiers un repas |
    Mais comme il n'y pouvait atteindre |
| Ils sont trop verts | dit-il | et bons pour des goujats |

    Fit-il pas mieux que de se plaindre |

                            (LA FONTAINE.)

420. — Même exercice.

Les trois âges de la vie.

Le temps | qui change tout | change aussi nos humeurs |
Chaque âge a ses plaisirs | son esprit et ses mœurs |
Un jeune homme | toujours bouillant dans ses caprices
Est prompt à recevoir l'impression des vices |
Est vain dans ses discours | volage en ses désirs |
Rétif à la censure | et fou dans les plaisirs |
L'âge viril | plus mûr | inspire un air plus sage |
Se pousse auprès des grands | intrigue | se ménage
Contre les coups du sort songe à se maintenir |
Et loin dans le présent regarde l'avenir |
La vieillesse chagrine incessamment amasse |
Garde | non pas pour soi | les trésors qu'elle entasse |
Marche en tous ses desseins d'un pas lent et glacé |
Toujours plaint le présent et vante le passé.   BOILEAU.

QUESTIONS DE RÉCAPITULATION

I

Combien y a-t-il d'espèces de mots ? — Quelles sont-elles ? — Nommez : 1° les espèces de mots variables ; 2° les espèces de mots invariables. — Comment reconnait-on qu'un nom est du féminin ? — du pluriel ? — Combien y a-t-il d'espèces de noms ? — Définissez chacune d'elles. — Qu'entend-on par nom collectif ? — par complément du nom ? — Nommez les articles contractés. — Définissez l'adjectif qualificatif. — Quelles sortes de qualités l'adjectif peut-il exprimer ? — Quand emploie-t-on les adjectifs démonstratifs *ce, cet* ? — Quels sont les adjectifs possessifs individuels ? — Quelles sont les trois personnes du discours ? — Comment forme-t-on les adjectifs numéraux ordinaux ? — Quand emploie-t-on *mon, ton, son,* devant un nom féminin ? — A quoi sert le pronom ? — Définissez le pronom en général. — Quels sont les pronoms personnels qui désignent la deuxième personne du singulier ? — Nommez trois pronoms indéfinis invariables. — Nommez deux adverbes de temps, — de lieu, — de quantité, — de manière. — Combien y a-t-il d'espèces de conjonctions ? — Quels sont les différents rapports que peut marquer la préposition ?

II

Qu'est-ce qu'une proposition ? — Quels sont les trois termes principaux de la proposition ? — Définissez chacun d'eux. — Combien y a-t-il d'espèces de verbes attributifs ? — Quel est le plus variable de tous les mots variables ? — Pourquoi ? — Qu'est-ce que conjuguer un verbe ? — Donnez un exemple de complément direct, — indirect, — circonstanciel. — Quel est l'auxiliaire que l'on emploie pour former les temps composés du verbe être ? — du verbe avoir ? — Quelle est la plus nombreuse des quatre conjugaisons ? — Que savez-vous des verbes qui ont un *e* fermé ou un *e* muet à l'avant-dernière syllabe ? des verbes en *indre*, en *soudre* ? — Quels sont les deux sens : 1° du verbe être ; 2° du verbe avoir ? — Quel auxiliaire emploie-t-on pour conjuguer les verbes transitifs à la voix passive ? — Qu'appelle-t-on temps du verbe ? — modes ? — Quels sont les modes : 1° personnels ; 2° impersonnels ? — Comment s'accorde le verbe ? — l'attribut ? — Qu'est-ce que le participe ? — Quelle est la terminaison du participe présent ? — Quelles sont les principales terminaisons du participe passé ? — Rappelez les deux règles concernant l'accord du participe passé. — Quelle sorte de temps forme-t-on avec le participe passé de chaque verbe ? — Enumérez : 1° les temps simples ; 2° les temps composés d'un verbe.

III

Comment le sujet peut-il être complété ? — Même question pour l'attribut. — De quoi se compose généralement une phrase ? — Qu'entend-on par suffixes, préfixes, affixes ? — Qu'appelle-t-on dérivés, composés ? — Quelles sont les principales idées marquées par les suffixes ? — Donnez deux mots renfermant l'un un suffixe de diminution, l'autre un suffixe de métier. — Qu'entend-on par famille de mots ? — Qu'appelle-t-on homonymes, synonymes ? — Enumérez les signes de ponctuation. — A quoi servent-ils ?

QUESTIONS DE RÉCAPITULATION.

I

Quelles sont les exceptions à la règle générale de la formation du pluriel dans les noms ? — Qu'entend-on par collectif général ? — partitif ? — Quels sont les noms qui changent de genre en changeant de nombre ? — Que veut dire le mot *déterminer* ? — le mot *adjectif* ? — Quels sont les degrés de signification des adjectifs ? — Quels rapports y a-t-il entre la formation du féminin des noms et celle des adjectifs qualificatifs ? — Définissez chaque sorte d'adjectif déterminatif ? — Comment distinguez-vous les deux adjectifs *ces* et *ses* ? — Rappelez les règles particulières concernant les adjectifs *nu, demi, feu ; — même, tout, quelque.* — Quels sont les pronoms personnels qui servent pour les deux genres ? — Quels sont ceux qui sont toujours du féminin ? — Quels rapports y a-t-il entre les pronoms et les adjectifs déterminatifs de même nom ? — A quelles espèces de mots peuvent appartenir *le, la, les, leur, des, ce ?* Quelles sortes de pronoms peuvent prendre un complément ? — La préposition peut-elle se passer de complément ? — Quelle est la conjonction la plus employée ? — Quelle différence y a-t-il entre le rôle de la conjonction et celui du pronom relatif ? — Définissez chacune des quatre espèces de mots invariables. — Quelle différence y a-t-il entre *ou* et *où ?* — Quelles sortes d'adverbe peuvent prendre un complément ?

II

Rappelez et expliquez la définition du verbe. — Même question pour le verbe attributif. — Que faut-il entendre par compléments d'un verbe ? — Le verbe peut-il avoir un complément ? — Le radical du verbe ne change-t-il jamais ?— Exemples. — Qu'entend-on par voix du verbe ? — Quelles sont-elles ? — Définissez chacune d'elles.— Indiquez en nombres ronds la répartition des verbes dans les quatre conjugaisons. — Quels sont les verbes en *eler, eter* qui ne redoublent pas la consonne finale du radical ? — Que savez-vous du participe passé du verbe *bénir ?* — Qu'entend-on par verbes irréguliers ? — par verbes défectifs ? — Quels sont les verbes intransitifs qui peuvent prendre la voix pronominale ? — Comment reconnaissez-vous qu'un verbe est à la voix pronominale ou réfléchie ? — Suffit-il que ce verbe soit précédé de deux pronoms ? — Qu'entend-on par verbe impersonnel ? — Qu'entend-on par sujet apparent et par sujet réel d'un verbe impersonnel ? — Expliquez l'emploi de chaque mode.

III

Quelles sont les deux espèces de propositions ? — Définissez chacune d'elles. — Qu'entend-on par principale, incise, incidente ? — En quoi consiste l'analyse logique ? — Quelles sont les espèces de mots qui peuvent être des dérivés ? — Quelles sont les idées exprimées par les suffixes suivants : *ette, aille, ifier, oir, erie, aie, iste, able, ible, ment, isme ?* — Quelle est la nature des préfixes ? Qu'appelle-t-on paronymes ? — Expliquez l'emploi de la virgule, des deux-points, des guillemets.

RÉSUMÉ

(Ce résumé pourra faire l'objet d'une récitation.)

I. — MOTS VARIABLES.

LE NOM

1. — Le *nom* est une espèce de mot qui sert à **nommer**, c'est-à-dire à **désigner** les personnes, les animaux et les choses.

2. — Il y a deux espèces de noms : le *nom commun* et le *nom propre*.

3. — Le *nom commun* est celui qui convient à **tous** les individus de la même espèce.

4. — Le *nom propre* est celui qui ne convient qu'à **un seul**.

5. — Le nom varie en *genre* et en *nombre*.

6. — On reconnaît qu'un nom est du genre **masculin** quand l'usage permet de le faire précéder des mots *le, un*.

7. — On reconnaît qu'un nom est du genre **féminin** quand l'usage permet de le faire précéder des mots *la, une*.

8. — L'*e muet final* est la **marque** ordinaire du féminin.

9. — Un nom est au nombre **singulier** quand il désigne un seul être ; il est au nombre **pluriel** quand il en désigne plusieurs.

10. — On forme le **pluriel** d'un nom en ajoutant une *s* au singulier de ce nom.

11. — Le nom a souvent besoin d'un *complément* ; ce *complément* peut être un autre **nom**, ou un **pronom**, ou un **verbe** à l'infinitif.

L'ARTICLE.

12. — L'*article* est un mot qui se place devant le nom pour le **déterminer** ; il en indique aussi le genre et le nombre.

13. — Devant les noms qui commencent par une **voyelle** ou une **h muette**, l'*e* et l'*a* des articles *le, la*, se retranchent et sont remplacés par une apostrophe ; ce retranchement s'appelle **élision**.

14. — Devant les noms au singulier qui commencent par une **consonne** ou une **h aspirée**, *à le* se change en *au, de le* en *du* ; ce changement s'appelle **contraction**.

15. — Devant les noms au **pluriel**, *à les* se contracte en *aux, de les* en *des*.

16. — **Au, aux, du, des** sont des articles *contractés* ; le, la, les sont des articles *simples*.

L'ADJECTIF.

17. — *L'adjectif qualificatif* est une espèce de mot qui s'ajoute au nom pour en exprimer les **qualités**.

18. — *L'adjectif qualificatif* s'accorde en **genre** et en **nombre** avec le nom qu'il *qualifie*.

19. — On forme le **féminin** des adjectifs qualificatifs comme celui des noms, en ajoutant un *e muet* au masculin.

20. — On forme le **pluriel** des adjectifs qualificatifs comme celui des noms, en ajoutant une *s finale* au singulier.

21. — L'adjectif qualificatif peut avoir pour *complément* un **nom**, un **pronom** ou un **verbe** à l'infinitif.

22. — On appelle *adjectifs déterminatifs* ceux qui ajoutent au nom une idée qui le **détermine**, c'est-à-dire qui en **précise** la signification.

23. — Il y a plusieurs espèces d'*adjectifs déterminatifs;* ce sont : l'**adjectif démonstratif**, le **possessif**, le **numéral**, l'**indéfini**, le **conjonctif** ou **relatif** et l'**interrogatif**; chacun d'eux tire son nom de l'idée qu'il exprime.

24. — De même que les adjectifs *qualificatifs*, les adjectifs *déterminatifs* s'accordent en **genre** et en **nombre** avec le nom auquel ils se rapportent.

LE PRONOM.

25. — Le *pronom* est une espèce de mot que l'on met à la place du **nom** pour en éviter la répétition.

26. — Le *pronom* s'accorde en *genre* et en *nombre* avec le **nom** dont il tient la place.

27. — Il y a plusieurs sortes de *pronoms :* les pronoms **personnels**, les pronoms **démonstratifs**, les pronoms **possessifs**, les pronoms **indéfinis**, les pronoms **conjonctifs** ou **relatifs**, les pronoms **interrogatifs**.

28. — Les *pronoms* démonstratifs, possessifs, indéfinis, conjonctifs, interrogatifs, remplacent, en même temps qu'un **nom**, un **adjectif déterminatif** exprimant la même idée.

29. — Les pronoms **démonstratifs**, **interrogatifs** et **indéfinis** prennent souvent un *complément* qui est un **nom** ou un **pronom**; les autres n'en ont jamais.

LE VERBE.

30. — Le *verbe* est le mot qui sert à **affirmer**.

31. — Le *jugement* est un acte de l'esprit par lequel nous **affirmons** les **qualités**, **états** ou **actions** des personnes ou des choses.

32. — La *proposition* est l'expression ou énoncé du **jugement**.

33. — Toute proposition comprend *trois termes :* le **sujet**, l'**attribut**, le **verbe**.

34. — Le *sujet* désigne la personne ou la chose dont l'attribut exprime la qualité, l'état ou l'action.

35. — L'*attribut* exprime la qualité, l'état ou l'action du sujet.

36. — Le *verbe* affirme le rapport de l'attribut avec le sujet.

37. — Un *verbe attributif* est un verbe composé du verbe **être** et d'un **attribut**. Tous les verbes sont attributifs, sauf le verbe **être**, qu'on appelle verbe **substantif**.

38. — Le verbe s'accorde en **nombre** et en **personne** avec son sujet.

39. — Le verbe est le mot le plus *variable* ; il varie non seulement avec le nombre et la personne du sujet, mais avec le **temps** et le **mode** de l'action.

40. — On appelle *temps du verbe* les **formes** que prend le verbe pour indiquer le **moment** de l'action.

41. — On appelle *mode* la **manière** dont l'action exprimée par le verbe est présentée.

42. — Le verbe peut prendre trois sortes de compléments : *direct, indirect, circonstanciel ;* quand on dit le **complément du verbe,** c'est une abréviation pour le **complément de l'attribut joint au verbe être.**

43. — On distingue deux espèces de verbes attributifs : le verbe *transitif* et le verbe *intransitif.*

44. — Le verbe *transitif* est celui qui a ou peut avoir un **complément direct** ; le verbe *intransitif* est celui qui n'en a pas ou ne peut en avoir.

45. — On appelle *voix* les différentes formes que prend le verbe suivant le rôle du **sujet.**

Il y a trois voix :

La *voix active,* où le sujet **fait** l'action ;

La *voix passive,* où le sujet **supporte** l'action ;

La *voix pronominale* ou *réfléchie,* où le sujet **fait** et **supporte** l'action.

46. — On a classé les verbes en *quatre conjugaisons,* d'après la terminaison du présent de l'infinitif : **er, ir, oir, re.**

47. — On nomme *irréguliers* les verbes qui ne se conjuguent pas d'une manière entièrement conforme au modèle de leur conjugaison.

48. — On nomme *défectifs* les verbes auxquels manquent certaines personnes, certains temps, certains modes.

LE PARTICIPE.

49. — Le *participe* est une espèce de mot qui peut être **verbe** ou **adjectif.**

50. — Le *participe présent* énonce une action *présente* au moment où commence une autre action ; il est **invariable**

51. — On appelle *adjectif verbal* le participe présent employé comme adjectif ; il **s'accorde** en genre et en nombre avec le nom qu'il qualifie.

52. — Le *participe passé* énonce une action *passée* au moment où commence une autre action.

53. — Employé adjectivement, le *participe passé* s'**accorde**, comme tous les adjectifs, avec le nom auquel il se rapporte.

54. — Lorsque le *participe passé* est employé avec un **auxiliaire,** on applique l'une de ces règles :

1º Quand le verbe a un complément direct, le participe passé s'**accorde** avec ce complément s'il en est précédé et reste **invariable** s'il en est suivi ;

2º Quand le verbe n'a pas de complément direct, s'il est conjugué avec l'auxiliaire *être*, le participe passé s'**accorde** avec le sujet ; s'il est conjugué avec *avoir*, le participe passé reste **invariable.**

II. — MOTS INVARIABLES.

LA PRÉPOSITION.

55. — La *préposition* est une espèce de mot invariable qui se place entre un **mot** et son **complément** pour en marquer le *rapport.*

L'ADVERBE.

56. — L'*adverbe* est une espèce de mot invariable qui se joint à un *verbe*, à un autre *adverbe* ou à un *adjectif* pour les **modifier,** c'est-à-dire pour en préciser le sens.

LA CONJONCTION.

57. — La *conjonction* est une espèce de mot invariable qui se place entre les **propositions** pour en marquer le **rapport.**

L'INTERJECTION.

58. — L'*interjection* est une espèce de mot invariable qu'on jette au milieu du discours pour exprimer avec force une idée ou un sentiment.

III. — LA PROPOSITION.

59. — La *proposition* se compose de trois **termes** principaux : le *sujet*, l'*attribut* et le *verbe* qui les unit.

60. — Chaque terme peut recevoir des *compléments.*

61. — Les propositions sont **indépendantes** ou **dépendantes.**

62. — L'*indépendante* forme à elle seule un sens complet.

9*

63. — La *dépendante* ou *subordonnée* est celle qui dépend d'une autre proposition.

64. — L'*analyse logique* consiste : 1° à indiquer dans chaque phrase le **nombre** et la **nature** des propositions ; 2° à indiquer dans chaque proposition le **sujet**, le **verbe** et l'**attribut**.

IV. — FORMATION ET SIGNIFICATION DES MOTS.

65. — Les *suffixes* sont des **syllabes** qu'on place *après* le radical pour en modifier le sens.

66. — Les *préfixes* sont des **particules** qu'on place *avant* le radical pour en modifier le sens.

67. — On appelle *dérivés* les mots qui sont formés d'un mot **simple** et d'un ou plusieurs **suffixes**.

68. — On appelle *composés* les mots formés d'un **radical** et d'un ou plusieurs **préfixes**.

69. — On nomme *famille de mots* l'ensemble des mots simples, dérivés ou composés qui ont un **radical commun**.

70. — On appelle *homonymes* les mots qui ont le même **son** et des sens différents.

71. — On appelle *paronymes* des mots qui se ressemblent par la **forme** et diffèrent par le **sens**.

72. — On appelle *synonymes* des mots qui expriment la **même idée**, mais avec des nuances différentes.

SUPPLÉMENT

LA LANGUE FRANÇAISE.

Mes amis, les morceaux de poésie ou de prose que contient cette grammaire, sont extraits de nos meilleurs auteurs ; la plupart des phrases détachées leur sont elles-mêmes empruntées. De plus, vous trouverez dans les pages suivantes des notices sur quelques-uns de nos plus grands écrivains des trois derniers siècles.

Ces trois siècles : le xvii°, où dominent l'art et la raison ; le xviii°, où règne le sentiment, où s'éveillent l'amour de la nature et la curiosité philosophique ; le xix°, où triomphent à la fois l'imagination et la science, forment un ensemble incomparable.

Nous avons voulu ainsi vous apprendre à connaître votre langue et à l'aimer. Aimer sa langue maternelle, c'est une manière d'aimer son pays ; l'enfant qui travaille de tout son cœur pour la bien comprendre, la bien parler et la bien écrire, celui-là fait acte de patriotisme. Car il n'est rien dont nous puissions plus justement nous enorgueillir que de notre vieille, bonne et belle langue française. Nulle autre au monde n'a produit tant de chefs-d'œuvre dans tous les genres ; nulle autre ne se prête mieux à toutes les formes de la pensée, à toutes les nuances du langage.

Claire, souple, vive, elle est l'image de notre esprit et de notre caractère. Ses qualités lui ont valu l'honneur d'être choisie par les nations civilisées pour leurs relations diplomatiques. Au dehors, dans les pays les plus lointains, on l'apprend, on la goûte, on la parle ; un bon Français doit tenir à honneur de ne pas être inférieur à des étrangers dans la connaissance et l'amour de sa propre langue.

CORNEILLE (*Pierre*)

né à Rouen en 1606, mort en 1684,
à l'âge de 78 ans,

a créé la tragédie et la comédie en donnant le *Cid* (1636) et le *Menteur* (1644). Le caractère particulier des pièces de Corneille, c'est la grandeur, ou plutôt l'héroïsme.

Corneille, comme l'a remarqué Voltaire, est le premier de tous les tragiques qui ait excité le sentiment de l'admiration et en ait fait l'âme de la tragédie. L'œuvre qu'il a laissée est considérable.

(*Voir page 111.*)

LA FONTAINE (*Jean de*)

né à Château-Thierry en 1621, mort en
1695, à l'âge de 74 ans,

est le plus grand des fabulistes français. Il avait déjà 47 ans lorsqu'il publia le premier recueil de ses admirables fables qui presque toutes sont de petits chefs-d'œuvre.

Cet homme charmant et bon, très malicieux et plein d'esprit, ne savait pas haïr. Il est grand et vaut qu'on l'aime parce qu'il *a aimé les petits et les faibles*, à une époque où l'on ne s'en occupait pas beaucoup.

(*Voir pages 241, 291.*)

MOLIÈRE (*Jean-Baptiste Poquelin, dit*)

né à Paris en 1622, mort en 1673,
à l'âge de 51 ans,

est le plus grand des poètes comiques. Il fut entraîné de bonne heure par une vocation irrésistible pour le théâtre. Dans l'espace de 20 ans, il a composé 31 comédies, dont beaucoup sont des chefs-d'œuvre auxquels rien ne peut être comparé ; les plus remarquables sont le *Misanthrope*, *Tartufe* et l'*Avare*.

Molière a été le peintre le plus parfait des ridicules, des passions et des vices de l'humanité.

(*Voir pages 157, 211.*)

BOSSUET

né à Dijon en 1627, mort en 1704,
à l'âge de 77 ans,

a été le plus éloquent des évêques français ; de 1657 à 1670, il prononça devant la cour d'admirables *Sermons*, qui lui valurent d'être nommé précepteur du Dauphin, fils de Louis XIV : il écrivit pour son élève le *Discours sur l'histoire universelle*.

Au souffle de son puissant génie, l'*oraison funèbre* est devenue une des plus hautes expressions de l'éloquence humaine.
(*Voir pages 173, 221.*)

RACINE (*Jean*)

né à la Ferté-Milon (Aisne) en 1639, mort en 1699, à l'âge de 60 ans,

est le plus parfait des poètes tragiques dont s'honore la France. Chez ce grand écrivain, la composition et le style sont également admirables ; ses œuvres sont écrites avec une sensibilité exquise.

Parmi les tragédies de Racine, on peut citer : *Andromaque, Britannicus, Phèdre* et *Athalie* ; il a écrit aussi une comédie, les *Plaideurs*, véritable satire, toute pleine de verve et d'esprit.
(*Voir pages 96, 111.*)

FÉNELON (*François de Salignac de la Mothe-*)

né en 1651 en Périgord, mort en 1715,
à l'âge de 64 ans,

a été avec Bossuet le représentant le plus brillant de l'épiscopat français. Auteur d'un *Traité de l'Éducation des filles*, il fut nommé précepteur du duc de Bourgogne, petit-fils de Louis XIV. Nous devons à cette éducation qu'il entreprit, des livres charmants, les *Fables*, les *Dialogues des morts*, et le fameux *Télémaque*, un des ouvrages les plus originaux de notre littérature.

(*Voir pages 36, 115.*)

MONTESQUIEU (*Baron de*)

né à la Brède, près de Bordeaux, en 1689, mort en 1755, à l'âge de 66 ans,

se montra écrivain satirique dans les *Lettres persanes,* historien critique dans les *Considérations sur les causes de la grandeur des Romains et de leur décadence,* philosophe pénétrant dans l'*Esprit des lois.*

L'apparition de ce dernier livre, où il s'attachait à démontrer que les peuples grandissent et meurent selon les lois qu'ils se donnent, fut un grand événement pour le xviiiᵉ siècle.

(*Voir pages 75, 171*).

VOLTAIRE (*François Arouet de*)

né à Paris en 1694, mort en 1778, à l'âge de 84 ans,

est l'écrivain qui domine le dix-huitième siècle, celui dont on a dit le plus de bien et le plus de mal.

Auteur dramatique, historien, philosophe, il a essayé de tous les genres littéraires.

Son style, en prose, est le plus français qui se soit vu.

Voltaire a personnifié l'esprit français au xviiiᵉ siècle.

(*Voir pages 115, 222.*)

BUFFON (*comte de*)

né à Montbard (Bourgogne) en 1707, mort en 1788, à l'âge de 75 ans,

a été un savant considérable et un très grand écrivain. Il a justifié ce double titre par son *Histoire naturelle de l'homme et des animaux,* ses *Époques de la nature,* son *Discours sur le style,* qu'il prononça lors de sa réception à l'Académie française.

Buffon a préparé par ses écrits les plus grandes découvertes scientifiques de notre époque.

(*Voir page 122.*)

ROUSSEAU (Jean-Jacques)

né à Genève en 1712, mort en 1778,
à l'âge de 66 ans,

eut une jeunesse vagabonde, pleine de mécomptes et d'aventures, dont il a laissé le récit dans ses *Confessions*.

Philosophe et écrivain, il publia plusieurs ouvrages dont les principaux sont le *Contrat social* et l'*Émile*, et dans lesquels on sent les souffrances éloquentes, trop souvent déclamatoires, d'un cœur aigri et passionné.

(*Voir pages 23, 236.*)

DIDEROT (Denis)

né à Langres en 1713, mort en 1784,
à l'âge de 71 ans,

eut une jeunesse aventureuse comme celle de Rousseau.

Doué d'une très grande imagination qu'il dispersa trop, Diderot a touché à tous les sujets littéraires :

Au théâtre, qu'il prétendit renouveler, au roman, à la critique d'art, à la philosophie ; ce fut lui qui conçut le projet immense de l'*Encyclopédie*, vaste recueil destiné à résumer toutes les connaissances humaines.

(*Voir pages 96, 109.*)

BEAUMARCHAIS (Caron de)

né à Paris en 1732, mort en 1799, à l'âge de 67 ans,

était le fils d'un horloger. Spéculateur hardi, actif et remuant comme son *Figaro*, il publia un redoutable pamphlet, écrit sous forme de *Mémoires*, et vit sa célébrité s'accroître encore par la représentation de deux pièces, pleines d'esprit et de hardiesses politiques : le *Barbier de Séville* et le *Mariage de Figaro*

(*Voir page 115.*)

CHATEAUBRIAND (*François-René de*)
né à Saint-Malo en 1768, mort en 1848,
à l'âge de 80 ans,

fut tour à tour mêlé à la politique et chef d'une nouvelle école littéraire.

Il a exercé une influence considérable sur les idées et les mœurs de son temps. Le *Génie du Christianisme*, les *Martyrs*, l'*Itinéraire de Paris à Jérusalem* sont autant de chefs-d'œuvre où l'écrivain a révélé l'éclat et la hardiesse de sa langue ; on a pu dire avec raison de Chateaubriand qu'il est « l'homme qui a renouvelé l'imagination française ».

(*Voir pages 113, 156.*)

LAMARTINE (*Alphonse de*)
né en 1790 à Mâcon, mort en 1869,
à l'âge de 79 ans,

publia en 1820 son premier recueil de vers, les *Méditations poétiques*, dont l'éclatant succès révéla une poésie nouvelle à la France. Les livres qui suivirent accrurent encore la réputation de Lamartine. Il fit paraître, en 1847, l'*Histoire des Girondins*, et fut nommé membre du gouvernement provisoire, en 1848.

Si Chateaubriand « a renouvelé l'imagination française », Lamartine a su retrouver les sources de la poésie tendre, noble et élevée.

(*Voir pages 223, 291.*)

MUSSET (*Alfred de*)
né en 1810 à Paris, mort en 1857,
à l'âge de 47 ans,

se révéla de bonne heure poète : à vingt et un ans, il était célèbre.

En 10 ans, il publia dix volumes de vers, de romans et de théâtre. Plein de naturel, de grâce et d'esprit, Musset s'est élevé au génie par la profondeur et la puissance de sa sensibilité, qu'il a su exprimer en vers très éloquents. Parlant de Musset, on a dit que « sa poésie ne fait pas d'efforts pour s'éloigner de la prose ».

(*Voir pages 60, 61.*)

THIERS *(Adolphe)*
né à Marseille en 1797, mort en 1877,
à l'âge de 80 ans,

est célèbre comme historien national et comme homme d'État. De 1823 à 1827, il publia l'*Histoire de la Révolution française,* ouvrage remarquable par la précision des détails, la clarté admirable, la simplicité du style. L'*Histoire du Consulat et de l'Empire,* publiée de 1845 à 1865, est un monument historique incomparable.

Thiers fut président de la République de février 1871 au 24 mai 1873.
(*Voir pages 79, 171.*)

MICHELET *(Jules)*
né en 1798 à Paris, mort en 1874,
à l'âge de 76 ans,

eut une enfance très malheureuse ; il fit pourtant ses études avec succès. Professeur à l'École Normale, à la Sorbonne et au Collège de France, il publia une *Histoire romaine* et une *Histoire de France.* Écrivain très puissant et très original, Michelet est notre plus grand peintre d'histoire. Des œuvres d'imagination nous révèlent en outre en lui un poète exquis, dont le style s'assouplit et devient une caressante musique.
(*Voir pages 149, 240.*)

HUGO *(Victor)*
né à Besançon en 1802, mort en 1885,
à l'âge de 83 ans,

est le poète par excellence des enfants.

Chef de l'école dite *romantique,* il a écrit des drames en vers et en prose et des romans dont l'un, *Notre-Dame de Paris,* est une résurrection du moyen âge. Dans tous les genres qu'il a traités, Victor Hugo a joint à l'éclat de l'imagination, l'ampleur de la forme, la puissance et la richesse du style.

Créateur d'une nouvelle langue poétique, il est le plus illustre poète lyrique français.   (*Voir pages 109 et 113.*)

INDEX DES AUTEURS LE PLUS SOUVENT CITÉS

TABLEAU
DES PRINCIPAUX MORCEAUX CHOISIS
POUVANT SERVIR A LA LECTURE EXPLIQUÉE ET A LA RÉCITATION

MOIS	AUTEURS	MORCEAUX CHOISIS.
		DIX-SEPTIÈME SIÈCLE.
OCTOBRE	Corneille	Energie du vieil Horace, page 111.
	La Fontaine	Le corbeau et le renard, page 241. — Le renard et les raisins, page 291.
NOVEMBRE	Molière	Le gendre de Mme Jourdain, page 157. — L'avare, page 211.
	Bossuet	Antiques vertus du peuple romain, page 173. — L'industrie humaine, page 221.
DÉCEMBRE	Racine	Les plaideurs, page 96. — Agrippine et Néron, page 111.
	Fénelon	Les deux renards, page 36. — Fragilité de la vie, page 115.
		DIX-HUITIÈME SIÈCLE.
JANVIER	Montesquieu	La manie des visites, page 75. — Le bon citoyen, page 171.
	Voltaire	Bornes de l'esprit humain, page 115. — Autour de la ferme, page 222.
FÉVRIER	Buffon	L'écureuil, page 222. — Les éléphants, page 222.
	J.-J. Rousseau	La vraie charité, page 23. — Amour fraternel, page 236.
MARS	Diderot	Grandeur d'âme d'un nègre, page 96. — Les parents de Diderot, page 109.
	Beaumarchais	La calomnie, page 115.
		DIX-NEUVIÈME SIÈCLE.
AVRIL	Chateaubriand	Les canards sauvages, page 113. — L'amour de la patrie, page 156.
	Lamartine	Le sort des servantes, page 223. — L'hirondelle, page 291.
MAI	A. de Musset	Le pinceau du Titien, page 60. — Souvenir, page 61.
	Thiers	La France en 1796, page 79. — Mort de Mirabeau, page 171.
JUIN	Michelet	La pitié, page 240. — Le général Hoche, page 149.
	Victor Hugo	Une cuisine d'auberge, page 109. — L'enfant, page 113.
JUILLET	Récapitulation générale.	

TABLE DES MATIÈRES

CHAPITRE I. — LE NOM.

Texte.

CHAPITRE II. — L'ARTICLE.

Texte.

CHAPITRE III. — L'ADJECTIF.

Texte.

CHAPITRE IV. — L'ADJECTIF (*suite*).

Texte.

CHAPITRE V. — LE PRONOM

Texte.

CHAPITRE VI. — LE VERBE EN GÉNÉRAL.

Texte.

CHAPITRE VII. — CONJUGAISON DES VERBES A LA VOIX ACTIVE *(temps simples).*

Texte.

CHAPITRE VIII. — CONJUGAISON DES VERBES A LA VOIX ACTIVE *(auxiliaires et temps composés).*

Texte.

CHAPITRE IX. — CONJUGAISONS DIVERSES.

Texte.

CHAPITRE X. — LES TEMPS ET LES MODES.

Texte.

CHAPITRE XI. — ACCORD DU VERBE ET DE L'ATTRIBUT AVEC LE SUJET.

Texte.

CHAPITRE XII. — LE PARTICIPE.

Texte.

CHAPITRE XIII. — LES MOTS INVARIABLES.

Texte.

CHAPITRE XIV. — LA PROPOSITION ET L'ANALYSE LOGIQUE.

Texte.

CHAPITRE XV. — LA FORMATION DES MOTS.

Texte.

CHAPITRE XVI. — LA SIGNIFICATION DES MOTS.

Texte.

CHAPITRE XVII. — LA PONCTUATION.

Texte.

SUPPLÉMENT.